中国电力行业年度发展报告

中国电力企业联合会　编著

中国建材工业出版社

图书在版编目（CIP）数据

中国电力行业年度发展报告．2019/中国电力企业联合会编著．--北京：中国建材工业出版社，2019.8

ISBN 978-7-5160-2640-3

Ⅰ．①中…　Ⅱ．①中…　Ⅲ．①电力工业—研究报告—中国—2019　Ⅳ．①F426.61

中国版本图书馆 CIP 数据核字（2019）第 157985 号

中国电力行业年度发展报告 2019
Zhongguo Dianli Hangye Niandu Fazhan Baogao 2019
中国电力企业联合会　编著

出版发行：中国建材工业出版社
地　　址：北京市海淀区三里河路 1 号
邮　　编：100044
经　　销：全国各地新华书店
印　　刷：北京天恒嘉业印刷有限公司
开　　本：889mm×1194mm　1/16
印　　张：23.75
字　　数：420 千字
版　　次：2019 年 8 月第 1 版
印　　次：2019 年 8 月第 1 次
定　　价：498.00 元

本社网址：www.jccbs.com，微信公众号：zgjcgycbs
请选用正版图书，采购、销售盗版图书属违法行为

本书如有印装质量问题，由我社市场营销部负责调换，联系电话：（010）88386906

《中国电力行业年度发展报告2019》编委会人员组成

前　言

中国电力企业联合会（以下简称“中电联”）自2006年以来，根据中电联电力行业统计与调查数据，以企业和相关机构提供的资料为补充，按年度组织编撰《中国电力行业年度发展报告》，本报告综合反映全年电力行业发展与改革情况，第一时间向社会发布2018年电力行业年度统计数据（简称年报数据），并通过深入分析和图文并茂的展现形式，全面、系统、及时呈现电力行业年度发展运行与改革信息，客观反映上一年度中国（报告中涉及的全国性统计指标，除特殊说明外，均未包括香港、澳门和台湾省数据）电力工业发展情况以及电力行业在国际交流与合作中取得的成就与贡献。本报告形成了自身独特的风格和鲜明的特色，受到各级政府、电力行业企业和社会各界的广泛关注。

《中国电力行业年度发展报告2019》（以下简称“《报告2019》”）共分12章，全面反映2018年电力发展政策、改革与市场建设、投资与建设、生产与供应、消费、安全生产和可靠性、绿色发展、科技与信息化、标准化、企业发展与经营、国际交流与合作的发展情况与特点，附录列出了2018年电力行业大事记、行业基本数据、电价、电力生产建设、大型电力企业发展经营等相关数据信息。

为深入、系统、专业地展示电力行业各专业领域创新发展情况，中电联还组织编撰了国际合作、标准化、信息化、可靠性、信用体系、造价咨询、行业人才建设等专业领域的年度系列报告，以进一步满足各专业领域读者的需求。

我们真诚希望，《报告2019》及其系列报告能够成为服务中电联会员单位和社会各界的重要载体，成为电力从业人员和所有关心电力事业的读者了解中国电力发展现状的重要参考资料。

编委会

2019年6月

目　录

附录

第一章 综 述

2018 年是全面贯彻党的十九大精神的开局之年，是改革开放 40 周年，是决胜全面建成小康社会、实施“十三五”规划承上启下的关键一年。电力行业以习近平新时代中国特色社会主义思想为指导，坚决贯彻落实习近平总书记关于“四个革命、一个合作”的国家能源安全发展新战略，按照高质量发展的绿色低碳、提效提质要求，加大电力结构调整力度，推进清洁能源大范围优化配置，提高终端能源电气化利用水平；深化电力体制改革，大力推进电力市场建设；电力科技不断创新，标准国际化取得新进展；积极应对气候变化，节能减排取得新成绩；不断扩大“一带一路”电力国际合作，持续构建清洁低碳、安全高效的现代能源体系，取得了很大成绩。

2018 年，我国经济运行保持在合理区间，宏观调控目标较好实现。根据国家统计局数据，全年国内生产总值 900309 亿元，按可比价格计算，比上年增长 6.6%，实现了 6.5% 左右的预期发展目标。第一产业增加值占国内生产总值的比重为 7.2%，比上年下降 0.4 个百分点；第二产业增加值占国内生产总值的比重为 40.7%，比上年增长 0.2 个百分点；第三产业增加值占国内生产总值的比重为 52.2%，比上年增长 0.3 个百分点。全国规模以上工业增加值比上年实际增长 6.2%，增速缓中趋稳。社会消费品零售总额 380987 亿元，比上年增长 9.0%，保持较快增长。全国固定资产投资（不含农户）635636 亿元，比上年增长 5.9%。分产业看，第一产业投资增长 12.9%，增速比上年提高 1.1 个百分点；第二产业投资增长 6.2%，增速比上年提高 3.0 个百分点，其中，制造业投资增长 9.5%，增速比上年提高 4.7 个百分点；第三产业投资增长 5.5%。人均国内生产总值 64644 元，比上年增长 6.1%。

2018 年，全国一次能源生产总量 37.7 亿吨标准煤，比上年增长 5.0%。其中，原煤 36.8 亿吨，比上年增长 4.5%；原油 1.89 亿吨，比上年下降 1.3%；天然气 1602.7 亿立方米，比上年增长 8.3%。全国能源消费总量 46.4 亿吨标准煤，比上年增长 3.3%。其中，煤炭增长 1.0%，原油增长 6.5%，天然气增长 17.7%，电力增长 8.4%。煤炭消费量占能源消费总量比重为 59.0%，比上年下降 1.4 个百分点；天然气、水电、核电、风电等清洁能源消费量占能源消费总量比重为 22.1%，比上年提高 1.3 个百分点。全国万元国内生产总值能耗比上年下降 3.1%；全国万元国内生产总值二氧化碳排放比上年下降 4.0%。

1. 电力供应能力持续增强，结构进一步优化

发电供应能力持续增强 2018年，全国发电新增生产能力（正式投产）12785万千瓦，比上年少投产234万千瓦。其中，水电859万千瓦（抽水蓄能130万千瓦），为2003年以来水电新投产最少的一年；火电4380万千瓦（煤电3056万千瓦，气电884万千瓦），比上年减少73万千瓦（煤电比上年减少448万千瓦，气电比上年增加313万千瓦），已连续四年减少；核电884万千瓦，创核电年投产新高；并网风电和太阳能发电2127万千瓦和4525万千瓦，分别比上年多投产407万千瓦和少投产815万千瓦，其合计新增占全国新增装机容量的52.0%。截至2018年年底，全国全口径发电装机容量190012万千瓦，比上年增长6.5%，增速比上年回落1.2个百分点。其中，水电35259万千瓦（抽水蓄能发电2999万千瓦，比上年增长4.5%），比上年增长2.5%；火电114408万千瓦（煤电100835万千瓦，比上年增长2.3%；气电8375万千瓦，比上年增长10.5%），比上年增长3.1%；核电4466万千瓦，比上年增长24.7%；并网风电18427万千瓦，比上年增长12.4%；并网太阳能发电17433万千瓦，比上年增长33.7%。全国发电装机结构进一步优化，非化石能源发电装机容量77551万千瓦，占全国发电总装机容量的40.8%，比上年提高2.1个百分点；新能源发电①装机合计35860万千瓦，占比18.9%。单机100万千瓦级火电机组达到113台；60万千瓦及以上火电机组容量占比达到44.8%。

电网规模有所增加 2018年，全年新增交流110千伏及以上输电线路长度和变电设备容量56973千米和31024万千伏安，分别比上年下降1.9%和4.8%；国家大气污染防治行动计划重点输电通道陆续投产，导致新增直流输电线路和换流容量比上年分别下降了61.3%和59.5%，分别为3325千米和3200万千瓦。其中，新增2条直流特高压线路，其合计输电线路和换流容量分别为3194千米和1500万千瓦。截至2018年年底，全国电网35千伏及以上输电线路回路长度189万千米，比上年增长3.7%。其中，220千伏及以上输电线路回路长度73万千米，比上年增长5.8%。全国电网35千伏及以上变电设备容量70亿千伏安，比上年增长5.4%。其中，220千伏及以上变电设备容量43亿千伏安，比上年增长6.0%。截至2018年年底，全国跨区输电能力达到13615万千瓦。其中，跨区网对网输电能力12281万千瓦；跨区点对网送电能力1334万千瓦。

电力投资小幅回落 2018年，全国电力工程建设完成投资8127亿元，同比下降

① 本报告的新能源发电指并网风电、太阳能发电。

1.4%。全国主要发电企业[①]电源工程建设完成投资[②]2787亿元，比上年下降3.9%，下降幅度同比上年收窄。其中，水电700亿元，比上年增长12.7%（抽水蓄能162亿元，比上年增长14.0%，为历年来投资额最大）；核电447亿元，比上年下降1.6%；风电646亿元，比上年下降5.1%；太阳能发电207亿元，比上年下降27.4%；火电投资786亿元，比上年下降8.3%。其中，燃煤发电644亿元，比上年下降8.8%，占电源投资的23.1%，占比与上年基本持平；燃气发电投资142亿元，投资额与上年基本持平。全国主要电网企业[③]电网工程建设完成投资5340亿元，投资额与上年基本持平。其中，直流工程520亿元，比上年下降39.4%，占电网工程总投资的9.7%；交流工程4600亿元，比上年增长7.6%。配电网投资较快增长，全年完成配电网投资3023亿元，比上年增长6.4%。

2. 电力生产较快增长，生产运行安全可靠

非化石能源发电量加快增长　全国全口径发电量69947亿千瓦时，比上年增长8.4%，增速比上年提高1.9个百分点。其中，水电12321亿千瓦时，比上年增长3.1%；火电49249亿千瓦时，比上年增长7.3%，其中，煤电44829亿千瓦时，比上年增长7.3%；核电2950亿千瓦时，比上年增长18.9%；并网风电3658亿千瓦时，比上年增长20.1%；并网太阳能发电1769亿千瓦时，比上年增长50.2%。2018年，全国非化石能源发电量21634亿千瓦时，比上年增长11.1%，占全口径发电量的比重为30.9%，比上年提高0.8个百分点，对全国发电量增长的贡献率为40.0%；新能源发电量增长28.5%，对全国发电量增长的贡献率达到22.2%。

---

① 纳入中电联投资直报统计口径的25家主要发电企业：中国华能集团有限公司（以下简称“华能集团”）、中国大唐集团有限公司（以下简称“大唐集团”）、中国华电集团有限公司（以下简称“华电集团”）、国家能源投资集团有限责任公司（以下简称“国家能源集团”）、国家电力投资集团有限公司（以下简称“国家电投集团”）、中国长江三峡集团有限公司（以下简称“三峡集团”）、中国核工业集团有限公司（以下简称“中核集团”）、中国广核集团有限公司（以下简称“中广核”）、广东省粤电集团有限公司（以下简称“粤电集团”，2019年更名为“广东省能源集团有限公司”）、浙江省能源集团有限公司（以下简称“浙能集团”）、北京能源集团有限责任公司（以下简称“京能集团”）、申能股份有限公司（以下简称“申能股份”）、河北省建设投资集团有限责任公司（以下简称“河北建投”）、华润电力控股有限公司（以下简称“华润电力”）、国投电力控股股份有限公司（以下简称“国投电力”）、新力能源开发有限公司（以下简称“新力能源”）、甘肃省电力投资集团有限责任公司（以下简称“甘肃省投”）、安徽省皖能股份有限公司（以下简称“皖能电力”）、江苏省国信资产管理集团有限公司（以下简称“江苏国信”）、江西省投资集团公司（以下简称“江西省投”）、广州发展集团股份有限公司（以下简称“广州发展”）、深圳能源集团股份有限公司（以下简称“深圳能源”）、黄河万家寨水利枢纽有限公司（以下简称“黄河万家寨”）、中铝宁夏能源集团公司（以下简称“中铝宁夏能源”）、山西国际电力集团有限公司（以下简称“山西国际电力”）。

② 数据因四舍五入的原因存在总计与分项合计不等的情况。

③ 全国主要电网企业指国家电网有限公司（以下简称“国家电网公司”）、中国南方电网有限责任公司（以下简称“南方电网公司”）、内蒙古电力（集团）有限责任公司（以下简称“内蒙古电力公司”）、陕西省地方电力（集团）有限公司（以下简称“陕西地电”）。

全年发电用煤价格高位波动　2018 年电煤供应量前紧后缓、总体平衡，全年发电用煤价格在波动中前高后稳。根据中国沿海电煤采购价格指数（CECI 沿海指数）①，2018 年全年 5500 大卡②现货成交价格波动范围为 560～752 元/吨，综合价波动范围为 571～635 元/吨，各期综合价均超过国家规定的绿色区间上限，国内煤电企业电煤采购成本居高不下。

弃风弃光问题继续得到改善　2018 年，全国弃风电量 277 亿千瓦时，平均弃风率 7%，比上年下降 5 个百分点；全国弃光电量 54.9 亿千瓦时，平均弃光率 3%，比上年下降 2.8 个百分点。

并网风电设备利用小时创新高　受电力消费较高增速和部分流域来水较少影响，火电、核电与新能源发电利用小时同比提高较多。其中，火电 4378 小时，比上年提高 159 小时（燃煤发电 4495 小时，比上年提高 183 小时；燃气发电 2767 小时，比上年提高 6 小时）；核电 7543 小时，比上年提高 454 小时；并网风电 2103 小时，比上年提高 155 小时；太阳能发电 1230 小时，比上年提高 25 小时；水电 3607 小时，比上年提高 10 小时。

电力生产运行安全可靠　2018 年，全国未发生较大以上电力人身伤亡事故，未发生电力系统水电站大坝垮坝、漫坝以及对社会造成重大影响的安全事件，电力可靠性主要指标总体保持较高水平。其中，4 万千瓦及以上水电机组以及 10 万千瓦及以上煤电机组、燃气轮机组、核电机组的等效可用系数分别为 92.30%、92.26%、92.47%、91.84%。除核电机组的等效可用系数提高 0.74 个百分点外，其他分别比上年下降 0.25 个百分点、0.5 个百分点和 0.13 个百分点。架空线路、变压器、断路器三类主要输变电设施的可用系数分别为 99.328%、99.741%、99.908%，均低于上年。直流输电系统合计能量可用率、能量利用率分别为 92.15%、44.11%，分别比上年下降 3.20 个百分点和 10.31 个百分点；总计强迫停运 35 次，比上年增加 2 次。全国 10（6、20）千伏供电系统用户平均供电可靠率为 99.820%，比上年提高 0.006 个百分点；用户平均停电时间 15.75 小时/户，比上年减少 0.52 小时/户；用户平均停电频率 3.28 次/户，与上年持平。

3. 全社会用电量较快增长，电力供需总体平衡

全社会用电量较快增长　在宏观经济运行总体平稳、服务业和高新技术及装备制造业较快发展、冬季寒潮和夏季高温、电能替代快速推广、城乡农网改造升级释放电力需求等因素综合影响下，全国全社会用电量实现较快增长。2018 年，全国全

---

① 由中电联联合国内主要大型发电集团共同编制，反映电煤采购侧价格水平。

② 1 卡≈4.18 焦耳。

社会用电量69002亿千瓦时，比上年增长8.4%，为2012年以来最高增速，增速比上年提高1.8个百分点。其中，第一、第二、第三产业和城乡居民用电量分别比上年增长9.0%、7.1%、12.9%和10.3%。第二产业用电量依然是拉动全社会用电量增长的主力，拉动力为5.0个百分点，比上年提高1.1个百分点；第三产业和城乡居民生活用电量继续保持快速增长，对全社会用电量增长的拉动力分别比上年提高0.5个百分点和0.4个百分点。2018年全国人均用电量4945千瓦时/人，比上年增加356千瓦时/人。

电能替代快速推进 2018年，全年累计完成替代电量1558亿千瓦时，比上年增长21.1%。其中，全国工（农）业生产制造领域完成替代电量968亿千瓦时，约占总替代电量的62.2%；居民取暖、交通运输、能源生产供应与消费等领域电能替代也在快速推进，替代电量逐年提高。

电力终端新业态正在培育 综合能源、电力储能与电动汽车充电等电力终端新业态在技术和商业化应用方面得到较快发展。国家能源局已公布首批55个“互联网+”智慧能源（能源互联网）示范项目、23个多能互补集成优化示范工程项目和28个新能源微电网示范项目正在试点实践。

电力需求侧管理进一步深化 2018年，各级政府部门、行业协会、电力企业进一步深化电力需求侧管理。各地通过积极探索、实施需求侧响应，最大削减高峰电力1245万千瓦。电网企业实施送变电系统节电和推动社会各领域企业节电等措施，全年合计完成节约电量166亿千瓦时，节约电力435万千瓦。

电力供需形势总体平衡 2018年，全国电力供需形势从前两年的总体宽松转为总体平衡。其中，东北和西北区域电力供应能力富余；华北、华东、华中和南方区域电力供需总体平衡；部分地区受年初大范围雨雪天气、夏季持续高温天气、部分时段燃料供应偏紧等因素影响，局部时段电力供需平衡偏紧。

4. 电力绿色发展水平不断提高，节能减排取得新成绩

资源节约水平继续提升 2018年，全国6000千瓦及以上火电厂平均供电标准煤耗307.6克/千瓦时，比上年下降1.8克/千瓦时；厂用电率4.69%，比上年下降0.11个百分点（其中，水电0.25%，比上年下降0.02个百分点；火电5.95%，比上年下降0.09个百分点）。全国线损率6.27%，比上年下降0.21个百分点。全国火电厂单位发电量耗水量1.23千克/千瓦时，比上年下降0.02千克/千瓦时；粉煤灰、脱硫石膏综合利用率分别为71%、74%，均比上年下降1个百分点，综合利用量持续提高。

污染物排放进一步降低 2018年，全国电力烟尘、二氧化硫、氮氧化物排放量分别约为21万吨、99万吨、96万吨，分别比上年下降约19.2%、17.5%、15.8%；单位

火电发电量烟尘、二氧化硫、氮氧化物排放量约为0.04克/千瓦时、0.20克/千瓦时、0.19克/千瓦时，分别比上年下降0.02克/千瓦时、0.06克/千瓦时、0.06克/千瓦时。单位火电发电量废水排放量为0.06千克/千瓦时，与上年持平。截至2018年年底，达到超低排放限值的煤电机组约8.1亿千瓦，约占全国煤电总装机容量80%。

碳排放强度持续降低 2018年，全国单位火电发电量二氧化碳排放约841克/千瓦时，比2005年下降19.4%；单位发电量二氧化碳排放约592克/千瓦时，比2005年下降30.1%。以2005年为基准年，2006—2018年，通过发展非化石能源、降低供电煤耗和线损率等措施，电力行业累计减少二氧化碳排放约137亿吨，有效减缓了电力行业二氧化碳排放总量的增长。其中，供电煤耗降低对电力行业二氧化碳减排贡献率为44%，非化石能源发展贡献率为54%。

5. 科技创新取得新进展，电力建设与运行技术水平持续提升

2018年，电力行业科技创新有力地推动了行业科技进步，践行了国家绿色发展战略，显示了具有自主知识产权核心技术的国际竞争力。在水电领域，解决了特高拱坝工程安全风险防控技术难题，创立了高坝通航的水力式升船机技术中国品牌，掌握了世界领先的百万千瓦巨型水轮发电机组制造技术。在火电领域，完成热电解耦的汽轮机冷端近零损失供热关键技术的研究及应用，天然气分布式能源系统、IGCC的燃烧前CO_2捕集技术等取得了具有自主知识产权的核心技术。在核电领域，掌握了第四代核电高温气冷堆蒸汽发生器制造技术。在新能源发电领域，依托上海东海大桥海上风电示范工程建成我国首座大型海上风电场，太阳能光热发电技术、新型高效太阳能电池技术研究取得重要进展。在电网领域，攻克了复杂电网自动电压控制决策的实时性和最优性难题，发明了电网大范围山火灾害带电防治关键技术，全面攻克±1100千伏特高压直流输电等关键核心技术，成功研制世界首套特高压GIL设备并实现批量生产。

6. 标准化工作扎实推进，标准国际化取得新进展

标准制修订步伐进一步加快 经批准，全年发布中电联归口管理电力相关标准共506项。其中，国家标准49项，行业标准337项，行业标准英文版46项，中电联标准74项。

电动汽车充电设施标准国际影响力进一步提升 中电联与日本电动汽车用快速充电器协会签署电动汽车充电设施领域技术和标准合作谅解备忘录，启动中日双方在电动汽车充电设施领域的合作；国际标准《电动汽车充电漫游信息交互系列国际标准第一部分：通用要求》（IEC 63119-1）是在中电联标准电动汽车充换电服务信息变换系列标准基础上完成的。

7. 电力体制改革继续推进，电力市场建设加快

完成首个周期的输配电价核定 2018 年，在建立起覆盖省级电网、区域电网、跨省跨区输电工程、地方电网、增量配电网的全环节输配电价格监管制度框架的基础上，华北、东北、华东、华中、西北五大区域电网首个周期的两部制输配电价和 24 条跨省跨区专项工程输电价格陆续核定完毕，累计核减电网企业准许收入约 600 亿元，促进了跨省跨区电力交易。历时 4 年的首个周期输配电定价成本监审完毕。

超额完成一般工商业电价下降 10% 任务 各方积极贯彻中央关于供给侧改革的精神，落实全年全国降低一般工商业电价 10% 的目标。通过中央财政降低国家重大水利工程建设基金征收标准、释放减税红利，电网企业推进区域电网和跨区跨省专项输电价格改革、灵活实施两部制电价，地方政府多渠道自筹等十项降价清费措施，分四批合计降低用户用电成本 1257.91 亿元，平均降低 0.0789 元/千瓦时，全国平均降幅达到 10.11%。

增量配电业务改革试点政策不断完善 通过督导调研，梳理前三批增量配电试点项目落地存在的问题，国家发展改革委和国家能源局陆续出台了电力业务许可、配电区域划分等政策文件，加快了增量配电试点有序落地进程，同时，部署了第四批试点项目申报工作。

市场化交易电量规模大幅提高 2018 年，全国各地市场主体参与市场的数量进一步扩大，煤炭、钢铁、有色、建材四个行业电力用户用电计划放开，全国电力市场交易电量规模再上新台阶。全年合计交易电量 20654 亿千瓦时①，比上年增长 26.5%。市场交易电量分别占全社会用电量和电网企业销售电量比重的 29.9% 和 37.0%，比上年分别提高 4.2 个百分点和 4.9 个百分点。

电力现货市场建设试点稳步推进 按照国家发展改革委、国家能源局加快推进电力现货试点工作要求，2018 年 8 月，南方（以广东起步）电力现货市场启动试运行，成为全国首个投入试运行的电力现货市场。为推动电力现货市场建设试点尽快取得实质性突破，国家发展改革委、国家能源局建立了对 8 个试点的联系协调机制，甘肃、山西电力现货市场于 12 月启动试运行。

8. 电力企业资产总额增速回落，负债率同比降低

资产总额增速降低 根据国家统计局统计，截至 2018 年年底，全国规模以上电力企业资产总额 140408 亿元，比上年增长 2.7%，增速比上年下降 1.8 个百分点。其中，电力供应企业资产总额比上年增长 4.2%，增速比上年下降 0.7 个百分点；发

① 数据来源于中电联电力交易信息共享平台数据。全国电力市场交易电量包含发电权交易电量，不含抽水蓄能低谷抽水交易电量等特殊交易电量。

电企业资产总额比上年增长1.5%（其中，火电企业资产总额比上年下降1.8%），增速比上年下降2.7个百分点。

企业负债率下降 规模以上电力企业资产负债率60.2%，比上年下降1.1个百分点。其中，电力供应企业资产负债率50.3%，比上年下降1.6个百分点，发电企业资产负债率67.6%，比上年下降0.6个百分点。发电企业资产负债率降低主要是太阳能发电、风电、水电和核电企业资产负债率分别下降1.5个百分点、1.4个百分点、1.3个百分点和0.9个百分点，火电企业资产负债率与上年持平。

电力供应企业利润下降 规模以上电力企业利润总额3231亿元，比上年增长3.1%。其中，电力供应企业贯彻落实2018年政府工作报告中提出的一般工商业电价平均降低10%要求，向用电企业让利后，利润比上年下降24.3%；亏损面为25.9%，比上年提高9.4个百分点；亏损企业亏损额为124亿元，比上年增长158.0%。在上年基数低以及发电量较快增长的拉动下，发电企业实现利润总额2210亿元，比上年增长23.8%。其中，火力发电企业实现利润323亿元，但亏损面仍然较高（为43.8%）；风电、太阳能发电和核电利润增速均超过20.0%，但风电、太阳能发电由于政府补贴不及时到位，企业账面利润短期内难以转化为现金流，导致资金周转困难。

9. 全球能源互联网加快推进，“一带一路”电力合作呈现新亮点

积极开展“一带一路”合作 2018年，我国主要电力企业参与“一带一路”国际合作实际完成投资约28亿美元，涉及沿线亚洲和欧洲8个国家，直接创造6700个当地就业岗位。新签工程承包合同项目共128个，涉及沿线30个国家地区，合同金额255.5亿美元。为保障“一带一路”建设顺利实施，各电力企业不断创新“一带一路”建设合作机制，与相关国家或地区磋商建立共同的投资风险防范体系。

全球能源互联网加快推进 2018年，全球能源互联网合作组织会员数量和覆盖国别大幅提升；组建了全球能源互联网大学联盟和智库联盟，并搭建了共商发展的合作新平台；与几内亚政府共同倡议成立非洲能源互联网可持续发展联盟；与联合国气候变化公约秘书处、拉丁美洲和加勒比经济委员会、非洲经济委员会等组织，埃塞俄比亚、刚果（金）、几内亚等国政府，以及有关机构、企业、高校新签15项合作协议；大力推动我国与周边国家及“一带一路”沿线国家电网互联，中缅孟联网项目成立政府间联合工作组，中韩联网项目完成预可研，海湾国家与东非联网项目签署三方合作协议。

10. 问题与展望

2018年，我国电力行业在取得卓越成绩的同时，多年来积累的一些深层次问题依然存在。在发展上，电源与电网、交流与直流、输电与配电发展不协调等问题突

出；清洁能源发展长期面临弃水、弃风、弃光等挑战，严重制约电力行业安全发展、清洁发展和高质量发展；煤电发展面临的碳减排和污染防治任务艰巨。在改革创新上，“放管服”改革滞后于市场化建设进程，不利于能源生产消费新业态投资与运营的创新发展。在经营上，受宏观经济、电价政策、环境治理等影响，电力企业经营形势依然严峻。

2019 年是新中国成立 70 周年，是全面建成小康社会、实现第一个百年奋斗目标的关键之年。电力行业坚持以习近平新时代中国特色社会主义思想为指导，牢固树立创新、协调、绿色、改革、共享五大发展观念，继续加快能源绿色低碳转型发展，推动实施清洁替代和电能替代，努力提高电气化水平，打造绿色低碳、互联互通、共建共享的现代能源系统。加快清洁能源大规模开发和高效利用。切实解决好开发和消纳问题，加快大型清洁能源基地开发，坚持集中式和分布式并举开发清洁能源，依托大电网与微电网的友好协同，实现分布式电源高效利用。积极推进煤电转型发展。严控新增煤电规模，优化煤电布局，提高煤电调节能力。继续推进电力企业转型发展和创新。围绕能源转型，找准企业发展方向，尽快实现主营业务向清洁低碳领域转型，实现发展从粗放向精益转变，继续提升精益化管理水平，加大力度拓展国际市场，积极推进技术装备和商业模式创新，推动传统电力企业拓展综合能源服务业务。着力解决电力企业经营困境，防范市场风险。做好电煤含税基准价调整、燃料保供、稳定电煤价格、电煤中长协履约监督等工作，加快市场建设，理顺电价形成机制，引导电煤价格回归合理区间，落实可再生能源补贴资金，缓解电力企业经营困境。

（2018 年电力行业大事记见附录 1，2018 年电力行业基本数据一览表见附录 2。）

第二章 电力发展政策

第一节 宏观经济发展政策

一、《政府工作报告》有关精神

2018 年 3 月，十三届全国人大一次会议审议通过的《政府工作报告》，系统总结了过去五年政府工作，深入阐述了 2018 年推动经济社会发展的总体要求、政策取向，对政府工作提出建议。报告指出，做好 2018 年工作，要认真贯彻习近平新时代中国特色社会主义思想，坚持稳中求进工作基调，把稳和进作为一个整体来把握，注重大力推动高质量发展、加大改革开放力度和抓好决胜全面建成小康社会三大攻坚战这三个重要着力点。深入推进供给侧结构性改革，继续破除无效供给，化解过剩产能、淘汰落后产能，退出煤炭产能 1.5 亿吨左右，淘汰关停不达标的 30 万千瓦以下煤电机组；大幅降低企业非税负担，降低电网环节收费和输配电价格，一般工商业电价平均降低 10%。深化基础性关键领域改革，继续推进国有企业优化重组和央企股份制改革，加快形成有效制衡的法人治理结构和灵活高效的市场化经营机制，稳妥推进混合所有制改革。推进污染防治取得更大成效，巩固蓝天保卫战成果，二氧化硫、氮氧化物排放量下降 3%，重点地区细颗粒物（$PM_{2.5}$）浓度继续下降。大力实施乡村振兴战略，推动农村各项事业全面发展，改善供水、供电、信息等基础设施。推进消费升级，发展消费新业态新模式，将新能源汽车车辆购置税优惠政策再延长三年，全面取消二手车限迁政策。推动形成全面开放新格局，全面放开一般制造业，扩大电信、医疗、教育、养老、新能源汽车等领域开放。

二、中央经济工作会议有关精神

2018 年 12 月 19 日至 21 日，中央经济工作会议在北京举行。会议总结了 2018 年经济工作，部署了 2019 年经济工作。会议确定 2019 年七项重点工作：推动制造业高质量发展，促进形成强大国内市场，扎实推进乡村振兴战略，促进区域协调发展，加快经济体制改革，推动全方位对外开放，加强保障和改善民生。

第二节　能源电力发展政策

2018 年，围绕推动能源电力高质量发展，政府有关部门出台了一系列政策文件，持续推动能源电力发展质量变革、效率变革和动力变革，为经济社会发展和人民美好生活提供坚实保障。

提高系统调节能力　为着力提高电力系统的调节能力及运行效率，国家发展改革委围绕加快推进电源侧调节能力提升、科学优化电网建设、加强电网调度的灵活性、提升电力系统调节能力关键技术水平和建立健全政策法规支撑体系等出台了多项政策文件，对有效破解清洁能源消纳难题起到推动作用。

提高系统调节能力的主要政策性文件见表 2－1。

表 2－1　提高系统调节能力的主要政策性文件

文件名称	主要内容
关于提升电力系统调节能力的指导意见（发改能源〔2018〕364 号）	“十三五”期间，力争完成 2.2 亿千瓦火电机组灵活性改造，开工建设 6000 万千瓦抽水蓄能电站和金沙江中游龙头水库电站，新增调峰气电规模 500 万千瓦，太阳能热发电装机力争达到 500 万千瓦，建设一批装机容量 1 万千瓦以上的集中式新型储能电站；跨省跨区通道新增 19 条。开展配电网建设改造，推动智能电网建设，满足分布式电源接入需要，全面构建现代配电系统。发展各类灵活性用电负荷。积极推进电动汽车与智能电网间的能量和信息双向互动。鼓励采用竞争方式确定电力辅助服务承担机组，鼓励自动发电控制和调峰服务按效果补偿，鼓励储能设备、需求侧资源参与提供电力辅助服务，允许第三方参与提供电力辅助服务
关于煤电应急调峰储备电源管理的指导意见（发改能源规〔2018〕1323 号）	要求相关地区确定的煤电应急调峰储备电源机组总容量原则上不应超过上一年度最大负荷的 2%；煤电应急调峰电源不参与电力市场交易，在应急保障期间所发电量参照本地区燃煤机组标杆上网电价政策执行
关于印发《清洁能源消纳行动计划（2018—2020 年）》的通知（发改能源规〔2018〕1575 号）	为确保实现消纳目标，建立长效机制，《行动计划》从 7 个方面，提出了 28 项具体措施。其中包括电力交易、辅助服务等电力市场化改革措施以及从火电、自备电厂、可再生能源功率预测等方面深挖电源侧调峰潜力措施

理顺用电价格 围绕清理高耗能行业优待类电价、实行节能环保、安全可靠的电能替代鼓励电价，国家发展改革委、财政部出台了有关政策文件。

理顺用电价格的主要政策性文件见表2－2。

表2－2 理顺用电价格的主要政策性文件

文件名称	主要内容
关于调整完善新能源汽车推广应用财政补贴政策的通知（财建〔2018〕18号）	调整完善推广应用补贴政策：提高技术门槛要求，完善新能源汽车补贴标准等；进一步加强推广应用监督管理：加快完善信息化监管平台，拓宽监督渠道、夯实监管责任等；进一步优化推广应用环境：破除地方保护，建立统一市场，落实生产者责任，提高生产销售服务管理水平
关于创新和完善促进绿色发展价格机制的意见（发改价格规〔2018〕943号）	清理取消对高耗能行业的优待类电价政策，严格落实差别电价政策，对淘汰类和限制类企业用电（含市场化交易电量）实行更高价格。进一步扩大销售侧峰谷电价执行范围、时差和价差浮动幅度，引导用户错峰用电。利用峰谷价差、辅助服务补偿等机制促进储能发展。2025年年底前，对实行两部制电价的污水处理企业用电、电动汽车集中式充换电设施用电、港口岸电运营商用电、海水淡化用电，免收需量（容量）电费

提升电力安全水平 为防范电力安全风险，国家能源局、国家核安全局等在电力行业安全生产、网络安全、应急能力建设、核安全等方面发布了一系列的行动计划、指导意见等政策性文件，夯实了电力安全稳定运行和电力可靠供应保障基础。

提升电力安全生产水平的主要政策性文件见表2－3。

表2－3 提升电力安全生产水平的主要政策性文件

文件名称	主要内容
关于做好贯彻实施《中华人民共和国核安全法》有关工作的通知（国核安发〔2018〕14号）	核设施营运单位对核安全负全面责任，规定了核设施营运单位应当具备的能力和符合的条件。优化了核设施安全许可制度，取消了原有的核设施首次装投料许可。新增了放射性废物处理设施单位资质许可
关于印发《电力安全生产行动计划（2018—2020年）》的通知（国能发安全〔2018〕55号）	加强电网运行管理，深入研究交直流混联、多直流馈入、电磁环网、大规模新能源接入等对电网安全的影响，抓紧修订《电力系统安全稳定导则》，筑牢“三道防线”。推进网源协调，完善相关技术规范，研究开展电网大面积停电情况下的联动机制试点

续表

文件名称	主要内容
关于印发《电力行业应急能力建设行动计划（2018—2020年）》的通知（国能发安全〔2018〕58号）	强化电力突发事件应急装备保障，提升极端条件下电力突发事件应对能力，推进关键电力应急装备产业化发展
关于加强电力行业网络安全工作的指导意见（国能发安全〔2018〕72号）	深化网络安全等级保护全过程管理、规范网络安全风险评估。推动电力专用安全防护设备升级换代，推进电力系统网络安全核心技术突破，加强自主创新与应用突破

全面加强生态环境保护 为解决生态环境问题，全面加强生态环境保护，推动我国生态文明建设迈上新台阶，中共中央、国务院提出了坚决打好污染防治攻坚战、打赢蓝天保卫战、着力打好碧水保卫战，国家有关部委就加快生态保护与修复、完善生态环境治理体系等方面提出工作目标和行动指南，确保全面建成小康社会，提升生态文明，建设美丽中国。

全面加强生态环境保护的主要政策性文件见表2－4。

表2－4 全面加强生态环境保护的主要政策性文件

文件名称	主要内容
关于印发《生活垃圾焚烧发电建设项目环境准入条件（试行）》的通知（环办环评〔2018〕20号）	禁止在国家及地方法律法规、标准、政策明确禁止污染类项目选址的区域内建设生活垃圾焚烧发电项目。将《条件》作为开展生活垃圾焚烧发电建设项目环境影响评价工作的依据
关于开展长江经济带小水电排查工作的通知（发改办能源〔2018〕606号）	贯彻落实国务院领导对长江经济带小水电无序开发影响生态环境问题的重要批示，梳理小水电管理中存在的突出问题，对发现的造成严重生态环境问题予以严肃处理
关于全面加强生态环境保护 坚决打好污染防治攻坚战的意见（中发〔2018〕17号）	大力发展节能和环境服务业，推行合同能源管理，积极探索区域环境托管服务等新模式。扎实推进全国碳排放权交易市场建设，统筹深化低碳试点。到2020年，具备改造条件的燃煤电厂全部完成超低排放改造，重点区域不具备改造条件的高污染燃煤电厂逐步关停。大力推进散煤治理和煤炭消费减量替代

续表

文件名称	主要内容
	有序发展天然气调峰电站等可中断用户，原则上不再新建天然气热电联产和天然气化工项目。加快农村"煤改电"电网升级改造，鼓励推进蓄热式等电供暖。
关于印发打赢蓝天保卫战三年行动计划的通知（国发〔2018〕22号）	重点区域继续实施煤炭消费总量控制。大力淘汰、关停环保、能耗、安全等不达标的30万千瓦以下燃煤机组。对于关停机组的装机容量、煤炭消费量和污染物排放量指标，允许进行交易或置换，可统筹安排建设等容量超低排放燃煤机组。重点区域严格控制燃煤机组新增装机规模。到2020年，京津冀、长三角地区接受外送电量比例比2017年显著提高。2020年年底前，重点区域30万千瓦及以上热电联产电厂供热半径15公里范围内的燃煤锅炉和落后燃煤小热电全部关停整合。 在具备资源条件的地方，鼓励发展县域生物质热电联产、生物质成型燃料锅炉及生物天然气
关于印发2018年各省（区、市）煤电超低排放和节能改造目标任务的通知（国能发电力〔2018〕65号）	中部地区力争在2018年前基本完成，西部地区在2020年完成。严格按照GB 35574—2017《热点联产单位产品能源消耗限额》、GB 21258—2017《常规燃煤发动机组单位产品能源消耗限额》等标准加快实施改造，对不改造或改造后仍不达标的机组予以淘汰关停
关于印发《京津冀及周边地区2018—2019年秋冬季大气污染综合治理攻坚行动方案的通知》（环大气〔2018〕100号）	有效推进清洁取暖。坚持从实际出发，统筹兼顾温暖过冬与清洁取暖。积极推广太阳能光热利用和集中式生物质利用，开展锅炉综合治理，加快使用清洁能源以及利用工厂余热、电厂热力等进行替代。因地制宜推进工业企业错峰生产

进一步优化煤电发展 为进一步推动化解煤电过剩产能与发展先进产能，提高有效供给能力，科学规划电源规模、布局和建设时序，促进供需动态平衡，国家发展改革委、国家能源局相继出台了推进煤电联营，做好化解煤电过剩产能工作的有关文件。文件要求坚持市场化手段和政府调控并举，做好煤电规划建设与企业发展运行风险预警，从严控制新增规模，清理整顿违规项目，继续加快淘汰落后产能，促进煤电转型升级和结构优化。

进一步优化煤电发展的主要政策性文件见表2－5。

表2－5 进一步优化煤电发展的主要政策性文件

文件名称	主要内容
关于做好2018年重点领域化解过剩产能工作的通知（发改运行〔2018〕554号）	2018年实现淘汰关停不达标的30万千瓦以下煤电机组400万千瓦目标；依法依规清理整顿违规建设项目；结合煤电规划建设风险预警等级，控制煤电规划建设节奏；加大燃煤电厂超低排放和节能改造力度；规范自备电厂建设运行、合理安排应急备用电源

续表

文件名称	主要内容
关于发布2021年煤电规划建设风险预警的通知（国能发电力〔2018〕44号）	《2021预警》相较《2020预警》，从预警指标变化情况来看，除天津、宁夏的煤电建设经济性预警等级有所上升以外，辽宁、山西等6个省份的煤电建设经济性预警等级均有下降。煤电装机充裕度的预警等级则全部呈下降趋势，资源约束指标保持不变
关于深入推进煤电联营促进产业升级的补充通知（发改能源〔2018〕1322号）	明确优先将煤电联营项目纳入发展规划，在化解煤电过剩产能工作中，各地已列入缓建的发电项目，对于实施煤电联营的，手续合规并经核实后，优先移出缓建名单，优先安排投产，优先并网运行

统筹优化水电开发利用　为加强水电前期工作管理，建立健全水电前期工作管理机制，促进水电持续健康有序发展，提高中央预算内投资使用效益和效率，国家发展改革委发布了《水电前期工作中央预算内投资专项管理办法》（发改投资规〔2018〕795号）。文件明确提出国家发展改革委负责管理属于政府行为的水电前期工作，主要包括全国水力资源普查（含复查）、大中型河流（河段）水电规划及其补充规划编制（修编）、具有战略意义的部分大型水电站预可行性研究、全国或部分省份抽水蓄能电站选点规划编制（调整）等。

有序推进天然气利用　为促进页岩气开发利用，促进天然气协调稳定发展，国家发展改革委、财政部出台降低天然气综合使用成本、坚持以市场化手段为主做好深化油气体制机制改革的政策文件，有序推动天然气的开发利用与协调稳定发展。

有序推进天然气利用的主要政策性文件见表2－6。

表2－6　有序推进天然气利用的主要政策性文件

文件名称	主要内容
关于对页岩气减征资源税的通知（财税〔2018〕26号）	自2018年4月1日至2021年3月31日，对页岩气资源税（按6%的规定税率）减征30%
关于促进天然气协调稳定发展的若干意见（国发〔2018〕31号）	深化油气体制机制改革，坚持以市场化手段为主做好供需平衡。“煤改气”要坚持“以气定改”、循序渐进，保障重点区域、领域用气需求

稳妥推进核电发展　为稳妥推进核电发展，国务院办公厅、国家发展改革委、国家能源局颁布了一系列政策文件，要求加快核电标准体系建设，确保在运核电机组安全稳定运行、在建核电工程安全质量可控和核电科技创新及装备进步。

稳妥推进核电发展的主要政策性文件见表2－7。

表2－7　稳妥推进核电发展的主要政策性文件

文件名称	主要内容
关于开展核电重大专项科研设施及验证平台开放共享试点工作的通知（国能综通核电〔2018〕16号）	充分释放核电科研平台服务潜能，提高重大设施设备使用效率。鼓励资金补偿、开展示范推广等支持措施
关于进一步加强核电运行安全管理的指导意见（发改能源〔2018〕765号）	聚焦核电运行关键环节，坚持问题导向，提出了共9项26条重点任务，包括4项长期性工作：加强核安全文化建设，进一步落实安全生产主体责任，加强核应急核与核安保管理，加强核电行业安全管理和监督检查；3项中期任务：加强设备可靠性管理，建立开放共享的经验反馈体系，加强网络安全管理；2项近期重点工作：加强人员行为规范管理，提高运行安全保障能力
关于加强核电标准化工作的指导意见（国办发〔2018〕71号）	核电标准化工作必须立足我国核电长远发展，坚持标准自主化与国际化相结合，凝聚共识，自主创新，加快建设一套自主、统一、协调、先进、与我国核电发展水平相适应的核电标准体系，充分发挥标准的规范、引领和支撑作用
关于发布2018年度核电重大专项科研设施及验证平台开放共享试点平台的通知（国能综通核电〔2018〕123号）	向社会开放“设备部件结构完整性及老化寿命评估试验平台”“核安全相关设备鉴定及材料评估试验平台”“换热器关键性能试验验证平台”三个以试验验证为主要功能的科研平台

促进风电产业高质量发展　为规范风电开发投资和建设管理，引导风电企业理性投资，国家能源局发布了一系列相关政策文件，促进风电产业高质量发展。2018年全国弃风电量和弃风率实现“双降”。

促进风电产业高质量发展的主要政策性文件见表2－8。

表2－8　促进风电产业高质量发展的主要政策性文件

文件名称	主要内容
关于发布2018年度风电投资监测预警结果的通知（国能发新能〔2018〕23号）	引导风电企业理性投资，督促改善风电开发建设投资环境；确定风电建设实行预警制度；发布2018年预警结果
关于减轻可再生能源领域企业负担有关事项的通知（国能发新能〔2018〕34号）	严格落实《可再生能源法》，严格执行可再生能源发电保障性收购制度，电网企业负责投资建设接网工程，电力市场化交易应维护可再生能源发电企业合法权益，切实保障可再生能源产业健康发展

续表

文件名称	主要内容
关于印发《分散式风电项目开发建设暂行管理办法》的通知（国能发新能〔2018〕30号）	规范完善分散式风电项目的管理流程和工作机制，建立简便高效规范的核准管理工作机制，鼓励试行项目核准承诺制。110千伏（东北地区66千伏）电压等级接入的分散式风电项目，接入系统设计和管理按照集中式风电场执行。自发自用部分电量不享受国家可再生能源发展基金补贴
关于2018年度风电建设管理有关要求的通知（国能发新能〔2018〕47号）	促进风电产业高质量发展，降低度电补贴强度。严控弃风严重地区新建规模。积极推进就近全额消纳风电项目，支持风能资源丰富地区、具备较强电力需求区域、确保全额就近消纳地区的项目，特别鼓励不需要国家补贴的平价上网项目

促进光伏行业健康可持续发展 为推动光伏发电行业有序、高质量发展，国家有关部委发布了有关优化光伏制造产业规模管理、完善电价机制以及市场化体制机制等政策文件，要求合理把握发展节奏，优化光伏发电新增建设规模，加快光伏发电补贴退坡，降低补贴强度，引导光伏产业转型和实施创新驱动，推动光伏产业从规模增长向高质量发展转变。

促进光伏行业健康可持续发展的主要政策性文件见表2-9。

表2-9 促进光伏行业健康可持续发展的主要政策性文件

文件名称	主要内容
关于公布光伏制造行业规范条件（2018年本）的公告（工信部公告2018年第2号）	严格控制新上单纯扩大产能的光伏制造项目，引导光伏企业加强技术创新，提高产品质量，降低生产成本。现有光伏制造企业及项目未满足规范条件要求的，根据产业转型升级的要求，在国家产业政策的指导下，通过兼并重组、技术改造等方式，尽快达到本规范条件的要求
关于印发《智能光伏产业发展行动计划（2018—2020年）》的通知（工信部联电子〔2018〕68号）	加快发展先进制造业，加快提升光伏产业智能制造水平，推动互联网、大数据、人工智能等与光伏产业深度融合，鼓励特色行业智能光伏应用，促进我国光伏产业迈向全球价值链中高端
关于2017年度全国可再生能源电力发展监测评价的通报（国能发新能〔2018〕43号）	《监测评价报告》作为各地区2018年可再生能源开发建设和并网运行的基础数据
关于2018年光伏发电有关事项的通知（发改能源〔2018〕823号）	合理控制需要国家补贴的普通电站和分布式电站建设规模增量，视调控情况酌情安排领跑基地项目，大力支持、有序发展光伏扶贫和不需国家补贴的项目。加快光伏发电补贴退坡

积极发展多种形式清洁能源 为积极发展多种形式的清洁能源，国家能源局颁布了相关推进生物质能、太阳能热发电等政策性文件。

积极发展多种形式清洁能源的主要政策性文件见表2－10。

表2－10 积极发展多种形式清洁能源的主要政策性文件

文件名称	主要内容
关于开展“百个城镇”生物质热电联产县域清洁供热示范项目建设的通知（国能发新能〔2018〕8号）	组织开展136个“百个城镇”生物质热电联产县域清洁供热示范项目，涉及20个省（区、市）及新疆生产建设兵团，装机容量380万千瓦。其中，农林生物质热电联产项目126个、城镇生活垃圾焚烧热电联产项目8个、沼气热电联产项目2个。新建项目119个，技术改造项目17个。总投资约406亿元
关于推进太阳能热发电示范项目建设有关事项的通知（国能发新能〔2018〕46号）	首批示范项目建设期限由原来的2018年12月31日放宽至2020年12月31日，同时建立逾期投运项目电价退坡机制，形成“退坡、调整、退出”三项工作机制

支持精准电力扶贫 为精准实施电力扶贫，国家能源局印发《进一步支持贫困地区能源发展助推脱贫攻坚行动方案（2018—2020年）》等一系列关于光伏扶贫的政策，明确要坚持精准识别扶贫对象，坚持精准对接能源发展需求，进一步加大贫困地区能源基础设施建设、产业扶贫开发等方面的支持力度。

支持精准电力扶贫的主要政策性文件见表2－11。

表2－11 支持精准电力扶贫的主要政策性文件

文件名称	主要内容
关于印发《光伏扶贫电站管理办法》的通知（国能发新能〔2018〕29号）	光伏发电扶贫的实施范围必须是列入国家光伏扶贫实施范围的国家级贫困县，光伏扶贫电站必须建设在具备光照资源条件的建档立卡贫困村。光伏扶贫电站必须按照村级电站方式建设；光伏扶贫电站必须由政府投资，且不得负债建设，企业不得投资入股。电网公司保障光伏扶贫项目优先调度与全额消纳。光伏扶贫电站不参与竞价，执行国家制定的光伏扶贫价格政策
关于印发进一步支持贫困地区能源发展助推脱贫攻坚行动方案（2018—2020年）的通知（国能发规划〔2018〕42号）	2020年完成西藏等地区农村通动力电，实现全国贫困地区农村动力电全覆盖。加快推动贫困地区流域龙头水库和重大水电项目建设，支持西部离网缺电贫困地区小水电扶贫工程项目建设。鼓励采取农光、牧光、渔光等复合方式，以市场收益支持精准扶贫

第三节 电力新业态发展政策与实践

政府有关部门通过出台一系列发展政策并积极推动探索实践，促进多元化投资改革，催生了以提高能源发展质量和效率、增强清洁能源利用能力为目的的能源电力新业态。目前，技术与商业模式日趋成熟的能源电力新业态主要包括综合能源、电力系统储能与电动汽车等。

一、综合能源

综合能源以电力为核心，在特定区域内利用先进的物理信息技术和创新管理模式，通过多异质能源子系统之间的统筹规划、协同管理和优化运行，实现能源清洁、高效、梯级利用。为推动能源转型发展的探索与实践，国家能源局印发《2018 年能源工作指导意见》（国能发规划〔2018〕22 号），明确积极推进 55 个“互联网 +”智慧能源（能源互联网）示范项目、23 个多能互补集成优化示范工程、28 个新能源微电网项目等能源改革创新工程建设，着力培育综合能源新业态。

（一）“互联网 +”智慧能源试点

国家能源局公布首批 9 大类、55 个“互联网 +”智慧能源（能源互联网）示范项目，23 个省（区、市）均有项目分布。通过加强能源互联网基础设施建设，建立新型能源市场交易体系和商业运营平台，促进能源互联网技术、标准和模式的国际应用与合作。

示范项目实施以来，多个项目所属的地方能源主管部门积极组织协调和监督管理工作，优化和简化项目核准程序，及时跟踪项目进展，协调解决项目建设过程中遇到的各类问题。各示范项目积极开展适应自身特点的先进信息技术与能源系统融合应用，一批示范项目的建设运营取得显著成效。2018 年底，国家能源局发布《关于开展“互联网 +”智慧能源（能源互联网）示范项目验收工作的通知》，根据项目总体进展情况，按照“验收一批、推动一批、撤销一批”的思路推进相关验收和管理工作。

首批“互联网 +”智慧能源（能源互联网）示范项目的类型及地区分布见图 2－1。

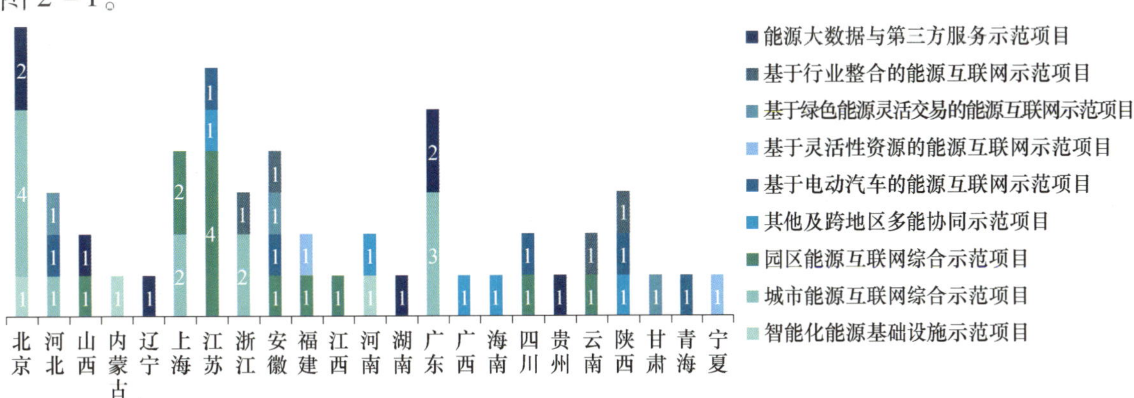

图 2－1　首批“互联网 +”智慧能源（能源互联网）示范项目的类型及地区分布

专栏1　“互联网+”智慧能源（能源互联网）示范项目实施典型案例

——支持能源消费革命的城市—园区双级“互联网+”智慧能源示范项目

项目围绕珠海全市及“唐家”“横琴”两个园区，从“物理层”“信息层”“应用层”三个层面为能源互联网建设探索提供支撑。通过物理层进行网络智能升级，通过信息层实现各类能源信息的融合，最终在应用层实施智慧用能服务。作为物理层面最为关键的部分，世界规模最大的多端交直流混合柔性配网互联工程于2018年12月25日在广东珠海唐家湾成功投运。项目实现了供电区域互联互济，提高了配电网的灵活性与可控性，促进了分布式可再生能源的友好接入，提升了电网资源的使用效率和电能质量，同时这一项目成功引领了一系列标志性、带动性强的重点产品和装备推广应用，形成了柔性直流配电网系统技术标准规范。

（二）多能互补集成优化试点

国家能源局公布的首批23个多能互补集成优化示范工程中，含面向终端用户的一体化集成供能系统17个，基于大型综合能源基地的风光水火储多能互补系统6个，项目分布在13个省（区、市）。通过加快推进多能互补集成优化示范工程建设，提高了能源系统综合利用效率，增加了能源有效供给。

示范工程实施以来，多家示范工程实施单位充分结合地方特色，以多能互补利用、就地平衡消纳、提升能源综合利用效率为目标，全面推进试点项目建设，推动终端一体化集成供能系统与风光水火储多能互补系统协同发展，促进多能源品种更加有效地互联、互通、互济。

首批多能互补集成优化示范工程的类型及地区分布见图2－2。

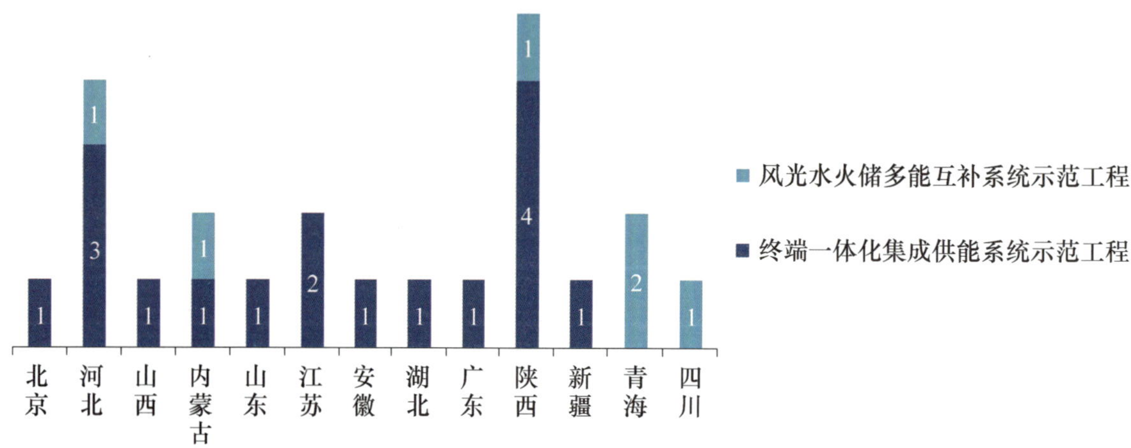

图2－2　首批多能互补集成优化示范工程项目的类型及地区分布

专栏2 多能互补集成优化示范工程实施典型案例

——苏州工业园区多能互补集成优化示范工程

工程建设规模包括分布式天然气0.3万千瓦、分布式光伏2.5万千瓦、地源热泵0.5万千瓦、储能2.2万千瓦时、微风发电150千瓦、需求侧管理100户、2个充电站和能源互联云平台等项目。工程通过搭建“四网一云”能源体系，实现了气、电、热多种能源耦合利用；通过打造能源服务大数据云平台，实现了源、网、荷、储数据的实时监测与管理；通过开放天然气与蒸汽管网，变统购统销模式为管输与代输结合模式，用户与天然气、蒸汽和电力供应商直接签订供销合同，并向相关经营单位缴纳相应管网输送费用，有效降低了能源使用成本。

（三）新能源微电网试点

国家发展改革委、国家能源局公布的28个新能源微电网示范项目中，含并网型新能源微电网24个，独立型新能源微电网4个，15个省（区、市）均有项目分布。示范项目以“可再生能源电力渗透率应不低于50%，清洁能源电量自给率应不低于50%”作为项目方案的主要审核条件，同步探索能源服务新型商业运营模式，创新市场化交易机制，促进分布式清洁能源微电网耦合发展。

示范项目实施以来，各类项目实施主体注重技术集成应用，建设项目能量管理系统，着力提升项目可再生能源占比。新能源微电网示范项目合计新增光伏发电装机89.9万千瓦，新增电储能装机超过15万千瓦，其他能源形式如热储能、风电等也均有体现。

新能源微电网示范项目的类型及地区分布见图2－3。

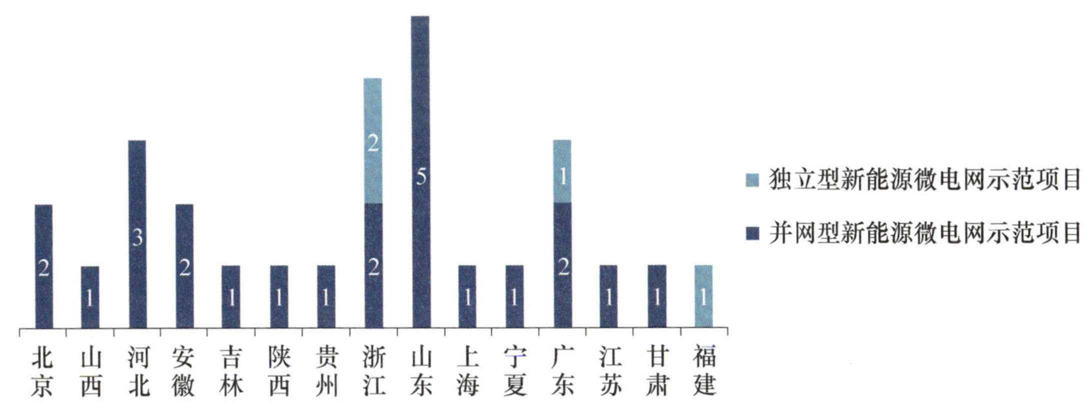

图2－3 新能源微电网示范项目的类型及地区分布

专栏3　新能源微电网示范项目实施典型案例

——上海电力学院临港校区智能微电网示范项目

项目于2018年9月正式启用。建设规模包括电源侧的光伏发电0.2万千瓦，风电150千瓦，储能装置0.2万千瓦时，并采用100瓦*10秒超级电容，该系统承担校区17%的电力供应。校园内教学楼、宿舍楼、功能性建筑等，均采用太阳能电池板屋顶进行覆盖，预估覆盖面积达到2万平方米。项目核心技术指标中，可再生能源渗透率为58.7%，电量自给率为52.8%，供电可靠性为99.9%。经测算，在安全用能前提下，拥有新能源微电网的智慧校园可比常规供能校园能耗降低约25%。

二、电力系统储能

电力系统储能能够有效应对电力生产和消费的波动性、间歇性，提高电力系统灵活性和运行可靠性，抽水蓄能、电化学储能等多种特性鲜明的储能形式可在电源、电网、负荷侧发挥各自的作用。目前，抽水蓄能是规模最大、商业模式相对成熟并主要在电网侧提供调节服务的储能装置，截至2018年年底，我国抽水蓄能规模已经达到2999万千瓦。我国电化学储能技术已初步具备了产业化、商业化的基础。

发展储能有利于可再生能源的高效利用，有利于促进能源互联网、分布式能源、智能电网和微电网的发展。为加快推动储能技术与产业发展，国家发展改革委、国家能源局已从技术创新、应用示范、市场发展、行业管理等方面对未来10年储能产业发展进行了明确部署，促进储能成为提升产业发展水平、推动经济社会发展的新动能。目前，我国储能项目应用领域正在不断丰富，在可再生能源并网、电网辅助服务、用户侧储能等领域的新应用模式不断涌现。

（一）电力系统储能发展政策

持续优化储能产业市场环境，鼓励储能参与电力辅助服务　为提高各类投资主体参与储能项目建设的积极性，国家发展改革委出台了《关于创新和完善促进绿色发展价格机制的意见》（发改价规〔2018〕943号），要求完善峰谷电价形成机制，利用峰谷电价差、辅助服务补偿等市场化机制，促进储能发展。与此同时，为充分发挥储能的调峰调频作用，多省（区、市）发布电力辅助服务细则。《宁夏电力辅助服务市场运营规则（试行）》已提出电储能装置可参与调峰获得补偿；《广东调频辅助服务市场交易规则（试行）》已明确第三方辅助服务提供者指具备提供调频服务能力的装置，包括储能装置、储能电站等；陕西、内蒙古、河南、四川等省区陆续发布有关政策鼓励储能参与电力辅助服务。

鼓励发电侧火储联合调频实践应用逐步扩大　分省来看，山西省火储联合调频建设速度全国居首，针对山西火电机组 AGC 调频问题，储能配合燃煤机组参与辅助调频服务，已投产的山西京玉电厂、晋能阳光电厂等一批储能调频项目，取得了良好的实施效果。广东省充分结合本省电力系统运行特点，在其新设计的调频市场规则中，采用按照调节里程加调节性能计算补偿的方式，促进了储能进入广东调频市场。模拟运行阶段的调频市场规则颁布后，广东省内已经签订了 6 个火储联合调频项目合同。

（二）电化学储能

根据中国能源研究会储能专委会/中关村储能产业技术联盟全球储能项目库不完全统计，截至 2018 年年底，全国累计投运电化学储能装机规模达到 107.3 万千瓦，为截至 2017 年年底规模近 2.8 倍。在各类电化学储能技术中，锂离子电池的累计装机比重最大，达到 70.7%，铅蓄电池、液流电池与超级电容的累计装机比重分别达到 27.2%、1.5% 和 0.6%。在良好的政策环境中，电化学储能快速发展，在电网、用户侧应用范例不断涌现。

电网侧电化学储能应用规模显著提升　电化学储能作为当前电网侧储能发展的典型新业态，随着一批具有推广示范意义的储能电站项目陆续投运，带动了电网侧电化学储能规模化应用。其中，河南省电网侧储能 10 万千瓦电池储能首批示范工程并网，标志着分布式电池储能在电网侧应用迈出关键一步。江苏镇江电网侧储能项目并网后，成功在江苏省迎峰度夏期间发挥削峰填谷作用，缓解供电压力。深圳 110 千伏潭头变电站储能装置于 2018 年 11 月 20 日并网，成为南方电网首个并网送电的电网侧兆瓦级商用储能电站。

用户侧电化学储能发展趋于平稳　从项目地区分布来看，2018 年用户侧储能项目的开发建设主要集中在经济发达且峰谷电价差较大的江苏、广东、山东、上海、浙江等地，其应用场景主要包括了削峰填谷、分布式新能源消纳和微电网组网等。其中，江苏省与广东省基于峰谷电价差以及相对完善的辅助服务补偿机制，促使工商业储能项目可以通过削峰填谷节约电费，并可通过参与电力需求响应获取收益，发挥储能的多重价值，促进用户侧分布式储能设备规模化接入电网。

专栏4　电化学储能应用典型案例

——镇江电网侧储能项目

为缓解镇江东部地区2018年夏季高峰期间供电压力，国家电网江苏省电力公司在镇江东部地区开展储能电站建设。项目总体建设规模为10.1万千瓦/20.2万千瓦时，项目采用磷酸铁锂电池作为储能介质，进行预制舱式安装调试，包括8个储能电站，主要分布在镇江大港、丹阳和扬中地区。项目建设工期73天，于7月18日实现项目整体建成投运。2018年迎峰度夏期间，镇江储能在正常工况下接受调度指令参与早、晚两峰调节；在突发情况下也会根据电网实况进行“多充多放”。2018年10月后，根据江苏电网发用电负荷水平变化情况，镇江储能项目参与电网实时频率调节，显著提升了电网频率调节能力。

三、电动汽车

电动汽车的发展和推广是国家推动绿色发展、培育新的经济增长点的重要举措，同步推进充电基础设施规划建设，可以有效提升电动汽车充电保障能力，并可逐步发展成为电力系统调节资源。作为大气污染治理的重要抓手之一，国务院在打赢蓝天保卫战三年行动计划中明确推广使用新能源汽车，同步在物流园、产业园、工业园、大型商业购物中心、农贸批发市场等物流集散地建设集中式充电桩和快速充电桩，推动电动汽车与充电基础设施协同发展。

据中国电动汽车充电基础设施促进联盟统计，截至2018年年底，全国充电基础设施累计投运数量达到77.7万台，同比增速为74.2%。2018年充电基础设施新增33.1万台，比上年增长36.8%，新能源增量车桩比近4：1。目前我国与充电基础设施配套的服务平台已达上百家，各充电设施运营企业着力提升信息化水平，面向用户提供充电服务信息和充电设施的状态信息，积极与整车、出行服务等企业开展对接，促进充电设施相关信息互联互通。

（一）电动汽车发展政策

推动新能源电动汽车快速发展　为加快传统能源乘用车节能技术的升级进程，工信部、财政部、商务部、海关总署、质检总局联合公布的《乘用车企业平均燃料消耗量与新能源汽车积分并行管理办法》（以下简称“双积分”政策）于2018年4月1日起正式实施。受到“双积分”政策影响，在未来积分难求的形势下，优先发展纯电动车型已成为汽车制造企业转型升级、实现可持续发展的重要推动力。“双积分”政策从2019年开始考核，2018年只鼓励，不列入考核标准。

持续收紧新能源汽车补贴 为推动产业技术水平提升、进一步规范行业秩序，财政部、工业和信息化部发布《关于调整完善新能源汽车推广应用财政补贴政策的通知》（财建〔2018〕18 号），明确提出鼓励高能量密度、低能耗车型应用，将补贴资金更多倾斜于更高技术水平车型，凸显出行业管理部门将引导思路从“规模至上”转变为“效益至上”与“规范至上”并举，此举对后续电动汽车退役电池梯次高效利用产生积极影响。

（二）充电基础设施发展政策

提升新能源汽车充电保障能力 为加快推进充电基础设施规划建设，国家发展改革委、国家能源局、工业和信息化部和财政部联合印发《提升新能源汽车充电保障能力行动计划》（发改能源〔2018〕1698 号），提出力争用 3 年时间大幅提升充电技术水平，提高充电设施产品质量，加快完善充电标准体系，全面优化充电设施布局，显著增强充电网络互联互通能力，快速升级充电运营服务品质，进一步优化充电基础设施发展环境和产业格局。北京、上海、天津、山西、陕西、山东、江苏、浙江、安徽、广东、广西、云南、海南多地均出台了相关行动计划、指导意见及实施方案等政策性文件，加快推进充电基础设施建设。

专栏 5 充电基础设施运营典型案例

——国家电网智慧车联网平台

国家电网率先建立覆盖上下游产业链的智慧车联网平台。与吉利、比亚迪、江淮、北汽等 20 多个厂家进行技术对接，与普天新能源、特来电、星星充电等 17 家社会充电运营商互联互通，接入充电桩超过 17 万个，占全国公共充电基础设施总量的近 60%，为全球规模最大。车联网平台实现全国统一接入、统一支付、统一服务。依托 95598 全国统一服务电话，对接入的充电桩建立全国—省—地市—站—桩五级实时监控和运维抢修体系，发生故障 15 分钟内自动派发工单、45 分钟内检修人员到场、2 小时内完成抢修、全网充电设备可用率超过 99%。

第三章　电力改革与市场建设

2018年，我国电力改革持续推进。国家相关主管部门在电力投资体制改革、电价改革、电力市场建设、规范市场监管等多个领域出台了一系列政策文件，并就输配电价、增量配电业务试点、现货市场建设、交易机构规范等具体改革内容方面，加大监管，大力推进。各省级地方政府主管部门结合各地实际，研究电力改革与市场建设方案，积极推进电力改革试点工作，取得了显著成就。

第一节　电力改革政策

2018年电力改革出台的重要政策文件及主要内容见表3－1。

表3－1　2018年电力改革出台的重要政策文件及主要内容

目的	文件名称	主要内容
电力投资体制改革	关于印发《增量配电业务配电区域划分实施办法（试行）》的通知（发改能源规〔2018〕424号）	在一个配电区域内，只能有一家售电公司拥有该配电网运营权；配电区域原则上应按照地理范围或行政区域划分，具有清晰的边界，避免出现重复建设、交叉供电、普遍服务和保底供电服务无法落实等情况。另外，增量配电业务要符合省级配电网规划，并满足国家和行业对电能配送的有关规定及标准要求
	关于同意西藏自治区开展电力体制改革的复函（发改经体〔2018〕892号）	1. 坚持推进厂网分开，今后国家电网公司西藏电力有限公司除抽水蓄能电站外不再参与电源建设，逐步实现厂网分开；2. 完善农电管理体制，由国家电网公司西藏电力有限公司“农电代管”向“农电直管”或由地方入股成立现代化的股份制企业转变；3. 完善电网投融资体制，加快实现统一电网，具备条件的地区试点推行增量配电网业务；4. 理顺和完善电价形成机制，科学核定上网电价、输配电价、销售电价；5. 逐步建立区内电力直接交易机制与跨省区电力交易机制
	关于简化优化许可条件、加快推进增量配电项目电力业务许可工作的通知（国能综通资质〔2018〕102号）	从两个方面提出了要求，一是简化优化增量配电项目电力业务许可条件，助力社会资本参与增量配电业务；二是加快推进增量配电项目电力业务许可工作，进一步提高审核效率，提升服务质量
	关于建立增量配电业务改革试点项目直接联系制度的通知（发改办经体〔2018〕1492号）	为及时跟踪了解试点项目进展情况，研究解决改革试点中存在的问题，加快推进试点项目落地见效，文件公布了12个重点试点项目作为直接联系项目，并提出要建立直接联系项目定期直报制度，并加强对直接联系项目的指导协调

续表

目的	文件名称	主要内容
电力投资体制改革	关于请报送第四批增量配电业务改革试点项目的通知（发改办运行〔2018〕1673号）	在结合地方实际情况，大力推动前三批增量配电业务改革试点项目的同时，组织报送第四批试点项目，在目前已基本实现地级以上城市全覆盖的基础上，将试点向县域延伸
电价改革	关于核定区域电网2018—2019年输电价格的通知（发改价格〔2018〕224号）	规定了华北、华东、华中、东北、西北区域电网首个监管周期（2018年1月1日—2019年12月31日）两部制输电价格水平。其中，电量电价随区域电网实际交易结算电量收取，由购电方承担；容量电价随各省级电网终端销售电量（含市场化交易电量）收取。区域电网容量电价作为上级电网分摊费用通过省级电网输配电价回收，不再向市场交易用户收取；若首个监管周期未纳入省级电网输配电价，则需向市场交易用户单独收取
	关于清理规范电网和转供电环节收费有关事项的通知（发改办价格〔2018〕787号）	取消电网企业部分垄断性服务收费项目，对电网垄断性服务收费提出了三类管理措施：一是不能向用户重复收取通过输配电价回收的费用；二是取消可以纳入供电基本服务的收费项目，以及与之服务内容相似的其他垄断性收费项目；三是不属于电网企业责任的费用由用户承担。全面清理规范转供电环节不合理加价行为，对一些地方的商业综合体、产业园区、物业、写字楼等转供电环节存在不合理加价现象，必须采取有力措施清理规范，确保降价成果真正惠及终端用户
	关于核定部分跨省跨区专项工程输电价格有关问题的通知（发改价格〔2018〕1227号）	调整灵宝直流等21个跨省跨区专项工程输电价格，并且规定本次跨省跨区专项输电工程降价形成的资金在送电方、受电方之间按照1：1比例分享，超过设计利用小时的超收收入按照2：1：2的比例分别由送端、电网和受端分享；跨省跨区专项工程输电线损率超过定价线损率带来的风险由电网企业承担，低于定价线损率带来的收益由电网企业和电力用户各分享50%
	关于切实做好清理规范转供电环节加价工作有关事项的通知（发改办价格〔2018〕1491号）	加快转供电摸排清理工作进度，打通降价政策传导中的堵点、难点，对不合理加价情况，进行系统排查清理，国家电网公司、南方电网公司要部署各级电力公司尽快摸清辖区内具备一户一表改造条件的电力用户数，尽快实现直接供电，并按照目录销售电价直接结算。电网企业因一户一表改造增加的固定资产折旧和运行维护费用等，纳入输配电成本并适时疏导
电力市场建设	关于进一步促进发电权交易有关工作的通知（国能发监管〔2018〕36号）	鼓励符合国家产业政策和相关规定、公平承担社会责任的燃煤自备电厂通过市场化方式参与发电权交易，由清洁能源替代发电；在水电、风电、光伏发电、核电等清洁能源消纳空间有限的地区，鼓励清洁能源发电机组间相互替代发电，通过进一步促进跨省跨区发电权交易等方式，加大清洁能源消纳力度

续表

目的	文件名称	主要内容
电力市场建设	关于积极推进电力市场化交易 进一步完善交易机制的通知（发改运行〔2018〕1027号）	一是提高市场化交易电量规模；二是推进各类发电企业进入市场；三是放开符合条件的用户进入市场，在2018年全面放开煤炭、钢铁、有色、建材4个行业用户发用电计划；四是高新技术、互联网、大数据、高端制造业等高附加值的新兴产业以及各地明确的优势特色行业、技术含量高的企业等可不受电压等级及用电量限制，整体参与交易，园区整体参与交易的偏差电量，可探索建立在园区企业中余缺调剂和平衡的机制；五是积极培育售电市场主体。 完善中长期合同交易电量价格调整机制，交易双方在自主自愿、平等协商的基础上，约定建立固定价格、“基准电价+浮动机制”；随电煤价格或产品价格联动的及随其他因素调整等多种形式的市场价格形成机制
	关于推进电力交易机构规范化建设的通知（发改经体〔2018〕1246号）	电力交易机构应体现多方代表性，股东应来自各类交易主体，非电网企业资本股比应不低于20%，鼓励按照非电网企业资本占股50%左右完善股权结构
	关于印发电力市场运营系统现货交易和现货结算功能指南（试行）的通知（发改办能源〔2018〕1518号）	第一批8个现货试点地区的电力现货市场试点方案和运营规则，参照《电力市场运营系统现货交易功能指南（适用于分散式电力市场）》（试行）、《电力市场运营系统现货交易功能指南（适用于集中式电力市场）》（试行）、《电力市场运营系统现货结算功能指南》（试行），结合实际，制定电力市场运营系统现货交易和现货结算具体功能要求和系统建设方案，履行有关程序后实施。条件较成熟的非现货试点地区，可结合实际，研究推动相关工作
国家监管改革	关于加强和规范涉电力领域失信联合惩戒对象名单管理工作的实施意见（发改运行规〔2018〕233号）	政府主管部门及行业监管部门对存在严重违反电力法律、法规、规章等严重失信行为的涉电力领域市场主体，依法依规列入“黑名单”，并向社会公布，实施信用约束、联合惩戒。市场主体存在违法失信行为且情节较轻的，可先纳入诚信状况重点关注对象名单

第二节　电力改革与市场建设

2018年，电力改革和市场建设各项工作协调推进，取得了长足进步。

市场交易规模比重大幅提高，发用电计划加快放开　2018年，全国电力市场交易规模再上新台阶，电力市场交易电量合计为20654亿千瓦时，较2017年增长26.5%。市场交易电量分别占全社会用电量（即全社会用电量市场化率）比重和电网企业销售电量比重为29.9%和37.0%。2016—2018年市场交易电量及占全社会用电量比重见图3-1。

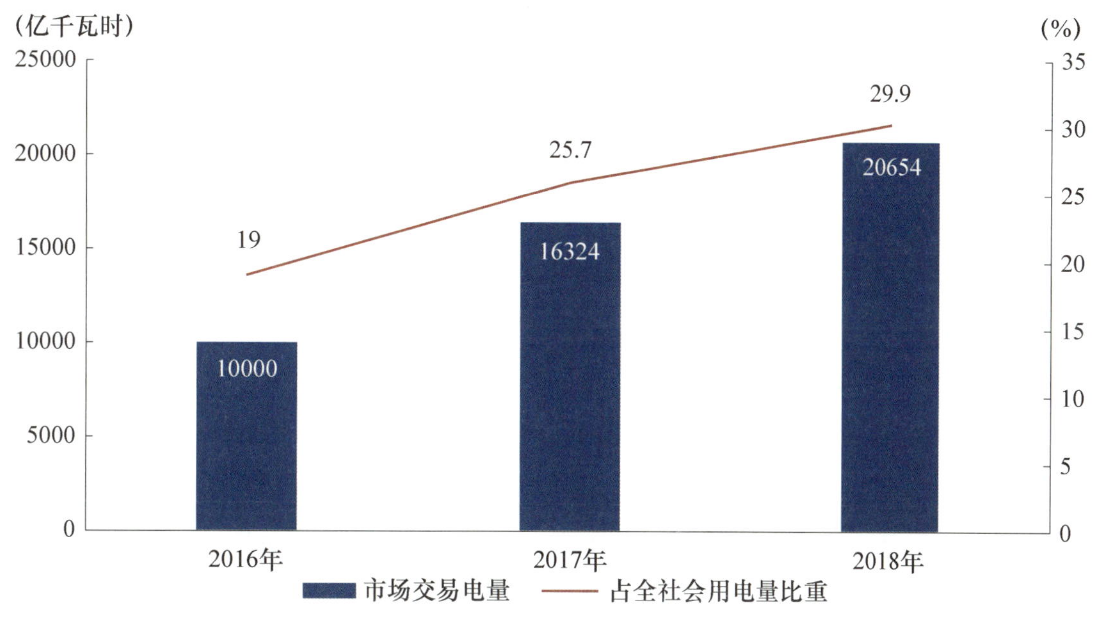

图 3－1　2016—2018 年市场交易电量及占全社会用电量比重

区域电网和跨省跨区输电工程输配电价核定完毕　2018 年，在建立起覆盖省级电网、区域电网、跨省跨区输电工程、地方电网、增量配电网的全环节输配电价格监管制度框架基础上，华北、东北、华东、华中、西北 5 大区域电网和 24 条跨省跨区专项工程输电价格陆续核定完毕，累计核减电网企业准许收入约 600 亿元，促进了跨省跨区电力交易。历时 4 年的首轮输配电定价成本监审完毕。

电力交易机构基本组建完毕，交易机构规范化建设提速　全国 31 个省份均已建立了电力交易机构，加上北京、广州 2 个区域性电力交易中心，形成了业务范围从省（区）到跨省跨区的交易机构体系。2018 年 8 月，国家发展改革委、国家能源局印发《关于推进电力交易机构规范化建设的通知》（发改经体〔2018〕1246 号），要求按照多元制衡的原则对电力交易中心进行股份制改造，电力交易机构应体现多方代表性，非电网企业资本股比应不低于 20%。截至 2018 年年底，广州以及云南、贵州、广西、广东、海南、山西、湖北、重庆等 8 省（市）均组建了股份制交易机构，国家电网公司经营范围内 25 家电力交易机构的股份制改造工作正在有序进行。

市场主体数量大幅增加，多元化的市场主体格局正在形成　截至 2018 年年底，全国各电力交易中心累计注册市场主体超过 10 万家，其中国家电网公司区域 78016 家，南方电网公司区域 21063 家，蒙西电网区域 1711 家。其中，发电企业 29032 家，售电公司 3984 家，电力用户 67731 家。参与电力市场的电源类型涵盖火电、气电、水电、风电、核电、光伏发电，用户类型包括工业、商业，初步建立了多买多卖的市场格局。

市场交易规则体系初步建立，交易机制进一步完善 2018年，北京电力交易中心和广州电力交易中心分别公布了《北京电力交易中心跨区跨省电力中长期交易实施细则（暂行）》和《南方区域跨区跨省电力中长期交易规则（暂行）》，至此，全国跨区跨省市场以及各省区内市场均已建立中长期市场交易规则体系，涵盖市场准入与退出、发用电侧直接交易、结算及信息披露等多个方面。

国家电网公司区域，北京电力交易中心坚持“统一市场、两级运作”框架，目前省间电力市场中长期交易、现货交易和跨省调峰辅助服务交易全部投入运营。针对“三弃”问题，积极开展清洁能源省间交易、替代交易、富余可再生能源现货交易等市场化交易，实现了弃电量和弃电率“双降”的目标。

南方电网公司区域，广州电力交易中心开发完善了多类型的电力交易品种，交易周期包括年度、月度、日前、实时，并开创性组织了水火置换交易、发电合同权转让交易、双边合同互保交易等多种交易类型，形成了多周期、多品种的电力交易体系。

电力现货市场建设试点取得积极进展 按照国家发展改革委、国家能源局加快推进电力现货试点工作要求，2018年8月，南方（以广东起步）电力现货市场启动试运行，成为全国首个投入试运行的电力现货市场。为推动电力现货市场建设试点尽快取得实质性突破，国家发展改革委体改司、国家能源局电力司建立了对8个试点的联系协调机制，甘肃、山西电力现货市场于2018年12月启动试运行。

增量配电业务改革试点向县域延伸，国家加速督导项目落地 2018年，为扎实推进增量配电业务改革试点工作，及时跟踪了解试点项目进展情况，研究解决改革试点中存在的问题，加快推进试点项目落地见效，国家发展改革委、国家能源局分别对14个省（市、区）开展了督导调研工作，对项目进展缓慢和问题突出的地区进行了约谈，随后又印发了《关于建立增量配电业务改革试点项目直接联系制度的通知》，选取了12个重点试点项目作为直接联系项目，由国家发展改革委、国家能源局的6个司局进行全程指导和协调推动。截至2018年年底，国家发展改革委、国家能源局已分三批在全国范围内批复了320个试点，基本实现地级以上城市全覆盖。为落实习近平总书记在民营企业座谈会上的重要指示，关于报送第四批试点项目的通知已于2018年12月19日下发，以实现试点县城延伸的目标。

第三节 电力市场交易

一、全国情况

2018年，全国电力市场交易电量合计为20654亿千瓦时，同比增长26.5%，市场交易电量占全社会用电量（即全社会用电量市场化率）比重为29.9%，比上年提高4.2个百分点，市场交易电量占电网企业销售电量比重为37.0%。其中，省内市场交易电量合计16885亿千瓦时，占全国市场交易电量的81.8%，省间（含跨区）市场交易电量合计3471亿千瓦时，占全国市场交易电量的16.8%。

分季度看，2018年四个季度市场交易电量分别为3322亿千瓦时、4199亿千瓦时、6937亿千瓦时和6197亿千瓦时，占全年全国市场交易电量的比重分别为16%、20%、34%和30%。

二、分区域、分省份情况

2018年，国家电网公司区域市场交易电量规模15674亿千瓦时，占全国市场交易电量的75.9%，市场交易电量占该区域全社会用电量的28.6%；南方电网公司区域市场交易电量规模3724亿千瓦时，占全国市场交易电量的18%，市场交易电量占该区域全社会用电量的32.3%；蒙西电网区域市场交易电量规模1256亿千瓦时，占全国市场交易电量的6.1%，市场交易电量占该区域全社会用电量的45.3%。

分区域来看，华东、华北、南方区域市场交易电量规模分别为5628亿千瓦时、4800亿千瓦时和3724亿千瓦时，占全国市场交易电量的比重分别为27.2%、23.2%和18.0%，三个区域的市场交易电量合计占全国市场交易电量比重为68.5%。华东、东北、南方区域的市场交易电量占该区域全社会用电量的比重超过30%，分别为33.7%、32.5%和32.3%。

2018年分区域的市场交易电量及占本区域全社会用电量比重见图3－2。

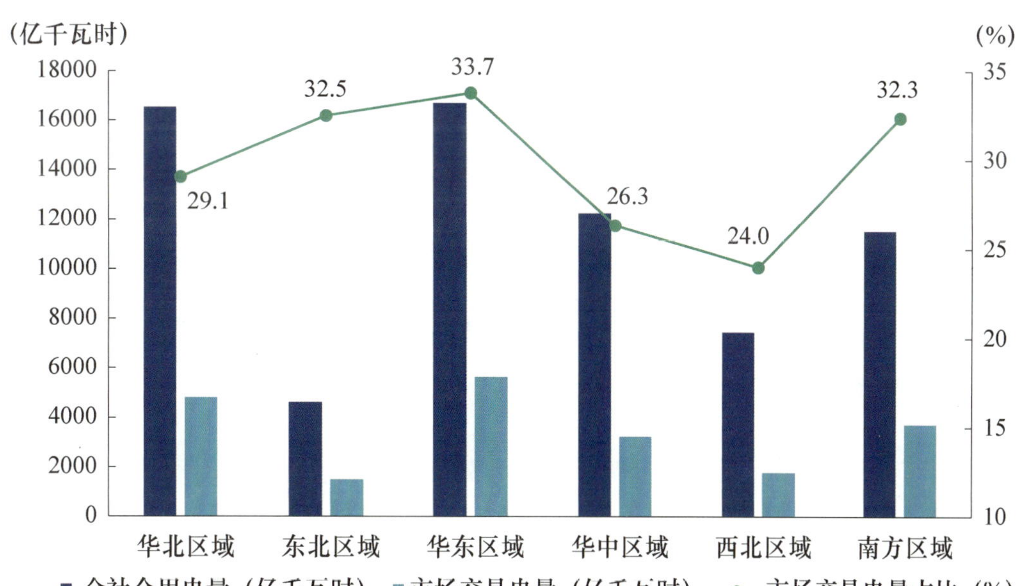

图3－2 2018年分区域的市场交易电量及占本区域全社会用电量比重

2018年，市场交易电量规模增长较快的区域分别是华东和华中，市场交易电量比上年增加均超过1000亿千瓦时，两个区域分别增加1584亿千瓦时和1169亿千瓦时，对2018年全国市场交易电量增长的贡献率分别为36.6%和27%。

分省来看，市场交易电量占全社会用电量比重超过40%的省区分别是云南（50.7%）、辽宁（47.6%）、蒙西（45.3%）和江苏（43.4%）；电力市场交易电量规模超过1000亿千瓦时的省区分别是江苏（2657亿千瓦时）、广东（1805亿千瓦时）、山东（1783亿千瓦时）、浙江（1470亿千瓦时）、蒙西（1256亿千瓦时）、辽宁（1097亿千瓦时）和河南（1080亿千瓦时）；省间市场交易电量（外受电量）规模前三名的省区分别是江苏（601亿千瓦时）、山东（520亿千瓦时）和浙江（478亿千瓦时）。

2018年分省份的市场化交易电量及占本省全社会用电量比重见图3-3。

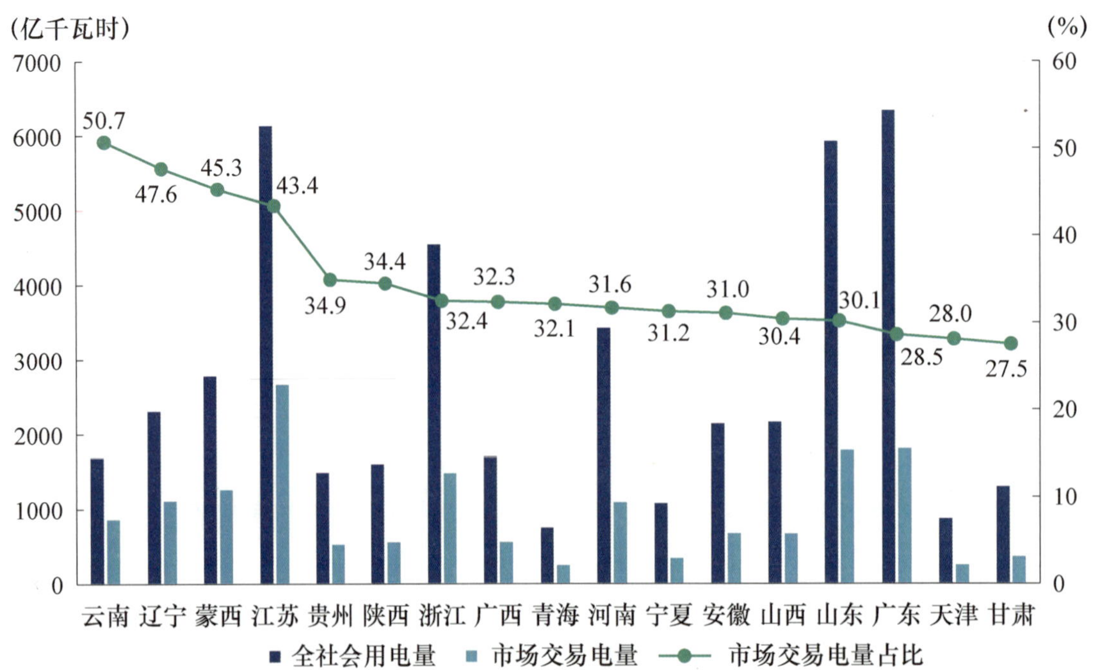

图3-3　2018年分省份的市场化交易电量及占本省全社会用电量比重

2018年，市场交易规模增速最大的省份是江苏，市场交易电量比上年增长1039亿千瓦时，市场交易电量占全社会用电量的比重比上年提高15个百分点。

三、大型发电集团情况

2018年，大型发电集团①上网电量合计36587亿千瓦时，同比增长11%；市场

① 大型发电集团指参加中电联电力交易信息共享平台的10家中央及地方大型发电企业集团，分别为：华能集团、大唐集团、华电集团、国家能源集团、国家电投集团、三峡集团、浙能集团、粤电集团、中核集团、中广核。

交易电量合计13713亿千瓦时（不含发电权交易），同比增长26.4%，占大型发电集团合计上网电量的37.5%，比上年提高4.5个百分点。其中，省间（含跨区）市场交易电量合计2360亿千瓦时，同比增长39.5%，占大型发电集团合计市场交易电量的17.2%，比上年提高1.2个百分点。

2018年大型发电集团各类电源市场交易电量汇总见表3－2。

表3－2 2018年大型发电集团各类电源市场交易电量汇总

	煤电	气电	水电	风电	太阳能发电	核电
上网电量（亿千瓦时）	24431	861	6451	1842	328	2675
市场交易电量（亿千瓦时）	10459	54	2056	395	87	662
上网电量市场化率（%）	42.8	6.3	31.9	21.4	26.6	24.8
平均市场交易电价（元/千瓦时）	0.3383	0.5436	0.2245	0.4295	0.7731	0.3585
较上网电量平均电价降低（元/千瓦时）	0.0245	0.1088	0.0396	0.0982	0.0622	0.0477

注：1. 上网电量市场化率＝某类型电源市场交易电量/某类型电源合计上网电量；
2. 上网电量平均电价指计划电量与市场电量综合平均电价。

2018年，大型发电集团中6家企业①的发电权交易电量（按照受让电量的结算口径统计）为493亿千瓦时，发电权交易平均价格为0.3051元/千瓦时。

第四节 电价政策与电价水平

一、电价政策

（一）供给侧改革相关电价政策

2018年，为了贯彻落实中央经济工作会议关于降低企业用能成本和《政府工作报告》关于降低一般工商业电价的要求，国家发展改革委分四批出台了10余项降价措施，包括推进区域电网和跨省跨区输电价格改革、临时性降低输配电价、降低电网企业增值税、扩大跨省跨区电力交易规模、降低重大水利工程建设基金、督促自备电厂承担社会责任、释放电量增量效益、取消电网企业部分垄断性服务收费项目等。

2018年出台的有关降低一般工商业电价政策措施见表3－3。

① 6家企业包括华能集团、华电集团、大唐集团、国家电投、浙能集团和粤电集团。

表3-3 2018年出台的有关降低一般工商业电价政策措施

2018年3月《关于降低一般工商业电价有关事项的通知》
该《通知》共提出4项降价措施：一是全面落实已出台的电网清费政策；二是推进区域电网和跨省跨区专项工程输电价格改革；三是进一步规范和降低电网环节收费；四是临时性降低输配电价
2018年5月《关于电力行业增值税税率调整相应降低一般工商业电价的通知》
该《通知》提出将电力行业增值税税率由17%调整为16%，省级电网企业含税输配电价水平和政府性基金及附加标准降低、期末留抵税额一次性退返等腾出的电价空间，全部用于降低一般工商业电价
2018年7月《关于清理规范电网和转供电环节收费有关事项的通知》
该《通知》是对前面两个文件的强调、补充和督促落实，要求取消电网企业部分垄断性服务收费项目，全面清理规范转供电环节不合理加价行为，加快落实已出台的电网清费政策
2018年7月《关于利用扩大跨省区电力交易规模等措施降低一般工商业电价有关事项的通知》
该《通知》共提出了3项降价措施：一是扩大跨省区电力交易规模；二是国家重大水利工程建设基金征收标准降低25%；三是督促自备电厂承担政策性交叉补贴。此外，还要求各省（区、市）价格主管部门可根据当地实际充分挖掘本地降价潜力，通过停征地方水库移民后期扶持资金、扩大一般工商业用户参与电力直接交易规模、从跨省跨区现货市场直接购买低价电量等方式，进一步降低一般工商业电价
2018年8月《关于降低一般工商业目录电价有关事项的通知》
该《通知》针对实施此前8项降价措施及挖掘本地降价潜力后，尚未达到一般工商业电价降低10%的地区，又部署了2项措施：一是释放电量增项效益；二是可由电网企业通过内部调剂的方式弥补省电力公司的资金缺口，或在下一输配电价监管周期统筹平衡

经汇总各省（区、市）执行国家降低一般工商业电价政策落实情况，全国全年共降低用户用电成本1257.91亿元。其中，降价金额达到902.01亿元，占比71.71%；降费金额达到355.9亿元，占比28.29%。按降价主体划分，中央财政通过降低国家重大水利工程建设基金征收标准25%等措施完成215.9亿元，占比17.16%；电网企业通过推进区域电网和跨省跨区专项工程输电价格改革、提高两部制电价灵活性等完成659.62亿元，占比55.3%；地方自筹完成346.39亿元，占比27.54%。2018年10月起，新的一般工商业销售目录电价全部执行到位，当月全国平均比3月份（降价前）下降10.11%。其中，28个省（区、市）降幅均达到或超过10%（在10%～25.52%之间）；贵州、内蒙古、北京降幅分别为9.99%、9.94%、7.70%（北京为疏解非首都功能，市区与郊区执行差异化降价政策，其降幅分别为6%、10%）。2018年10月，国家电网公司、南方电网公司、蒙西电网区域内销售目录电价比3月分别降低10.12%、10.05%、10%，意味着一般工商业用户享受超过10%的平均降价红利。降价政策出台前后全国一般工商业平均销售目录电价降幅见表3-4。

表3－4 降价政策出台前后全国一般工商业平均销售目录电价降幅

地区	降价前平均销售目录电价（元/千瓦时）	降价后平均销售目录电价（元/千瓦时）	降低值（元/千瓦时）	降幅（%）
全国	0.7807	0.7018	0.0789	10.11
北京	0.8510	0.7854	0.0655	7.70
天津	0.8063	0.7207	0.0856	10.62
河北	0.6564	0.5896	0.0668	10.18
山西	0.6467	0.5803	0.0664	10.27
内蒙古	0.6879	0.6195	0.0684	9.94
辽宁	0.7938	0.7099	0.0839	10.57
吉林	0.8754	0.7869	0.0885	10.11
黑龙江	0.8296	0.7446	0.0850	10.25
上海	0.8649	0.7779	0.0869	10.05
江苏	0.8069	0.7250	0.0819	10.15
浙江	0.8329	0.7488	0.0841	10.10
安徽	0.7547	0.6781	0.0766	10.15
福建	0.7262	0.6465	0.0797	10.97
江西	0.7702	0.6897	0.0805	10.45
山东	0.7394	0.6642	0.0752	10.17
河南	0.7317	0.6584	0.0733	10.01
湖北	0.8537	0.7667	0.0870	10.19
湖南	0.8391	0.7531	0.0860	10.25
广东	0.8167	0.7346	0.0821	10.05
广西	0.8062	0.7249	0.0812	10.07
海南	0.8572	0.7715	0.0857	10.00
重庆	0.7763	0.6970	0.0793	10.21
四川	0.8053	0.7248	0.0805	10.00
贵州	0.7073	0.6366	0.0707	9.99
云南	0.6692	0.6017	0.0675	10.09
西藏	1.1248	0.8377	0.2871	25.52
陕西	0.7518	0.6744	0.0774	10.29
甘肃	0.7610	0.6842	0.0768	10.09
青海	0.6307	0.5672	0.0635	10.07
宁夏	0.6556	0.5876	0.0680	10.37
新疆	0.5336	0.4776	0.0560	10.49

（二）输配电价改革相关政策

2018 年，在省级电网输配电价改革实现全覆盖的基础上，华北、东北、华东、华中、西北 5 大区域电网和 24 条跨省跨区专项工程输电价格也陆续核定完毕，累计核减电网企业准许收入约 600 亿元，促进了跨省跨区电力交易。同时，历时 4 年的首轮输配电定价成本监审完毕，共核减不相关、不合理费用约 1284 亿元，平均核减比例 15.1%，有力保障了输配电价改革的进一步深化，有效降低了社会用能成本，减轻了企业用能负担。

2018 年 2 月，国家发展改革委印发《关于核定区域电网 2018—2019 年输电价格的通知》（发改价格〔2018〕224 号），该《通知》规定了华北、华东、华中、东北、西北区域电网首个监管周期（2018 年 1 月 1 日—2019 年 12 月 31 日）两部制输电价格水平。其中，电量电价随区域电网实际交易结算电量收取，由购电方承担；容量电价随各省级电网终端销售电量（含市场化交易电量）收取。

2018 年、2019 年区域电网输电价格见表 3 -5。

表 3 -5　2018 年、2019 年 区域电网输电价格

单位：元/千瓦时

区域	电量电价	容量电价	
华北地区	0.01	北京	0.0510
		天津	0.0231
		冀北	0.0030
		河北	0.0030
		山西	0
		山东	0.0071
华东地区		上海	0.0113
		江苏	0.0068
		浙江	0.0096
		安徽	0.0045
		福建	0.0045
华中地区		湖北	0.0048
		湖南	0.0028
		河南	0.0028
		江西	0.0028
		四川	0
		重庆	0.0028

续表

区域	电量电价	容量电价	
东北地区	0.02	辽宁	0.0088
		吉林	0.0048
		黑龙江	0.0048
		蒙东	0.0048
西北地区		陕西	0.0071
		甘肃	0.0071
		青海	0.0071
		宁夏	0.0071
		新疆	0.0014

2018 年 2 月，国家发展改革委、国家能源局正式下发《关于调整宁东直流等专项工程 2018—2019 年输电价格的通知》（发改价格〔2018〕225 号），调整宁东、向上、哈郑、宾金、南方电网西电东送等五个跨省区输电工程电价，明确首个监管周期内（2018 年 1 月 1 日—2019 年 12 月 31 日）各条线路的输电价格。

2018 年 8 月，国家发展改革委发布了《关于核定部分跨省跨区专项工程输电价格有关问题的通知》（发改价格〔2018〕1227 号），调整了灵宝直流等 21 个跨省跨区专项工程输电价格。

全国已公布的 24 项跨省跨区专项工程输电价格见表 3－6。

表 3－6 全国已公布的 24 项跨省跨区专项工程输电价格

序号	跨省跨区专项工程	输电价格（分/千瓦时，含税）	线损率（%）
1	灵宝直流	4.26	1.00
2	德宝直流	3.58	3.00
3	锦苏直流	5.50	7.00
4	高岭直流	2.50	1.70
5	龙政线	7.40	7.50
6	葛南线	6.00	7.50
7	林枫直流	4.71	7.50
8	宜华线	7.40	7.50
9	江城直流	4.17	7.65
10	三峡送华中	4.83	0.70
11	中俄直流	3.71	1.30
12	青藏线	6.00	13.70

续表

序号	跨省跨区专项工程		输电价格（分/千瓦时，含税）	线损率（%）
13	呼辽直流		4.59	4.12
14	阳城送出		2.21	3.00
15	锦界送出		1.92	2.50
16	府谷送出		1.54	2.50
17	晋东南—南阳—荆门工程		3.32	1.50
18	溪广线		5.32	6.50
19	向上工程		6.20	7.00
20	宾金工程		4.95	6.50
21	宁东工程		5.35	7.00
22	哈郑工程		6.58	7.20
23	南方电网西电东送工程	云南送广东	8.02	6.57
		贵州送广东	8.02	7.05
		云南送广西	5.72	2.98
		贵州送广西	5.72	3.47
		天生桥送广东	6.32	5.63
		天生桥送广西	4.02	2.00
24	辛洹线		容量电价为每千瓦每年40元	

（三）可再生能源发电上网价格政策

1. 风电

为促进风电产业高质量发展，降低度电补贴强度，推行竞争方式配置风电项目，国家能源局于2018年5月发布了《关于2018年度风电建设管理有关要求的通知》（国能发新能〔2018〕47号）。

从《通知》印发之日起，对于尚未印发2018年度风电建设方案的省（自治区、直辖市）新增集中式陆上风电项目和未确定投资主体的海上风电项目应全部通过竞争方式配置和确定上网电价；对于已印发2018年度风电建设方案的省（自治区、直辖市）和已经确定投资主体的海上风电项目2018年可继续推进原方案。

从2019年起，各省（自治区、直辖市）新增核准的集中式陆上风电项目和海上风电项目应全部通过竞争方式配置和确定上网电价。各省（自治区、直辖市）能源主管部门会同有关部门参照随《通知》发布的《风电项目竞争配置指导方案（试行）》制定风电项目竞争配置办法。分散式风电项目可不参与竞争性配置，逐步纳入分布式发电市场化交易范围。

2. 光伏发电

2018 年 5 月，国家发展改革委、财政部、国家能源局发布了《关于 2018 年光伏发电有关事项的通知》（发改能源〔2018〕823 号）。

在光伏发电补贴方面，《通知》明确新投运的光伏电站标杆上网电价每千瓦时统一降低 0.05 元，Ⅰ类、Ⅱ类、Ⅲ类资源区标杆上网电价分别调整为每千瓦时 0.5 元、0.6 元、0.7 元（含税）。新投运的、采用“自发自用、余电上网”模式的分布式光伏发电项目，全电量度电补贴标准降低 0.05 元，即补贴标准调整为每千瓦时 0.32 元（含税）。采用“全额上网”模式的分布式光伏发电项目按所在资源区光伏电站价格执行。分布式光伏发电项目自用电量免收随电价征收的各类政府性基金及附加费、系统备用容量费和其他相关并网服务费。符合国家政策的村级光伏扶贫电站（0.5 兆瓦及以下）标杆电价保持不变。

在市场配置资源方面，一是所有普通光伏电站均须通过竞争性招标方式确定项目业主，招标确定的价格不得高于降价后的标杆上网电价；二是鼓励地方出台竞争性招标办法，配置除户用光伏以外的分布式光伏发电项目，鼓励地方加大分布式发电市场化交易力度；三是各地、各项目开展竞争性配置时，要将上网电价作为重要竞争优选条件，严禁不公平竞争和限价竞争，确保充分竞争和建设质量。

二、电价水平

（一）煤电标杆电价

2018 年燃煤发电标杆电价没有调整，各省份燃煤发电标杆电价见表 3－7。

表 3－7 2018 年各省份燃煤发电标杆电价（含脱硫、脱硝和除尘电价）

单位：元/千瓦时

地区	省（区、市）	统调煤电标杆上网电价
华北地区	北京	0.3598
	天津	0.3655
	冀北	0.3720
	冀南	0.3644
	山西	0.3320
	蒙西	0.2829
	山东	0.3949

续表

地区	省（区、市）	统调煤电标杆上网电价
东北地区	吉林	0.3731
	辽宁	0.3749
	黑龙江	0.3740
	蒙东	0.3035
华东地区	上海	0.4155
	江苏	0.3910
	浙江	0.4153
	安徽	0.3844
	福建	0.3932
华中地区	江西	0.4143
	河南	0.3779
	湖北	0.4161
	湖南	0.4500
	重庆	0.3964
	四川	0.4012
西北地区	陕西	0.3545
	甘肃	0.2978
	青海	0.3247
	宁夏	0.2595
南方地区	广东	0.4530
	广西	0.4207
	贵州	0.3515
	云南	0.3358
	海南	0.4298

（二）新能源标杆电价

1. 陆上风电

2018年，陆上风电标杆电价未调整，继续执行国家发展改革委在2016年12月印发的《关于调整光伏发电陆上风电标杆上网电价的通知》中的内容，全国陆上风电上网标杆电价见表3-8。

表 3－8　全国陆上风电上网标杆电价（含税）

单位：元/千瓦时

资源区	陆上风电标杆上网电价			各资源区所包括的地区
	2015 年	2016 年	2018 年	
Ⅰ类资源区	0.49	0.47	0.4	内蒙古自治区除赤峰市、通辽市、兴安盟、呼伦贝尔市以外的其他地区；新疆维吾尔自治区乌鲁木齐市、伊犁哈萨克族自治州、克拉玛依市、石河子市
Ⅱ类资源区	0.52	0.5	0.45	河北省张家口市、承德市；内蒙古自治区赤峰市、通辽市、兴安盟、呼伦贝尔市；甘肃省嘉峪关市、酒泉市；云南省
Ⅲ类资源区	0.56	0.54	0.49	吉林省白城市、松原市；黑龙江省鸡西市、双鸭山市、七台河市、绥化市、伊春市、大兴安岭地区；甘肃省除嘉峪关市、酒泉市以外的其他地区；新疆维吾尔自治区除乌鲁木齐市、伊犁哈萨克族自治州、克拉玛依市、石河子市以外的其他地区；宁夏回族自治区
Ⅳ类资源区	0.61	0.6	0.57	除Ⅰ类、Ⅱ类、Ⅲ类资源区以外的其他地区

注：2018 年 1 月 1 日以后核准并纳入财政补贴年度规模管理的陆上风电项目执行 2018 年的上网标杆电价。2 年核准期内未开工建设的项目不得执行该核准期对应的标杆电价。2018 年以前核准并纳入以前年份财政补贴规模管理的陆上风电项目但于 2019 年底前仍未开工建设的，执行 2018 年上网标杆电价。2018 年以前核准但纳入 2018 年 1 月 1 日之后财政补贴年度规模管理的陆上风电项目，执行 2018 年上网标杆电价。

2. 光伏发电

根据国家发展改革委在 2018 年 5 月 31 日印发的《关于 2018 年光伏发电有关事项的通知》中的内容，2018 年全国光伏发电上网电价见表 3－9。

表 3－9　2018 年全国光伏发电上网电价表（含税）

单位：元/千瓦时

资源区	2017 年	2018 年				各资源区所包括的地区
	光伏电站标杆电价	光伏电站标杆电价		分布式发电度电补贴标准		
		普通电站	村级光伏扶贫电站	普通项目	分布式光伏扶贫项目	
Ⅰ类资源区	0.65	0.50	0.65	0.32	0.42	宁夏，青海海西，甘肃嘉峪关、武威、张掖、酒泉、敦煌、金昌，新疆哈密、塔城、阿勒泰、克拉玛依，内蒙古除赤峰、通辽、兴安盟、呼伦贝尔以外的其他地区

续表

<table>
<tr><th rowspan="3">资源区</th><th>2017 年</th><th colspan="4">2018 年</th><th rowspan="3">各资源区所包括的地区</th></tr>
<tr><th rowspan="2">光伏电站标杆电价</th><th colspan="2">光伏电站标杆电价</th><th colspan="2">分布式发电度电补贴标准</th></tr>
<tr><th>普通电站</th><th>村级光伏扶贫电站</th><th>普通项目</th><th>分布式光伏扶贫项目</th></tr>
<tr><td>Ⅱ类资源区</td><td>0.75</td><td>0.60</td><td>0.75</td><td rowspan="2">0.32</td><td rowspan="2">0.42</td><td>北京，天津，黑龙江，吉林，辽宁，四川，云南，内蒙古赤峰、通辽、兴安盟、呼伦贝尔，河北承德、张家口、唐山、秦皇岛，山西大同、朔州、忻州、阳泉，陕西榆林、延安，青海、甘肃、新疆除Ⅰ类资源区以外的其他地区</td></tr>
<tr><td>Ⅲ类资源区</td><td>0.85</td><td>0.70</td><td>0.85</td><td>除Ⅰ类、Ⅱ类资源区以外的其他地区</td></tr>
</table>

注：1. 西藏自治区光伏电站标杆电价为1.05元/千瓦时。
2. 2018年1月1日以后纳入财政补贴年度规模管理的光伏电站项目，执行2018年光伏发电标杆上网电价。
3. 2018年以前备案并纳入以前年份财政补贴规模管理的光伏电站项目，但于2018年6月30日以前仍未投运的，执行2018年标杆上网电价。
4. 2018年1月1日以后投运的分布式光伏发电项目，按表3－9中补贴标准执行。

三、输配电价

截至2018年年底，已批复的各省级电网输配电价见附录3。

第五节　电力信用体系建设

一、信用政策

2018年是信用体系建设全面推进的一年，政府有关部门为推动涉电力领域信用体系建设工作，进一步加强失信联合惩戒力度，逐步建立健全红黑名单分类监管机制，出台了一系列政策性文件，保障行业信用体系建设有序发展。

2018年国家出台的信用体系建设相关重要文件见表3－10。

表 3－10　2018 年国家出台的信用体系建设相关重要文件

序号	文件名称	主要内容
1	《关于加强和规范守信联合激励和失信联合惩戒对象名单管理工作的指导意见》贯彻落实工作的通知（发改办财金〔2018〕87 号）	尽快完善守信联合激励和失信联合惩戒机制，促进红黑名单归集、认定、发布、共享等办法及机制的建立
2	国家发展改革委办公厅关于充分发挥信用服务机构作用加快推进社会信用体系建设的通知（发改办财金〔2018〕190 号）	多措并举，发挥各类信用服务机构的作用；加强信用服务机构自身建设；积极开展发挥综合信用服务机构作用的试点探索
3	国家发展改革委、国家能源局关于加强和规范涉电力领域失信联合惩戒对象名单管理工作的实施意见（发改运行规〔2018〕233 号）	明确了涉电力领域联合惩戒名单的认定标准，认定及发布程序，名单退出、信用修复与权益保护等机制，其中，中电联制定的《关于涉电力领域会员单位失信联合惩戒对象及重点关注名单管理实施细则》作为附件发布
4	国家发展改革委办公厅关于做好联合惩戒案例归集和信息共享工作的通知（发改办财金〔2018〕475 号）	明确联合惩戒案例归集范围及认定标准，强化联合惩戒案例信息共享及应用
5	中国人民银行关于进一步加强征信信息安全管理的通知（银发〔2018〕102 号）	规范金融信用信息基础数据库运行机构和接入机构征信信息安全管理有关事项，加强个人信息保护，做好新时代征信信息安全管理工作，切实保护信息主体合法权益
6	国家发展改革委 国家能源局关于积极推进电力市场化交易进一步完善交易机制的通知（发改运行〔2018〕1027 号）	明确提出加快推进电力市场主体信用建设，针对不同市场主体建立信用评价指标体系，引入全国性行业协会、信用服务机构和电力交易机构，建立信用评价制度，开展电力直接交易数据采集工作，实行市场主体年度信息公示，实施守信联合激励和失信联合惩戒机制，强化信用意识，限制有不良信用记录的市场主体参与电力市场化交易
7	国家发展改革委办公厅中国人民银行办公厅关于对失信主体加强信用监管的通知（发改办财金〔2018〕893 号）	明确失信主体的概念；建立失信行为现期整改制度和失信提示、警示约谈制度
8	国家发展改革委办公厅关于进一步完善行政许可和行政处罚等信用信息公示工作的指导意见（发改办财金〔2018〕424 号）	提升“双公示”信息质量，加大政府信息公开和数据开放力度，推进社会信用体系建设

续表

序号	文件名称	主要内容
9	国家能源局综合司关于开展承装（修、试）电力设施企业信用监管试点工作的通知（国能综通资质〔2018〕117 号）	构建以信用为核心的新型监管机制，以信用信息在事前、事中、事后差别化分类监管为重点，制订完善企业信用分类制度和监管措施，实施信用全过程闭环监管，推动联合奖惩机制落地见效
10	国家能源局关于印发〈能源行业市场主体信用信息应用清单（2018 版）〉的通知（国能综通资质〔2018〕196 号）	明确了根据信用状况的分类实施以信用为基础的分类监管措施参考目录

二、行业信用体系建设

随着电力改革的持续推进，行业新兴业务市场主体不断涌现，电力信用监管范围由电网、发电、设计、施工等传统业务市场主体逐渐扩展至售电公司、电能服务商、大用户、设备供应商等参与市场活动的主体，实现了涉电产业的上下游全覆盖。电力行业正逐渐形成以信用信息档案为基础、以信用评价为抓手、以联合奖惩为突破的建设思路，着力强化市场主体信用意识，提升行业整体信用水平，维护行业健康可持续发展。

（一）信用信息系统建设

2018 年 1 月 1 日“信用电力”平台正式上线运行，可实现涉电力领域信用信息采集、信用评价、信用公示、信用查询、信用服务等多项功能，并与信用能源、电力交易中心等建立信息共享机制，形成集行业信用信息备案和采集、网络宣传、共享服务为一体的行业信用信息服务平台。依托信息平台全面开展涉电力领域市场主体信用信息采集及信用评价工作，全年共归集 1654 家市场主体信用信息、358 余家企业评价申报材料，助力行业信用评价保质增效，同时逐步建立起行业市场主体信用档案。

（二）标准制度建设

2018 年 2 月 3 日，国家发展改革委、国家能源局印发《关于加强和规范涉电力领域失信联合惩戒对象名单管理工作的实施意见》（发改运行规〔2018〕233 号），由中电联制定的《中国电力企业联合会关于涉电力领域会员单位失信联合惩戒对象及重点关注名单管理实施细则》作为文件附件印发，形成了政府、行业共同参与的电力行业失信联合惩戒配套制度体系。

（三）开展行业信用评价

2018 年，依据行业标准，中电联组织对全国 209 家企业开展信用评价工作，实现了年度受评企业数量和覆盖范围自开展行业信用评价工作以来的双重突破。2018 年参与涉电力领域信用评价企业分类见图 3－4。

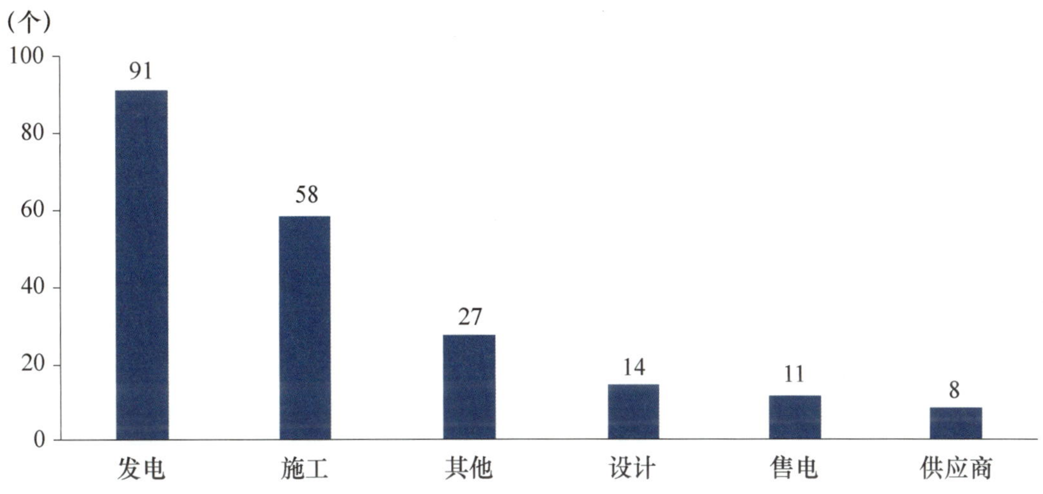

图 3－4 2018 年参与涉电力领域信用评价企业分类

（四）信用宣传

2018 年，中电联通过多种渠道、方式开展行业信用体系建设宣传活动。

1. 对外宣传

通过“信用电力”网站平台、微信公众号、《电力行业信用体系建设工作简报》等形式开展信用宣传，及时发布行业信用动态，并通过各种途径，深入宣传信用体系建设有关政策、信用评价标准，进一步深化与电力企业的信用体系建设联动，为涉电企业提供深入及时的信用服务。

2. 信用培训

举办 10 期信用评价师培训班，宣贯信用体系建设有关内容，参培人数近 1100 人，为全面推进行业信用建设工作储备人才。

3. 知识竞赛

举办第三届“信用电力”知识竞赛活动，累计 26 万余人次参与，共征集论文 601 篇、案例 344 个，有效推动涉电单位广泛参与，共同营造电力行业“知信、用信、守信”的良好氛围。

4. 信用报告

首次发布《中国电力行业信用建设年度发展报告 2018》，介绍国家和行业信用体系建设情况，分析电力领域市场主体信用建设情况和行业信用信息数据，从行业信用体系建设与发展的视角出发，全面、客观、综合地反映电力行业信用体系建设发展的实际情况。

（五）电力交易机构信用体系建设

北京电力交易中心、广州电力交易中心等电力交易机构以交易平台数据为基础，针对发电企业、电力用户和售电企业等市场主体相继建立了信用评价管理办法，建设开发电力交易信用数据平台。

北京电力交易中心

- 初步构建针对发电企业、电网企业、售电企业、电力大用户的四类电力市场主体的信用评价指标体系。该指标体系分场外指标和场内指标，各类市场主体的信用评价指标包括三级评价指标以及若干奖惩和预警指标

广州电力交易中心

- 编制了《南方区域电力市场信用体系建设业务系统推进工作方案》，在各省交易中心相继建立《电力市场交易信用管理办法》，采取市场主体信用评价与交易额度挂钩的信用管理模式，规范约束电力市场主体的交易行为，防范电力市场交易风险

（六）探索金融信用体系建设

为加强行业信用评级与金融增信的融合，推动信用评价结果落地，中电联积极探索涉电企业信用评价结果在市场中的应用，依托电力行业信用评价标准体系，为行业信用评价 AA 级以上的信用企业提供互联网金融服务，通过将保证金转变为保函、提供融资担保等措施帮助信用企业解决融资问题，既能有效降低中小企业融资成本，又能同步整合企业的交易及融资数据，进一步扩大了信用信息数据维度。

三、企业信用体系建设

电力企业积极响应国家信用体系建设有关部署，认真贯彻行业信用体系建设的有关要求，将信用建设工作纳入整体规划，积极参与信用政策文件制定、行业标准建设，并在失信自查自纠、信用信息归集及档案管理、完善信用管理制度、信用分类管理体系建设等方面开展了卓有成效的工作。2018 年，共有 144 家企业取得电力行业 AAA 信用等级，已逐步建立信用采信制度，有力地促进了行业信用氛围的形成。

国家电网公司

- 加强体系建设。制定《国家电网有限公司关于加强和规范失信联合惩戒工作的方案》《国家电网有限公司失信联合惩戒工作管理办法》；建立失信联合惩戒工作组织机构，明确各层级归口部门和职责分工，全面部署失信联合惩戒工作；统一明确失信联合惩戒工作的管理流程和管理要求。
- 诚信教育。在公司总部和各单位层面举办失信联合惩戒工作培训班 80 余次，将国家和能源行业失信联合惩戒工作的部署要求传达到各级单位，落实到具体工作中。
- 制度规范管理。对照失信黑名单认定标准，对国家电网公司 1857 项企业标准、533 项通用规章制度进行系统梳理，细化管控措施，建立横向覆盖各部门、纵向贯通各层级的制度标准体系。
- 督办跟踪机制建设。建立失信黑名单月度通报制度，通过约谈、提醒、下达整改函等方式，督促失信问题限期整改。
- 自查自纠。制定《关于深入开展自查自纠，切实提升企业治理效能的工作方案》，全面开展信用状况自查自纠，梳理各级单位涉及安全、建设、营销、交易等领域的信用风险点 432 个，尚未办结或尚未完全履行义务的法律纠纷案件 668 个，针对性提出应对措施，堵塞管理漏洞

华能集团

- 制定建设目标。按照《能源行业信用体系建设实施意见（2016—2020 年）》（国能资质〔2016〕350 号）和《电力行业信用体系建设指导意见（2015—2020 年）》要求，提出以下信用体系建设目标：确保 2019 年实现 80% 的省级公司和 60% 的直属单位通过 AAA 级信用评估；2020 年信用建设取得明显进展，奖惩机制全面发挥作用。
- 标准制度建设。制定《中国华能集团有限公司电力企业信用工作管理规定》，明确了信用体系建设工作的基本原则，明确了信用体系建设过程中的组织架构、管理职能、工作目标及要求、考核办法等方面内容，各区域公司和基层单位相继成立了信用体系建设组织机构，基本形成三级管理体系，全面推进信用体系建设。
- 信用指标体系建设。在行业信用评价指标的基础上，结合集团各单位实际情况，制定了《中国华能集团有限公司发电企业信用管理指标体系》，重新梳理了各项信用评价指标，将责任逐层分解，落实到部门，强化信用管理。
- 信用信息平台建设。制定了《信用数据管理业务设计蓝图》，明确了信用信息系统企业信用数据管理、数据分析展示、信用预警等主要功能，力争在 2020 年前建设成为可实时监控、综合评价各区域公司、基层电厂的专业信用管理平台。
- 参与行业信用评价。吉林、江苏、辽宁、福建、湖南、山东、黑龙江、陕西 8 家区域公司以及吉林农安生物质发电厂、榆社发电有限公司、华能国际电力股份有限公司福州电厂等 33 家基层单位通过了行业信用评价，获得 AAA 级信用企业称号

中国能源建设集团

- 加强顶层设计。印发《中国能源建设集团有限公司推进企业信用体系建设指导意见》，明确了推进信用体系建设工作的指导思想、基本原则、总体目标和工作任务。其中，建设目标为：2018 年至 2020 年，公司信用体系建设工作体系基本建立，公司“信用能建”系统工程实施取得积极成效，履约守诺、诚信经营的要求在企业经营管理活动中得到进一步强化和落实，企业整体信用能力和信用水平进一步提升，“信用能建”品牌进一步彰显。
- 信用信息归集。按照公司与国家能源局签订的能源行业市场主体信用信息共享合作备忘录有关要求，积极开展企业信用信息归集及报送等有关工作。
- 参与行业信用评价。中国电力工程顾问集团有限公司及其所属区域公司、江苏设计院、浙江设计院、广东设计院、山西设计院、陕西设计院、湖南设计院、云南设计院等 14 家单位获得 AAA 级信用企业称号。
- 开展信用调研及宣传教育。印发《信用体系建设相关文件资料汇编（2018 版）》，组织所属单位研究学习；编制《公司所属企业信用体系建设工作调研报告》

四、信用风险预警

2018 年，按照党中央、国务院关于推进社会信用体系建设有关工作部署，跨地区、跨部门、跨领域的失信联合惩戒机制得到持续推进，失信黑名单主体“一处失信、处处受限”的信用惩戒格局初步形成，社会信用体系建设取得的成果见图 3－5。

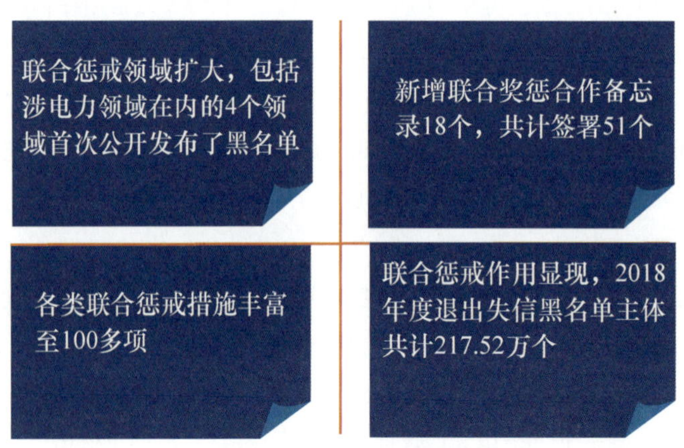

图 3－5　社会信用体系建设取得的成果

为进一步加强行业自律，发挥好行业协会的服务监督作用，中电联按照《国家发展改革委国家能源局关于加强和规范涉电力领域失信联合惩戒对象名单管理工作的实施意见》中认定标准，对电力行业信用体系建设“5＋5”协调工作机制单位推送的失信企业名单进行了筛选，经国家发展改革委及各地主管部门核实，于 2018 年 11 月 29 日将 130 家企业认定为第一批“黑名单”企业予以公布。

第四章　电力投资与建设

2018 年，全国电力工程建设完成投资 8127 亿元，同比下降 1.4%。其中，受火电及其煤电投资持续下降和太阳能发电投资放缓等因素的影响，电源工程完成投资①2787 亿元，同比下降 3.9%；电网工程完成投资② 5340 亿元，与上年基本持平。

第一节　电源投资与建设

一、总体情况

2018 年，国家防范化解煤电产能过剩风险措施效果明显，电力绿色发展不断推进，火电及其煤电投资持续下降。全国主要电力企业电源工程建设完成投资 2787 亿元，同比下降 3.9%，下降幅度比上年收窄。

2011—2018 年电源工程建设完成投资及增速见图 4－1。

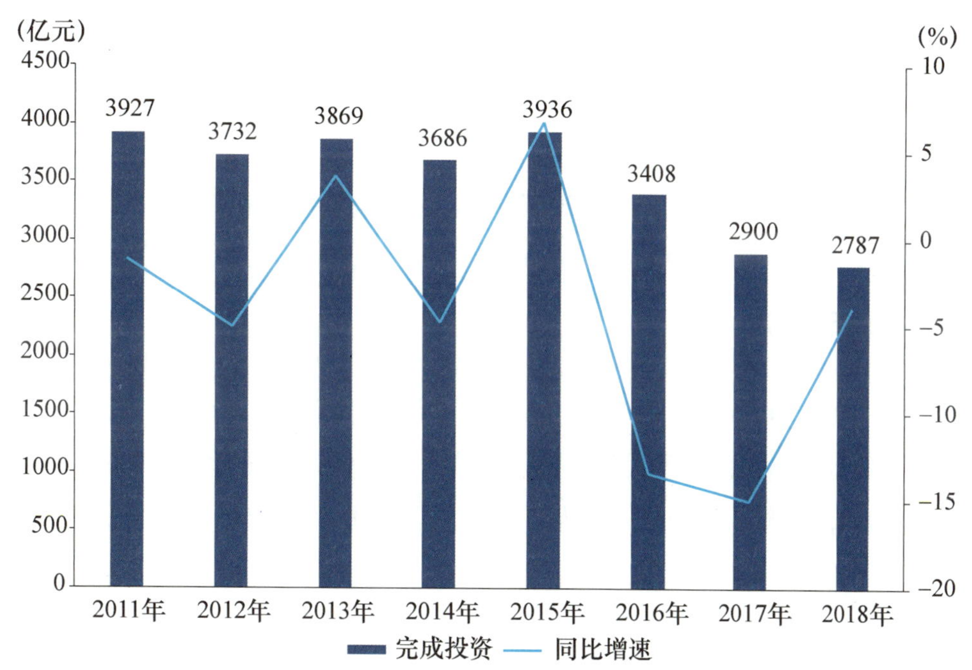

图 4－1　2011—2018 年电源工程建设完成投资及增速

① 本章电源工程完成投资均指主要发电企业电源工程完成投资。

② 本章电网工程完成投资均指主要电网企业电网工程完成投资。

全国发电新增装机（正式投产）12785万千瓦，比上年少投产234万千瓦。其中，火电新增装机4380万千瓦（燃煤发电新增3056万千瓦，比上年少投产448万千瓦，投产规模持续下降）；非化石能源发电新增8647万千瓦，占全国新增容量的67.6%（风电和太阳能发电等新能源发电新增6652万千瓦，占全国新增容量的52.0%）。

2011—2018年全国新增发电装机容量见图4-2。

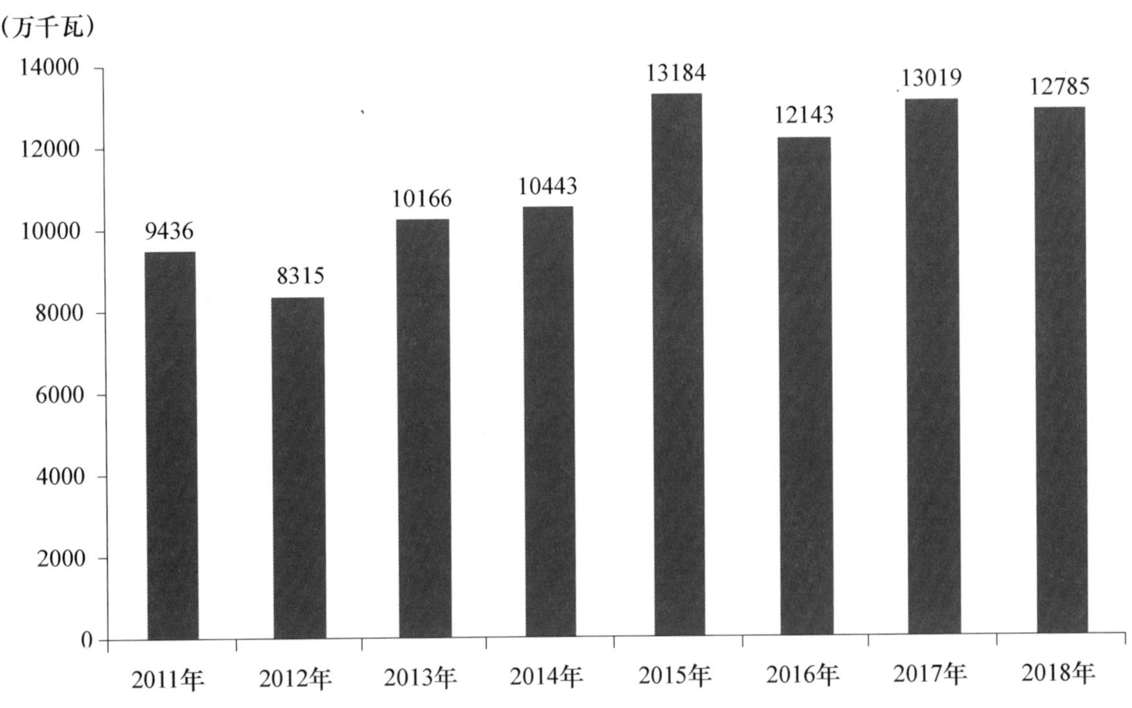

图4-2 2011—2018年全国新增发电装机容量

二、分类型情况

2018年，除水电外，其他发电类型投资均同比下降。其中，受乌东德和白鹤滩两个大型水电站开工建设的拉动影响，水电投资同比增长12.7%；火电受煤电投资下降影响（煤电投资为644亿元，同比下降8.8%），投资同比下降8.3%；核电、风电和太阳能发电投资分别同比下降1.6%、5.1%和27.4%。

2017年、2018年分电源类型工程建设完成投资及增速、完成投资占电源总投资比重分别见图4-3和图4-4。

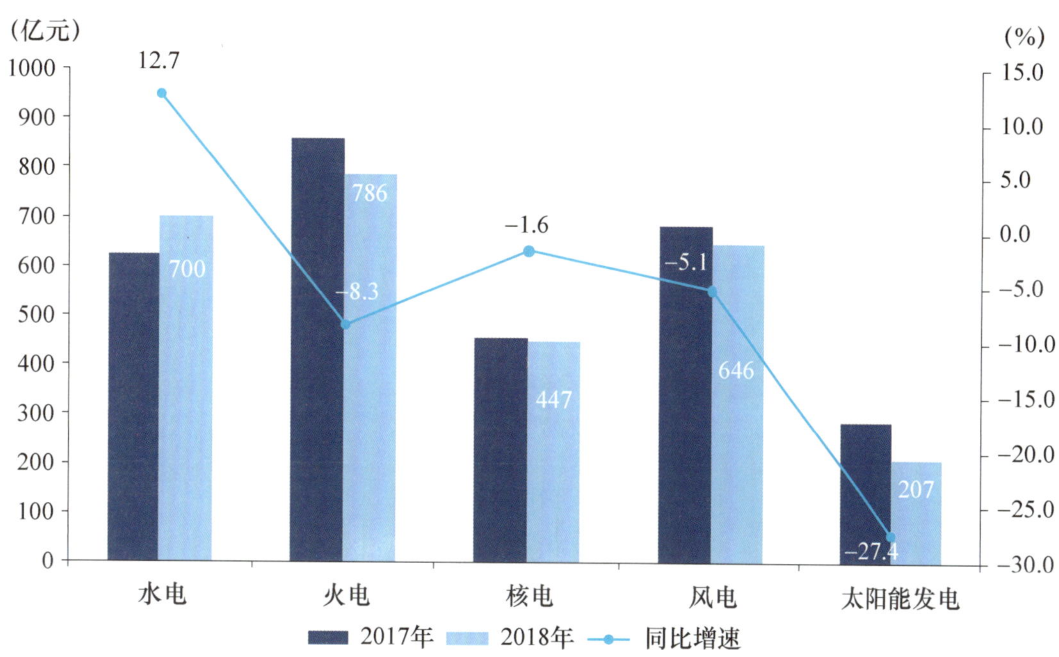

图4－3 2017 年、2018 年分电源类型工程建设完成投资及增速

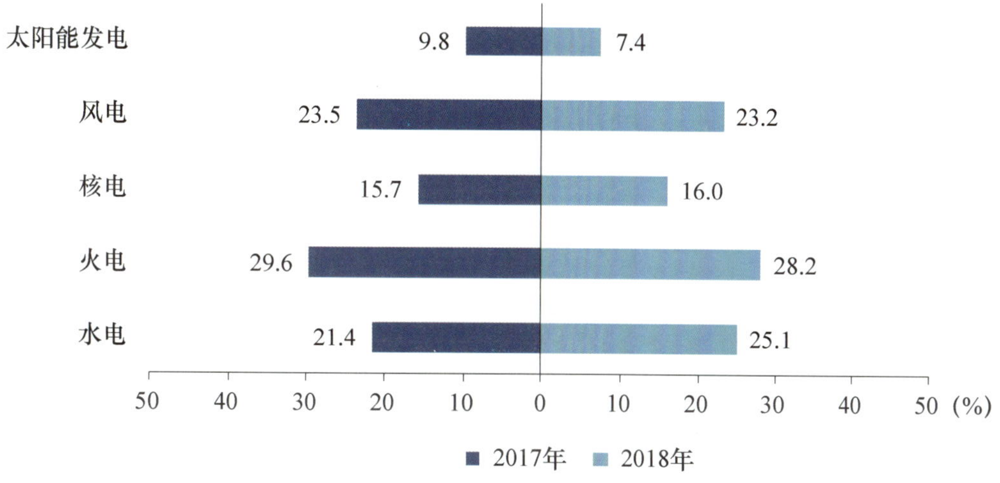

图4－4 2017 年、2018 年分电源类型工程建设完成投资占电源总投资比重

发电新增装机结构不断优化，绿色转型持续推进 2018 年，核电、风电新增装机容量同比增长；水电、火电同比下降；太阳能发电新增装机容量为 4525 万千瓦，但是受 2017 年新增装机容量基数较大影响，增速有所下降。2018 年全国分类型新增发电装机容量和 2017 年、2018 年全国分类型新增装机容量占比分别见图 4－5 和图 4－6。

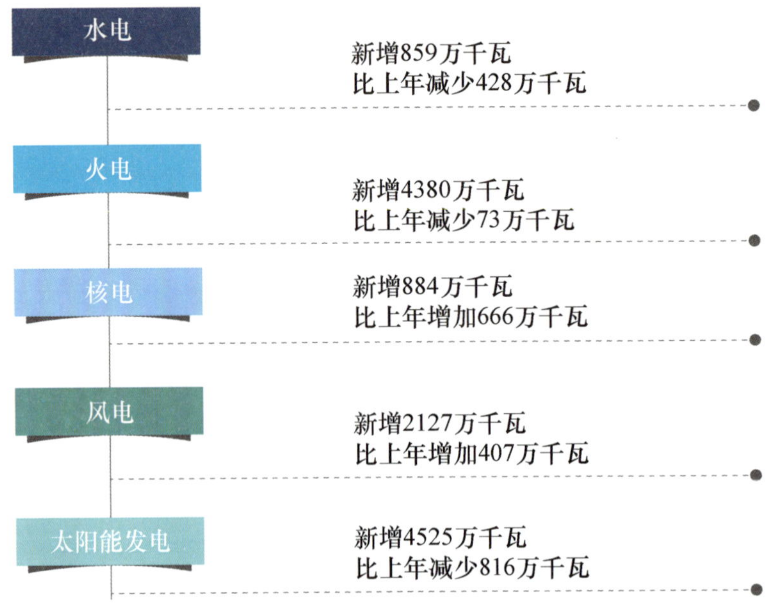

图 4－5　2018 年全国分类型新增发电装机容量

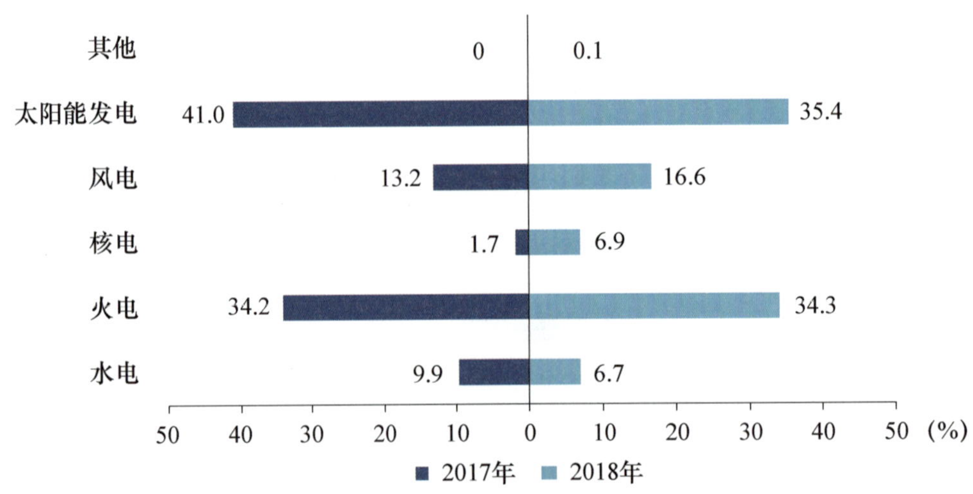

图 4－6　2017 年、2018 年全国分类型新增装机容量占比

水电投资增速明显提高，抽水蓄能投资再创历史新高　近年来，大型水电项目陆续投产，在建规模相应减少，水电投资连年萎缩。2018 年，在白鹤滩、乌东德水电站等大型水电站建设拉动作用下，水电完成投资 700 亿元，同比增长 12.7%，增速比上年提高 11.9 个百分点；全年抽水蓄能电站完成投资 162 亿元，同比增长 14.0%，是历年来抽水蓄能电站建设投资最多的一年。近几年来，抽水蓄能电站投资占水电投资比重逐年提高。

2018 年，全国新投产水电装机容量 859 万千瓦，比上年少投产 428 万千瓦，同比下降 33.3%。新投产大型常规水电项目主要有：云南黄登水电站 4 台，合计 190 万千瓦；云南苗尾水电站 1 台，35 万千瓦；云南大华侨水电站 4 台，合计 92 万千瓦；云南乌弄水电站 1 台，25 万千瓦。新投产抽水蓄能发电装机容量 130 万千瓦，分别是：深圳抽水蓄能电站 3 台，合计 90 万千瓦；海南琼中抽水蓄能电站 2 台，合计 40 万千瓦。

2011—2018 年水电工程建设完成投资、抽水蓄能投资占水电总投资比重、全国新增水电装机容量分别见图 4－7～图 4－9。

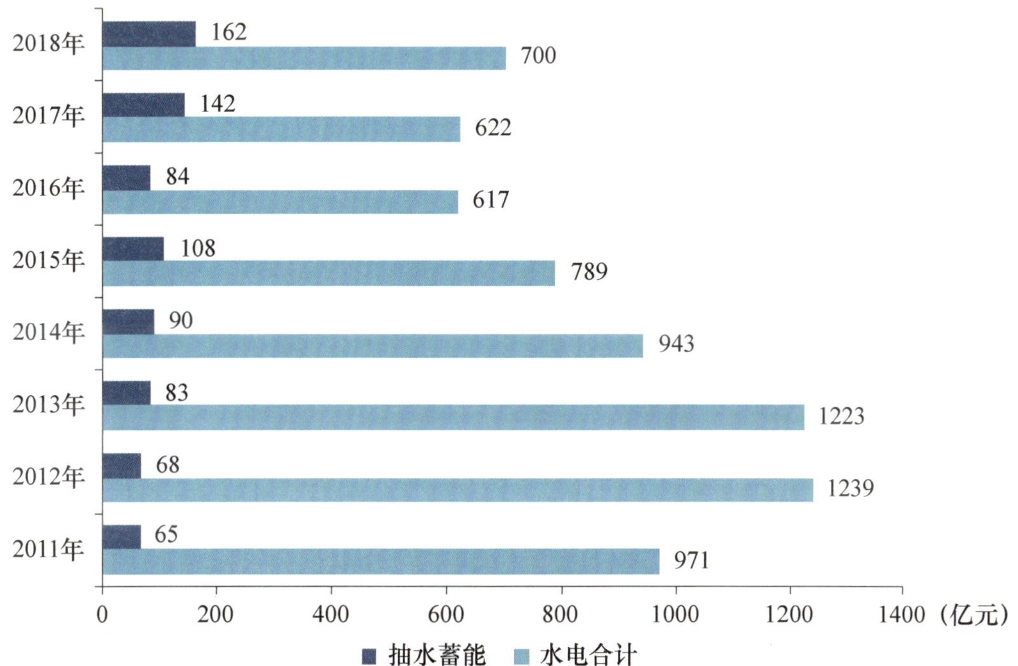

图 4－7　2011—2018 年水电工程建设完成投资

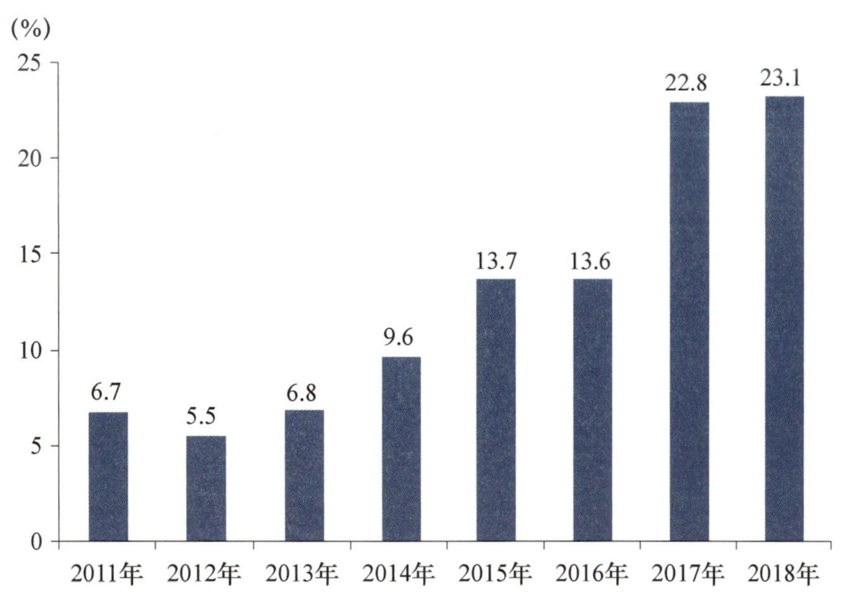

图 4－8　2011—2018 年抽水蓄能投资占水电总投资比重

图 4 -9　2011—2018 年全国新增水电装机容量

火电及其煤电投资规模创 2004 年以来新低　近年来，为防止煤电产能过剩，国家严格控制煤电机组建设和投产。2018 年，全年燃煤发电投资 644 亿元，同比下降 8.8%，导致火电投资（786 亿元）同比下降 8.3%。全国燃气发电投资完成 142 亿元，与上年基本持平。

2018 年，新增火电装机容量 4380 万千瓦、比上年减少 73 万千瓦，已连续四年减少。其中，新增燃煤发电装机容量 3056 万千瓦，比上年减少 448 万千瓦；新增燃气发电装机容量 884 万千瓦，比上年增加 313 万千瓦。全年新投产 100 万千瓦级火电机组 7 台，其中，国投电力天津北疆电厂二期 2 台、华电集团江苏句容二期项目 1 台、国家能源集团江西九江电厂 2 台、陕西能源赵石畔煤电有限公司 1 台和陕西榆能横山煤电高兴庄电厂 1 台。

2011—2018 年火电工程建设完成投资、新增火电装机容量分别见图 4 - 10 和图 4 - 11。

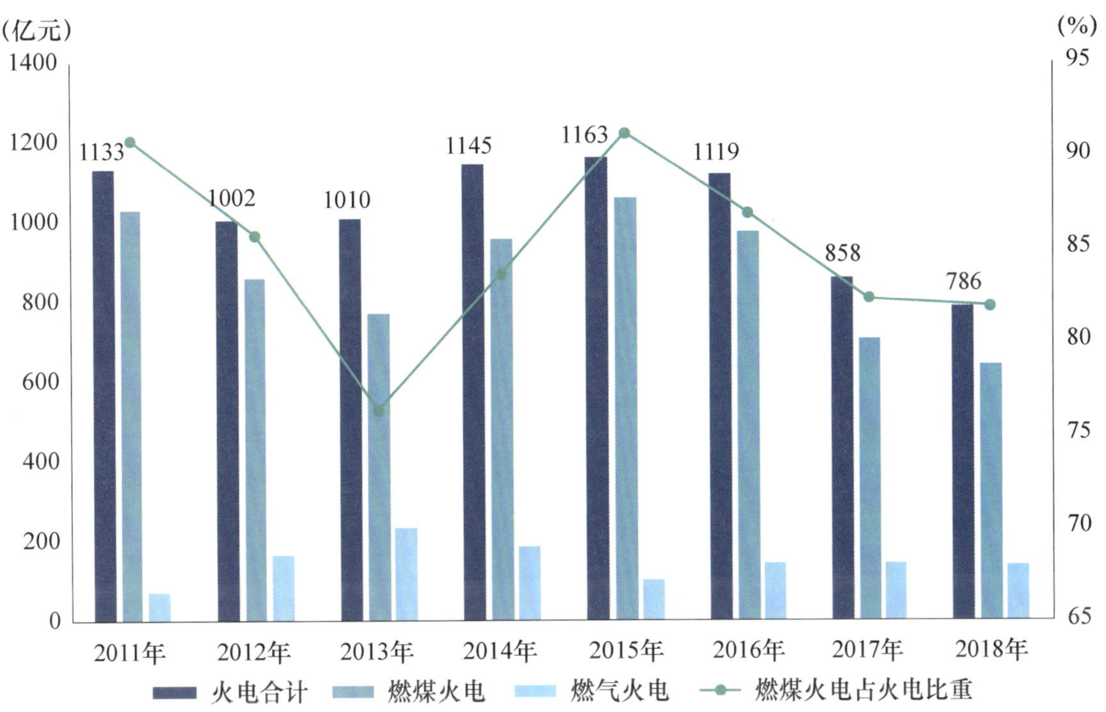

图 4 -10　2011—2018 年火电工程建设完成投资

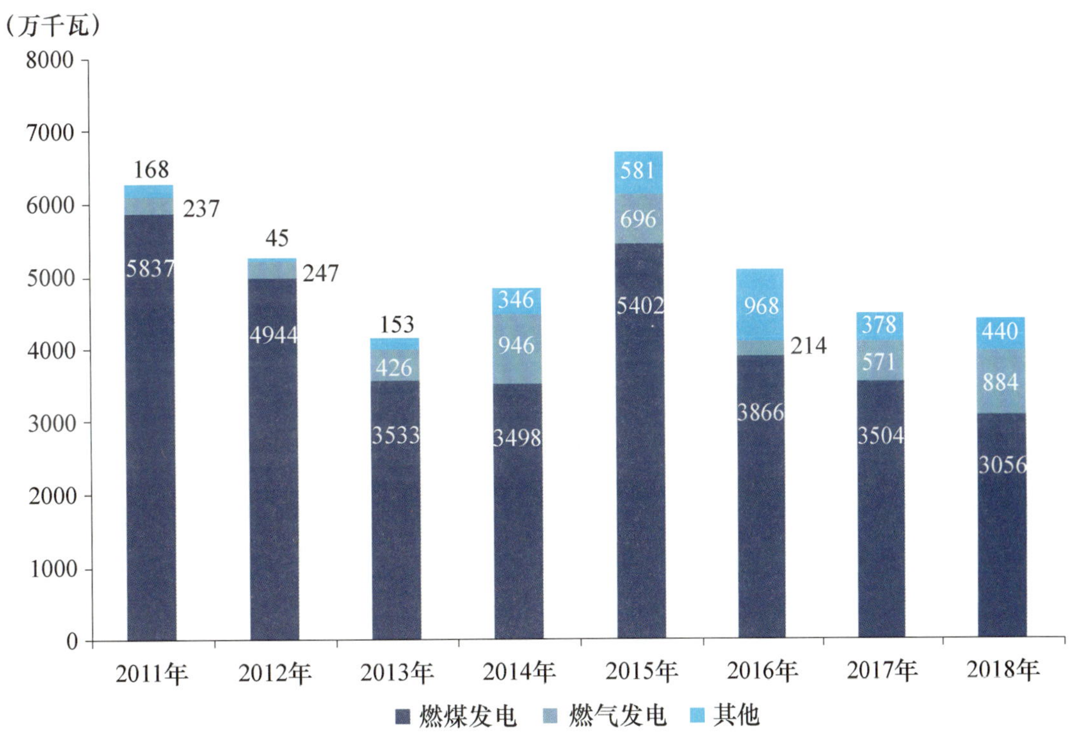

图 4 -11　2011—2018 年新增火电装机容量

核电投资持续下降，新增装机容量创新高 受核电在建项目陆续投产、新开工项目规模较小影响，核电在建规模不断缩小（2018 年为 1345 万千瓦）。2018 年，核电完成投资 447 亿元，同比下降 1.6%，为 2009 年以来的新低。全年投产核电机组 7 台，合计容量 884 万千瓦，创核电年投产新高。其中，江苏田湾核电站 2 台，合计 225 万千瓦；三门核电一期工程 2 台，合计 250 万千瓦；山东海阳核电项目 1 台，125 万千瓦；台山核电站一期工程 1 台，175 万千瓦；阳江核电站项目 1 台核电机组，108.6 万千瓦。三门核电 1 号和 2 号机组、山东海阳核电 1 号机组和台山核电 1 号机组采用的是第三代核电技术。

2011—2018 年全国新增核电装机容量见图 4 - 12。

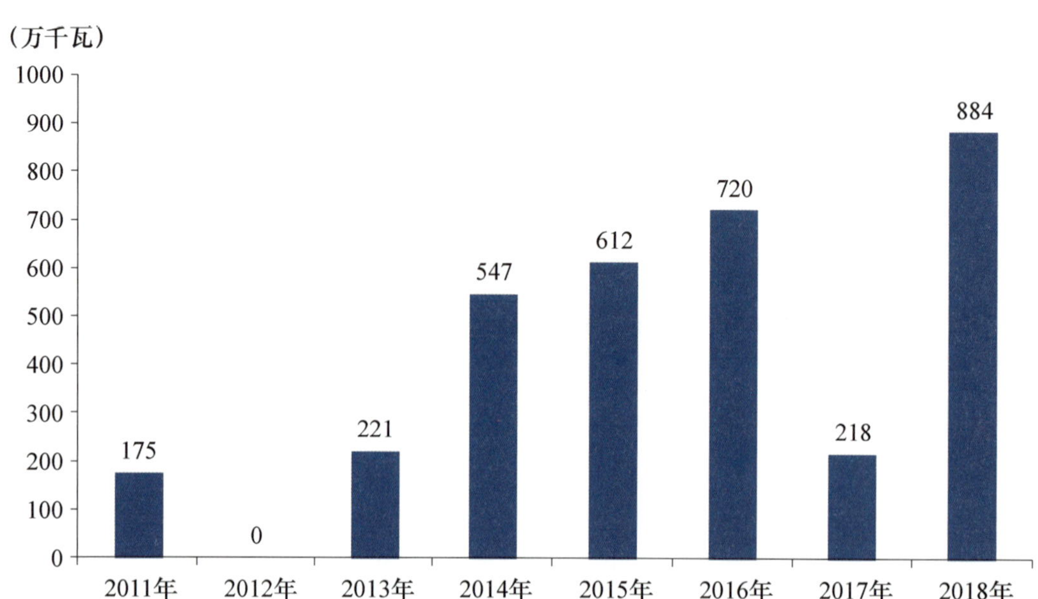

图 4 - 12 2011—2018 年全国新增核电装机容量

新能源发电投资同比下降 2018 年，新能源发电投资为 853 亿元，同比下降 11.7%。其中，风电投资 646 亿元，同比下降 5.1%，已连续 3 年下降；太阳能发电投资 207 亿元，同比下降 27.4%。

新增风电装机容量同比增加 2018 年，全国新增新能源发电装机容量为 6652 万千瓦，同比下降 5.8%，自 2013 年以来首次下降。其中，新增风电装机容量 2127 万千瓦，比上年多投产 407 万千瓦，同比增长 23.6%，占全国新增装机容量的 16.6%，比重比上年提高 3.4 个百分点；受上年高基数影响，新增太阳能发电装机同比下降 15.3%，占全国新增发电装机的 35.4%，比上年降低 5.6 个百分点。

2011—2018 年全国新增风电、太阳能发电装机容量见图 4 - 13。

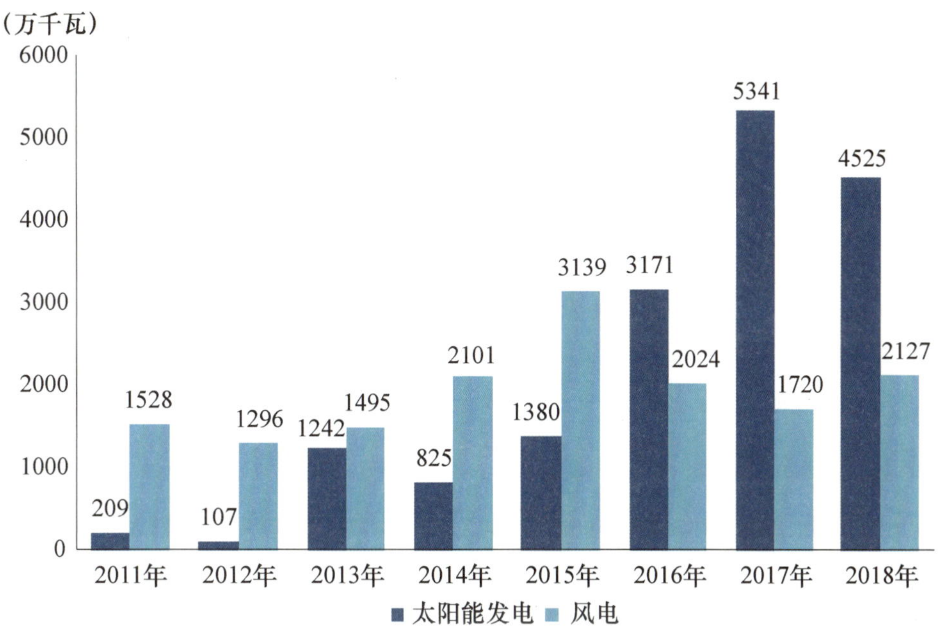

图4－13　2011—2018年全国新增风电、太阳能发电装机容量

三、分区域情况

分区域看，2018年，华中、华东区域电源投资超过600亿元，分别占全国电源投资的23.7%、23.2%；西北区域主要受水电和太阳能发电投资拉动，投资同比增长4.5%；华北区域受燃煤发电投资下降影响，投资同比下降19.2%。华北、华东新增装机容量超过3000万千瓦，分别占全国新增装机的25.1%、24.9%；南方区域受水电、火电（主要是燃气发电）及核电新增装机拉动，新增装机同比增长159.6%；东北区域主要是新能源发电新增装机拉动，同比增长23.7%。

华北区域　电源完成投资490亿元，以火电和风电投资为主，分别完成185亿元和170亿元，占本区域投资的37.9%和34.7%；区域内除水电外，其他类型发电投资均同比下降。新增装机容量3209万千瓦，以火电（984万千瓦）和太阳能发电（1320万千瓦）为主，合计占本区域新增装机的65.8%，其中火电新增装机容量为各区域最多；除风电外，其他类型发电新增装机均同比下降，其中火电同比下降26.6%。

东北区域　电源投资和新增装机容量分别为191亿元和594万千瓦，均为全国各区域最小；以核电和火电投资为主，分别占本区域电源投资的25.8%和24.0%。电源新增装机以火电和太阳能发电为主，合计占本区域新增装机的84.3%；其他类型发电新增装机容量均同比增长，其中，风电新增装机同比增长66.3%。

华东区域　电源投资701亿元，同比增长6.7%，以核电和风电投资为主，分别占本区域投资的31.7%和28.9%。其中，核电投资222亿元，为全国各区域最多，占全国核电总投资的49.7%；区域内除太阳能发电外，其他发电类型的投资均同比增长，其中，水电投资同比增长15.6%。新增装机容量3178万千瓦，同比降低14.3%。新增装机以太阳能发电和火电为主，分别占本区域新增装机容量的40.9%和33.4%；核电新增装机容量为475万千瓦，为全国各区域最多，占全国新增核电装机容量的53.8%。

华中区域 电源投资为643亿元，与上年基本持平。以清洁能源发电投资为主，合计占本区域投资的85.1%；水电投资为403亿元，同比增长12.9%，占本区域投资的62.6%。新增装机容量2390万千瓦，新增装机以火电和太阳能发电为主，分别占本区域新增装机容量的34.8%和33.0%。

西北区域 电源投资297亿元，同比增长4.5%。以火电和水电投资为主，分别占本区域电源投资的52.0%和21.5%；区域内水电投资为64亿元，同比增长69.7%。新增装机容量1829万千瓦，同比下降13.6%，新增装机以火电和太阳能发电为主，其中，火电新增708万千瓦，占本区域新增装机的38.7%。

南方区域 电源投资466亿元，同比下降7.9%，以水电、核电投资为主，合计占本区域投资的50.9%，除太阳能发电外，其他发电类型的投资均同比下降。新增装机容量1585万千瓦，以火电和水电为主，分别占本区域新增装机容量的38.1%和33.3%。其中，新增燃气发电装机容量为449万千瓦，占火电新增装机容量的74.3%，占全国燃气发电新增装机容的50.8%；水电新增装机容量527万千瓦，占全国水电新增装机容量的61.4%。

2017年、2018年分区域电源工程投资及同比增速、占全国投资比重分别见图4－14和图4－15，2018年分区域分类型电源工程投资见图4－16。

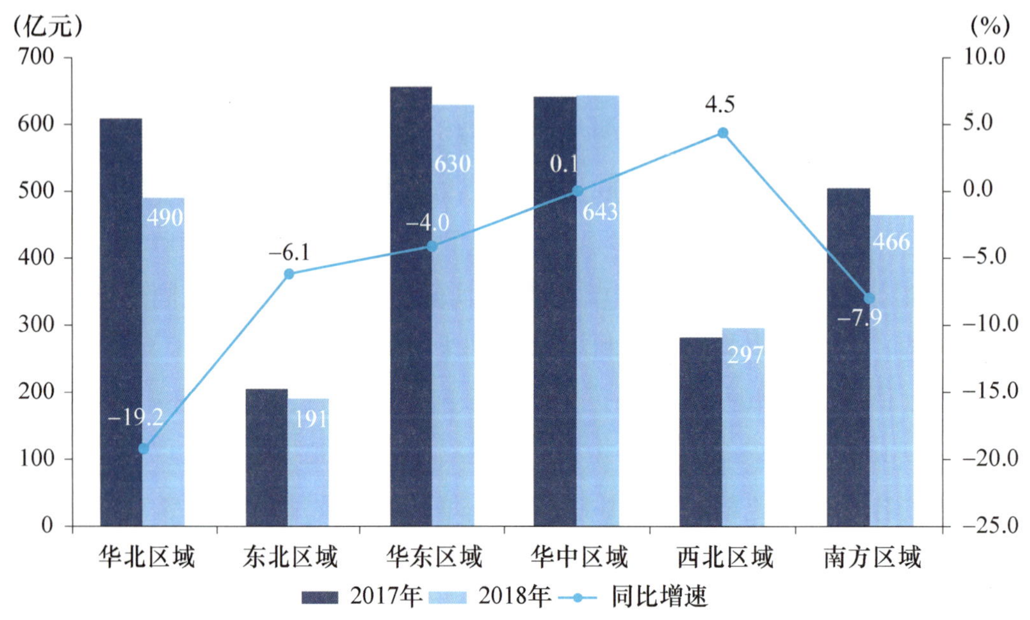

图4－14 2017年、2018年分区域电源工程投资及同比增速

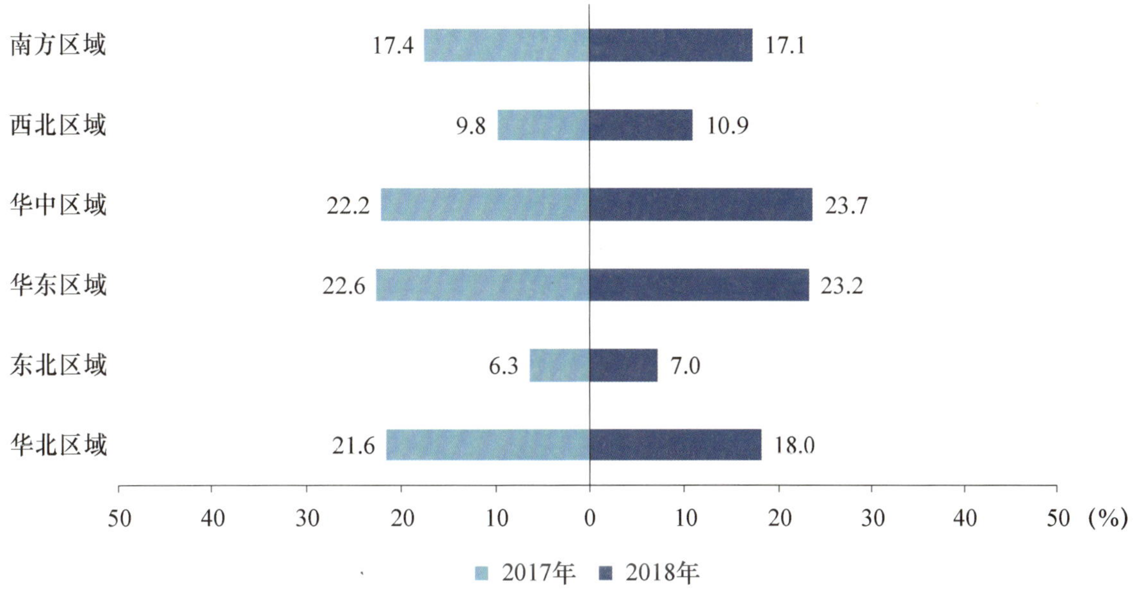

图 4－15　2017 年、2018 年分区域电源工程投资占全国投资比重

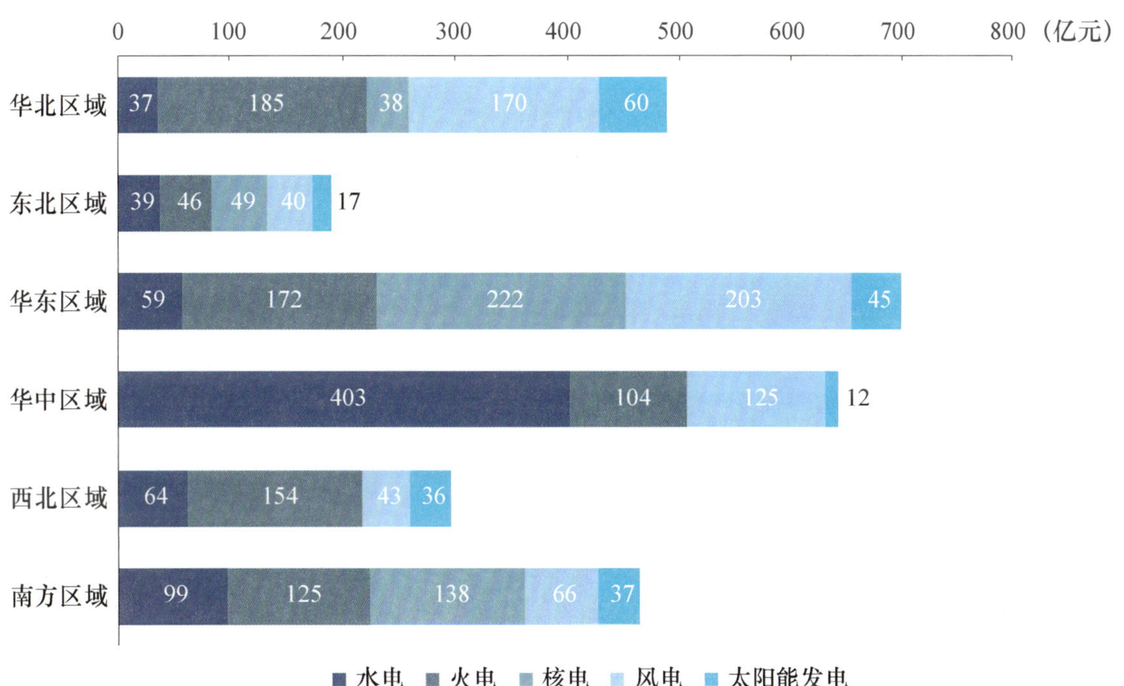

图 4－16　2018 年分区域分类型电源工程投资

2017 年、2018 年分区域新增装机容量及同比增速、新增装机占全国新增装机比重分别见图 4－17 和图 4－18，2018 年分区域分类型新增装机容量见图 4－19。

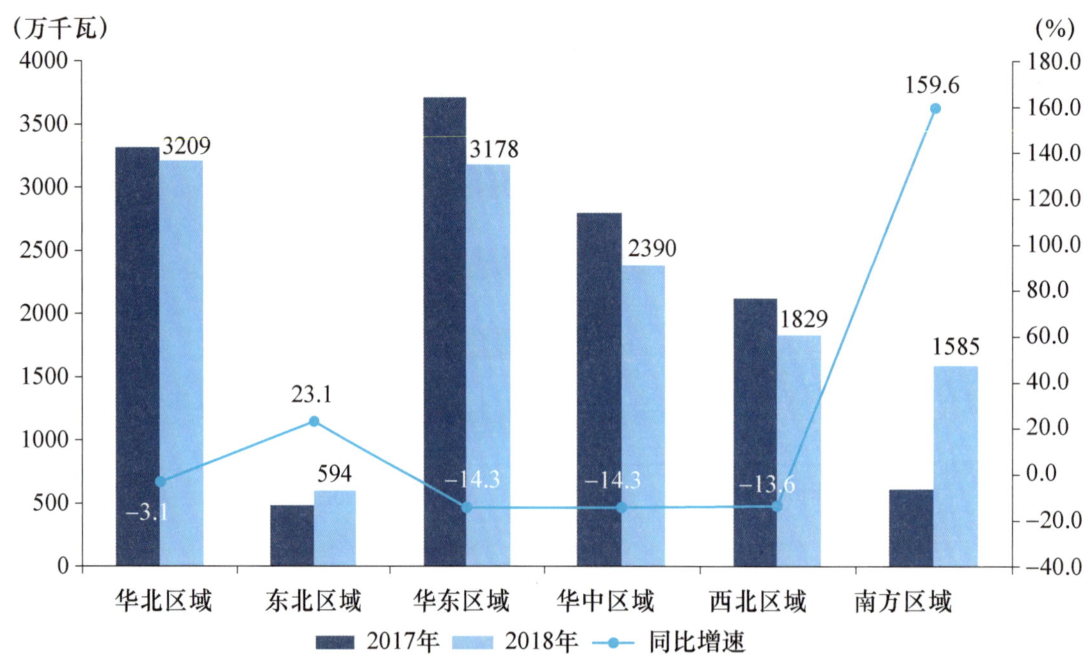

图 4－17　2017 年、2018 年分区域新增装机容量及同比增速

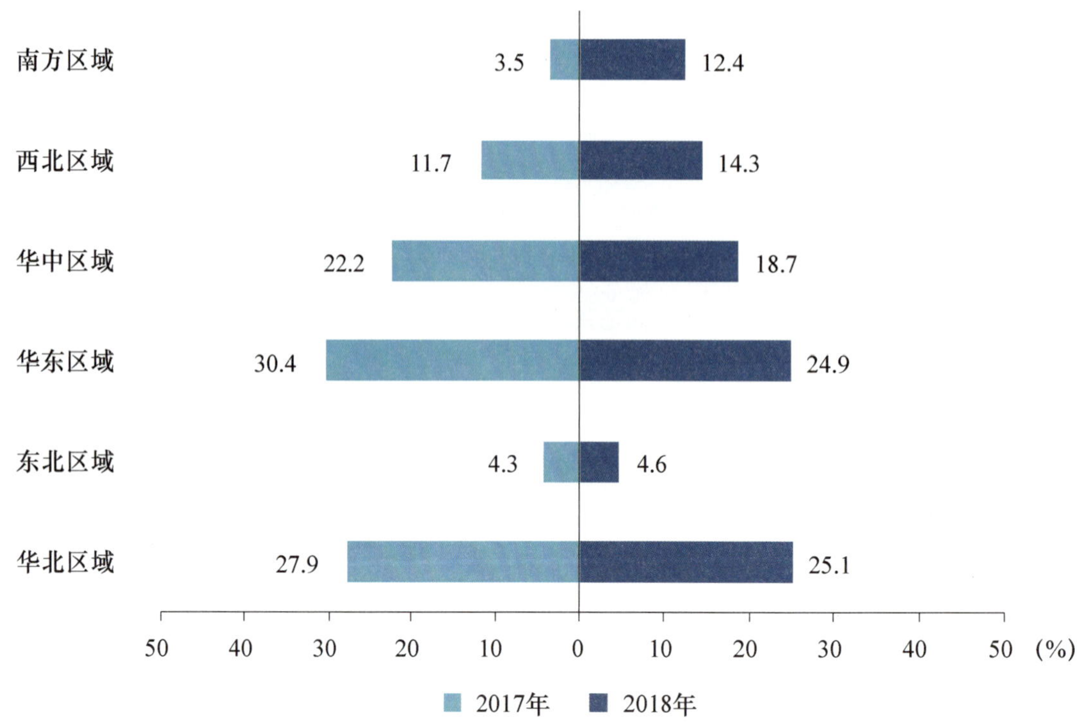

图 4－18　2017 年、2018 年分区域新增装机占全国新增装机比重

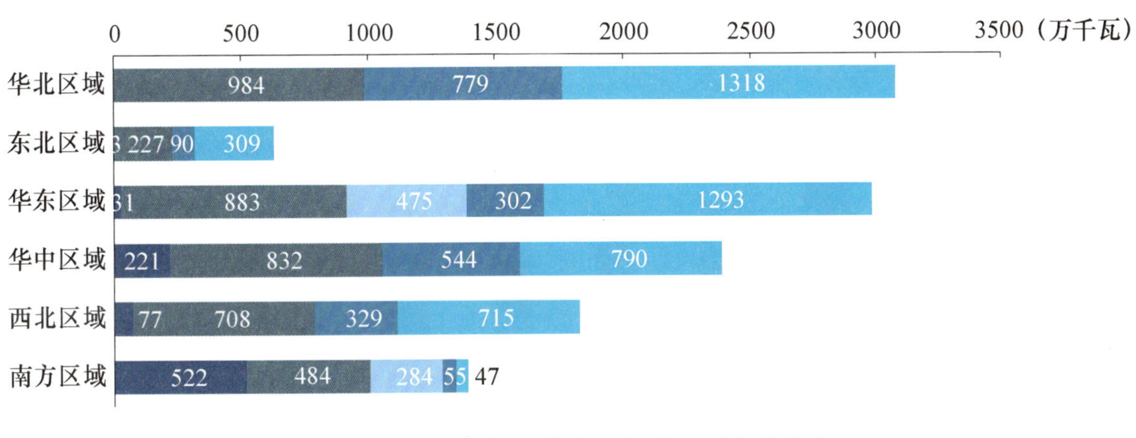

图 4－19　2018 年分区域分类型新增装机容量

四、分省份情况

2018 年，四川、江苏、广东、河北、山东、福建、浙江、辽宁、河南 9 个省份电源投资均超过 100 亿元，合计投资占全国电源投资的 59.3%。2018 年，新增装机较多的 8 个省份为江苏（1258 万千瓦）、河南（956 万千瓦）、广东（894 万千瓦）、浙江（859 万千瓦）、河北（840 万千瓦）、山西（822 万千瓦）、山东（758 万千瓦）、安徽（724 万千瓦），8 省合计新增装机容量占全国新增装机容量的 55.6%。

2018 年全国分省份电源工程完成投资及同比增速、新增装机较多的 8 省份新增装机容量及占全国新增装机容量比重分别见图 4－20 和图 4－21。

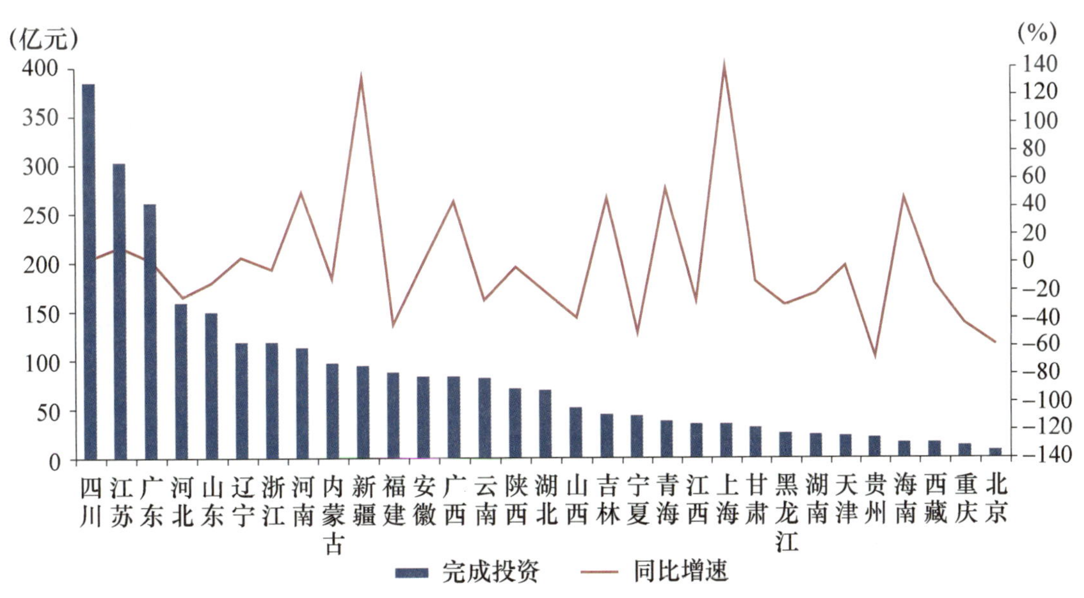

图 4－20　2018 年全国分省份电源工程完成投资及同比增速

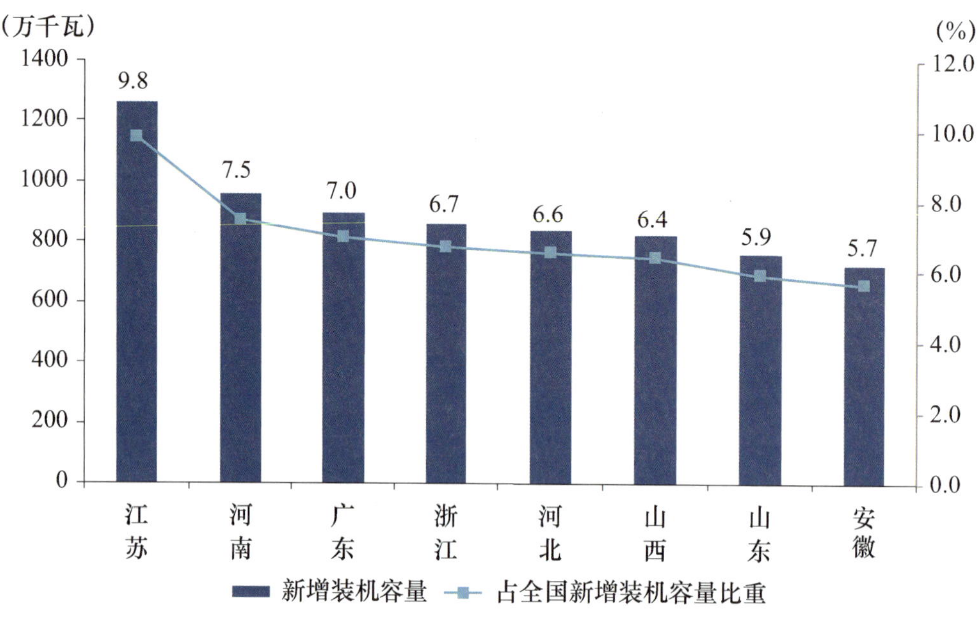

图4-21 2018年全国新增装机较多的8省份新增装机容量及占全国新增装机容量比重

水电投资主要集中在四川、云南 2018年，四川、云南水电分别完成投资369亿元和78亿元，两省投资合计占全国水电投资的63.8%；浙江、河北、安徽、广东和山东抽水蓄能电站完成投资均超过10亿元，合计占全国抽水蓄能电站投资的56.0%。

云南和四川新投产水电装机分别为392万千瓦和155万千瓦，合计占全国新增水电装机的64.0%；广东新投产抽水蓄能装机容量90万千瓦，占全国新投产抽水蓄能装机容量的69.2%。

2018年全国主要新增水电装机省份新增水电装机及占全国新增水电比重见图4-22。

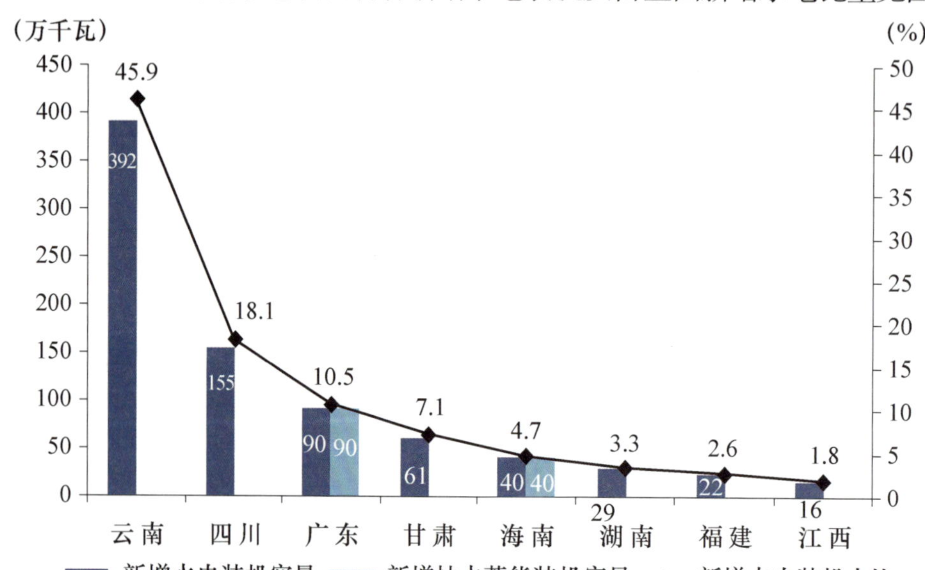

图4-22 2018年全国主要新增水电装机省份新增水电装机及占全国新增水电比重

火电投资省份相对集中　广东、河南、江苏、内蒙古、山东和新疆火电完成投资超过50亿元，6省合计完成投资411亿元，占全国火电投资的52.2%。全国共有16个省份燃煤发电投资同比下降，其中，湖南、山西和贵州分别下降55.2%、58.6%和97.6%；燃气发电投资最多的3个省份分别是广东（77亿元）、上海（18亿元）、江苏（17亿元），合计占全国气电投资的78.9%。

广东、河南、陕西等16个省份新增火电装机容量超过100万千瓦，合计新增火电装机容量3918万千瓦，占全国火电新增装机容量的89.4%；陕西、河南、安徽等13个省份新增燃煤发电装机容量超过100万千瓦，合计新增燃煤发电装机容量2662万千瓦，占全国燃煤发电新增的87.1%；广东新增火电中92.8%为燃气发电，装机容量449万千瓦；江苏、上海新增燃气发电装机分别为214万千瓦和88万千瓦。

2018年火电投资相对集中的6省份火电完成投资及占全国火电投资比重、全国分省份燃气发电投资、全国主要新增火电装机省份新增火电装机容量及占全国新增水电比重分别见图4－23、图4－24和图4－25。

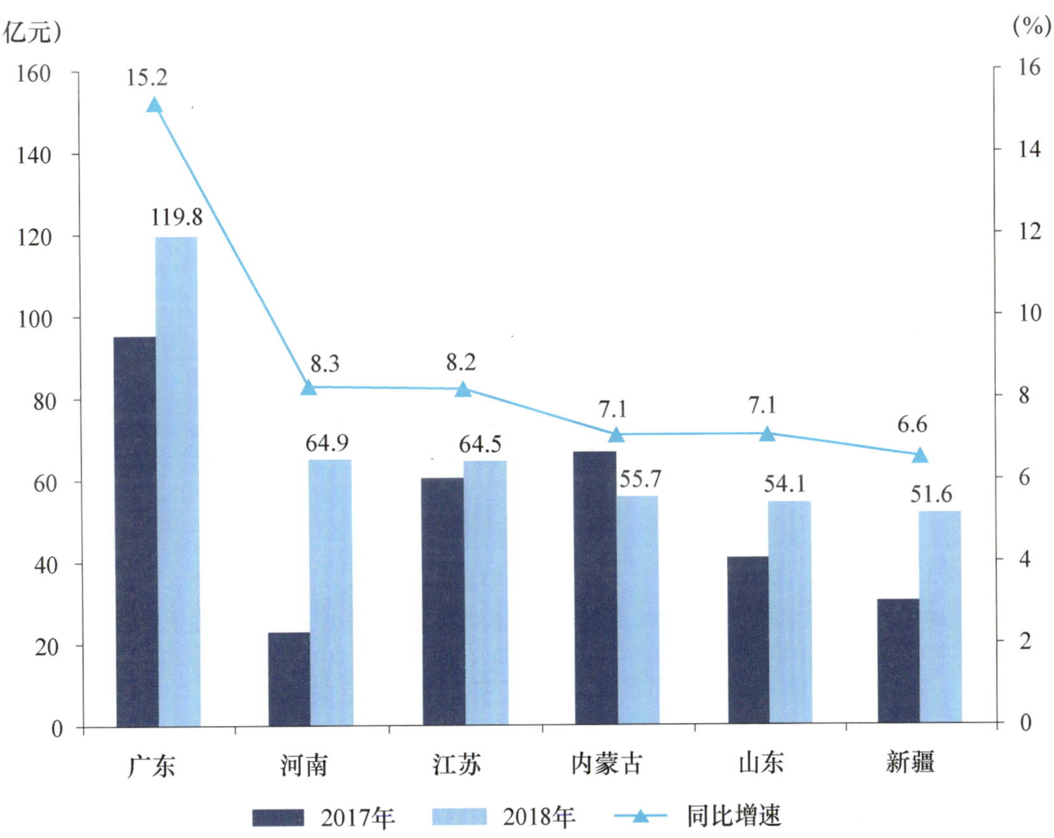

图4－23　2018年火电投资相对集中的6省份火电完成投资及占全国火电投资比重

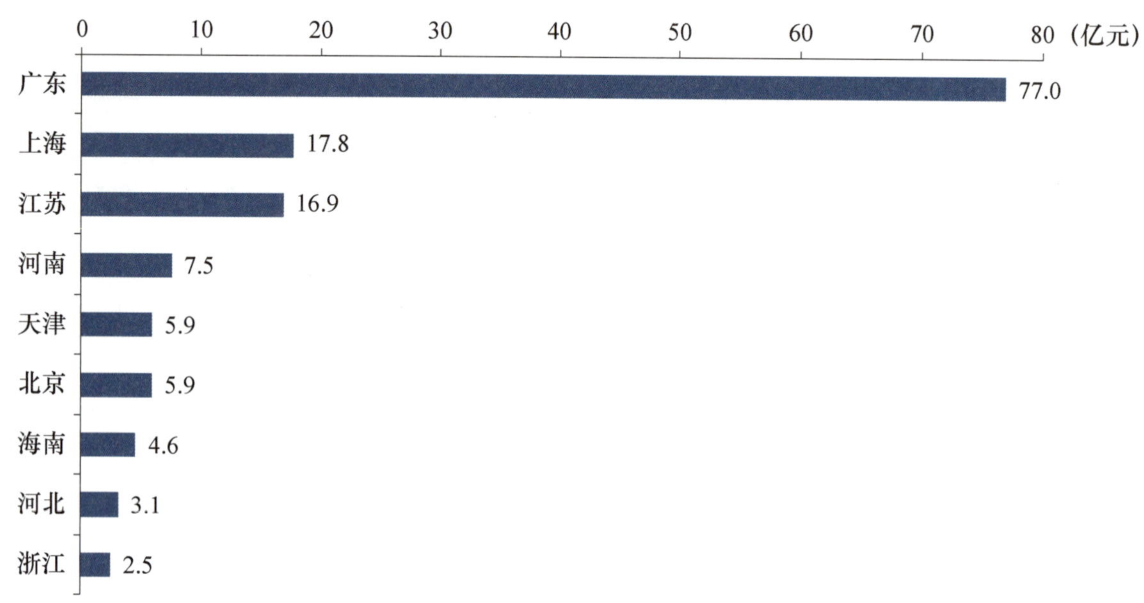

图 4-24　2018 年全国分省份燃气发电投资

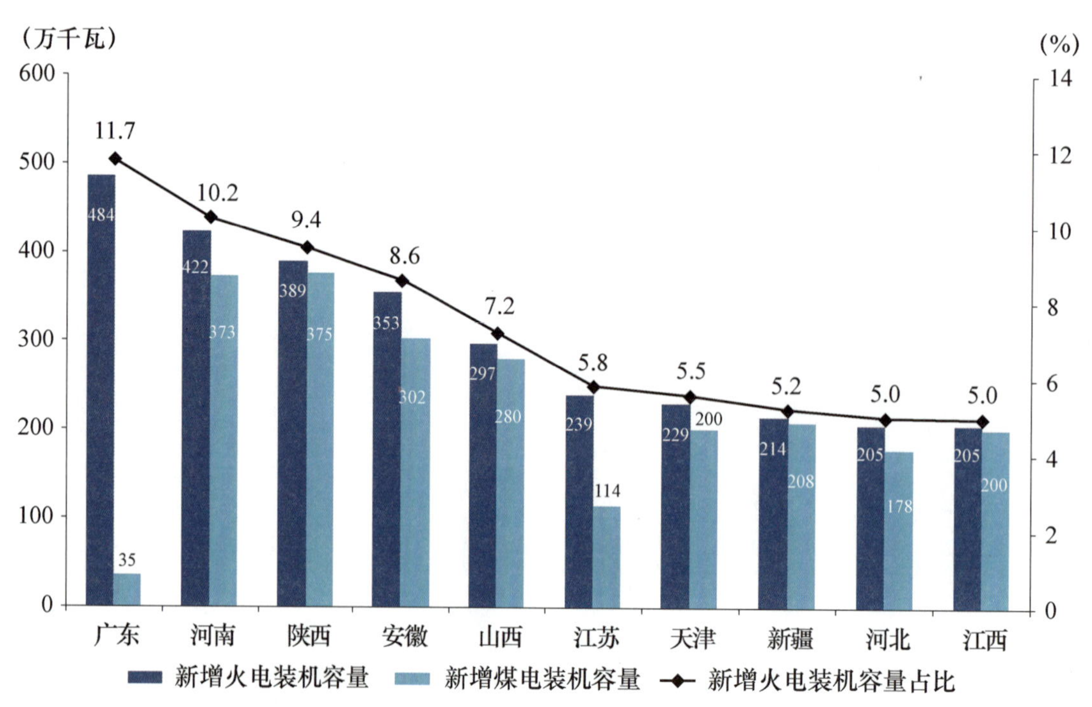

图 4-25　2018 年全国主要新增火电装机省份新增火电装机容量及占全国新增火电比重

核电投资规模继续下降　2018 年，在全国拥有核电的 7 个省份中，广西、浙江和辽宁的核电投资同比增加；江苏、广东、福建 3 省投资超过 80 亿，合计占全国核电投资的 56.6%。全国共有广东、浙江、江苏、山东 4 个省份有核电机组投产，分别为 284 万千瓦、250 万千瓦、225 万千瓦和 125 万千瓦。

2018 年广东、江苏等 7 省份核电投资、占全国核电投资比重及新增容量见表 4－1。

表 4－1　2018 年广东、江苏等 7 省份核电投资、占全国核电投资比重及新增容量

	江苏	广东	福建	广西	浙江	辽宁	山东
核电投资完成（亿元）	90	82	81	56	51	49	38
占全国核电投资比重（%）	20.2	18.4	18.0	12.4	11.5	11.0	8.4
新增核电装机容量（万千瓦）	225	284	0	0	250	0	125

东、中部地区①风电投资占比持续增加　江苏、河北、福建、山西、河南、辽宁和山东风电投资超过 30 亿元，7 个省共计完成风电投资 383 亿元，占全国风电投资的 59.3%。受西部、东北部地区消纳市场不足以及海上风电发展拉动等因素影响，风电投资继续向东、中部地区倾斜，东部、中部地区风电投资所占比重分别为 52.0% 和 23.7%，同比分别提高 4.5 个百分点和 1.3 个百分点。

太阳能发电投资增速放缓　2018 年，全国 31 个省份中，有 23 个省份太阳能发电投资呈现负增长，21 个省份太阳能发电投资占本省电源投资比重下降。

东中部地区新增新能源发电装机占比继续提高　全国共有 9 个省份新增新能源发电装机超过 300 万千瓦，占全国新能源发电新增装机的 64.6%，除内蒙古和青海外，其余省份都在东、中部地区。其中，江苏新增装机最多（643 万千瓦），同比增长 25.9%。

2018 年，东、中部地区新增风电装机分别为 649 万和 701 万千瓦，合计占全国新增风电装机的 63.5%，比上年提高 6.5 个百分点；受新能源电价调整和消纳市场不足等因素的影响，2018 年，全国共有 18 个省份太阳能发电新增装机速度有所放缓。

2017 年、2018 年分地区风电、太阳能发电投资占比分别见图 4－26 和图 4－27。2018 年新能源新增发电装机超过 300 万千瓦的省份情况见图 4－28。

① 东、中部地区指我国大陆四大经济区域，即东部、中部、西部和东北地区。其中东部地区包括北京、天津、河北、山东、江苏、上海、浙江、福建、广东、海南 10 个省市；中部地区包括山西、安徽、江西、河南、湖北、湖南 6 个省；西部地区包括重庆、四川、贵州、云南、西藏、陕西、甘肃、青海、宁夏、新疆、内蒙古、广西 12 省市；东北地区包括辽宁、吉林、黑龙江 3 个省。

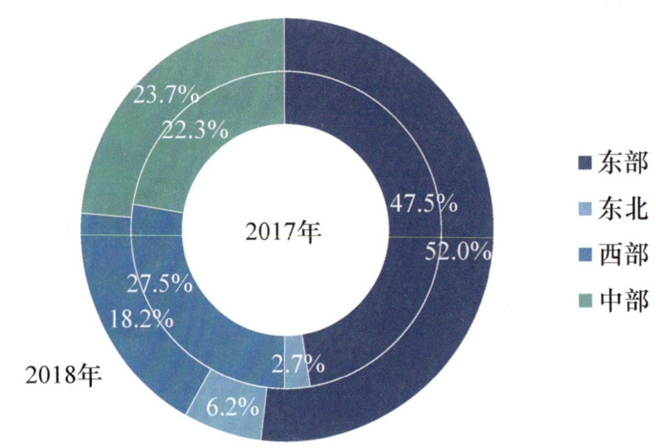

图 4－26　2017 年、2018 年分地区风电投资占比

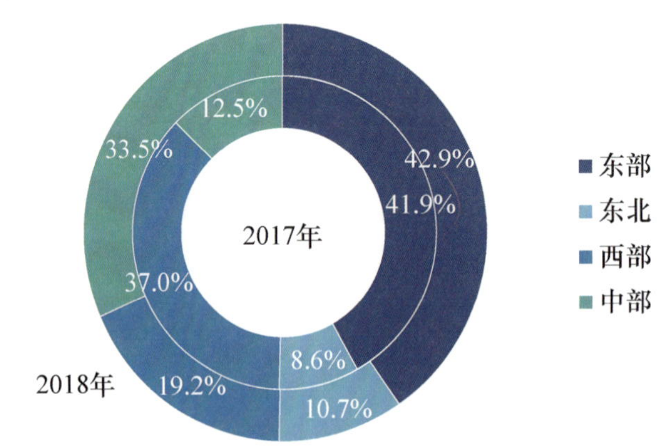

图 4－27　2017 年、2018 年分地区太阳能发电投资占比

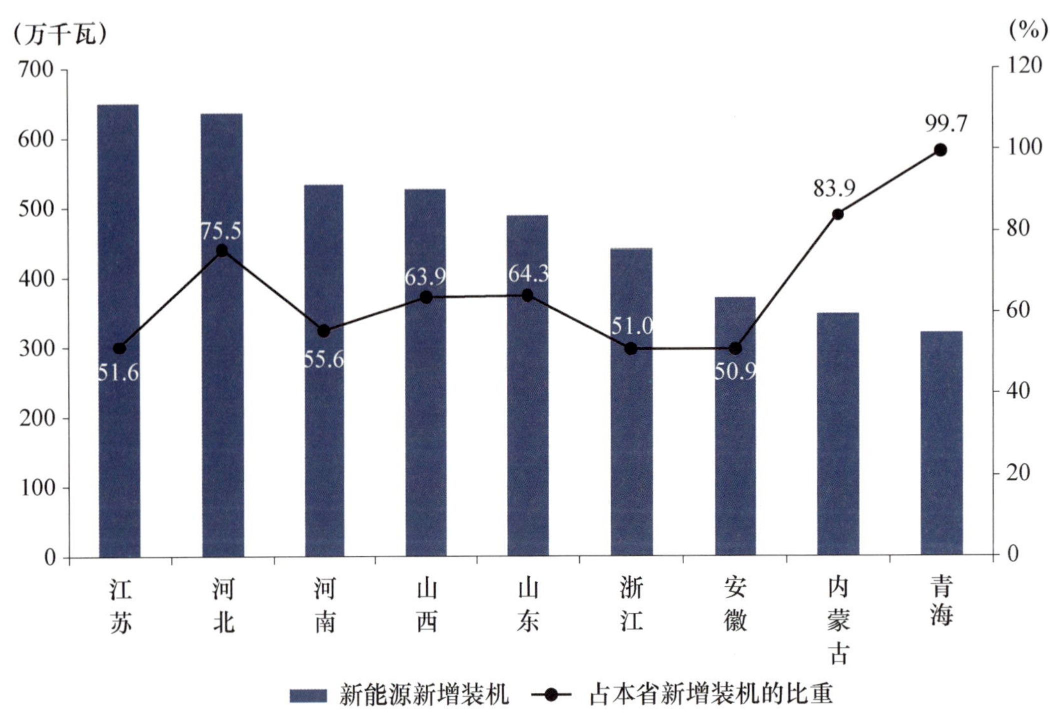

图 4－28　2018 年新能源新增发电装机超过 300 万千瓦的省份情况

2018 年新能源新增发电装机占比较多的省份情况见表 4－2。

表 4－2 2018 年新能源新增发电装机占比较多的省份情况

省份	新增风电装机容量（万千瓦）	新增太阳能发电装机容量（万千瓦）	新能源发电装机占比（%）
青海	112	208	99.7
西藏		12	91.9
内蒙古	215	132	83.9
黑龙江	31	143	81.9
湖南	100	135	79.3
河北	246	387	75.5
吉林	9	129	73.0
宁夏	84	187	72.8
湖北	81	166	67.8
山东	94	393	64.3
山西	196	329	63.9
河南	238	294	55.6
福建	56	58	54.1
江苏	197	452	51.6
浙江	26	412	51.0
安徽	24	345	50.9
甘肃	—	67	50.9

五、投产重点项目

2018 年电源工程投产重点项目见附录 4。

（一）国家能源集团江西九江电厂 2×100 万千瓦机组工程

工程地处江西省九江市湖口县高新技术产业园，建设规模为 2 台 100 万千瓦超超临界燃煤发电机组，同步建设 150 万吨/年的煤炭储备中转工程。

工程于 2015 年 9 月开工建设，两台机组分别于 2018 年 6 月 20 日及 7 月 7 日投产。

该工程成功应用并实施了哈汽首台百万机组新型技术、烟气余热深度利用等23项行业前沿节能环保和创新综合提效技术。其中，哈汽自主研发、具有独立知识产权的四缸、四排汽湿冷高效超超临界1000兆瓦等级汽轮机首机成功商运；锅炉再热蒸汽温度623℃，刷新了当今火电再热汽温达到额定工况时负荷宽度大、壁温余量足、减温水量少的新纪录；烟气余热深度利用技术，降低发电煤耗1.59克/千瓦时，提升除尘效率0.06%；通过应用六大风机选型优化、凝结水泵等大量变频设备和循环水泵配置双速电机等七项节能技术，降低厂用电率0.15%；高达199.72米、淋水面积达13200平方米的高位收水塔拥有自主知识产权，是目前亚洲同类第一高度的冷却塔。此外，该项目还积极开展“设备可靠性诊断中心”“机组经济性分析中心”“全厂应急响应指挥中心”三大中心管理平台建设，致力于“智能电站、智慧发电”，实现创新推动高质量发展。

（二）国投天津北疆电厂（二期）2×100万千瓦机组工程

北疆发电厂地处天津市滨海新区东北部，位于京津唐电网负荷中心，建设规模为2×100万千瓦超超临界燃煤发电机组（主机参数28MPa/600℃/620℃），配套设计1000吨/小时采暖用汽和1400吨/时工业用汽，同步建设高效烟气脱硫、脱硝和除尘装置，烟气污染物排放浓度优于国家环保标准。

工程于2014年11月开工建设，两台机组分别于2018年6月14日及6月22日投产。

二期扩建工程是天津市“十二五”重点能源项目，是一期工程首批循环经济试点的延续，现可为居民提供1200万平米的供热；该工程的投运在能量高效梯级利用和近零排放的基础上真正实现了企业、社会与环境的和谐发展。

（三）中广核阳江核电站5号机组工程

工程位于广东省西部沿海的阳江市，前期1、2、3、4号机组已分别于2014年3月25日、2015年6月5日、2016年1月1日、2017年3月15日实现商业运行，4台在运机组安全质量状况和运营业绩良好。5号机组工程于2013年9月18日开工建设，2018年7月12日顺利投产。

工程作为我国首个满足“三代”核电主要安全指标的自主品牌核电机组，采用ACPR1000技术路线，在CPR1000+的基础上实施了31项安全技术改进，并且DCS（数字化仪控系统）首次采用了集团下属广利核公司自主研发的“和睦系统”，是国内首台具有完全自主知识产权的核安全级数字化仪控系统，填补了我国在该技术领域的空白，我国由此成为继美国、法国和日本之后，第四个掌握该技术的国家。

六、新开工及在建工程

（一）新开工工程

2018年，全国主要发电企业新开工电源项目合计装机容量3787万千瓦，比上年减少2038万千瓦。其中，水电新开工规模明显减少，新开工项目主要为抽水蓄能电站；火电新开工装机容量比上年增加258万千瓦，主要是燃气发电增加较多，比上年增加328万千瓦，同比增长105.5%；核电没有新开工项目。分省份看，四川受2017年水电新开工规模基数较大影响，水电新开工装机容量同比减少1746万千瓦；全国新开工项目装机容量超过200万千瓦的省份共有9个，合计开工容量占全国新开工容量的67.3%。

2018年全国主要发电企业电源新开工规模见表4－3，2018年电源工程新开工重点项目见附录5。

表4－3　2018年全国主要发电企业电源新开工规模

单位：万千瓦

分类		容量	新开工规模最多的省份及容量						
全国总计		3787	陕西	广东	江苏	浙江	内蒙古	新疆	河北
			515	328	275	272	250	235	235
水电	合计	645	山东	浙江	新疆	吉林	河北	陕西	
			120	120	120	120	120	32	
	其中：抽水蓄能	600	山东	浙江	新疆	吉林	河北		
			120	120	120	120	120		
火电	合计	1880	陕西	广东	安徽	浙江	内蒙古	广西	新疆
			466	294	132	134	132	119	105
	其中：燃煤	1124	陕西	安徽	浙江	内蒙古	山西	新疆	河南
			466	135	132	132	132	105	70

（二）在建工程

截至2018年年底，全国主要发电企业电源工程在建项目合计装机容量18556万千瓦，比上年减少2202万千瓦。其中，火电在建容量占比为41.0%，在建项目主要集中在广东、河北、内蒙古、山东和宁夏；水电在建容量占比为42.8%，在建项目主要集中在四川、浙江和山东。在建容量超过500万千瓦的省份共有3个，占全国在建规模的57.6%。其中，四川是在建规模最大的省份，主要是水电（3325万千瓦），占全国在建规模的41.9%。全国在建项目装机容量最高的5个省份是四川、河北、广东、山东和福建。

2018年全国主要发电企业电源工程在建规模见表4-4，2018年年底电源工程在建重点项目见附录6。

表4-4 2018年全国主要发电企业电源工程在建规模

单位：万千瓦

分类		容量	在建规模最多的省份及容量								
全国合计		18556	四川	河北	广东	广东	福建				
			3412	1521	1420	1420	1037				
水电	合计	7940	四川	浙江	河北	山东	吉林	安徽			
			3325	650	600	420	385	300			
	其中：抽水蓄能	4065	浙江	河北	山东	安徽					
			650	600	420	300					
火电	合计	7604	广东	河北	内蒙古	山东	宁夏				
			799	718	664	604	598				
	其中：燃煤	6236	内蒙古	河北	山东	宁夏	福建	陕西	新疆	辽宁	湖北
			664	627	604	598	464	400	394	317	301
	其中：燃气	1208	广东	天津	江苏	上海	海南	河北			
			564	158	135	99	92	91			
核电		1345	广东	广西	福建	辽宁	江苏	山东			
			284	238	232	224	224	145			

第二节 电网投资与建设

一、总体情况

2018年，全国电网完成投资5340亿元，与上年基本持平。其中，直流工程520

亿元，同比下降 39.4%，占电网总投资的 9.7%；交流工程 4600 亿元，同比增长 7.6%，拉动电网投资增长 6.1 个百分点。全年新增交流 110 千伏及以上输电线路长度和变电设备容量 56973 千米和 31024 万千伏安，分别比上年下降 1.9% 和 4.8%；国家大气污染防治行动计划重点输电通道在建项目陆续投产，新投产直流输电线路和换流容量规模减少，分别为 3325 千米和 3200 万千瓦，比上年分别下降 60.1% 和 59.5%。

2011—2018 年全国电网投资及增速见图4－29。

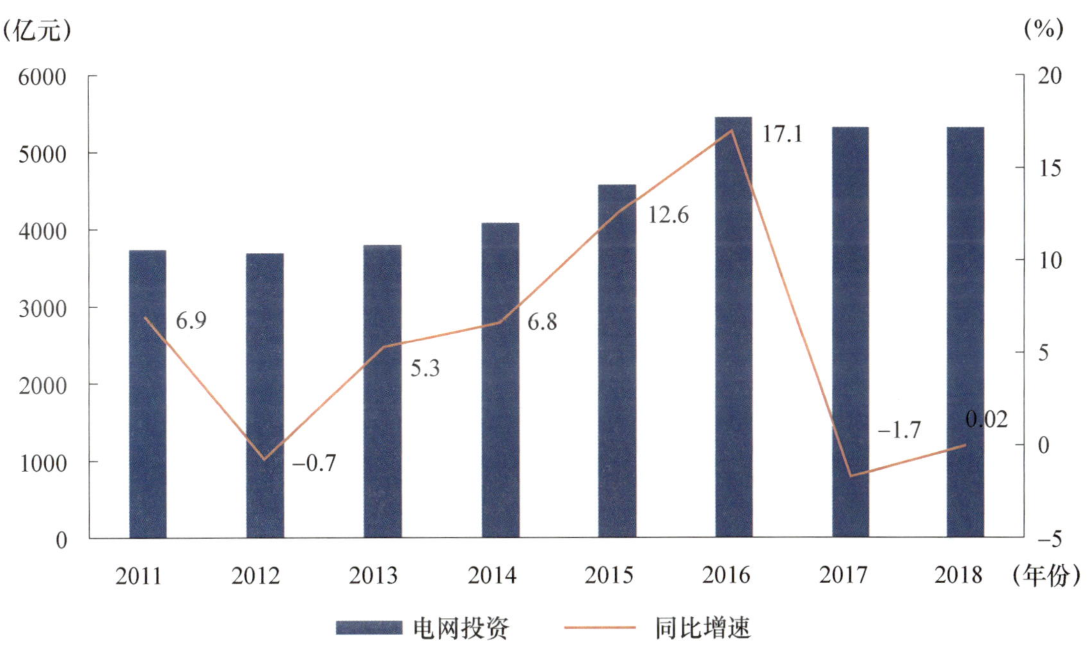

图 4－29　2011—2018 年全国电网投资及增速

二、分电压等级情况

(一) 220 千伏及以上电压等级电网投资同比下降

2018 年，220 千伏及以上电压等级电网完成投资 2003 亿元，同比下降 11.9%；±1100 千伏电压等级完成投资 113 亿元，同比下降 6.3%；由于特高压在建项目陆续投产，±800 千伏电压等级投资同比下降 57.5%，带动特高压项目投资增速回落。张北可再生能源柔性直流电网试验示范工程的开工建设，带动 ±500 千伏电压等级电网工程完成投资 98 亿元，同比增长 953.1%。

2017 年、2018 年全国分电压等级电网完成投资及增速见图 4－30，2018 年全国分电压等级电网完成投资占全国电网投资比重见图 4－31。

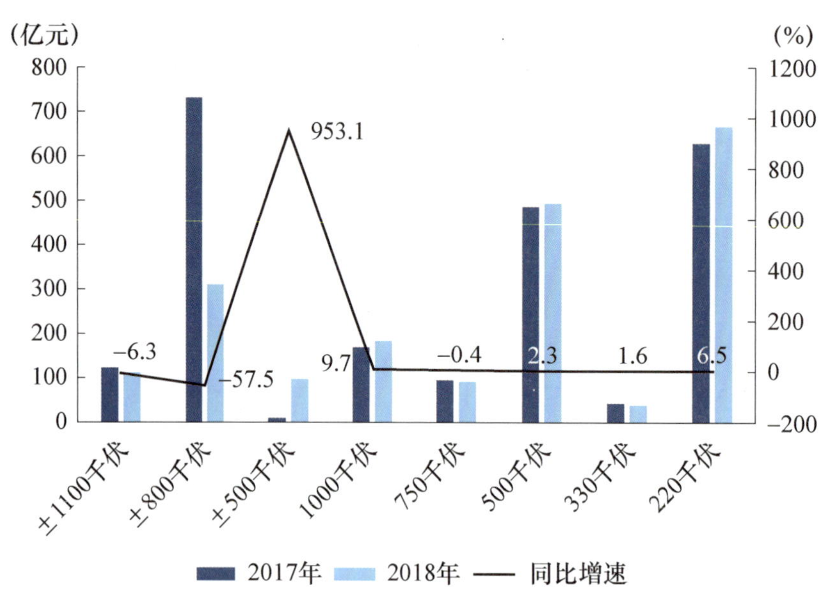

图 4－30　2017 年、2018 年全国分电压等级电网完成投资及增速

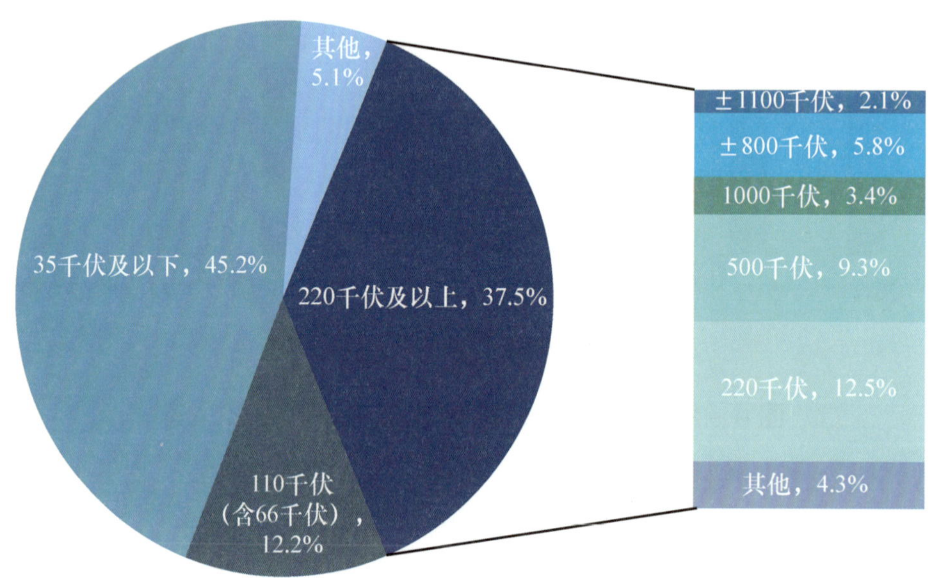

图 4－31　2018 年全国分电压等级电网完成投资占全国电网投资比重

2018 年投产的特高压直流工程有内蒙古上海庙—山东临沂 ±800 千伏工程和滇西北—广东 ±800 千伏工程，合计新增输电线路和换流容量分别为 3190 千米和 1500 万千瓦。

在交流工程中，1000 千伏和 110 千伏（含 66 千伏）工程新增输电线路同比下降较多，分别减少 2717 千米和 5867 千米；500 千伏工程新增输电线路比上年增长 6541 千米，新增变电设备容量同比大幅增长；1000 千伏和 220 千伏工程新增变电设备容量同比下降较多，分别下降 2100 万千伏安和 2031 万千伏安。

从新增规模分结构看，110 千伏（含 66 千伏）和 220 千伏合计新增线路长度和变电设备容量分别占全国新增 110 千伏及以上线路长度和变电设备容量的 66.2% 和 55.5%。

2017 年、2018 年全国新增 110 千伏及以上交流输电线路、变电设备容量分别见图 4－32 和图 4－33。

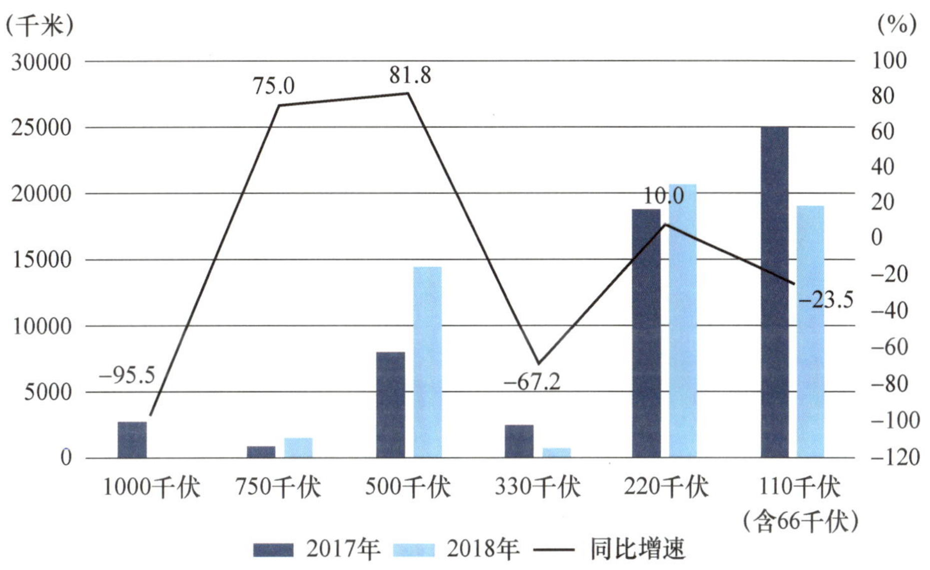

图 4－32　2017 年、2018 年全国新增 110 千伏及以上交流输电线路

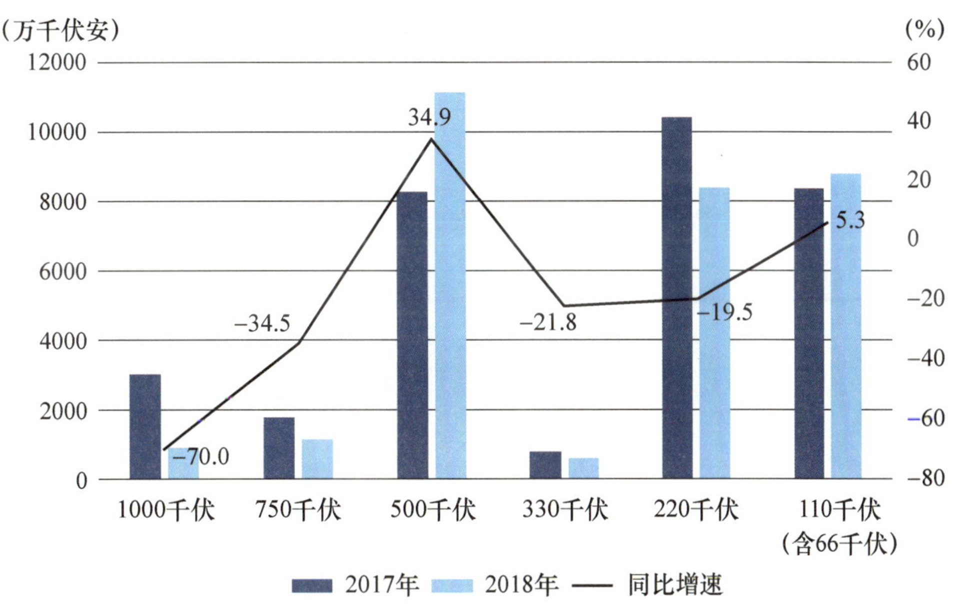

图 4－33　2017 年、2018 年全国新增 110 千伏及以上交流变电设备容量

（二）配电网投资较快增长

国家持续推动配电网建设改造行动计划及新一轮农村电网改造升级，2018 年，全国完成配电网投资[①] 3064 亿元，同比增长 7.8%。其中，110 千伏（含 66 千伏）电网投资小幅增长；35 千伏及以下电网投资实现较快增长，增速达到 9.9%，占全国电网投资比重为 45.2%，同比提高 4.4 个百分点。

2011—2018 年配电网投资及其增速见图 4-34，2018 年 110 千伏及以下配电网投资见图 4-35。

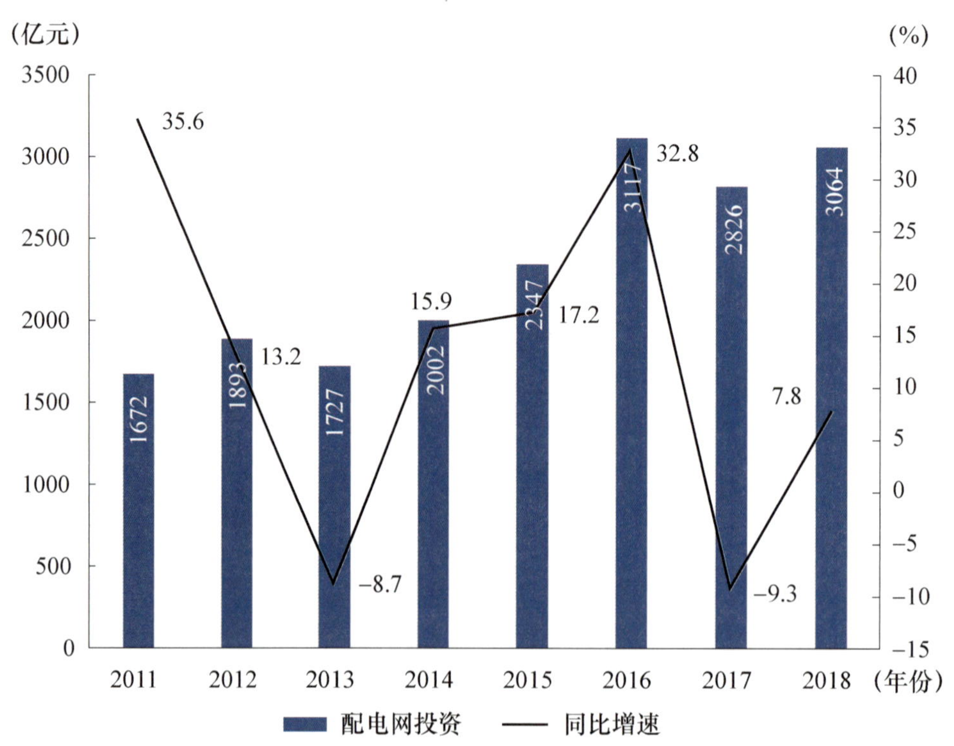

图 4-34　2011—2018 年配电网投资及其增速

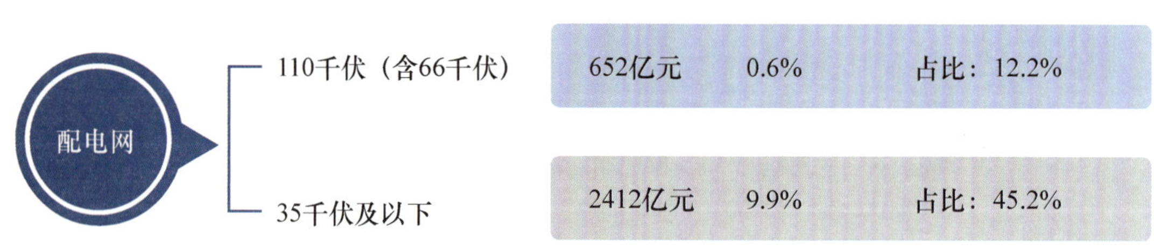

图 4-35　2018 年 110 千伏及以下配电网投资

① 指 110 千伏及以下电压等级电网投资额。

（三）全国农网改造投资额继续提高

2018 年，国家电网公司农网改造完成 1498 亿元，同比增长 1.6%；南方电网公司完成 403 亿元，同比增长 18.2%；内蒙古电力公司和陕西地电分别完成 46 亿元和 9 亿元，同比增速分别为 5.5% 和 1.5%。

三、分区域情况

华北区域　受北京西—石家庄、蒙西—晋中特高压交流工程开工建设影响，电网工程建设投资额为各区域最高（1305 亿元），同比增长 5.3%，新增 110 千伏及以上线路长度和变电设备容量同比分别下降 32.5% 和 34.0%。

东北区域　投资额为各区域最小（281 亿元），同比下降 23.7%，但由于区域内 500 千伏线路工程投产较多，新增线路长度和变电设备容量均同比增长 76.4% 和 96.6%。

华东区域　投资规模在六个区域中居第二，投资额同比增长较多，达到 12.1%，由于区域内大批 500 千伏变电站扩建工程竣工，新增变电设备容量同比增长 18.2%。

华中区域　投资额同比小幅增长 1.9%，由于区域内电网投产项目较少，新增线路长度和变电设备容量同比分别下降 17.3% 和 8.4%。

西北区域　是投资额下降的两个区域之一，新增线路长度同比下降 30.3%，新增变电设备容量同比增长 15.1%。

南方区域　受乌东德电站送电广东、广西特高压多端直流示范工程（简称“昆柳龙直流工程”）开工建设拉动影响，电网投资额同比增长 2.8%，由于电网投产项目较少，新增线路长度及变电设备容量同比分别下降 23.1% 和 21.4%。

受跨区特高压投资萎缩的影响，国家电网公司总部全年电网投资额为 137 亿元，同比下降 47.2%，国家电网公司总部电网直接投资占全国电网投资的比重仅为 2.5%，比上年下降了 2.4 个百分点。

2017 年、2018 年分区域电网投资额占全国电网投资比重、投资额及增速分别见图 4－36 和图 4－37，2018 年分区域新增 110 千伏及以上交流输电线路长度及增速、变电设备容量及增速分别见图 4－38 和图 4－39。

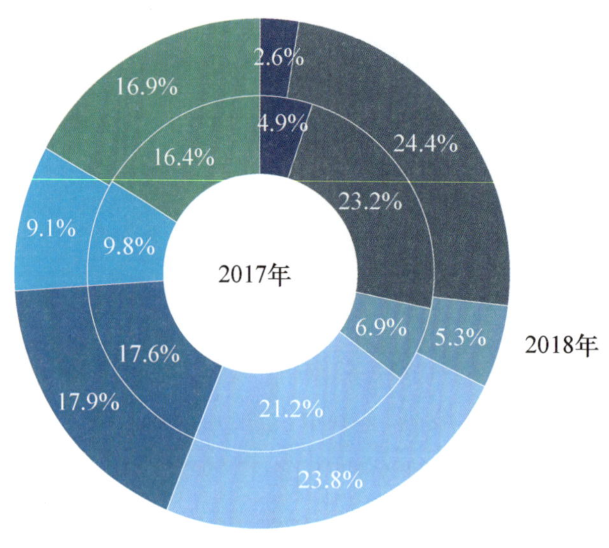

图4－36　2017 年、2018 年分区域电网投资额占全国电网投资比重

注：跨区投资额纳入国家电网公司总部直接投资口径。

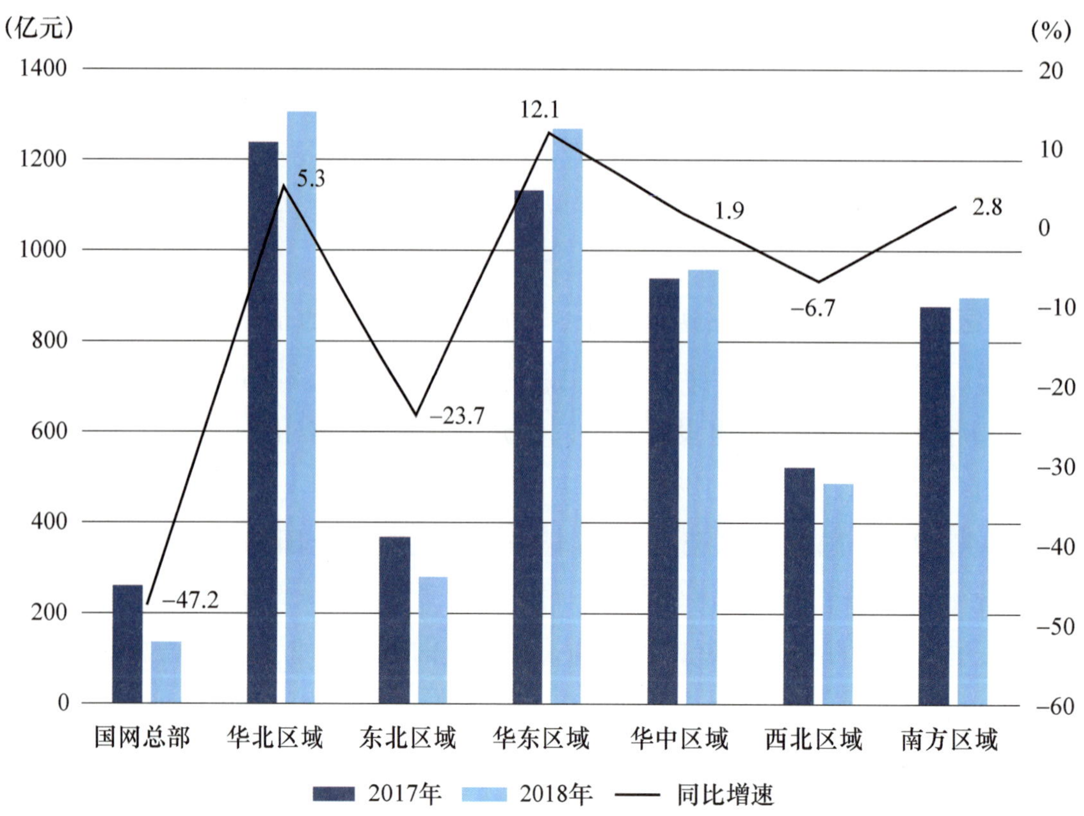

图4－37　2017 年、2018 年分区域电网投资额及增速

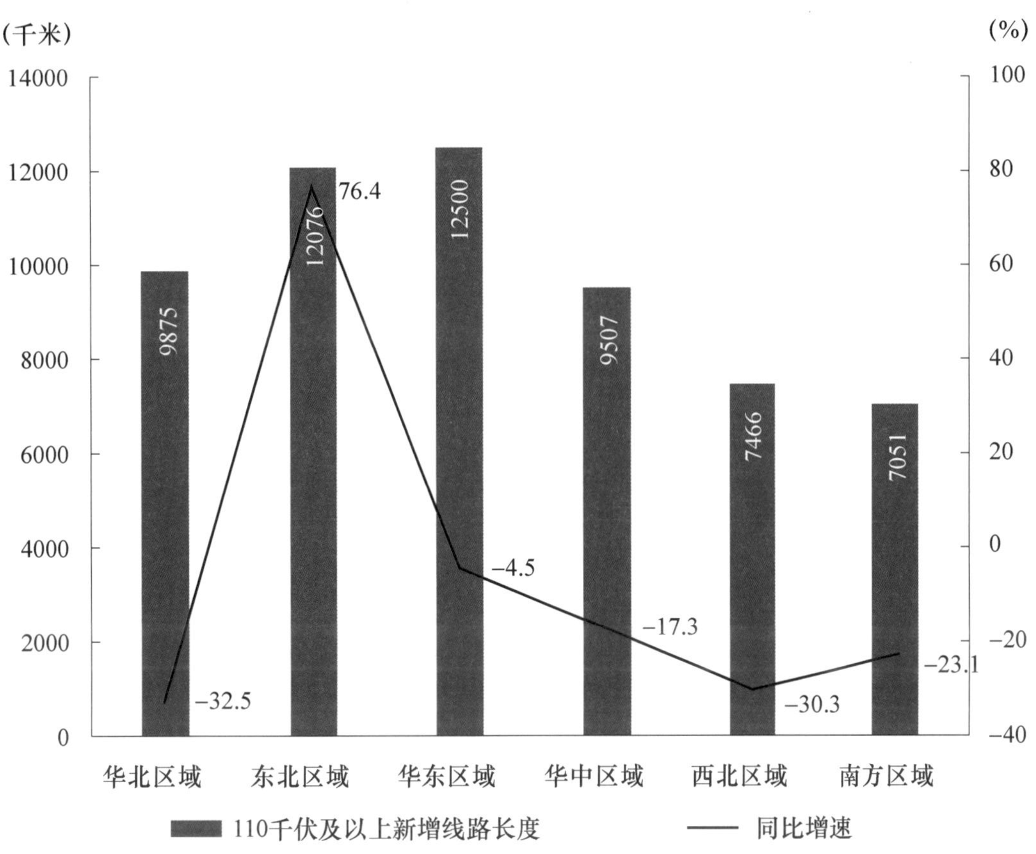

图4－38　2018年分区域新增110千伏及以上交流输电线路长度及增速

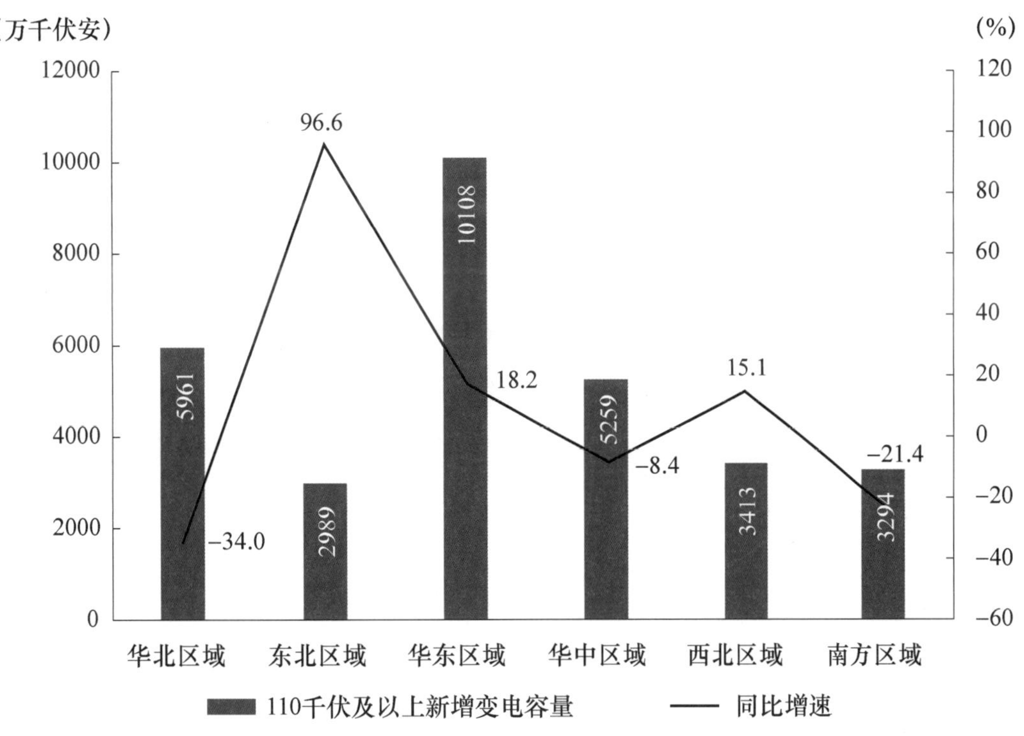

图4－39　2018年分区域新增110千伏及以上交流变电设备容量及增速

四、投产重点项目

2018 年，共投产 ±800 千伏特高压直流输电线路 2 条，较 2017 年有所减少。其中，投产直流特高压线路长度 3194 千米，同比下降 61.7%；换流容量为 1500 万千瓦，同比下降 80.5%。

2018 年 500 千伏及以上电压等级电网工程投产重点项目见附录 7。

（一）直流输电项目

1. 滇西北—广东 ±800 千伏特高压直流输电工程

工程西起云南省大理州剑川县新松换流站，途径云南、贵州、广西、广东四省，东至广东省深圳市宝安区东方换流站，额定电压 ±800 千伏，输送容量 500 万千瓦，直流线路全长约 1957 千米。

工程于 2016 年 2 月开工建设，2018 年 5 月全部投运。在技术上攻克了高海拔和高地震烈度叠加带来的多项世界级难题。

该工程是国家大气污染防治行动计划 12 条重点输电通道之一，是西电东送首条落点深圳的特高压直流工程，也是南方区域西电东送第三条特高压直流通道。工程全部投运，新增西电东送能力 500 万千瓦，每年可消纳云南水电 200 亿千瓦时，约占深圳市年用电量的四分之一，可减少珠三角地区标准煤消耗 600 万吨，减少二氧化碳排放 1600 万吨，相当于植树 1600 万公顷，不仅可满足南方区域经济协调发展的用电需求，还为粤港澳大湾区建设提供源源不断的清洁电能。

2. 内蒙古上海庙—山东临沂 ±800 千伏特高压直流工程

工程起于内蒙古鄂尔多斯市鄂托克前旗上海庙换流站，途径内蒙古、陕西、山西、河北、河南、山东 6 省份，止于山东临沂换流站。工程额定电压 ±800 千伏，线路全长 1238 千米，额定输送容量 1000 万千瓦。工程动态投资 221 亿元。

工程于 2016 年 3 月 8 日开工建设，2018 年 12 月 31 日投入运行。

该工程是国家大气污染防治行动计划的重点输电通道之一，项目投产后，促进了内蒙古上海庙能源基地电力开发外送，满足了山东省用电负荷增长需要。

（二）交流输电项目

1. 藏中联网工程

工程由西藏藏中和昌都电网联网工程、川藏铁路拉萨至林芝段供电工程组成，起于西藏自治区昌都市芒康县，止于山南市桑日县，跨越西藏三地市十区县。工程总投资约 162 亿元，新建、扩建 500 千伏及配套工程变电站 16 座，新建 500 千伏及配套工程线路 2738 千米。

该工程是世界海拔最高的超高压电网工程，平均作业海拔超过4000米；同时也是世界海拔跨度最大的电网工程，工程线路海拔从2200米升至5300米，最高塔位与最低塔位之间海拔高差达3100米。此外，该工程穿越横断山脉核心地带和青藏高原腹地，位于世界上地质结构最复杂、地质灾害分布最广的“三江”断裂带，是世界自然条件最复杂的电网工程。

藏中电力联网工程建成投运结束了西藏中东部地区电网孤网运行的历史，西藏主干电网实现了从220千伏向500千伏的跨越升级，西藏电网优化配置能源资源能力显著提升。同时，该工程也为川藏铁路提供安全可靠的供电保障，对于促进藏区经济社会发展、增进民族团结、巩固边疆国防安全意义重大。

五、新开工及在建工程

（一）新开工工程

2018年，国家核准一批跨区特高压电网工程建设项目，新开工项目同比增加，主要有青海—河南±800千伏特高压直流工程、蒙西—晋中1000千伏特高压交流工程、潍坊—临沂—枣庄—菏泽—石家庄1000千伏特高压交流工程、北京西—石家庄1000千伏特高压交流工程和乌东德电站送电广东广西特高压多端直流示范工程。

2018年500千伏及以上电压等级电网工程新开工重点项目见附录8。

（二）在建工程

截至2018年年底，除5项新开工建设重点项目以外，还有2项特高压在建项目，分别是准东—皖南±1100千伏特高压直流工程、淮南—南京—上海1000千伏特高压交流苏通GIL管廊工程和渝鄂直流背靠背联网工程。

2018年年底500千伏及以上电压等级电网工程在建重点项目见附录9。

第三节　电力工程造价

一、电源工程

（一）化石能源发电

1. 燃煤发电工程

燃煤发电工程概算单位造价同比下降。2018年不同机组容量燃煤发电工程造价及各类费用变化对比见图4－40。

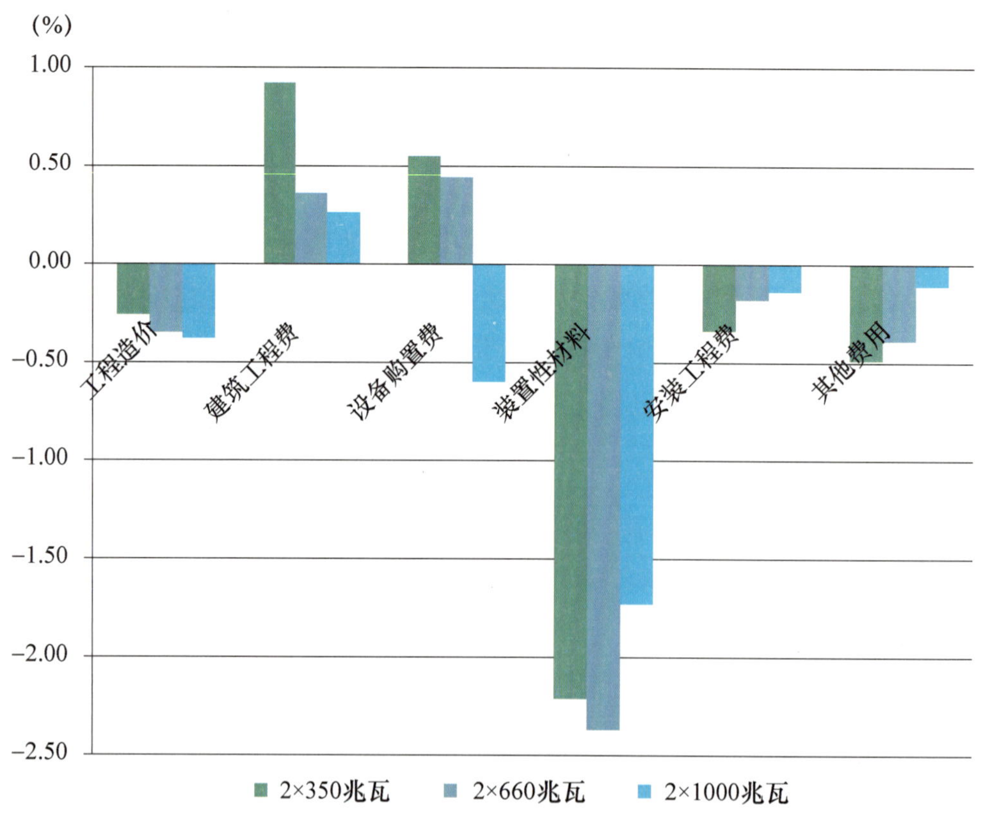

图 4-40　2018 年不同机组容量燃煤发电工程造价及各类费用变化对比

建筑工程费呈上涨趋势。主要材料价格上涨是主要影响因素，其中，水泥的价格上涨 10% ~15%，钢筋、型钢、钢板的价格下降 2% ~10%。

安装工程费呈下降趋势。装置性材料价格下降是主要影响因素，其中，烟道、热风道、冷风道、送粉管道、电缆桥架（钢）的价格下降 4% ~5%，主蒸汽管道、再热冷/热段管道、主给水管道、电缆、共箱母线价格下降 2% ~4%。

设备购置费呈下降趋势。主要设备中锅炉、汽轮机、汽轮发电机的价格下降 0.5% ~1%；主变压器、高压厂用变压器、备用变压器的价格上涨 1% ~3.5%；除尘器、空冷设备的价格下降 2% ~5%。

其他费用呈下降趋势。2018 年全国燃煤发电工程决算单位造价 3593 元/千瓦，单位造价呈地区差异性。东北地区最高，决算单位造价为 4351 元/千瓦；华中地区最低，决算单位造价为 2971 元/千瓦。

2018 年不同单机容量燃煤发电工程决算单位造价见图 4-41。

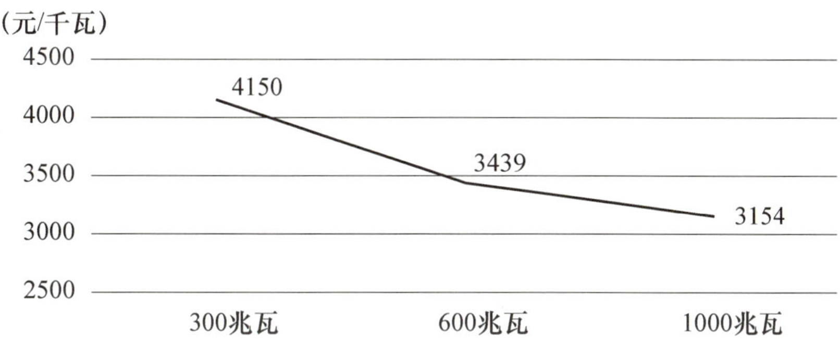

图4-41 2018年不同单机容量燃煤发电工程决算单位造价

2. 燃气—蒸汽联合循环发电工程

2018年燃气—蒸汽联合循环发电工程概算单位造价同比下降。其中，燃气轮机价的格下降是主要影响因素，降幅约为3%～6.5%，主变压器、高压厂用变压器的价格上涨，余热锅炉、蒸汽轮机、发电机等其他设备的价格基本保持平稳。

2018年全国燃气—蒸汽联合循环发电工程决算单位造价2823元/千瓦。

（二）非化石能源发电

2018年，受资源条件及政策因素影响，非化石能源发电工程数量、规模存在差异，单位造价呈地区性差异。除水电工程外，非化石能源发电工程决算单位造价同比下降。

2018年非化石能源发电工程决算单位造价见图4-42。

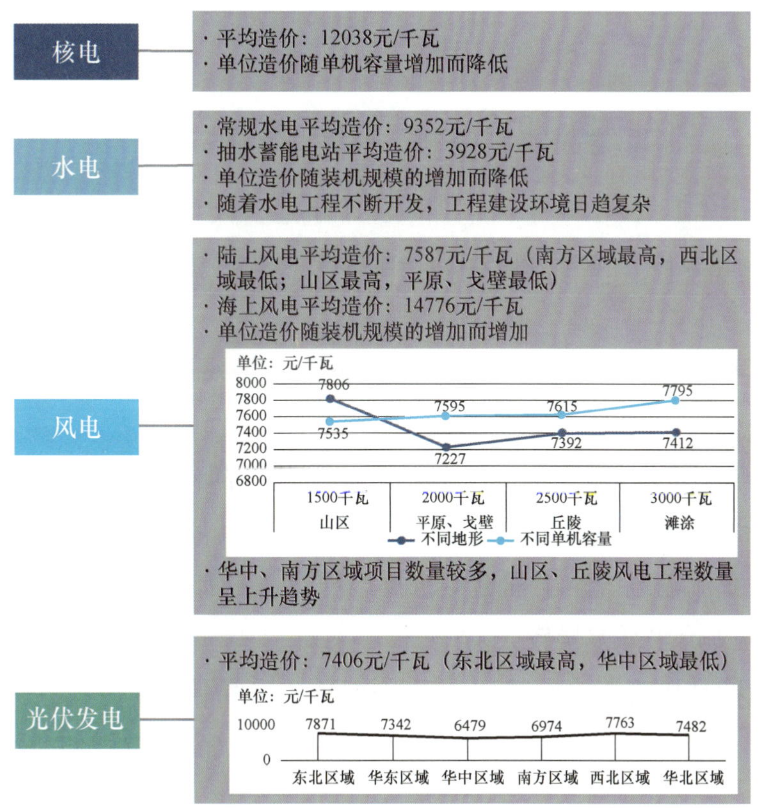

图4-42 2018年非化石能源发电工程决算单位造价

二、电网工程

（一）输电线路

输电线路工程单位造价的主要影响因素包括路径选择、工程地形、地质条件、导线截面等多种因素。

2018年，受主要材料价格上涨影响，输电线路工程概算单位造价整体呈上涨趋势。其中，导线的价格上涨9%～11%，地线的价格上涨4%～5%，塔材的价格上涨10%～20%，钢筋的价格上涨约4%，水泥的价格上涨10%～15%。

2018年输电线路工程决算单位造价见图4－43。

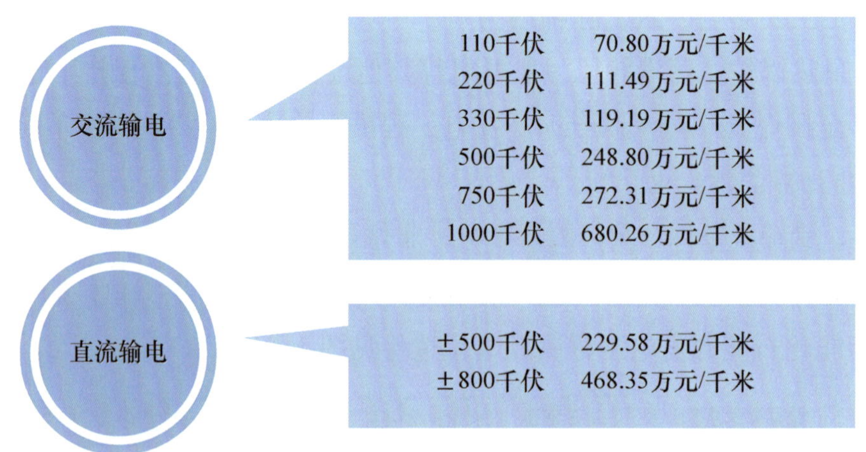

图4－43　2018年输电线路工程决算单位造价

110千伏、330千伏、750千伏工程决算单位造价同比2017年上涨，主要原因为工程建设条件变化及路径选择难度增加，本体工程费与建设场地征用及清理费增加。

220千伏工程决算单位造价基本保持平稳。

500千伏工程决算单位造价同比2017年下降，主要原因为大截面导线所占长度比例降低。

1000千伏特高压交流输电线路工程决算单位造价同比2017年下降，主要原因为主要工程量指标受工程所在地建设条件影响而下降，其他费用降低。

±500千伏直流输电线路工程近年来投产项目数量有限，受工程技术条件及建设条件影响，单位造价水平差异较大。

±800千伏特高压直流输电线路工程决算单位造价同比2017年上涨，主要原因为输送容量增加引起工程量指标增加，建设场地征用及清理费增加。

（二）变电站

变电站工程单位造价受变电站容量影响较大，对于变电站容量较小的情况，建筑工程费及建设场地征用及清理费占比较大，会导致单位工程造价上升明显。

2018 年变电站工程概算单位造价同比上涨，主要是主变压器的价格上涨所致。

2018 年变电站工程决算单位造价见图 4－44。

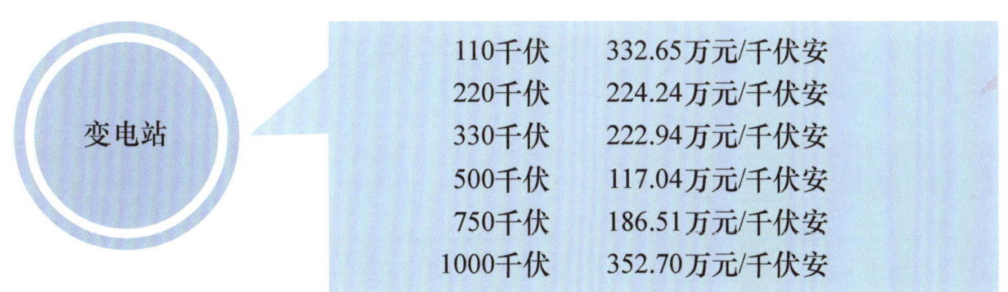

图 4－44　2018 年变电站工程决算单位造价

（三）换流站

2018 年，±500 千伏、±800 千伏换流站工程概算单位造价同比下降，主要原因为装备制造企业技术进步导致主要设备价格逐渐下降，设备招投标管理加强，特高压换流站工程输送容量增大产生的规模效应促进主要设备价格逐步下降。

2018 年直流换流站工程决算单位造价见图 4－45。

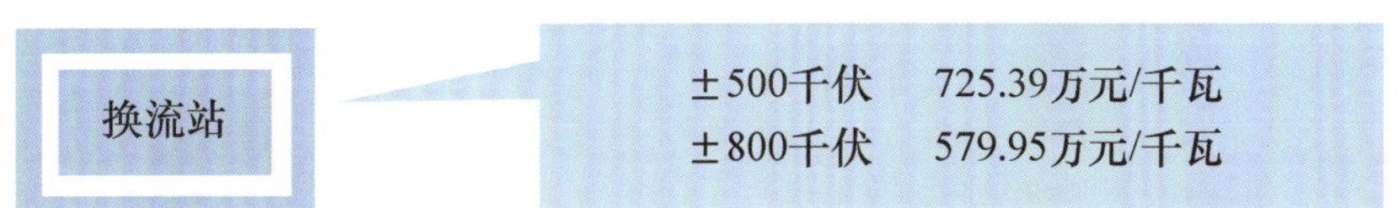

图 4－45　2018 年直流换流站工程决算单位造价

第五章 电力生产与供应

第一节 发电

一、总体情况

截至 2018 年年底，全国发电装机容量① 190012 万千瓦，同比增长 6.5%，增速比上年回落 1.2 个百分点；全国人均装机 1.36 千瓦/人，比上年增加 0.08 千瓦/人。受电力需求高速增长带动作用，全国全口径发电量 69947 亿千瓦时，同比增长 8.4%，增速比上年提高 1.9 个百分点；全国 6000 千瓦及以上电厂发电设备利用小时 3880 小时，同比提高 90 小时。

2010—2018 年全国发电装机容量、全口径发电量及增速、6000 千瓦及以上电厂发电设备平均利用小时分别见图 5－1、图 5－2、图 5－3。

图 5－1 2010—2018 年全国发电装机容量及增速

① 本年发电装机容量统计口径新纳入陕西地电经营区域，同期数据相应调整。

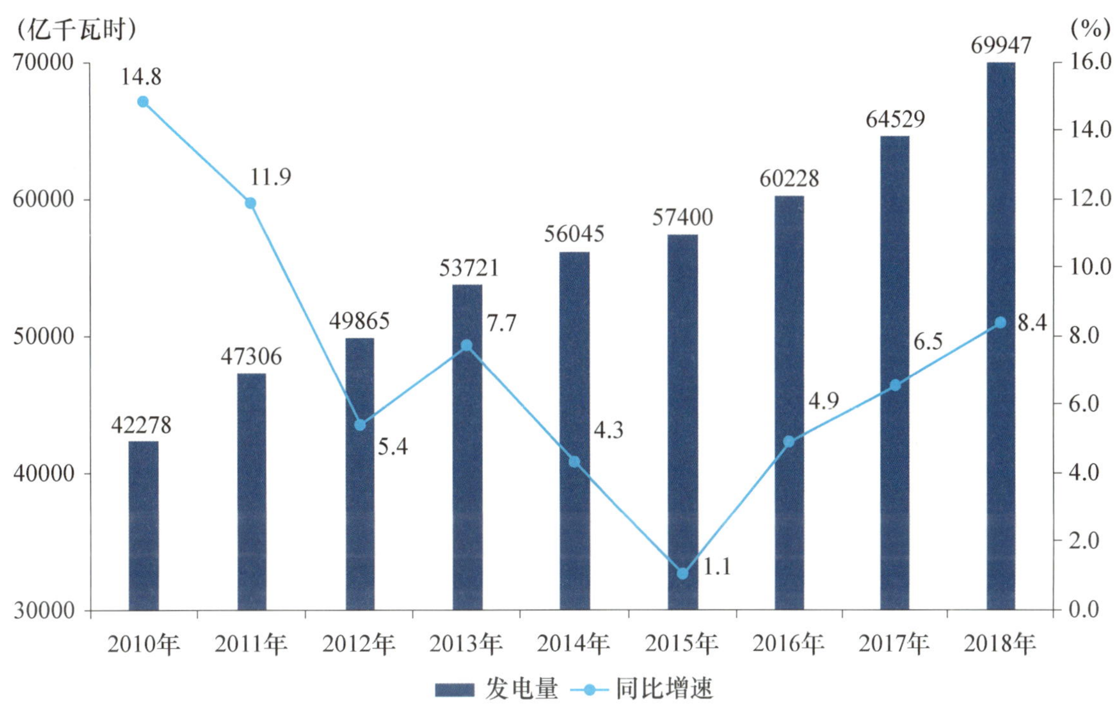

图 5－2　2010—2018 年全口径发电量及增速

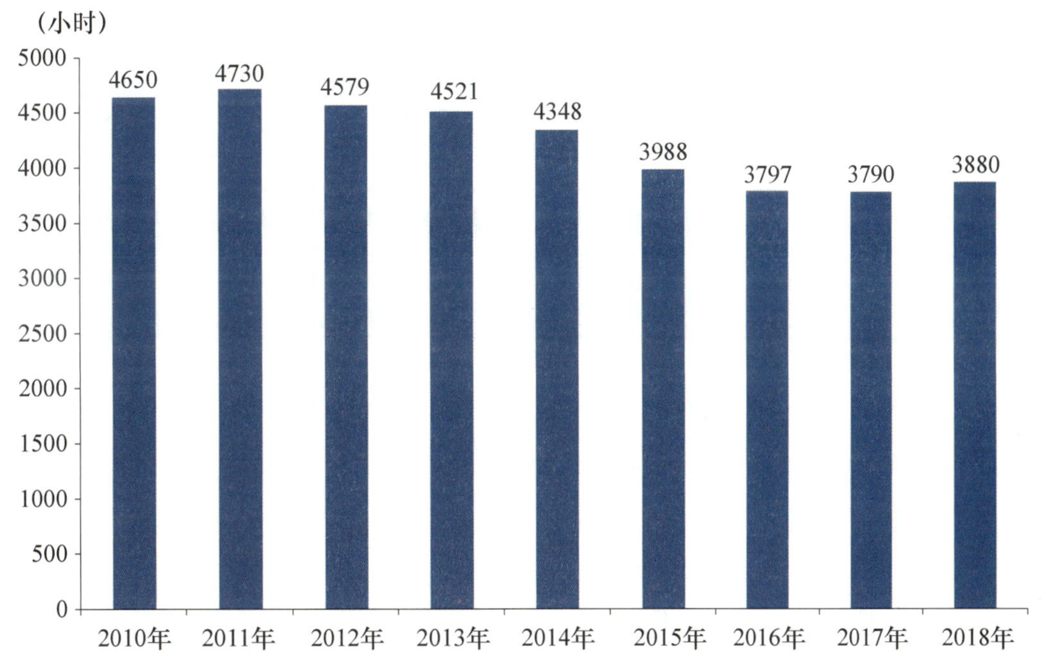

图 5－3　2010—2018 年全国 6000 千瓦及以上电厂发电设备平均利用小时

专栏6　大型电厂

截至2018年年底，全国百万千瓦级电厂共470座、装机容量86007万千瓦，分别比上年增加21座和3592万千瓦。

100万千瓦及以上电厂分类型情况为：

水电厂

· 69座
· 16614万千瓦
· 16612亿千瓦时
· 3727小时

火电厂

· 385座
· 64959万千瓦
· 28771亿千瓦时
· 4493小时

核电厂

· 16座
· 4434万千瓦
· 2933亿千瓦时
· 7556小时

全国最大的水电厂（站）、火电厂、核电厂为：

装机容量最大的水电厂（站）：三峡水电站，容量2240万千瓦；

装机容量最大的火电厂：大唐集团内蒙古托克托发电公司，容量612万千瓦；

装机容量最大的核电厂：中广核辽宁红沿河核电有限公司，容量448万千瓦。

2018年，发电月度运行呈现上半年增速总体快于下半年的态势。由于受春节、气温等因素影响，全国规模以上电厂发电量1—2月同比增长最快，为11.0%；受全社会电力需求旺盛和上年同期基数影响，5月份发电量同比增长9.8%；受夏季高温的影响，8月份发电量增速环比提高。

2018年全国规模以上电厂分月发电量及增速见图5－4。

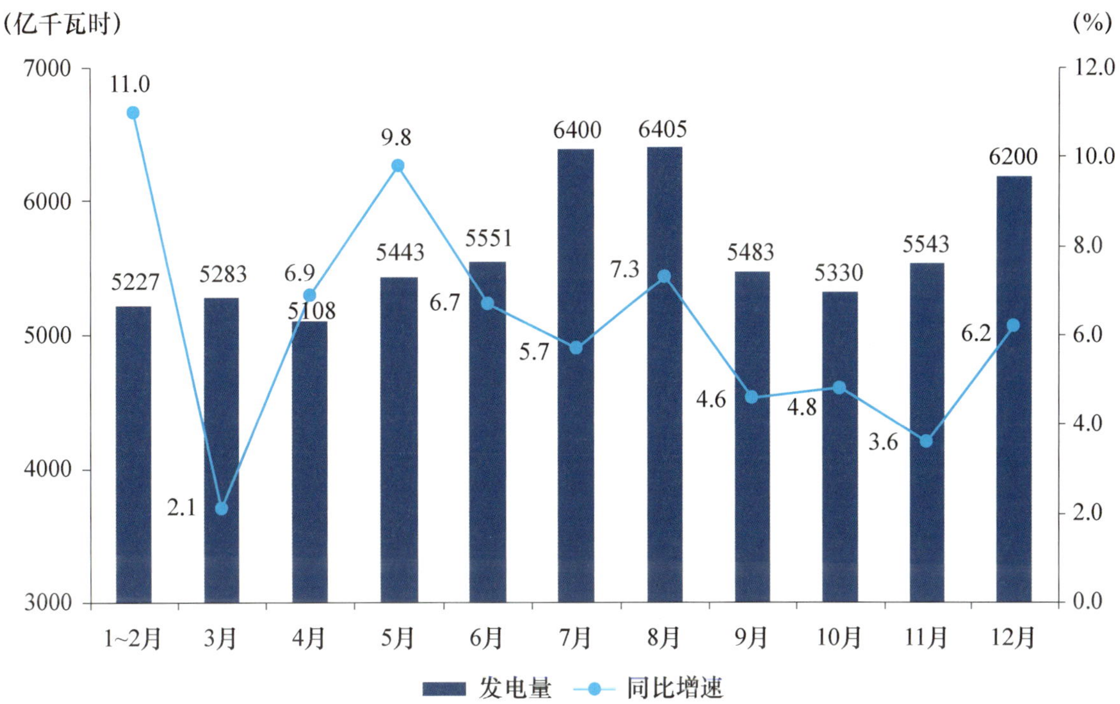

图 5－4　2018 年全国规模以上电厂分月发电量及增速

资料来源：国家统计局月度统计数据。

二、分类型情况

近年来，国家提倡电力绿色低碳发展，新能源发电装机规模持续快速增长，火电装机增速放缓，发电装机结构在不断优化。2018 年，风电、太阳能发电装机容量占全国发电装机容量比重分别比上年提高 0.5 个百分点和 1.9 个百分点，火电比上年下降 2.0 个百分点，水电和核电分别比上年下降 0.7 个百分点和提高 0.4 个百分点。受电力消费较高增速和部分流域来水较少的影响，除水电发电量同比增长缓慢外，其他分类发电量均同比增长较快。其中，太阳能发电量增速最高，同比增长 50.2%；水电和火电发电量占全国总发电量的比重分别比上年降低 0.9 个百分点和 0.7 个百分点；核电提高 0.4 个百分点。

2018 年全国分类型发电装机容量、发电量及增速见图 5－5，2017 年、2018 年全国分类型发电装机容量、发电量占全国发电装机容量和发电量比重分别见图 5－6 和图 5－7。

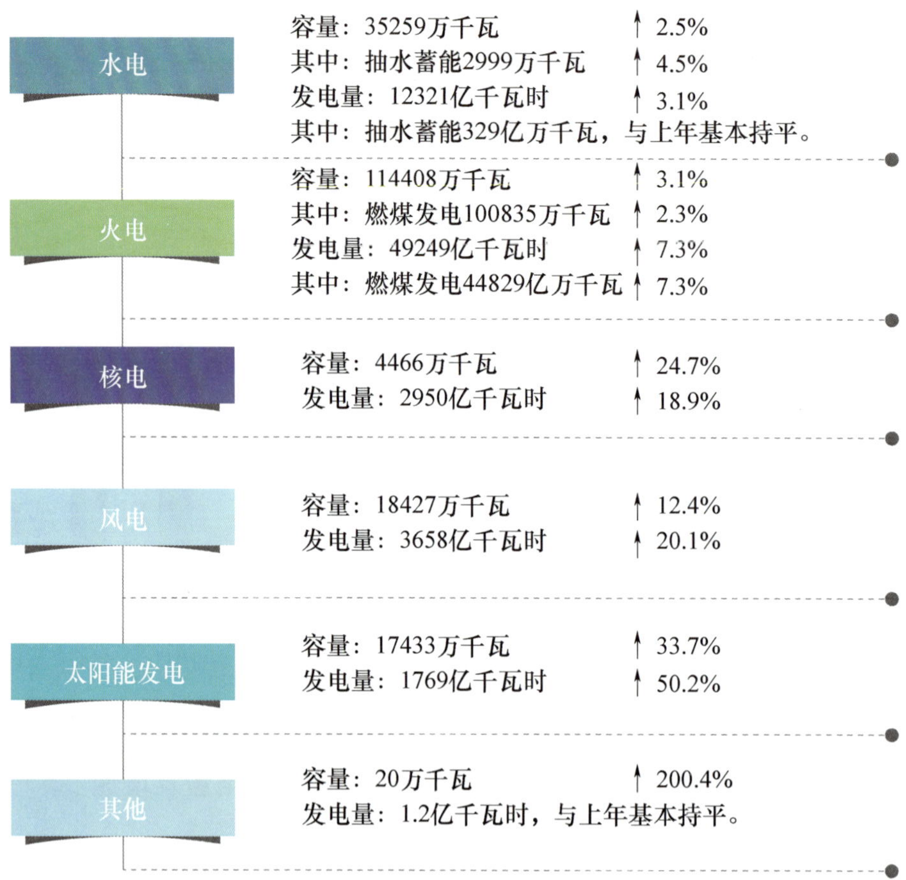

图 5－5　2018 年全国分类型发电装机容量、发电量及增速

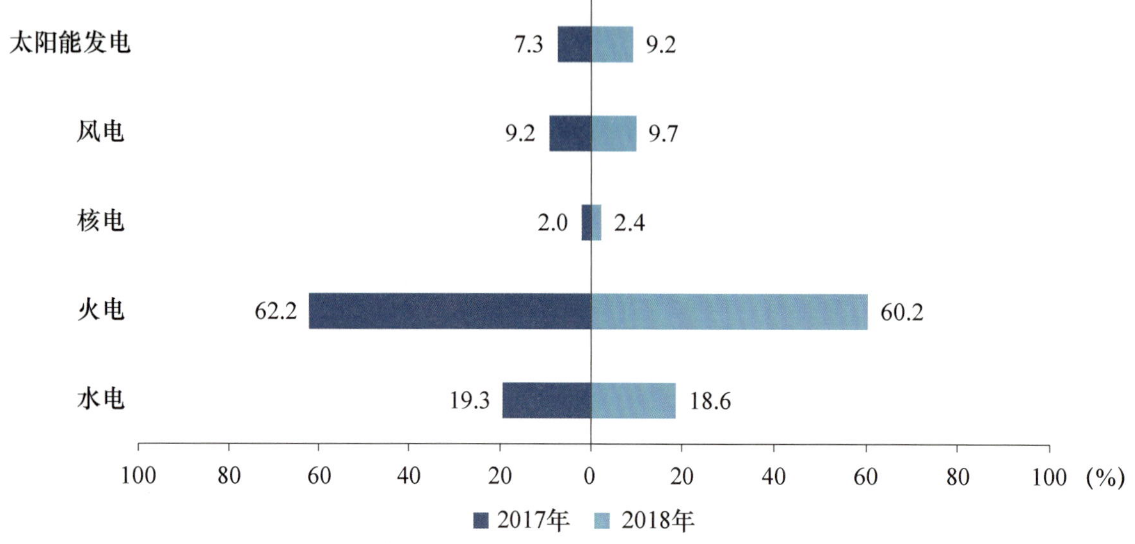

图 5－6　2017 年、2018 年全国分类型发电装机容量占全国发电装机容量比重

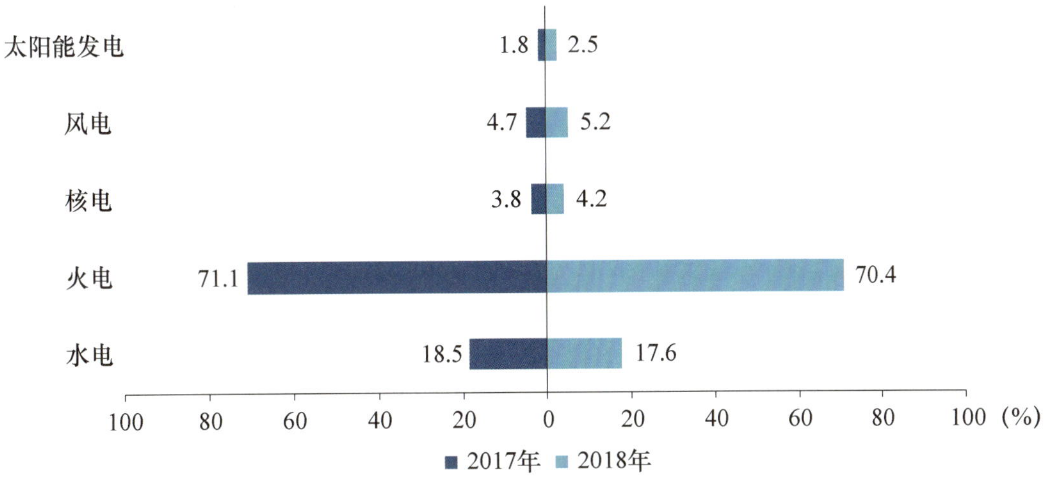

图5－7　2017年、2018年全国分类型发电量占全国发电量比重

2018年，受电力消费较高增速的影响，全国各类型发电设备利用小时均有所提高，其中核电提高幅度最大为454小时。水电受抽水蓄能发电利用小时数降低和部分地区来水较少等因素的影响，在上年偏低基数上，2018年仅提高10小时；受煤电发电机组利用水平较高的影响，火电利用小时同比提高159小时；并网风电利用小时数为2103小时，同比提高155小时。

2017年、2018年全国分类型发电设备利用小时见图5－8。

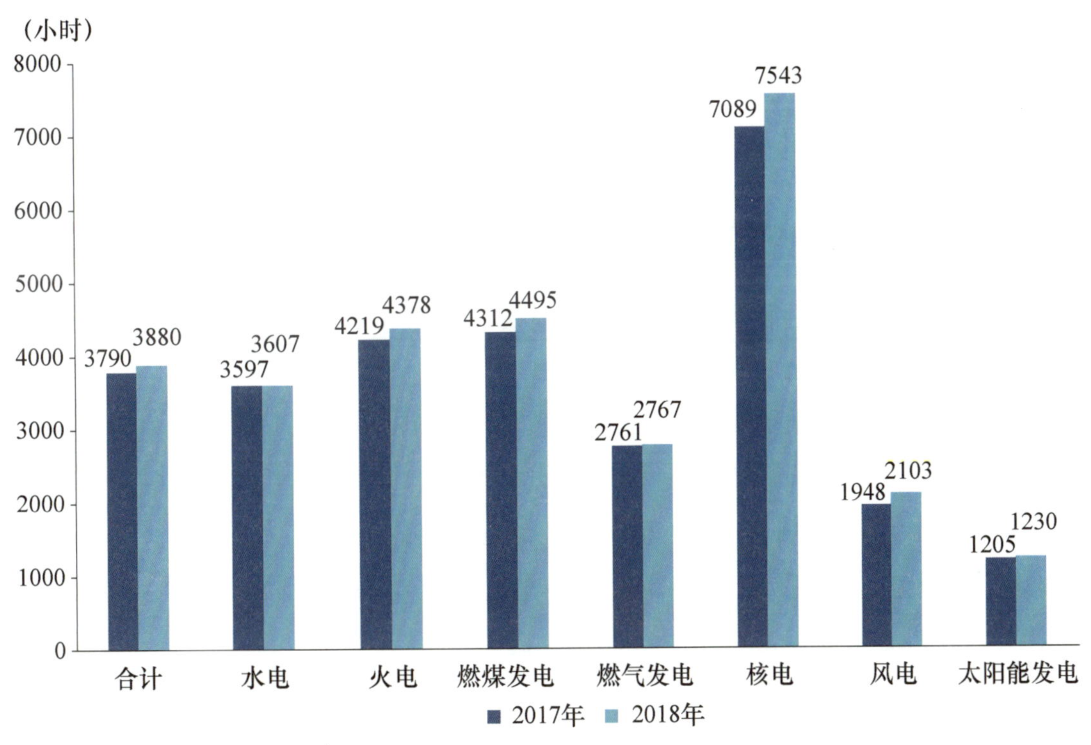

图5—8　2017年、2018年全国分类型发电设备利用小时

截至2018年年底，纳入全国电力行业6000千瓦以上机组统计调查范围①的水电和火电机组平均单机设备容量分别为6.1万千瓦和13.4万千瓦，火电单机容量比上年提高0.23万千瓦，水电与上年持平。

水电装机容量、发电量增长放缓 受近年来大型水电机组陆续投产影响，2018年水电装机增速低于全国发电装机平均增速（6.5%）3.9个百分点；受部分流域来水同比下降影响，水电发电量增速低于全国发电量平均增速（8.4%）5.1个百分点。

2017年、2018年水电机组分容量等级占比见图5-9。

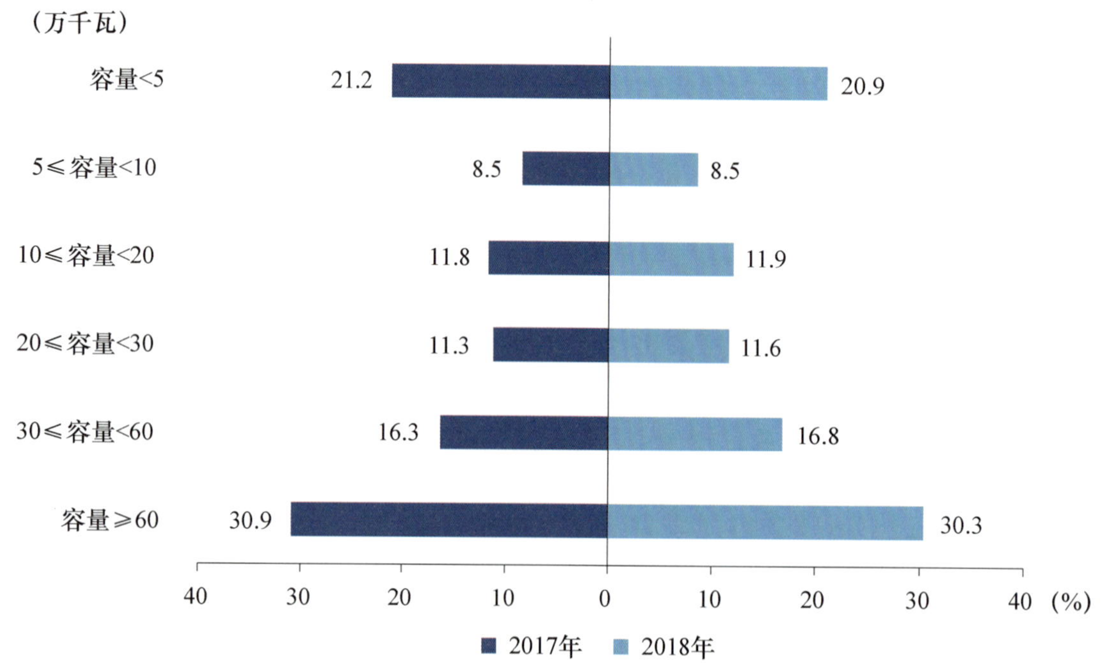

图5-9 2017年、2018年水电机组分容量等级占比

火电及其煤电装机占比持续减少，发电量比重继续下降 2018年，火电装机占全国发电装机容量的60.2%，比上年下降2个百分点，其中燃煤发电装机占比53.1%，分别比上年和2010年下降2.2个百分点和13.8个百分点。火电发电量占总发电量的70.4%，比上年降低0.7个百分点。其中，煤电发电量占比64.1%，分别比上年和2010年下降0.6个百分点和12.7个百分点。

2018年火电分类型发电装机容量、发电量增速及占比见图5-10，2010—2018年煤电发电装机容量及占总装机容量比重见图5-11。

① 截至2018年年底，纳入电力行业6000千瓦以上机组统计调查范围的水电、火电装机合计容量分别为29788万千瓦和107924万千瓦，分别占全国6000千瓦及以上水电、火电机组容量的93.7%和95.0%。

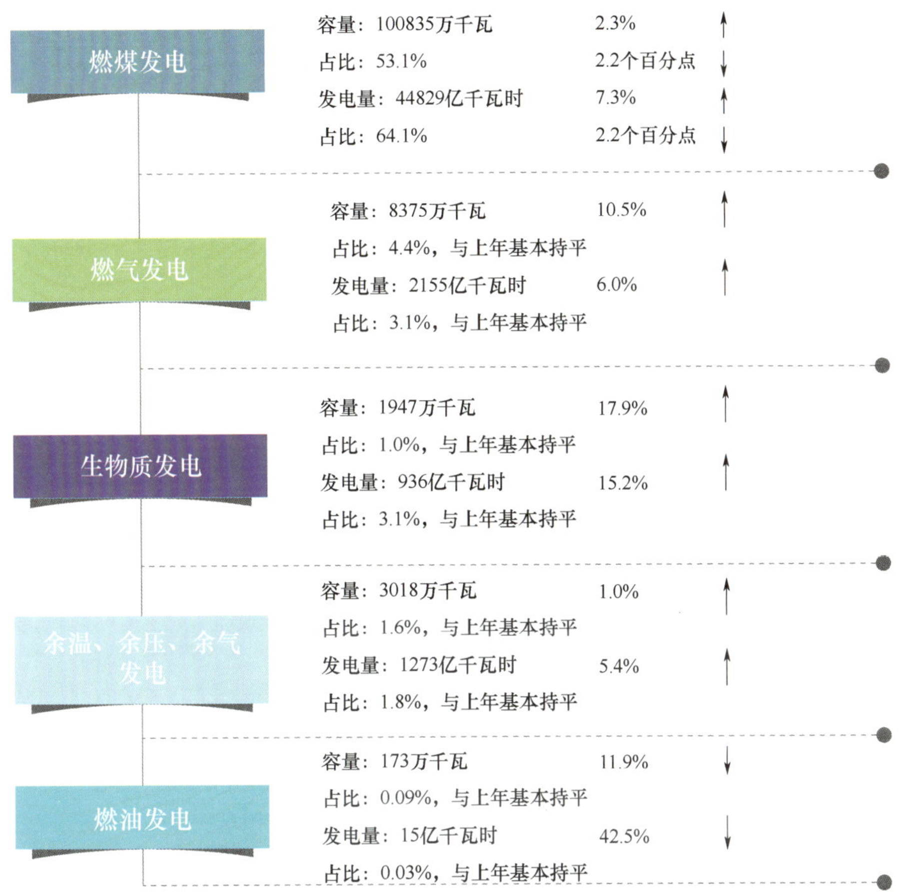

图5－10　2018年火电分类型发电装机容量、发电量增速及占比

图5－11　2010—2018年燃煤发电装机容量及占总装机容量比重

火电单机30万千瓦及以上机组容量占比超过80% 火电单机30万千瓦及以上机组容量占火电机组容量从2010年的72.7%逐年上升到2018年的80.1%，累计提高7.4个百分点。

2017年、2018年火电机组分容量等级占比见图5－12。

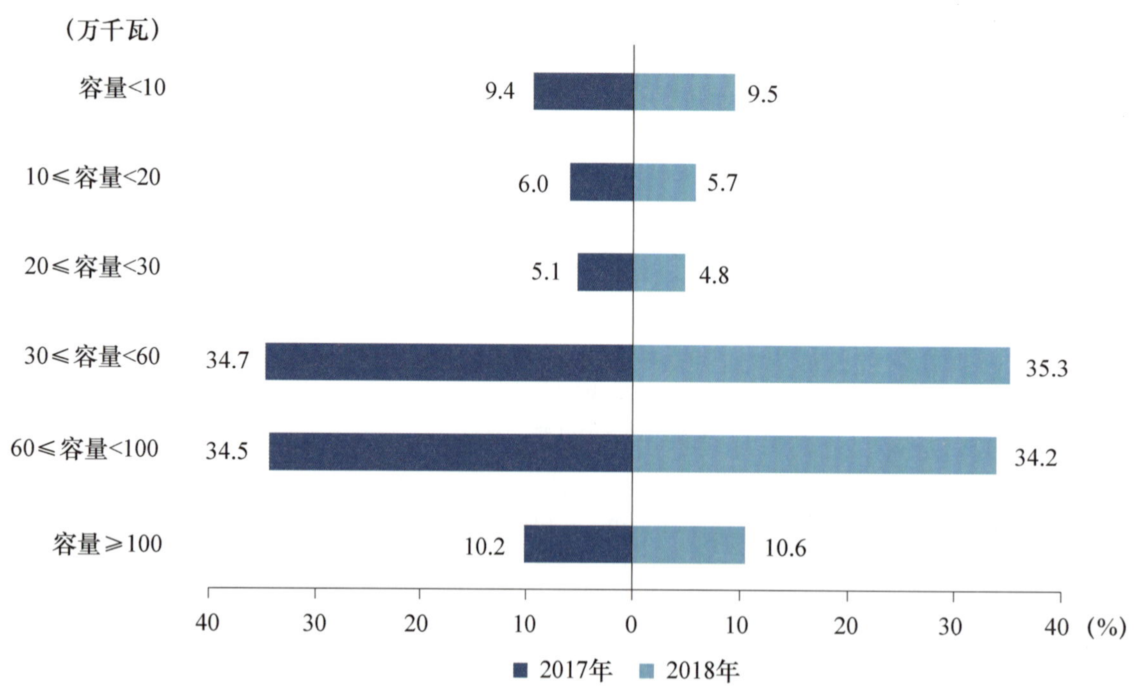

图5－12 2017年、2018年火电机组分容量等级占比

火电单机100万千瓦及以上容量等级机组容量占比逐年提高 截至2018年年底，全国100万千瓦及以上容量等级火电机组占火电机组容量已达10.6%，单机60万千瓦至不足100万千瓦和30万千瓦至不足60万千瓦容容量等级火电机组装机占比均已经超过三分之一。

火电大机组利用效率提高 根据对25家主要发电企业火电机组调查统计，100万千瓦及以上机组等级的火电利用小时最高、同比增加最大；10万千瓦以下容量等级机组的利用小时同比降低288小时；其他各容量等级的火电机组利用小时均同比增加超过100小时。

2017、2018年全国主要发电企业火电机组按容量等级利用小时及变化见图5－13。

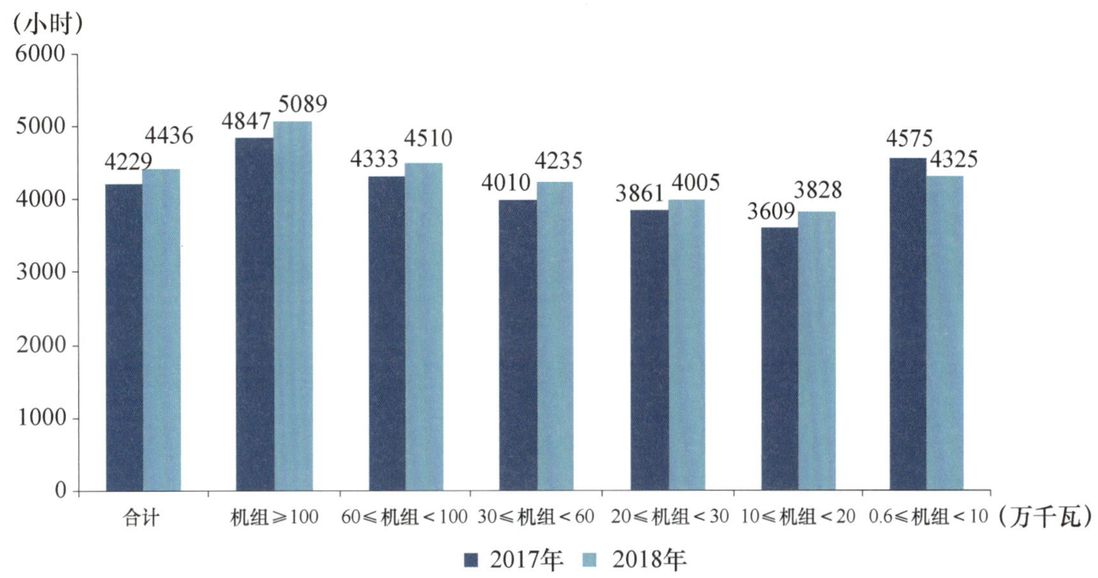

图5－13 2017年、2018年全国主要发电企业火电机组按容量等级利用小时及变化

专栏7 发电用煤供应总体平衡，价格高位波动

2018年，全国原煤产量36.8亿吨、同比增加1.6亿吨，煤炭净进口2.76亿吨、同比增加0.13亿吨，国内煤炭供应量总体满足消费需求。但进口煤政策变化削弱了沿海地区的电煤供应稳定性，4月下旬至5月部分地区执行二类口岸停止接卸、一类口岸实施配额限制以及通关时间延长，第四季度继续严控进口煤量，加剧了电煤供需紧张的局面，导致电煤价格再次快速上涨。国家发展改革委等部门及时加大电煤保供力度，先后采取了增产量、增产能、增运力、增长协等系列措施，电煤供需偏紧形势得到缓解，重点电厂电煤库存有所提升，迎峰度冬电力供应总体平稳。

2017年、2018年分月全国重点电厂电煤库存量及可用天数

根据中国沿海电煤采购价格指数（CECI 沿海指数）显示，2018 年全年 5500 大卡现货成交价波动范围为 569～752 元/吨、综合价波动范围为 571～635 元/吨，各期综合价均超过国家规定的绿色区间上限，国内煤电企业采购成本居高不下。具体来看，年初电煤现货价格呈现持续上涨态势，2 月 9 日 5500 大卡现货成交价达到 752 元/吨，国家相关部门多措并举对电煤保供控价，电煤价格高位回调；4 月下旬受进口煤收紧等因素影响，电煤价格再次出现了较为明显的持续反弹，6 月 15 日成交价已回涨至 698 元/吨。随后国家再次出台多项措施加大电煤保供力度，电煤价格上涨势头得到一定抑制，8 月 10 日降至 604 元/吨的阶段性低点。随着国家出台冬季保供政策，以及电力企业高库存、低煤耗的影响，CECI5500 大卡市场成交价自 10 月下旬开始呈逐步下降态势。

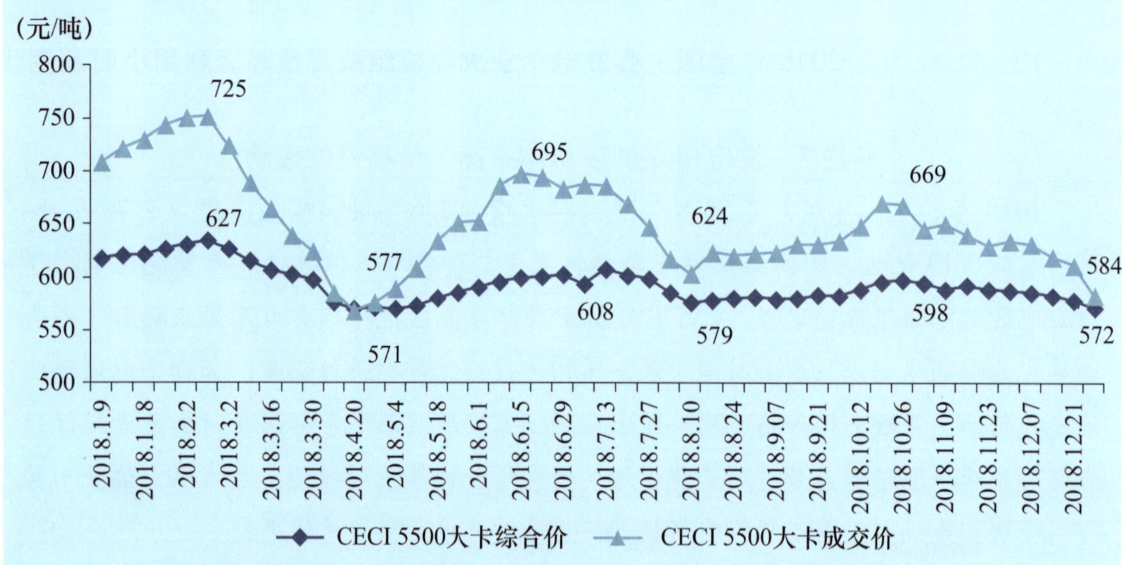

2018 年中国沿海电煤采购价格指数（CECI 沿海指数）周价格

注：综合价为根据当期 5500 大卡千克所有样本北方港平仓价综合加权编制，反映北方港平仓综合采购价格水平；成交价为根据当期所有现货采购样本北方港平仓价加权编制，反映当期市场现货采购的真实成交价格水平。

非化石能源发电装机、发电量比重持续增长。2018 年，全国非化石能源发电装机容量占全国发电总装机容量的 40.8%，比上年提高 2.1 个百分点，非化石能源发电量 21634 亿千瓦时，同比增长 11.4%，占全口径发电量的 30.9%，比上年提高 0.8 个百分点。其中，新能源发电装机容量 35860 万千瓦，同比增长 21.8%，占全国总装机容量 18.9%，比上年提高 2.4 个百分点；发电量 5426 亿千瓦时，同比增长 28.5%，高于全国平均增速 20.1 个百分点，对全国发电量增长的贡献率为 22.2%，占全国发电量 7.8%，比上年提高 1.2 个百分点。水电发电量同比增长 3.1%，较全口径发电量增速低5.3个百分点；生物质发电量增速比上年回落3.1个百分点；核电发电量增速比上年提高2.5个百分点。

2017年、2018年非化石能源发电生产情况见表5－1，2010—2018年新能源发电装机容量、发电量及占全国装机容量和发电量比重分别见图5－14和图5－15，2018年主要发电企业发电装机容量及发电量见附录10。

表5－1　2017年、2018年非化石能源发电生产情况

类型	发电量（亿千瓦时）	发电量占比（%）		装机容量（万千瓦）	装机容量占比（%）	
		2018年	2017年		2018年	2017年
非化石能源合计	21634	30.9	30.2	77551	40.8	38.7
水电	12321	17.6	18.5	35259	18.6	19.3
生物质发电	936	1.3	1.3	1947	1.0	0.9
核电	2950	4.2	3.8	4466	2.4	2.0
风电	3658	5.2	4.7	18427	9.7	9.2
太阳能发电	1769	2.5	1.8	17433	9.2	7.3
其他	1	0.0	0.0	20	0.0	0.0

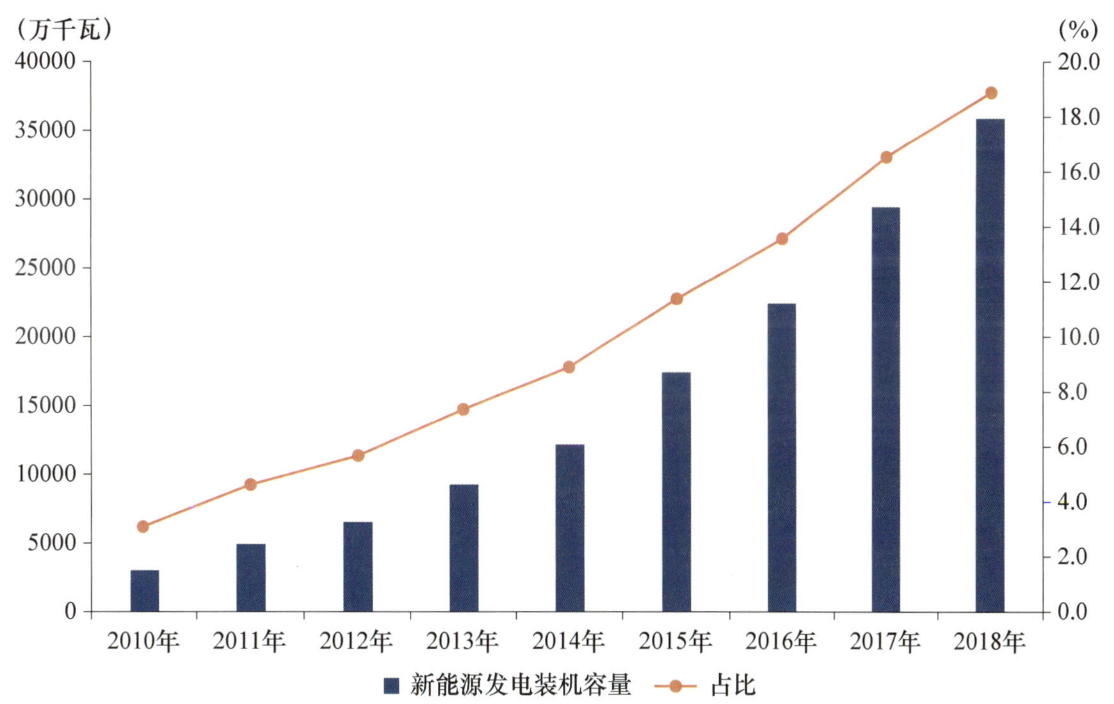

图5－14　2010—2018年新能源发电装机容量及占全国发电装机容量比重

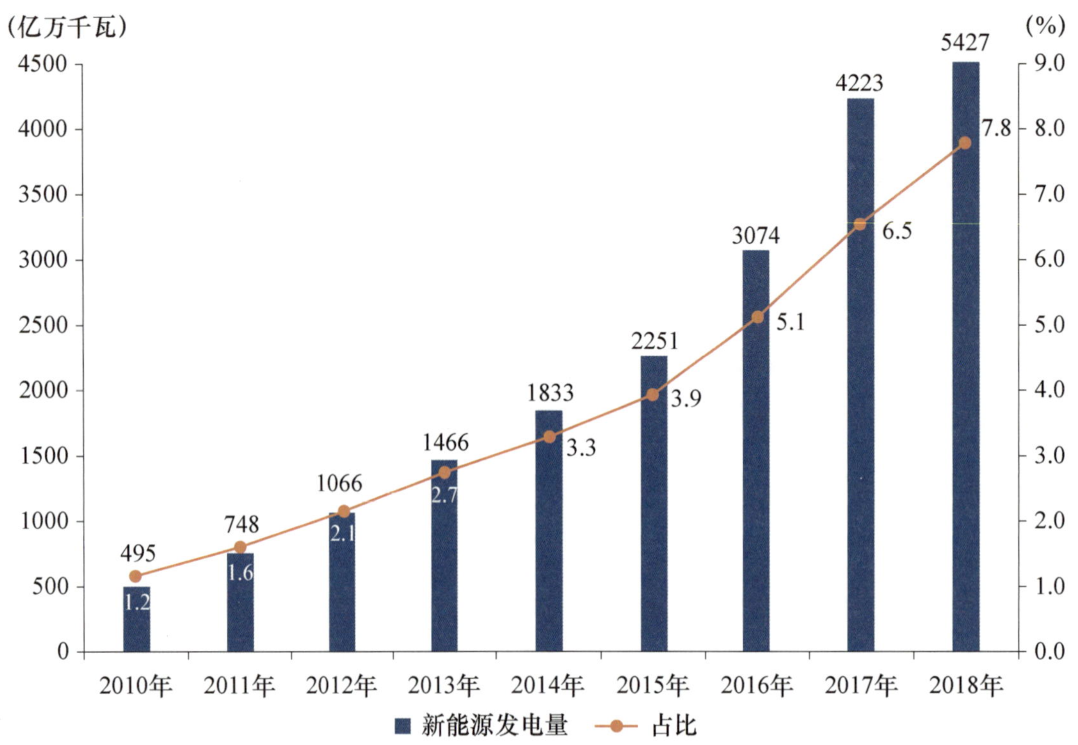

图 5－15　2010—2018 年新能源发电量及占全国发电量比重

三、分区域情况

2018 年，华北区域发电装机容量超过 4 亿千瓦；华东区域发电装机增速 8.0%，发电装机容量增速为各区域最高。华中和南方区域水资源丰富，水电装机容量分别占全国水电装机容量的 42.2% 和 34.8%；华北、华东和华中区域火电装机容量超过 2.5 亿千瓦，分别占全国火电装机容量的 26.6%、23.5% 和 15.1%；华东和南方区域是核电装机最大的区域，核电装机容量分别占全国核电装机容量的 49.6% 和 37.6%；华北、西北区域风电装机容量最多，分别占全国风电装机容量的 29.9% 和 26.5%；华北、华东和西北区域太阳能发电装机容量超过 3000 万千瓦，合计占全国太阳能发电装机容量的 72.1%。

2018 年，西北区域发电量增速 10.7%，是全国发电量增速最高的区域；华北、华东、华中和南方区域发电量均超过 1 万亿千瓦时，合计发电量占全国发电量的 79.4%；华中和南方区域水电发电量分别占全国水电发电量的 45.9% 和 35.7%；华北、华东区域火电发电量均超过 1 万亿千瓦时，分别占全国火电发电量的 28.8% 和 24.0%；华东区域核电发电量 1475 亿千瓦时，同比增长 18.6%，核电发电量在全国各区域中最多占全国核电总发电量的 50.0%；华北、东北和华东区域新能源发电量超过该区域水电发电量，新能源发电已经是这三个地区的第二大发电类型；华中区域新能源发电量515亿千瓦时，同比增长57.4%，在全国各区域中最高。

华北区域 发电装机增速略低于全国平均增速，火电和风电装机容量合计占本区域发电装机容量的85.6%。其中，燃煤发电装机容量27508万千瓦，占本区域发电装机容量的66.8%，比上年下降3.3个百分点；生物质发电装机容量438万千瓦，同比增长16.7%。火电装机以30～60万千瓦等级为主，占区域总装机容量比重达74.4%。

发电量增速高于全国平均增速1.1个百分点，区域内火电、风电发电量合计占本区域发电量的96.1%。其中，燃煤发电量占本区域发电量的82.3%，比上年降低1.4个百分点；生物质发电量为219亿千瓦时，同比增长19.3%。

东北区域 发电装机容量增速低于全国平均增速0.9个百分点，火电和风电合计装机容量占本区域装机容量的83.6%。其中，燃煤发电装机容量占本区域装机容量的62.7%，比上年下降1.5个百分点；生物质发电装机容量为183万千瓦，同比增长10.9%。火电以单机30～60万千瓦等级为主，10万千瓦以下火电机组占本区域火电机组容量比重为各区域最高。

发电量增速高于全国平均增速0.9个百分点，火电和风电发电量合计占本区域发电量的88.3%。其中，火电发电量为3906亿千瓦时，同比增长6.0%（燃煤发电量3763亿千瓦时，同比增长6.1%，占本区域发电量的73.9%，比上年降低2.2个百分点；生物质发电量为95亿千瓦时，同比增长4.6%）；风电发电量616亿千瓦时，同比增长15.4%。

华东区域 发电装机容量增速高于全国平均增速1.5个百分点，火电和核电装机容量合计占本区域装机容量的77.3%。其中，燃煤发电装机容量占本区域装机容量的57.8%，比上年下降3.2个百分点；生物质发电装机容量570万千瓦，同比增长15.3%。单机100万千瓦和60万千瓦至不足100万千瓦等级火电机组容量在全国占比均最大，其中，单机100万千瓦等级火电机组容量占全国比重接近50%。

发电量增速低于全国平均增速2.4个百分点，火电和核电发电量合计占本区域发电量的91.1%。其中，燃煤发电量占本区域发电量的70.4%，与上年基本持平；燃气发电量902亿千瓦时，同比增长16.2%，占本区域发电量的6.2%，比上年提高0.5个百分点；生物质发电量313亿千瓦时，同比增长9.7%；核电发电量1475亿千瓦时，是核电发电量最多的区域，同比增长18.6%。

华中区域 发电装机容量增速低于全国平均增速1.0个百分点，水电和火电装机容量合计占本区域装机容量的88.4%。其中，燃煤发电装机容量15515万千瓦，同比增长2.5%，占本区域装机容量的42.7%，比上年下降1.2个百分点；燃气发电装机容量634万千瓦，同比增长12.0%；生物质发电装机容量313万千瓦，同比增长18.8%。火电以单机30万千瓦~60万千瓦等级为主。

发电量增速低于全国平均增速0.6个百分点，水电和火电发电量合计占本区域发电量的96.1%。其中，火电发电量6949亿千瓦时，同比增长12.5%（燃煤发电量6273亿千瓦时，同比增长12.7%，占本区域发电量的47.8%，比上年提高2.1个百分点；燃气发电量148亿千瓦时，同比增长21.2%；生物质发电量为140亿千瓦时，同比增长8.2%）；新能源发电量占比较低，但增速为57.4%。

西北区域 发电装机增速高于全国平均增速0.4个百分点，水电和火电装机容量占本区域装机容量的66.0%。其中，水电装机容量3408万千瓦，同比增长3.1%；火电装机容量14643万千瓦，同比增长5.0%（燃煤发电装机容量为14135万千瓦，同比增长8.4%，占本区域装机容量的51.7%，比上年下降0.7个百分点；燃气发电装机容量170万千瓦，同比增长6.9%；生物质发电装机容量30万千瓦，同比增长16.4%）。火电以单机30万千瓦~60万千瓦等级机组为主。

发电量增速高于全国平均增速2.3个百分点，水电和火电发电量合计占本区域发电量的85.0%。其中，火电发电量6528亿千瓦时，同比增长6.8%（燃煤发电量为6346亿千瓦时，同比增长6.1%，占本区域发电量的68.0%，比上年降低3.0个百分点；燃气发电量37亿千瓦时，同比增长4.8%）；水电发电量同比增长22.5%，为水电发电量增速最高区域。新能源发电量占本区域发电量的15.0%，对区域发电量增长的贡献率为26.6%。

南方区域 发电装机容量增速低于全国平均增速0.2个百分点，清洁能源发电装机容量合计占本区域装机容量的59.8%。其中，水电、燃气发电、核电、并网风电和太阳能发电装机容量占比分别为37.5%、6.3%、5.1%、5.6%和3.9%；生物质发电装机容量为413千瓦，同比增长26.4%。单机100万千瓦等级火电机组容量占比超过全国平均水平。

发电量增速与全国平均增速基本持平，清洁能源发电量占本区域发电量的55.9%。其中，水电发电量为4398亿千瓦时，同比增长5.3%；核电发电量为1135亿千瓦时，同比增长13.3%；新能源发电量为501亿千瓦时，同比增长23.7%。区域内火电发电量为5843亿千瓦时，同比增长8.5%，其中，燃煤发电量为5050亿千瓦时，同比增长10.7%，占本区域发电量的42.5%，比上年提高0.9个百分点；受其他类型发电量增长和燃气供应不足的影响，燃气发电量为452亿千瓦时，同比降低14.5%，占区域内发电量的3.8%，比上年降低1.0个百分点。

2018年分区域电网发电装机的容量、发电量及增速和各类型发电设备利用小时分别见表5-2和表5-3，2018年分区域电网分类型发电装机容量、火电分类型发电装机容量及燃煤发电占比分别见图5-16和图5-17。

表 5－2 2018 年分区域电网发电装机容量、发电量及增速

电网区域	发电装机容量（万千瓦）	同比增长（%）	发电量（亿千瓦时）	同比增长（%）
华北区域	41248	6.4	15952	9.5
东北区域	14690	5.6	5090	9.3
华东区域	37606	8.0	14583	6.0
华中区域	36376	5.5	13118	7.8
西北区域	27352	6.9	9326	10.9
南方区域	32741	6.2	11877	8.3

表 5－3 2018 年分区域电网各类型发电设备利用小时

电网区域	水电		火电		核电		风电		太阳能发电	
	本年（小时）	同比提高（小时）	本年（小时）	同比提高（小时）	本年（小时）	同比提高（小时）	本年（小时）	同比提高（小时）	本年（小时）	同比提高（小时）
华北区域	1303	143	4745	224	8305		2183	127	1334	－4
东北区域	1943	82	4161	98	6739	1466	2197	236	1378	65
华东区域	1899	－427	4473	28	7683	247	2284	126	1067	－6
华中区域	3915	－62	4045	322			2036	－24	1069	104
西北区域	4151	734	4517	－38			1862	212	1330	63
南方区域	3723	－42	3871	274	7597	339	2260	58	990	－58

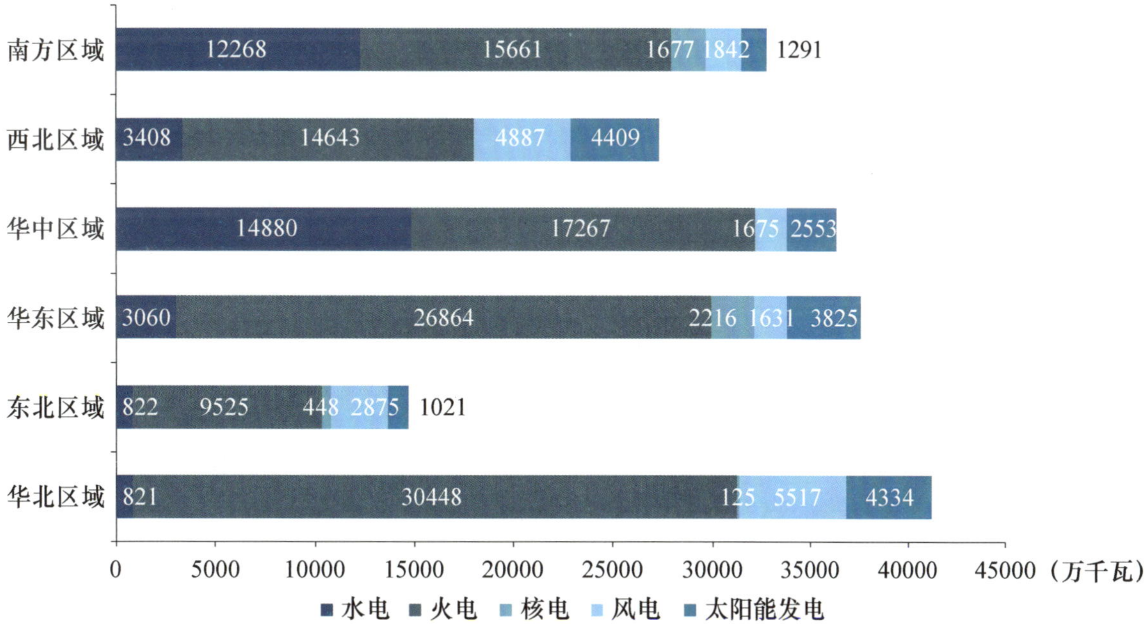

图 5－16 2018 年分区域电网分类型发电装机容量

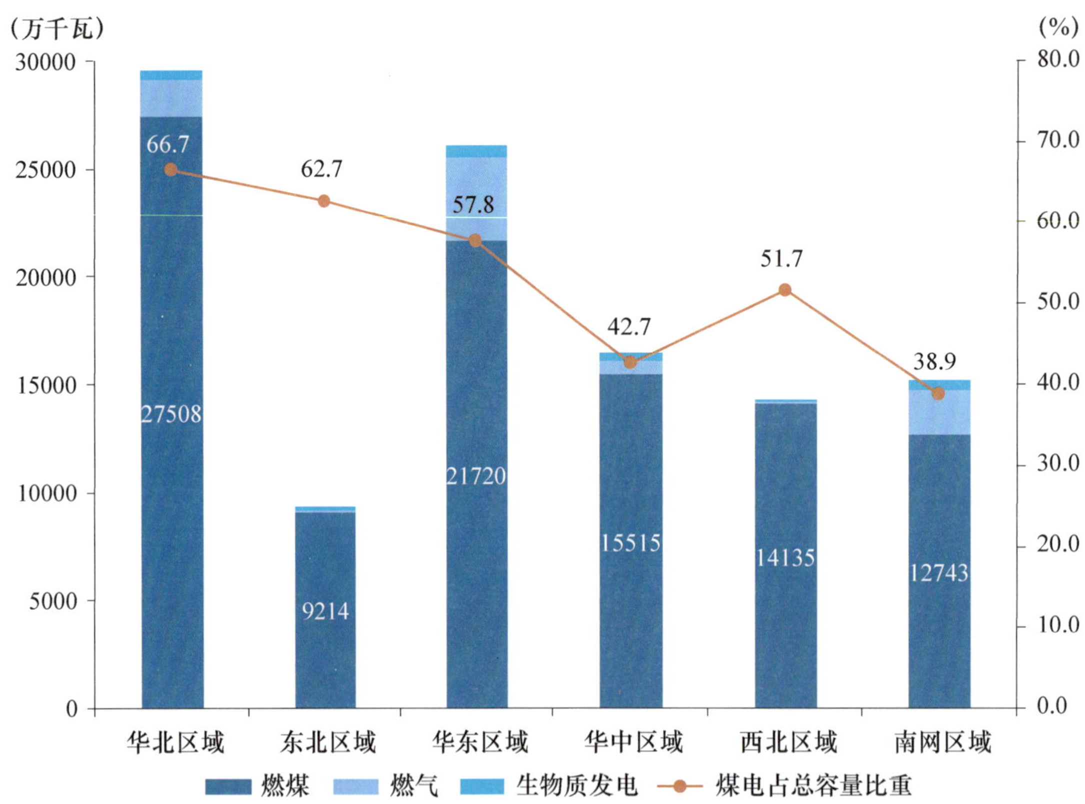

图 5－17　2018 年分区域电网火电分类型发电装机容量及煤电占比

2018 年分区域电网分类型发电量占本区域发电量比重见图 5－18。

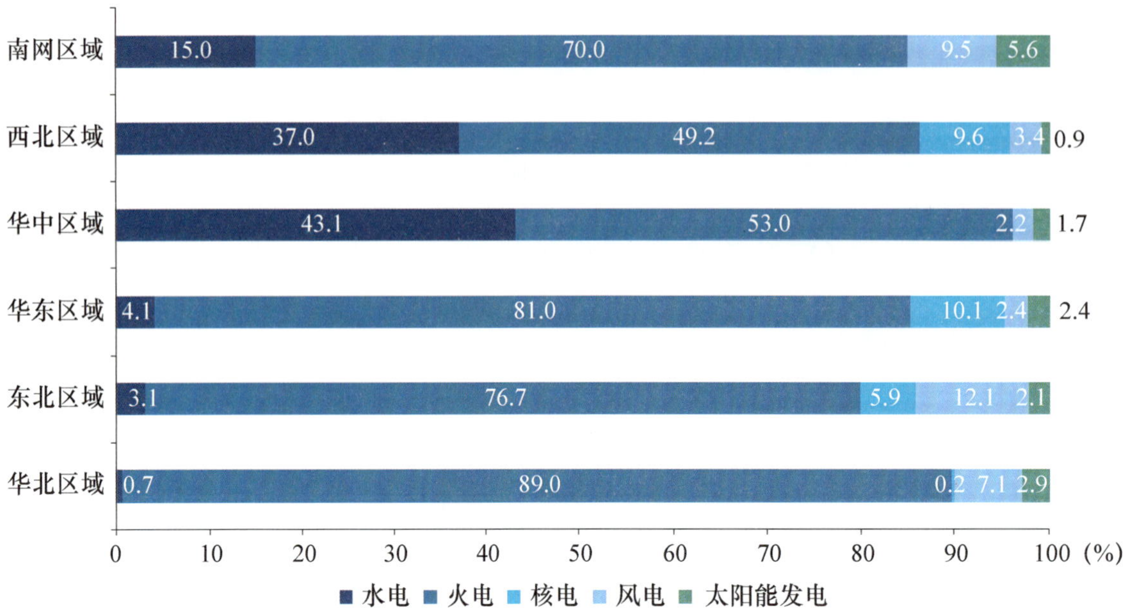

图 5－18　2018 年分区域电网分类型发电量占本区域发电量比重

四、分省份情况

截至2018年年底，山东、江苏、内蒙古和广东发电装机容量突破1亿千瓦，其中，山东发电装机容量规模最大（13107万千瓦），同比增长4.4%，四川、浙江、云南、新疆、山西和河南发电装机容量超过8000万千瓦；山东、江苏、内蒙古发电量超过5000亿千瓦时，广东、四川、浙江、云南、新疆和山西发电量在3000亿千瓦—5000亿千瓦时之间，其中，内蒙古、云南、四川、新疆和山西是主要能源输出省份，云南、四川以输出水电为主，新疆、山西以火电为主；发电量不足1000亿千瓦时的省份有吉林、上海、青海、重庆、天津、北京、海南和西藏，均为发电装机容量相对较小的省份。

受电力消费快速增长及装机结构等因素影响，福建、安徽、山东、天津等12个省份发电设备平均利用小时高于全国平均水平。

1. 水电

水电装机容量超过1000万千瓦的省份有10个，其合计装机容量占全国水电装机容量的81.9%。四川、云南水电装机容量分别占本省发电装机容量的79.6%和71.2%，西藏超过50%，湖北接近50%；受来水明显偏丰、清洁能源消纳力度加大影响，青海水电发电量大幅增长55.8%，占本省发电量的64.2%，比上年提高10.3个百分点；受来水偏枯等因素的影响，湖南、福建水电发电量分别比上年减少65亿千瓦时和91亿千瓦时，占本省发电量比重比上年分别下降7.0个百分点和5.8个百分点。

在水电装机容量超过1000万千瓦的10个省份中，青海、云南和广西的水电设备利用小时同比增加，其中青海增幅最大。

2018年水电装机容量超过1000万千瓦省份的水电装机、发电量及利用小时情况见表5－4。

表5－4　2018年水电装机容量超过1000万千瓦省份的水电装机、发电量及利用小时情况

省份	水电装机		水电发电量			水电设备利用小时	
	容量（万千瓦）	占本省装机容量比重（%）	发电量（亿千瓦时）	增速（%）	占本省发电量比重（%）	利用小时（小时）	同比提高（小时）
四川	7824	79.6	3249	2.7	86.4	4220	－16
云南	6649	71.2	2699	7.9	83.2	4241	181

续表

省份	水电装机		水电发电量			水电设备利用小时	
	容量（万千瓦）	占本省装机容量比重（%）	发电量（亿千瓦时）	增速（%）	占本省发电量比重（%）	利用小时（小时）	同比提高（小时）
湖北	3675	49.7	1471	-1.5	51.6	4071	-49
贵州	2212	36.6	770	5.0	36.4	3268	-18
广西	1677	37.1	609	-0.8	37.6	3882	68
湖南	1598	35.3	432	-13.3	30.2	2785	-460
广东	1576	13.2	292	-3.0	6.4	1519	-209
福建	1322	22.9	325	-21.8	13.2	2504	-755
青海	1192	42.6	517	55.8	64.2	4360	1544
浙江	1161	12.1	192	-9.7	5.5	1546	-244

2018 年部分省份水电发电量增长对全国水电发电量增长贡献率见图 5－19。

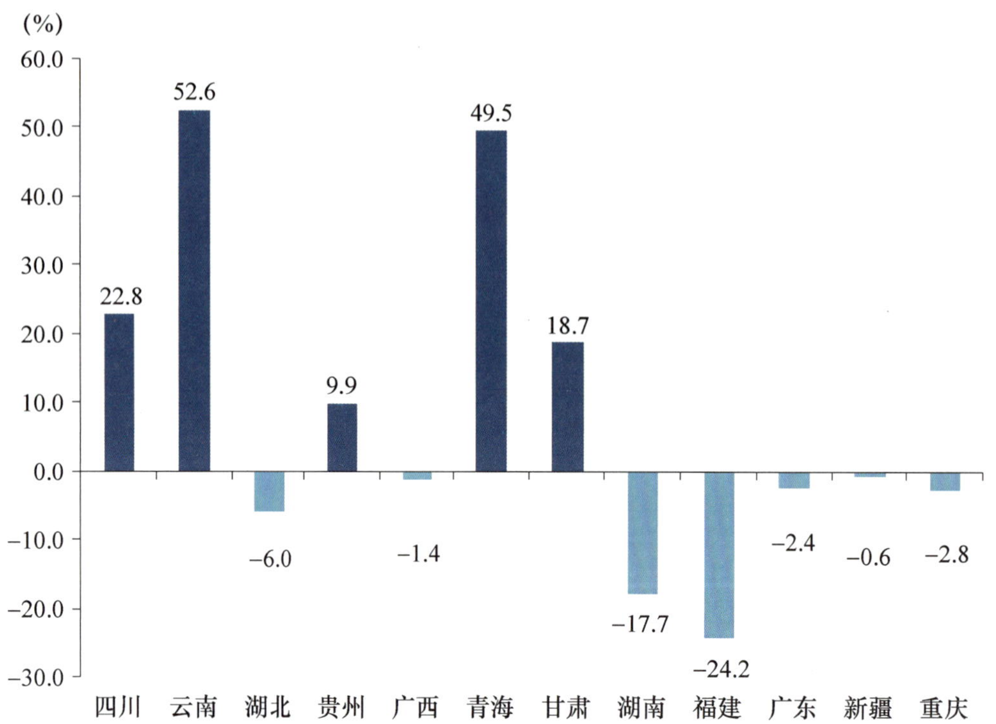

图 5－19　2018 年部分省份水电发电量增长对全国水电发电量增长贡献率

专栏8　降水量较常年偏多，重点流域水电厂蓄能值同比增多

根据2018年中国气候公报，全国平均降水量673.8毫米，比常年偏多7%，比2017年偏多3.9%。分季节看，春季接近常年同期，夏、秋季降水分别偏多10%和6%，冬季偏少17%。分月份看，1月、7月、8月、9月、11月和12月降水量偏多，2月、4月、6月和10月降水量偏少，3月和5月降水量接近往年同期。2018年年底，国家电网公司经营区域重点水电厂蓄能值280亿千瓦时、同比增多20亿千瓦时；南方电网公司经营区水电蓄能值501亿千瓦时，同比增多61亿千瓦时。

2. 火电

在火电装机容量超过4000万千瓦的火电装机大省中，除河北外，其余9省份装机容量超过5000万千瓦，基本都是发供电大省。陕西、辽宁、贵州燃煤发电装机超过3000万千瓦；全国有19个省份燃煤发电装机容量占比超过50%，燃煤发电依然是全国大部分省份的发电主力。火电装机大省合计火电及燃煤发电量分别占全国同类发电量比重为65.3%和66.5%；全国仅青海、上海、江苏和陕西煤电发电量同比降低，其余省份均有不同程度增加。

广西、甘肃、福建、四川、湖北等24个省份火电设备平均利用小时同比增加。其中，广西和甘肃受电力消费增长和水电利用小时下降影响，火电设备利用小时同比提高846小时和670小时；福建因水电、风电减发等因素影响，火电利用小时同比提高628小时；四川、湖北和云南同比提高超过500小时；江西、内蒙古、河北、安徽、宁夏、山东等13个省份高于全国平均水平。

全国有7个省份火电设备利用小时同比降低，其中，青海受水电发电量大幅增加影响，利用小时同比降低1150小时，降幅最大；江苏和陕西受新能源发电快速增长或区域外来电增加等因素影响，分别降低333和283小时；上海和宁夏降低超过100小时。四川、云南和西藏火电利用小时不足3000小时。

河北、江西、内蒙古、安徽、海南等14个省份燃煤发电设备平均利用小时高于全国平均水平；福建、江西、广东、浙江等23个省份燃煤发电利用小时同比增加。宁夏、上海、新疆、辽宁和黑龙江受清洁能源发电增加影响，燃煤发电设备利用小时同比降低；江苏和陕西受新投燃煤发电机组，新能源发电或区外来电增加等因素影响，燃煤发电设备利用小时分别降低356小时和270小时。

2018年火电装机大省火电装机、发电量及占本省比重见表5-5，2018年部分省份火电发电量增长对全国火电增长的贡献率见图5-20，2018年火电装机容量超过

3000万千瓦、煤电装机容量超过2000万千瓦的省份设备利用小时分别见图5－21和图5－22。

表5－5　2018年火电装机大省火电装机、发电量及占本省比重

省份	火电发电装机容量				火电发电量（亿千瓦时）			
	总计（万千瓦）	占比（%）	其中，煤电（万千瓦）	占比（%）	总计（万千瓦）	占比（%）	其中，煤电（万千瓦）	占比（%）
山东	10367	79.1	9723	74.2	4824	92.5	4558	87.4
江苏	9749	77.0	7885	62.3	4462	88.7	3711	73.8
内蒙古	8229	67.0	8158	66.4	4198	83.9	4187	83.7
广东	8137	68.2	5994	50.2	3283	71.8	2766	60.5
河南	6821	78.6	6446	74.3	2689	90.4	2601	87.5
山西	6628	75.7	6108	69.7	2739	88.7	2574	83.4
浙江	6209	64.9	4680	48.9	2598	74.1	2298	65.5
安徽	5413	76.4	5071	71.5	2519	92.4	2353	86.3
新疆	5377	59.9	5292	58.9	2506	77.5	2488	76.9
河北	4617	62.2	4308	58.0	2361	84.7	2266	81.3

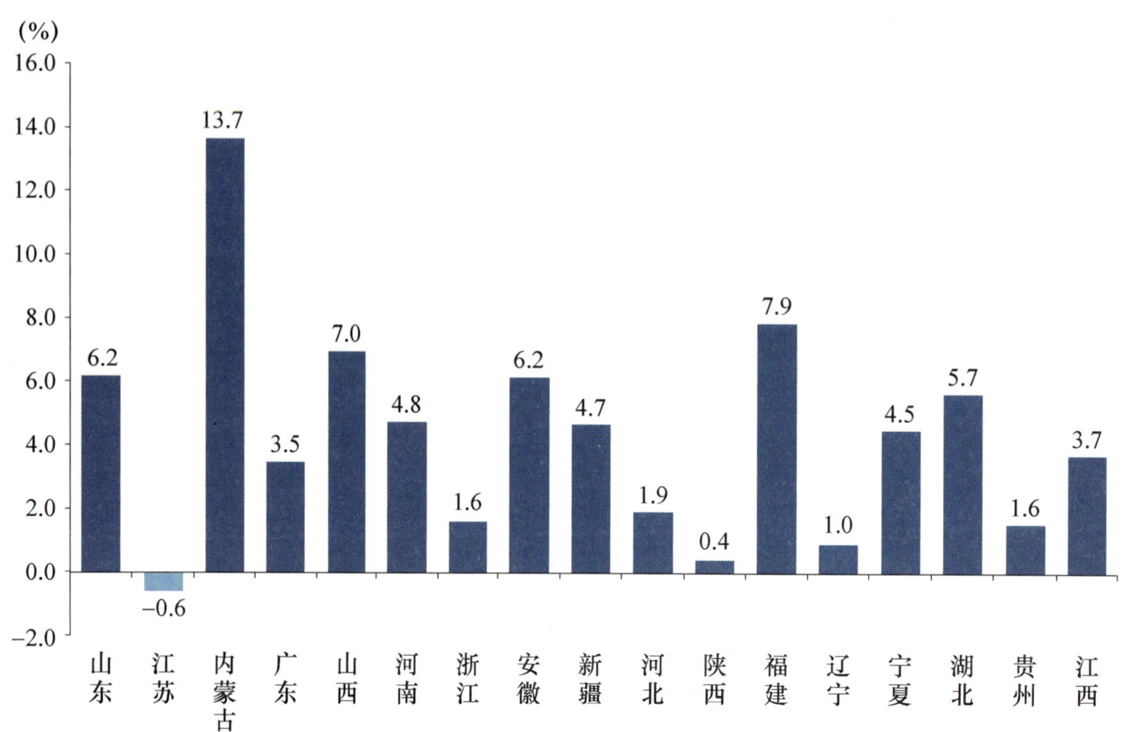

图5－20　2018年部分省份火电发电量增长对全国火电增长的贡献率

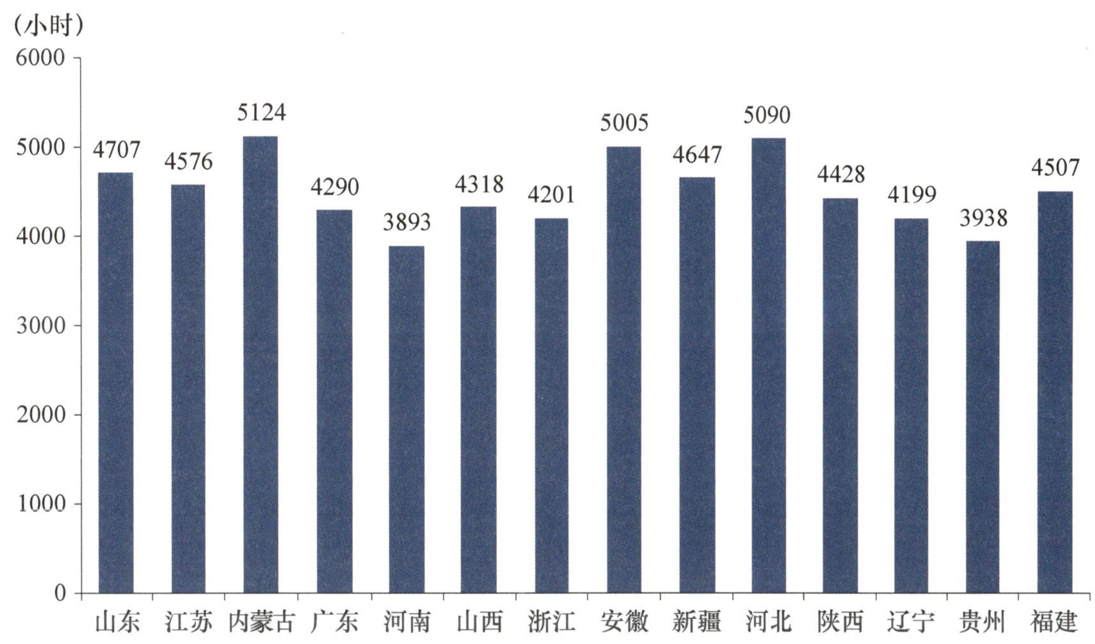

图 5－21 2018 年火电装机容量超过 3000 万千瓦的省份火电设备利用小时

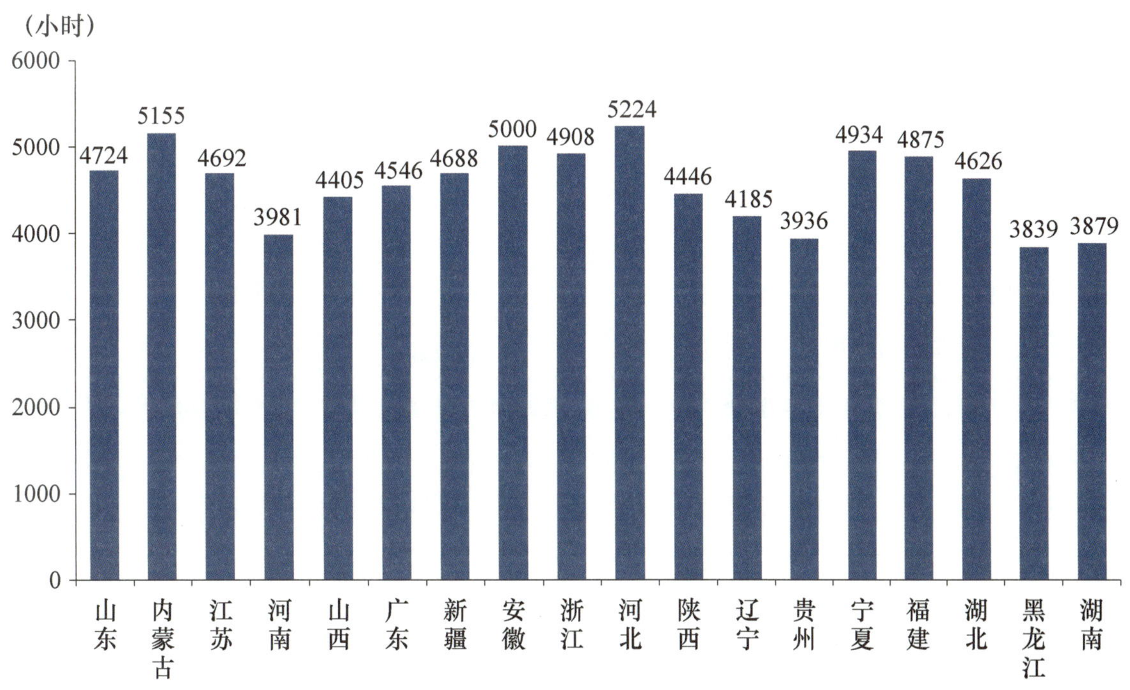

图 5－22 2018 年煤电装机容量超过 2000 万千瓦的省份煤电设备利用小时

全国有 11 个省份燃气发电装机容量超过 100 万千瓦，其中，广东、江苏和浙江燃气发电装机容量超过 1000 万千瓦，广东是燃气发电装机容量最多的省份，达到 1963 万千瓦，占本省发电装机容量的 16.5%，同比增长 24.9%；北京、上海燃气发电装机容量超过 600 万千瓦，其中，北京 985 万千瓦，占本市发电装机容量的

77.2%，是燃气发电装机容量占比最高的省份。

2018 年，全国共有 7 个省份燃气发电量超过 100 亿千瓦时，燃气发电量超过 100 亿千瓦时的省份燃气发电量及增速见图 5－23。

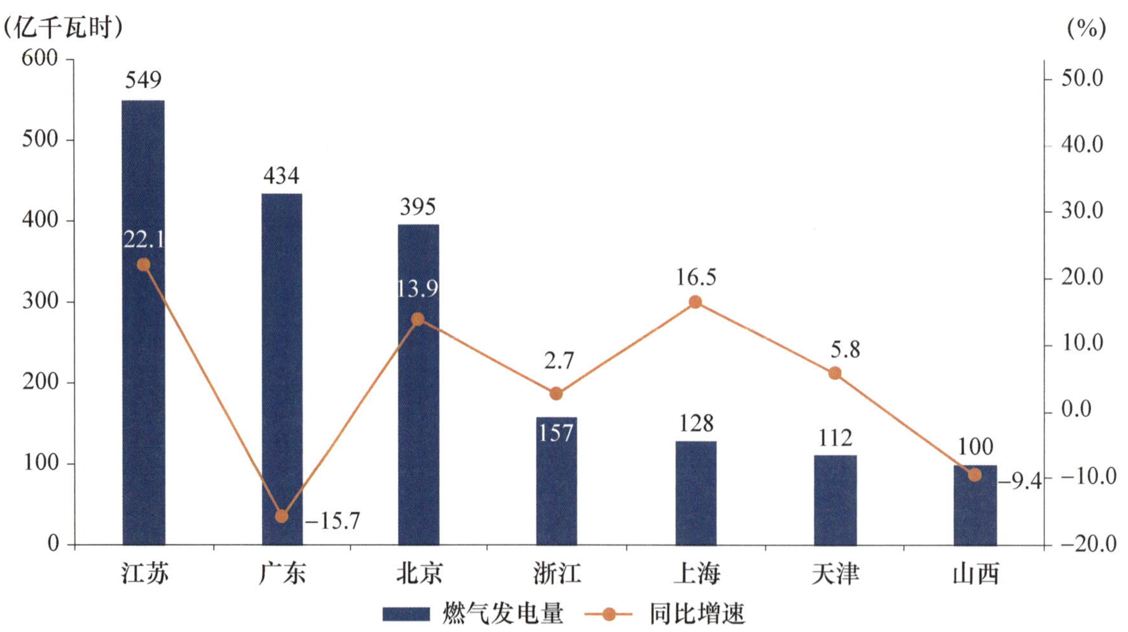

图 5－23　2018 年燃气发电量超过 100 亿千瓦时的省份燃气发电量及增速

专栏 9　天然气供应形势总体好转，发电用天然气供应仍然偏紧

2018 年，全国多地加强大气污染治理，工业以及取暖“煤改气”新增需求释放，国内天然气消费保持快速增长，全年天然气表观消费量 2803 亿立方米，同比增长 18.1%，呈现“淡季不淡、旺季更旺”的特征。一季度，受天然气储气调峰设施不足、管网互联互通不足等制约，华北等部分地区出现时段性供气偏紧的情况，燃机发电受到供气限制；二、三季度，天然气消费需求延续快速增长态势，江苏、浙江、重庆、河南等地区天然气供应偏紧，部分燃机发电持续受到供气限制，影响到供电供热；四季度，进入天然气消费旺季，部分燃机发电仍受到一定的供气限制，但相关部门和企业提前采取多项措施，扎实推进天然气产供储销体系建设，天然气供应保障情况明显好于 2017 年，绝大部分燃机发电供气有保障。

全国有 6 个省份生物质发电装机容量超过 100 万千瓦。山东、江苏、浙江、安徽、广东和黑龙江生物质发电量超过 50 亿千瓦时，6 省合计生物质发电量占全国生物质发电量的 56.7%。

2018 年生物质发电装机容量超过 100 万千瓦的省份生物质装机容量及增速见图 5－24，2018 年分省份生物质发电量见图 5－25。

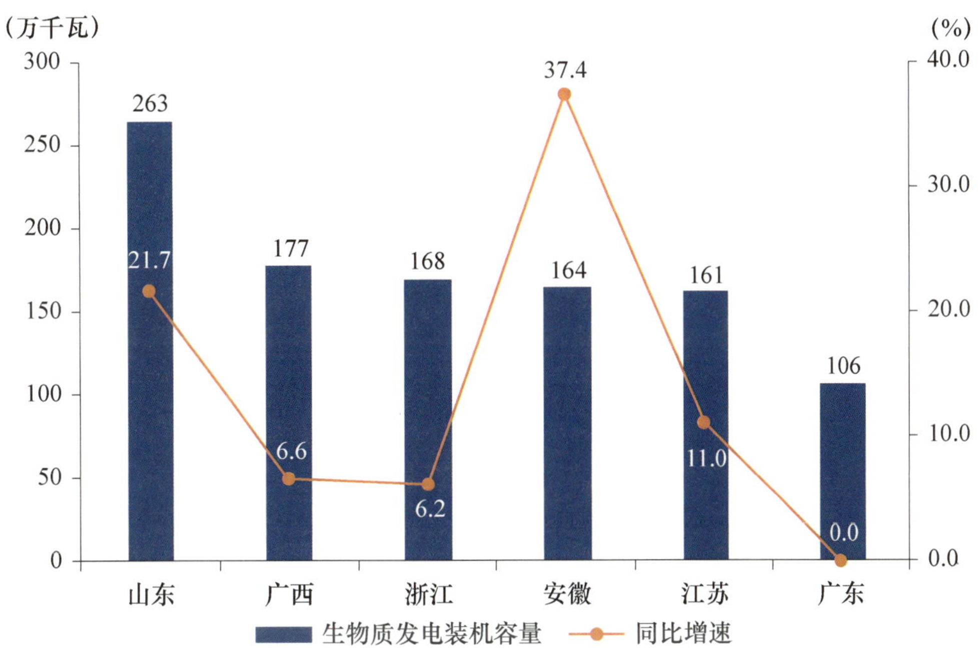

图 5－24 2018 年生物质发电装机容量超过 100 万千瓦的省份生物质装机容量及增速

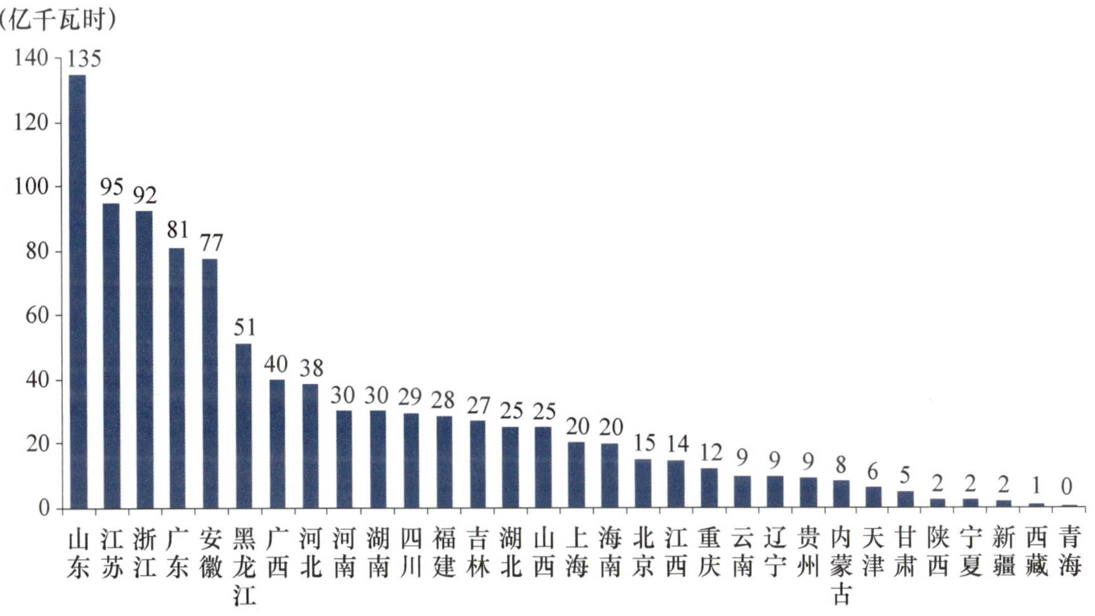

图 5－25 2018 年分省份生物质发电量

3. 核电

全国共有 8 个省份拥有核电装机，其中，广东达到 1330 万千瓦，同比增长 27.1%，核电装机占本省装机容量的 11.2%；福建、海南核电装机占本省装机容量的比重超过 14%；江苏受新投核电机组影响，核电发电量同比大幅增长。

受电力消费需求的增长和 2017 年核电利用小时较低基数的影响，辽宁和广西核电利用小时同比提高超过1400小时，分别提高1466小时和1572小时，带动全国核电设备利用效率得到有效提升。2017年、2018年分省份核电装机容量、2018年8个省份核电发电量及增速分别见图5－26和图5－27，2018分省核电利用小时及变化见表5－6。

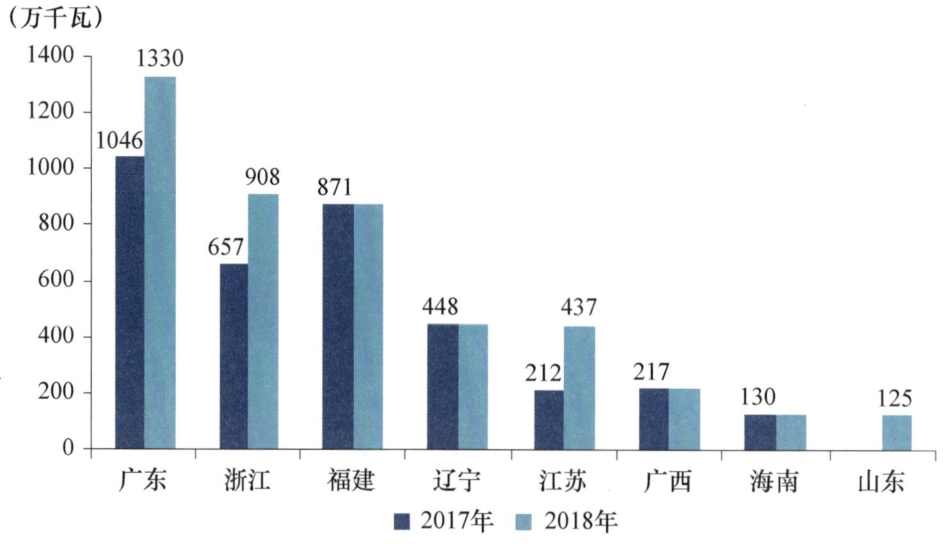

图5－26　2017年、2018年分省份核电装机容量

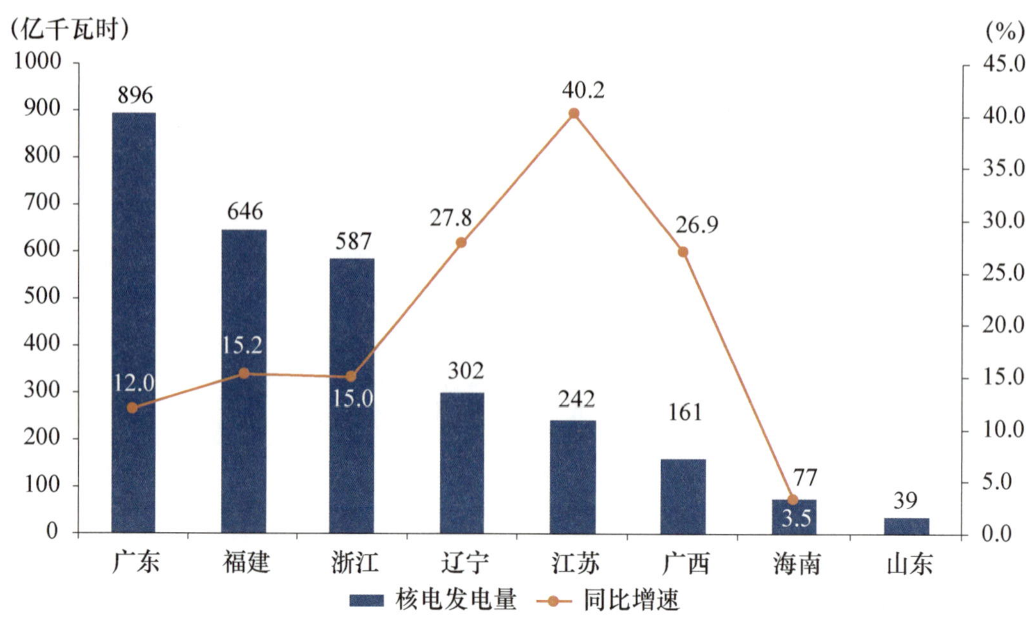

图5－27　2018年8个省份核电发电量及增速

表5－6　2018年分省核电利用小时及变化

	山东	浙江	江苏	广东	广西	福建	辽宁	海南
2018年核电利用小时数（小时）	8305	7936	7881	7791	7411	7410	6739	5936
利用小时同比提高		170	－268	43	1572	436	1466	199

4. 新能源发电

2018 年，在各级政府和电力全行业协同努力下，各省份新能源消纳得到进一步改善，全国弃风弃光势头得到有效遏制，年累计弃光量同比降低 18%，新能源弃电量、弃电率实现“双降”；全国有 18 个省份基本不弃风，累计弃风率同比降低 5.0 个百分点；有 22 个省份基本不弃光，其累计弃光率同比降低 2.8 个百分点①。新能源发电装机超过 1000 万千瓦省份有 15 个，其合计容量占全国新能源发电装机容量的 79.9%；新能源发电装机容量占本省发电装机容量比重超过全国平均水平（18.9%）的省份有 15 个，除江西和安徽外均分布在“三北”地区。青海、甘肃、宁夏和内蒙古新能源发电量占本省发电量的比重已超过 15%；天津、河北、山西、内蒙古、吉林、黑龙江、上海、江苏、安徽、山东、陕西、宁夏和新疆 13 个省份的新能源发电已成为本省第二大发电类型。

2018 年新能源发电装机容量超过 1000 万千瓦的省份新能源发电装机及占比、新能源发电量超过 100 亿千瓦时的省份新能源发电量及占本省比重分别见图 5－28 和图 5－29。

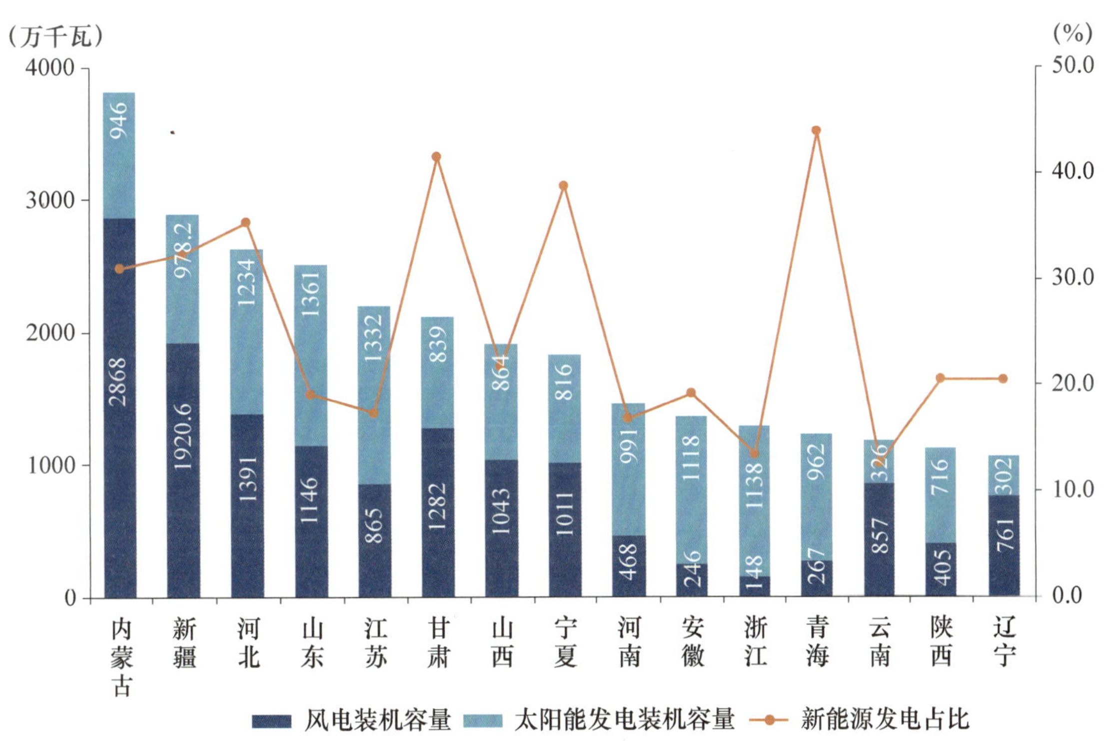

图 5－28　2018 年新能源发电装机容量超过 1000 万千瓦的省份新能源发电装机及占本省比重

① 数据来源于国家能源局并网风电、光伏发电生产情况统计。

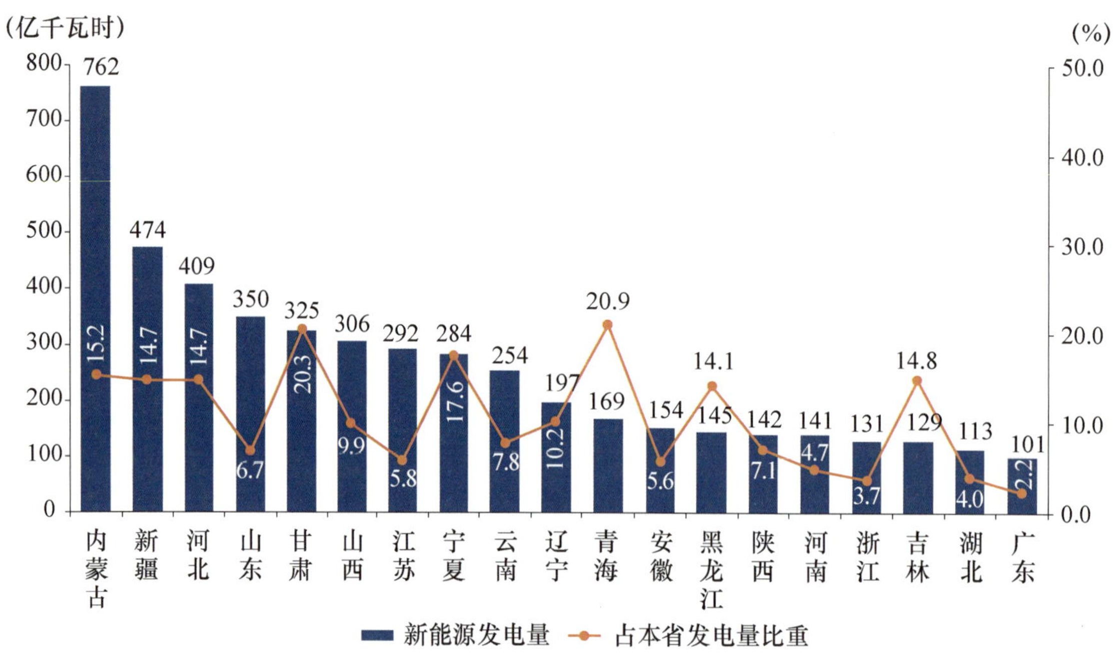

图 5-29　2018 年新能源发电量超过 100 亿千瓦时的省份新能源发电量及占本省比重

全国有 12 个省份风电装机容量超过 500 万千瓦，其合计容量占全国风电装机容量的 77.4%。内蒙古风电发电量超过 600 亿千瓦时；新疆、河北、甘肃、云南、山东和山西超过 200 亿千瓦时。甘肃、内蒙古、黑龙江、吉林、宁夏、新疆和河北风电发电量占本省发电量的比重超过 10%；辽宁占比超过 8%。

在风电装机容量超过 200 万千瓦的 24 个省份中，吉林、甘肃、宁夏等 18 个省份风电设备平均利用小时同比增加；云南、福建、四川、广西等 12 个省份风电设备平均利用小时高于全国平均水平；广东、福建、青海、江西、湖南和四川 6 个省份风电利用小时同比降低。

太阳能发电装机容量超过 500 万千瓦的省份有 16 个，其合计容量占全国太阳能发电装机容量的 85.4%。山东、青海、内蒙古、河北、新疆和江苏等 14 个省份太阳能发电量超过 50 亿千瓦时，其太阳能发电量合计占全国太阳能发电量的 82.4%。

2018 年风电装机容量超过 500 万千瓦的省份风电装机容量及利用小时数、太阳能发电装机容量超过 500 万千瓦的省份太阳能发电装机容量及利用小时数分别见图 5-30 和图 5-31。

图5－30 2018年风电装机容量超过500万千瓦的省份风电装机容量及利用小时数

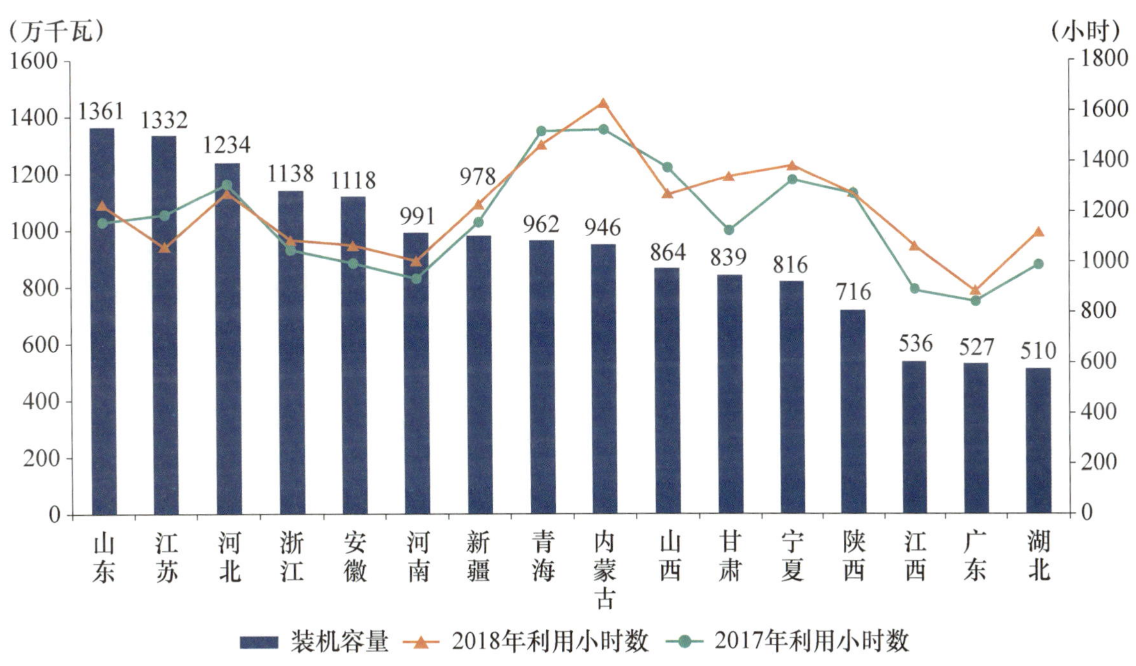

图5－31 2018年太阳能发电装机容量超过500万千瓦的省份太阳能发电装机容量及利用小时数

五、统调最高发电负荷

根据国家电力调度控制中心数据，2018 年，受用电增速回升影响，全国电力供需形势从前两年的总体宽松转为总体平衡。全国电网统调最高发电负荷（即最高发电电力，下同）同比增长 7.1%，增速比上年降低 0.7 个百分点。随着电网调节能力的不断加强，各地区不断优化高峰时段的调节手段，除华北、华东和西南外，其他各区域统调最高发电负荷增速均比上年有不同程度的降低。华东区域作为全国电力消费大区，最高发电负荷在各区域最高。

2018 年分区域最高发电负荷及增速见图 5－32。

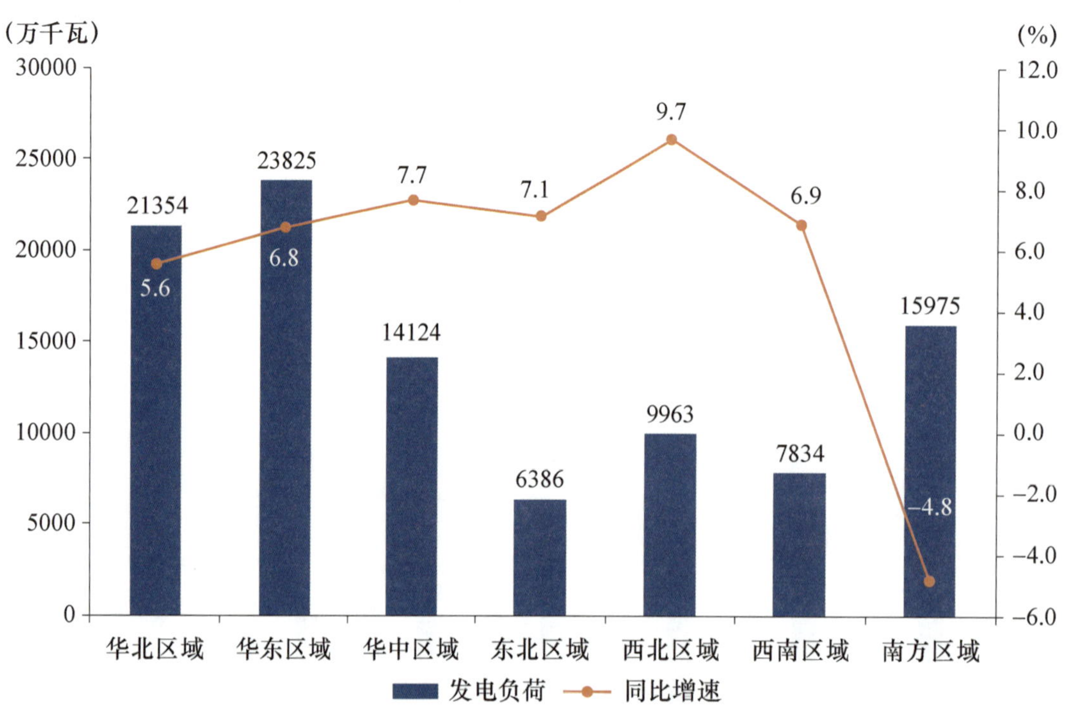

图 5－32　2018 年分区域最高发电负荷及增速

2018 年全年各月，全国电网统调最高发电负荷均出现同比正增长，最高发电负荷的增长趋势与各月发电量增长趋势保持一致。其中 1 月份发电量同比增长 24.5%，最高发电负荷同比增长 18.5%，均为全年最高。

2018 年发电量和最高发电负荷各月同比增长见图 5－33。

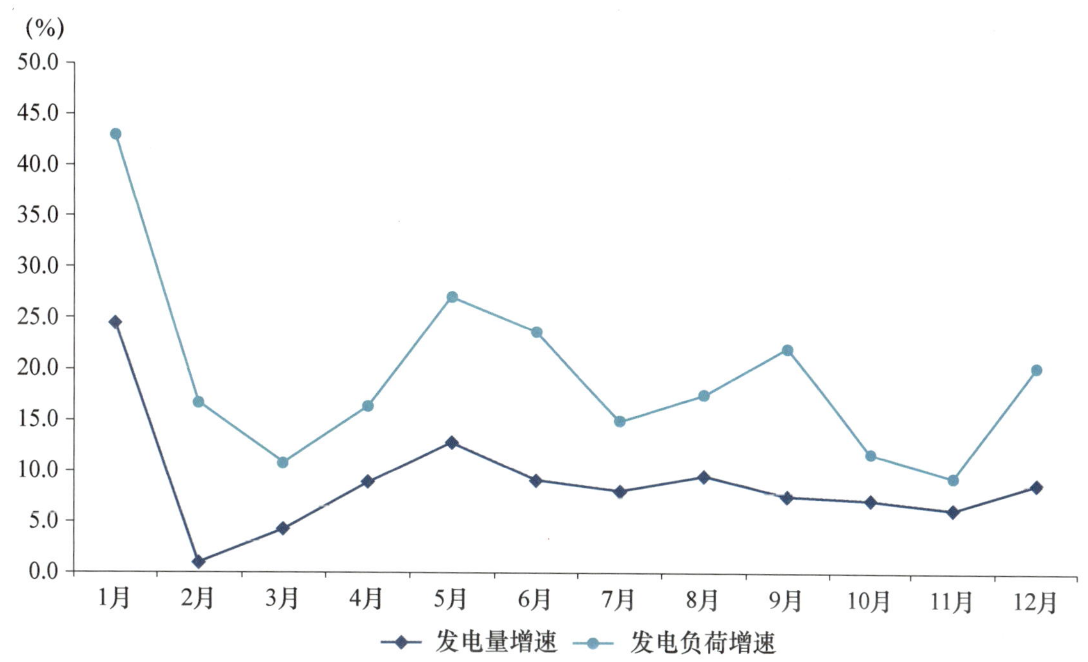

图 5－33 2018 年发电量和最高发电负荷各月同比增长

第二节 输配电

一、电网规模

截至 2018 年年底，全国电网 35 千伏及以上输电线路回路长度 189 万千米，比上年增长 3.7%，其中 220 千伏及以上输电线路回路长度 73 万千米，比上年增长 5.8%。全国电网 35 千伏及以上变电设备容量 70 亿千伏安，比上年增长 5.4%，其中 220 千伏及以上变电设备容量 43 亿千伏安，比上年增长 6.0%。

2018 年底全国 35 千伏及以上输电线路回路长度及变电设备容量见表 5－7。

表 5－7 2018 年底全国 35 千伏及以上输电线路回路长度及变电设备容量

电压等级	输电线路回路长度		变电设备容量	
	长度（万千米）	增长率（%）	容量（亿千伏安）	增长率（%）
35 千伏及以上电压等级合计	189.2	3.7	69.9	5.4
220 千伏及以上电压等级合计	73.3	5.8	42.7	6.0

续表

电压等级		输电线路回路长度		变电设备容量	
		长度（万千米）	增长率（%）	容量（亿千伏安）	增长率（%）
其中	1000 千伏	1.1	12.2	1.5	6.5
	±800 千伏	2.3	9.2	1.8	2.8
	750 千伏	2.1	10.1	1.7	20.0
	500 千伏	20.2	8.0	13.5	7.4
	其中：±500 千伏	1.5	11.6	1.4	4.6
	330 千伏	3.0	1.0	1.3	0.2
	220 千伏	43.4	4.6	21.3	4.8

分省份看，全国共有 13 个省份的 35 千伏及以上输电线路回路长度超过 7 万千米，分别是内蒙古、山东、河北、四川、江苏、云南、广东、新疆、河南、山西、安徽、广西和湖北，基本是电力消费大省或电力输送、交换大省。其中，内蒙古、山东和河北分别达到 11.5 万千米、10.6 万千米和 10.4 万千米。全国除宁夏、吉林、青海、海南和西藏外，共有 26 个省份的 35 千伏及以上变电设备容量超过 1 亿千伏安。

二、跨区跨省输电

（一）跨区输电

1. 输电能力

我国电网已初步实现了除台湾以外的全国联网，截至 2018 年年底，全国跨区输电能力达到 13615 万千瓦。其中，跨区网对网输电能力 12281 万千瓦；跨区点对网送电能力 1334 万千瓦。

截至 2018 年年底全国已投运的跨区域联网及跨区线路见表 5－8。

表 5－8 截至 2018 年年底全国已投运的跨区域联网及跨区线路

送端地区	线路工程名称	电压等级（千伏）	输送能力（万千瓦）	投产时间	受端地区
全国总计			13615		
华北	小计		3630		
	阳城送华东电网	500	330	2007 年	华东
	锡盟—泰州特高压直流	±800	1000	2017 年	
	晋北—南京特高压直流	±800	800	2017 年	
	内蒙古上海庙—山东临沂特高压直流	±800	1000	2018 年	
	晋东南—南阳—荆门特高压交流	1000	500	2009 年，2011 年扩建	华中
东北	小计		1500		
	高岭直流背靠背		300	2009 年，2012 年扩建	华北
	辽宁绥中电厂送华北电网	500	200	2015 年	
	扎鲁特至青州特高压直流	±800	1000	2017 年	
华中	小计		3840		
	葛洲坝—上海直流	±500	300	1989 年，2011 年扩建	华东
	三峡—常州直流	±500	300	2003 年	
	三峡—上海直流	±500	300	2006 年	
	向家坝—上海直流	±800	640	2010 年	
	团林—枫泾直流	±500	300	2011 年	
	锦屏—苏南直流	±800	720	2012 年	
	溪洛渡—浙江直流	±800	800	2014 年	
	湖南鲤鱼江水电站送南方区域	500	180	2003 年	南方
	江陵—鹅城直流	±500	300	2004 年	

续表

送端地区	线路工程名称	电压等级（千伏）	输送能力（万千瓦）	投产时间	受端地区
	小计		4381		
西北	陕西府谷、锦界送华北电网	500	360	2007 年	华北
	宁东—山东直流	±660	400	2012 年	
	榆横—潍坊 1000 千伏特高压交流	1000	750	2017 年	
	宁东—浙江直流	±800	800	2016 年	华东
	灵宝直流背靠背		111	2005 年，2009 年扩建	华中
	宝鸡—德阳直流	±500	300	2009 年	
	哈密南—郑州直流	±800	800	2013 年	
	酒泉—湖南特高压直流	±800	800	2017 年	
	青藏联网	±400	60	2011 年	西藏
南方	南方小计		264		
	贵州二郎电厂送重庆	500	264	2015 年	华中

2. 输电量

受电力消费需求较快增长、东部地区控煤和西部新能源东送规模增加等因素的影响，2018 年全国跨区送电完成 4771 亿千瓦时，比上年增长 12.7%，增速比上年提高 0.6 个百分点。

2006—2018 年跨区送电量及增速见图 5－34。

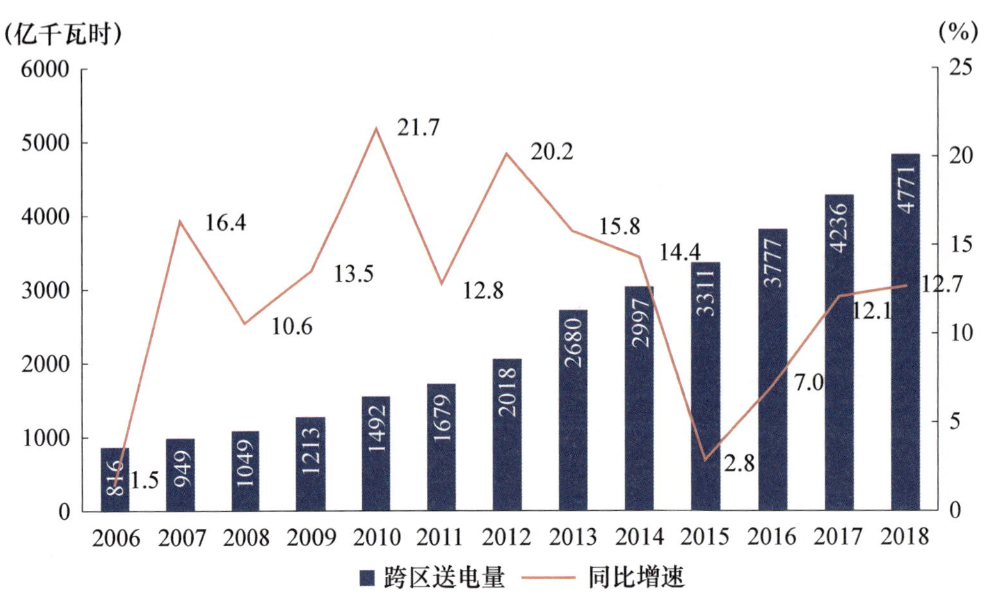

图 5－34　2006—2018 年跨区送电量及增速

西南、西北和华中是主要外送电区域，合计送出电量占全国跨区送电量的71.8%。其中，西北送出电量1617亿千瓦时，同比增长24.9%，拉动全国跨区送电增长6.8个百分点，极大缓解了西北部分省份弃风弃光形势。

2018年全国部分跨区域送电情况、特高压输电电量见表5－9和表5－10。

表5－9　2018年全国部分跨区域送电情况

送端	受端	送电量（亿千瓦时）	比上年增长（%）
华北	华东	403	53.6
	华中	38	21.8
	西北	34	56.3
	蒙古国	13	3.5
东北	华北	353	59.9
华中	华东	369	5.7
	南方	243	－1.9
西北	华北	536	4.5
	华东	378	87.7
	华中	599	14.9
西南	华东	1010	－8.2
南方	西南	219	1.3
	华中	87	－4.1
	香港	129	－1.0
	澳门	49	24.3

表5－10　2018年全国特高压输电电量

通道		输电电量（亿千瓦时）
合计		3600
交流特高压	小计	574
	晋东南—南阳—荆门	64
	淮南—南京—上海	295
	浙北—福州	69
	锡盟—山东	29
	蒙西—天津南	79
	榆横—潍坊	38

续表

通道		输电电量（亿千瓦时）
	小计	3026
	复奉直流	307
直流特高压	锦苏直流	387
	天中直流	325
	宾金直流	316
	灵绍直流	378
	祁韶直流	177
	雁淮直流	180
	锡泰直流	56
	鲁固直流	150
	昭沂直流	14
	吉泉直流	48
	楚穗直流	254
	普侨直流	252
	新东直流	181

外送电量占本区域发电量比重超过10%的区域有西南和西北区域，其中，西南区域输出电量比重为25.0%。华东区域输入电量占全社会用电量比重超过10%，华中、西南和华北区域超过5%。

分区域输出和输入电量占本区域发电量和用电量比重见图5－35。

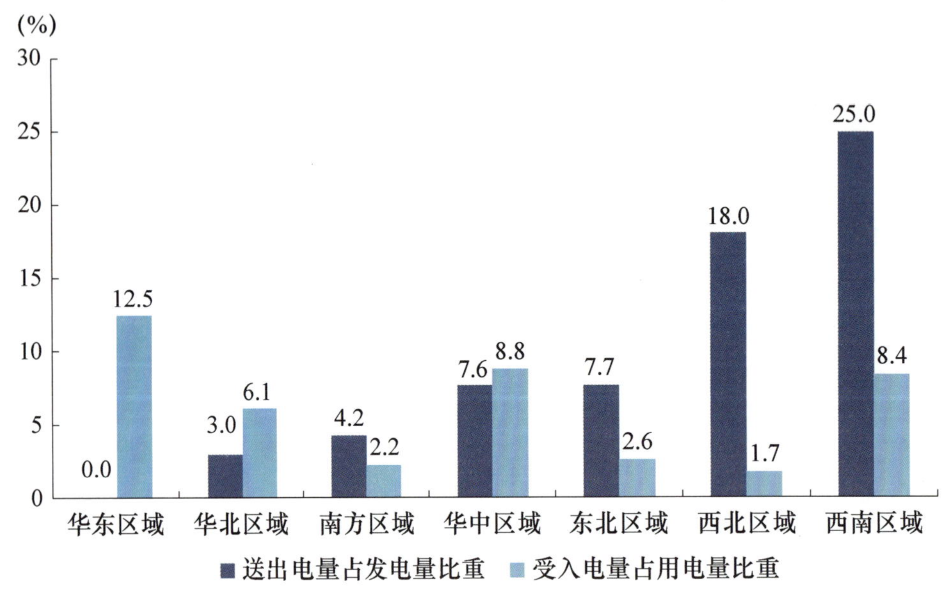

图5－35　分区域输出和输入电量占本区域发电量和用电量比重

（二）跨省输电

1. 区域内跨省特高压输电线路

截至2018年年底，南方、华东、华北区域内已投运8条跨省特高压输电线路，输电能力4580万千瓦，截至2018年年底区域内已投运的跨省特高压输电线路见表5－11。

表5－11　截至2018年年底区域内已投运的跨省特高压输电线路

区域	送端省份	线路工程名称	电压等级（千伏）	输送能力（万千瓦）	投产时间	受端省份
南方	云南	滇西北至广东±800千伏特高压直流输电工程	±800	500	2018年	广东
	云南	糯扎渡送电广东±800千伏特高压直流输电工程	±800	500	2015年	广东
	云南	云南—广东±800千伏直流输电工程	±800	500	2010年	广东
华东	安徽	皖电东送1000千伏特高压交流工程	1000	500	2013年	上海
	浙江	浙北—福州1000千伏特高压交流工程	1000	680	2014年	福建
	安徽	淮南—南京—上海1000千伏交流工程	1000	1000	2016年	上海
华北	内蒙古	锡盟—山东1000千伏交流工程	1000	400	2016年	山东
	内蒙古	蒙西—天津南1000千伏特高压交流工程	1000	500	2016年	天津

2. 省间输出电量

2018年，全国跨省输出电量12951亿千瓦时，同比增长14.6%，增速比上年提高2.0个百分点。其中，内蒙古外送电量1487亿千瓦时，占全国跨省输出电量的11.5%；云南送广东1052亿千瓦时，同比增长6.6%，占全国跨省输出电量的8.1%。输出电量超过100亿千瓦时的省份有23个，其中，输出电量超1000亿千瓦时的省份有内蒙古、云南、四川和山西，合计输出电量占跨省输出电量的45.5%。内蒙古上海庙—山东临沂特高压线路正式投产，带动了内蒙古2018年输出电量快速增长。

2018 年省间输出电量超过 150 亿千瓦时的省份输电量见表 5－12。

表 5－12　2018 年省间输出电量超过 150 亿千瓦时的省份输电量

输出省份	输入省份	输出电量（亿千瓦时）	比上年增长（%）
吉林	辽宁	192	－7.8
辽宁	华北	302	－1.2
内蒙古	河北	837	－0.6
	辽宁	500	10.3
	山东	150	2746.5
河北	华北	405	2.9
山西	河北	408	6.3
	北京	193	－0.2
	江苏	347	35.0
浙江	上海	189	25.4
安徽	浙江	372	19.1
	江苏	274	12.8
湖北	上海	289	19.0
	广东	170	－0.5
四川	江苏	387	0.04
	浙江	316	－18.8
	上海	307	－5.3
	重庆	308	19.4
陕西	河北	229	8.7
宁夏	山东	307	1.6
	浙江	378	87.7
贵州	广东	493	1.2
云南	广东	1052	6.6
新疆	河南	325	－9.7
甘肃	陕西	163	136.6
	宁夏	182	79.0
	湖南	177	166.4

云南、宁夏输出电量占本省发电量比重最高，分别达到 48.5% 和 45.2%，同比提高 0.04 个百分点和 7.7 个百分点。

2018 年输出电量超过 100 亿千瓦时的省份输出电量占本省发电量比重见图 5－36。

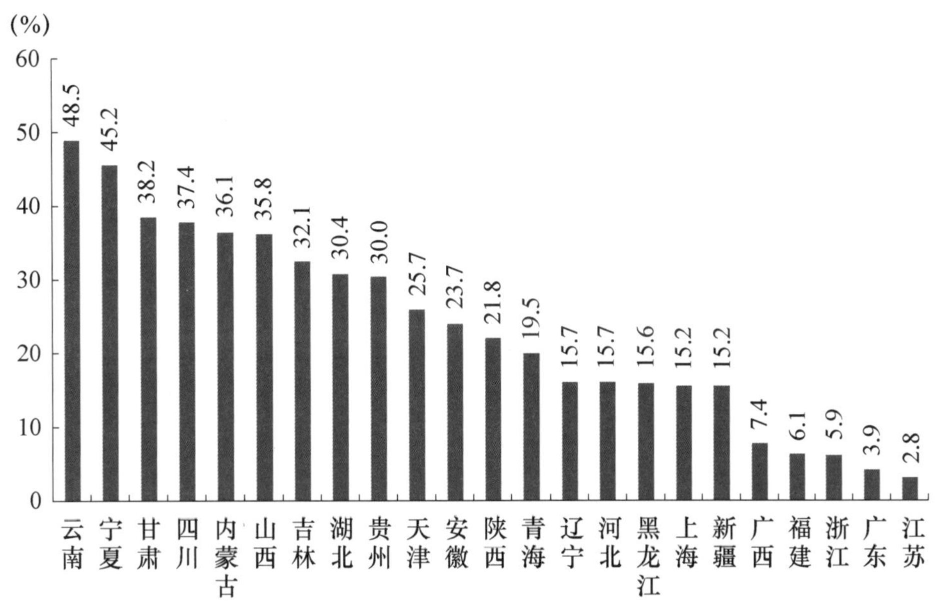

图 5－36　2018 年输出电量超过 100 亿千瓦时的省份输出电量占本省发电量比重

3. 省间净输入电量

净输入电量超过 100 亿千瓦时的省份有 13 个，其中，广东净输入电量 1750 亿千瓦时，同比增长 8.7%。2018 年净输入电量超过 100 亿千瓦时省份的净输入电量见图 5－37。

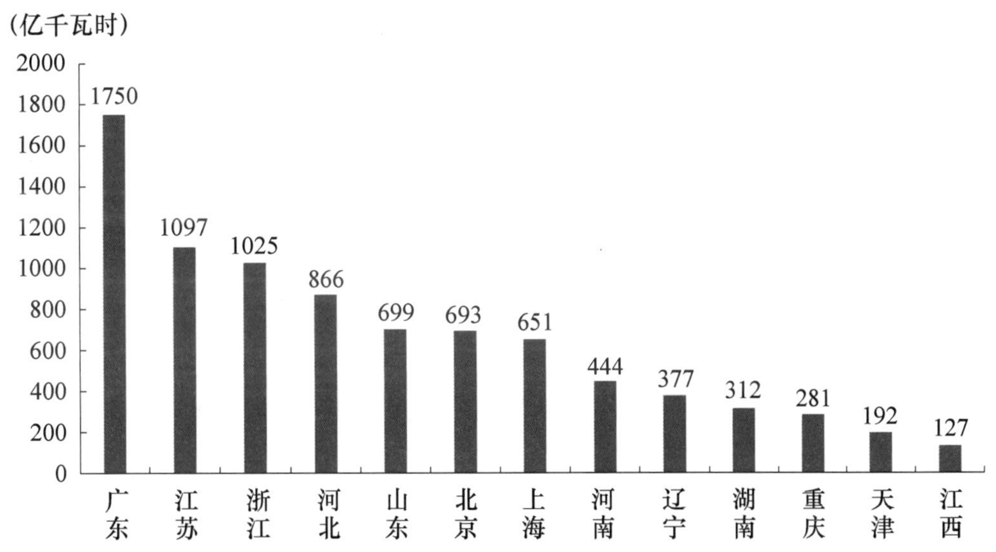

图 5－37　2018 年净输入电量超过 100 亿千瓦时省份的净输入电量

北京净输入电量占本市全社会用电量的比重达到 60.7%，上海占比达到 41.6%，广东、重庆、辽宁、河北、浙江和天津占比超过 20%。2018 年净输入电量超过 100 亿千瓦时省份的净输入电量占本省全社会用电量比重见图 5－38。

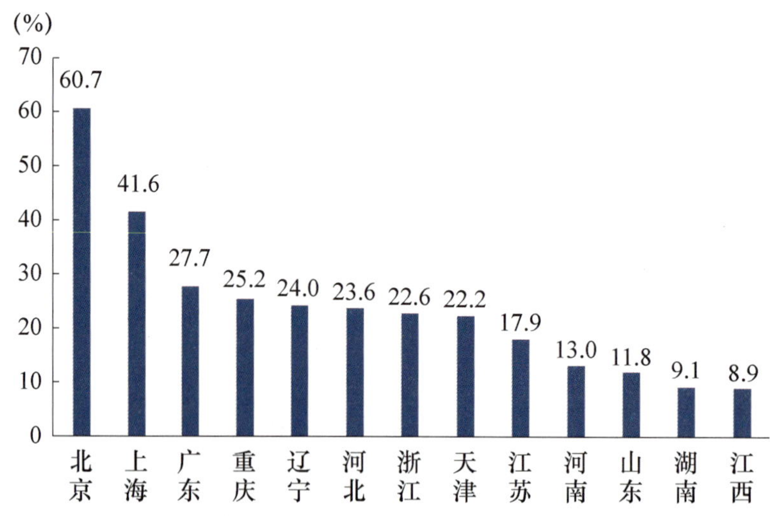

图5－38　2018 年净输入电量超过 100 亿千瓦时省份的净输入电量占本省全社会用电量比重

三、配电能力

截至2018 年年底，全国35 千伏至110 千伏电压等级的配电网输电线路回路长度117 万千米，比上年增长2.4%。其中，110 千伏（含66 千伏）输电线路回路长度65 万千米，比上年增长 3.4%；35 千伏输电线路回路长度 51 万千米，比上年增长1.0%。全国35 千伏至 110 千伏配电网变电设备容量 27 亿千伏安，比上年增长4.5%。其中，110 千伏（含 66 千伏）变电设备容量 22 亿千伏安，比上年增长4.6%；35 千伏变电设备容量5 亿千伏安，比上年增长 4.1%。

2018 年配电网输电线路回路长度超过5 万千米的省份线路长度及增速、变电设备容量超过1 亿千伏安的省份容量及增速分别见图5－39 和图5－40。

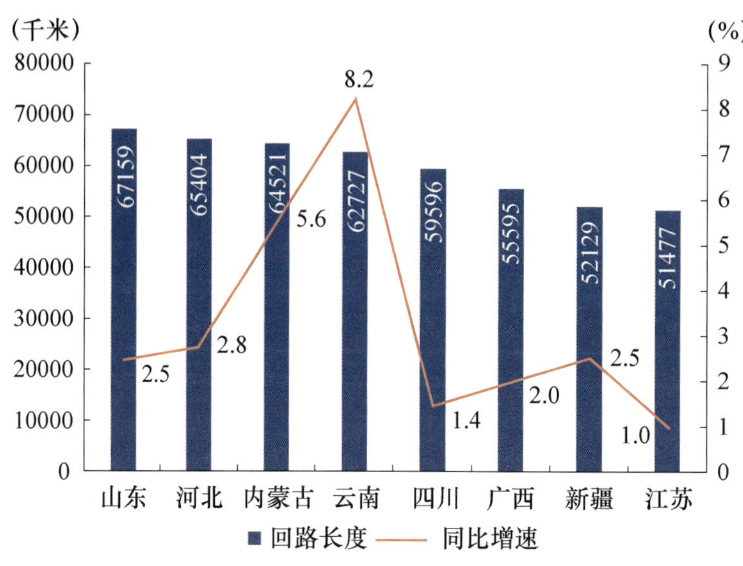

图5－39　2018 年配电网输电线路回路长度超过5 万千米的省份线路长度及增速

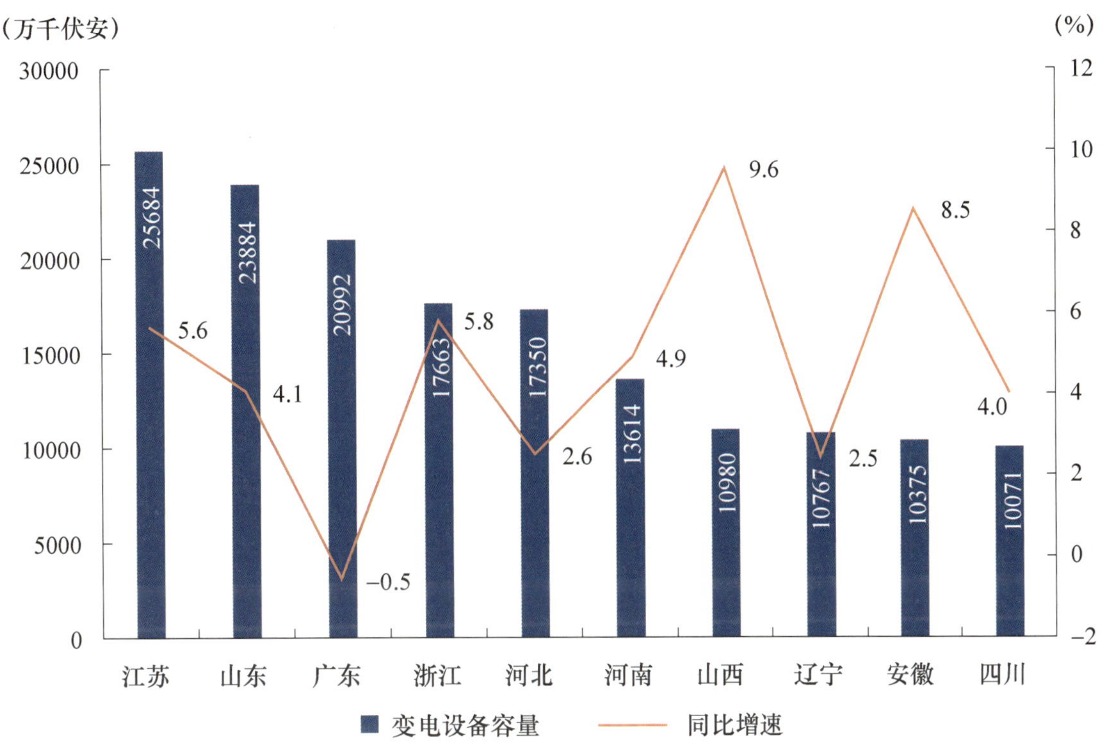

图 5 – 40　2018 年配电网变电设备容量超过 1 亿千伏安的省份容量及增速

四、供售电量

（一）供电量

2018 年，全国主要电网企业供电量 59508 亿千瓦时，同比增长 9.1%，增速同比提高 2.0 个百分点。

分省份看，2018 年全国各省份供电量均实现正增长。其中，供电量增速高于全国平均水平的省份有 14 个，依次为新疆（22.1%）、西藏（18.9%）、广西（18.1%）、内蒙古（16.8%）、安徽（12.5%）、湖南（11.8%）、江西（11.3%）、湖北（11.2%）、甘肃（11.2%）、山东（11.0%）、重庆（10.7%）、云南（10.1%）、山西（9.3%）和福建（9.3%）。

2018 年供电量增速超过全国平均水平的省份供电量及增速见图 5 – 41，2018 年供电量排名前十位的省份供电量及增速见图 5 – 42。

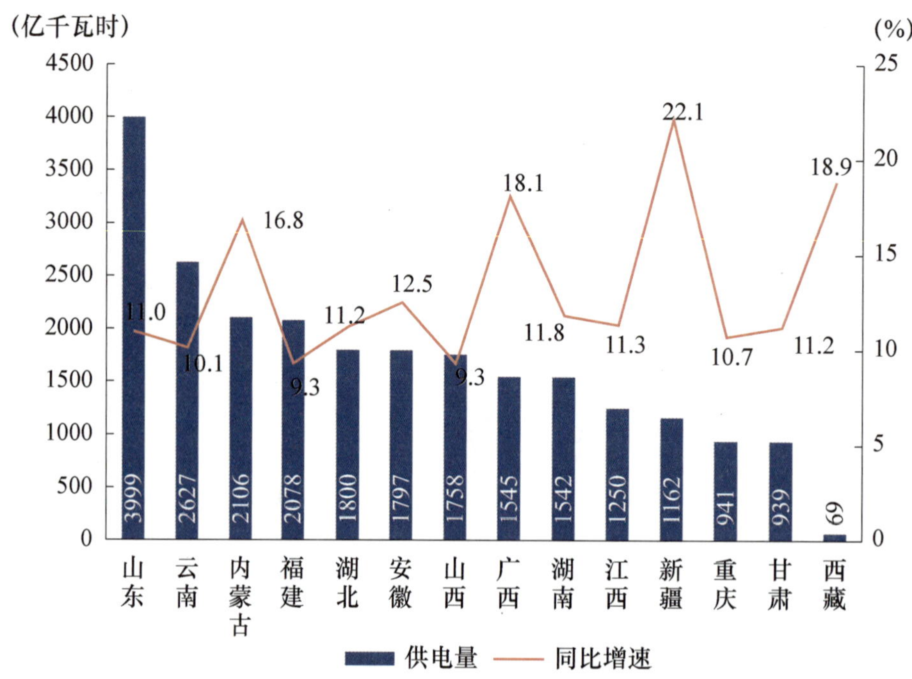

图 5－41　2018 年供电量增速超过全国平均水平的省份供电量及增速

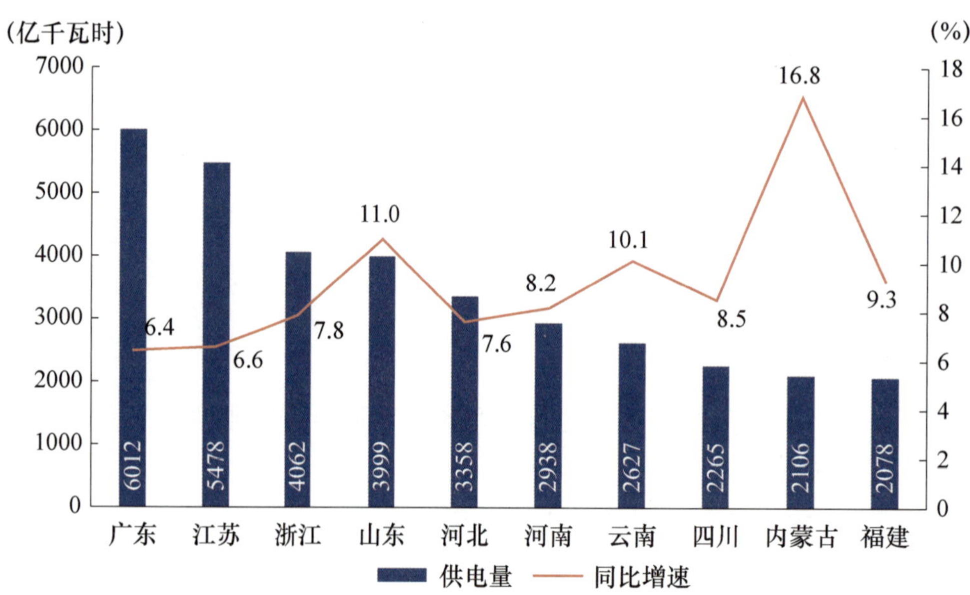

图 5－42　2018 年供电量排名前十位的省份供电量及增速

（二）售电量

2018 年，全国主要电网企业售电量 55777 亿千瓦时，同比增长 9.3%，增速同比提高 2.2 个百分点。

分省份看，2018 年全国各省份售电量均实现正增长。其中，售电量增速高于全国平均水平的省份有 14 个，依次为新疆（22.2%）、西藏（20.0%）、广西（19.3%）、内蒙古（18.1%）、安徽（12.8%）、湖南（12.2%）、甘肃（11.4%）、江西（11.3%）、湖北（11.3%）、山东（11.2%）、重庆（10.9%）、福建（10.4%）、云南（9.6%）和山西（9.6%）。

2018 年售电量增速超过全国平均水平的省份售电量及增速见图 5－43，2018 年售电量排名前十位的省份售电量及增速见图 5－44。

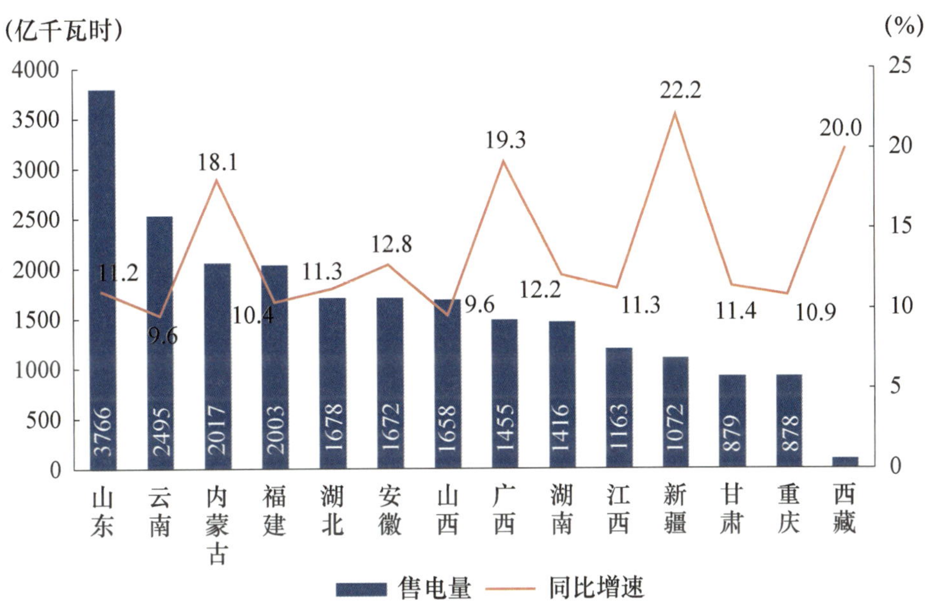

图 5－43　2018 年售电量增速超过全国平均水平的省份供电量及增速

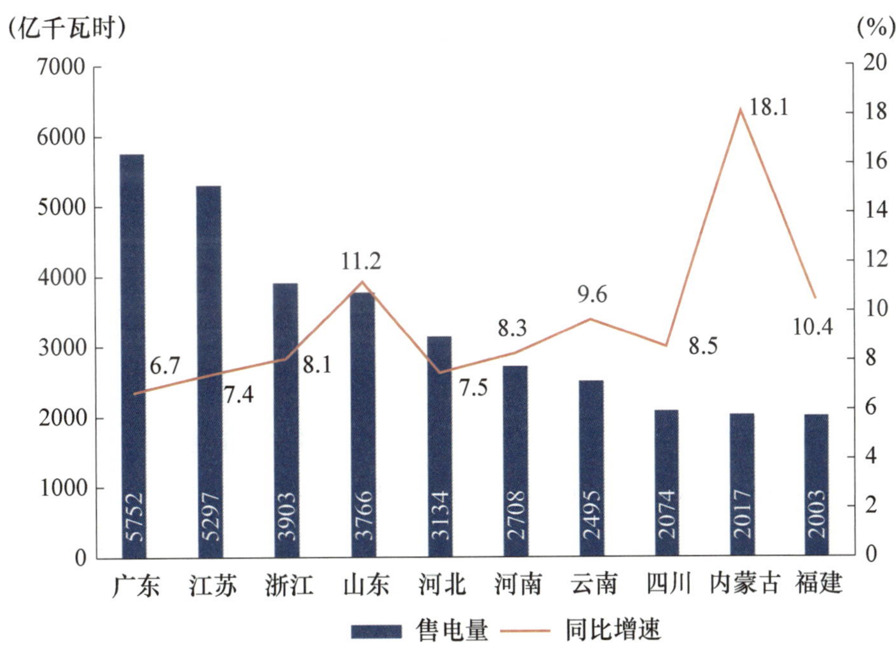

图 5－44　2018 年售电量排名前十位的省份售电量及增速

五、港澳地区电力通道与电量

中国内地与香港、澳门已实现联网，为香港、澳门送电。截至2018年年底，中国内地已与香港建成4回400千伏输电线路，与澳门已建成6回220千伏输电线路（其中2回澳门侧还未投运）。

中国内地与港澳地区的合计完成电量交换184亿千瓦时，同比增长0.7%。其中，购入电量6亿千瓦时，下降53.4%；送出电量178亿千瓦时，增长4.8%。

2018年中国内地与港澳地区交换电量见图5-45。

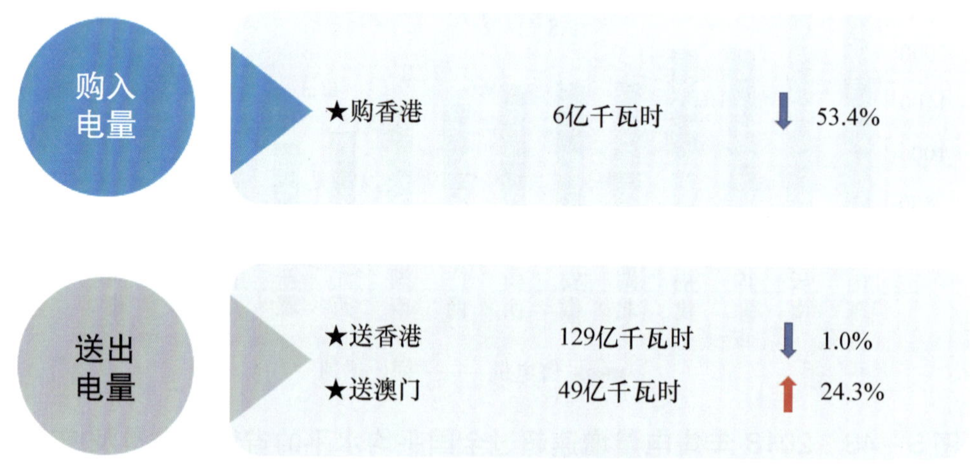

图5-45　2018年中国内地与港澳地区交换电量

六、电力进出口通道与电量

中国分别与俄罗斯、蒙古国、越南、缅甸和老挝等国实现了跨国输电线路互联和电量交易。截至2018年年底，在大湄公河次区域，缅甸电厂以1回500千伏、2回220千伏和1回110千伏线路向中国供电；中国以3回220千伏、3回110千伏线路向越南供电，以1回115千伏线路向老挝供电。中国东北电网与俄罗斯远东电网建成了1回500千伏、2回220千伏和2回110千伏输电线路；中国新疆通过35千伏、内蒙古通过220千伏和110千伏输电线路与蒙古国实现一定规模的电力交易。中国与俄罗斯、蒙古国、越南和缅甸等周边国家跨国电力交易初步实现。

中国与邻国的合计完成电量交换 78 亿千瓦时，同比增长 4.7%。其中，购入电量 45 亿千瓦时，下降 3.8%；送出电量 33 亿千瓦时，增长 19.0%。

2018 年中国与邻国之间交换电量见图 5－46。

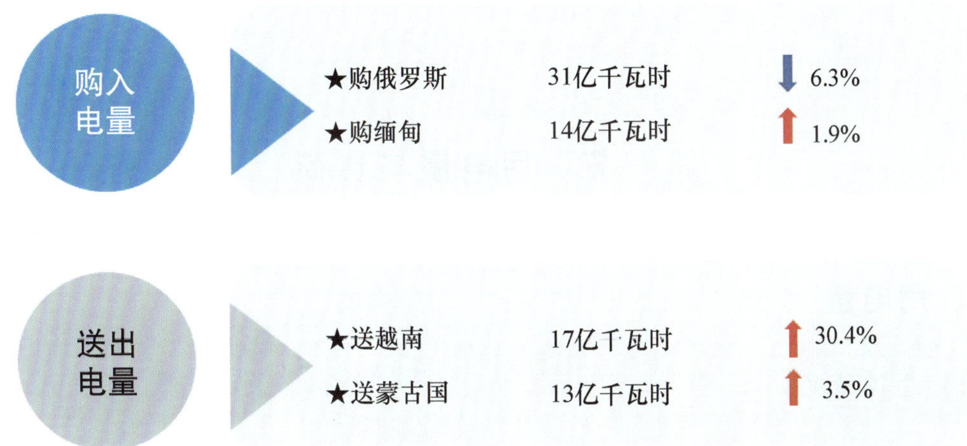

图 5－46　2018 年中国与邻国之间交换电量

第六章　电力消费

第一节　用电量与负荷

一、用电量

（一）全国情况

1. 全社会用电

在宏观经济运行总体平稳、服务业和高技术及装备制造业较快发展、冬季寒潮和夏季高温、电能替代快速推广、城农网改造升级释放电力需求等因素的综合影响下，全社会用电量实现较快增长。2018 年，全国全社会用电量 69002 亿千瓦时，同比增长 8.4%，为 2012 年以来的最高增速，增速比上年提高 1.8 个百分点。2018 年，全国人均用电量 4945 千瓦时/人，较上年增加 356 千瓦时/人。

2010—2018 年全国全社会用电量及其增速见图 6－1。

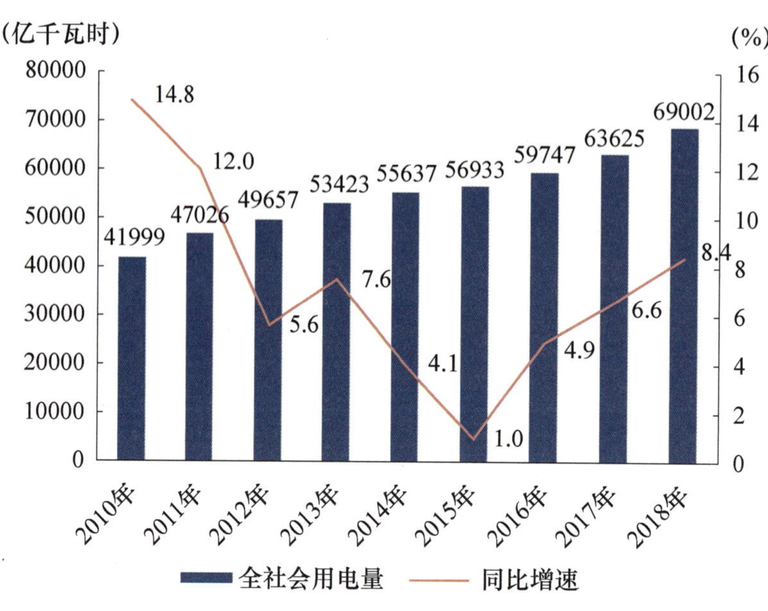

图 6－1　2010—2018 年全国全社会用电量及其增速

分季度看，一、二、三、四季度全社会用电量增速分别为9.8%、9.0%、8.0%和7.3%，增速逐季回落，但仍保持较高水平。受夏季极端高温天气影响，第三产业和城乡居民生活用电量增速提高，对全社会用电量增长的拉动作用增强。第二产业保持快速增长态势，增速为7.1%，创2012年以来新高，各季度用电量对当期全社会用电量增长的拉动力均超过4个百分点。

2010—2018年分季度全社会用电量增速见图6-2，2018年分季度、分产业用电量增长对全社会用电量增长的拉动见图6-3。

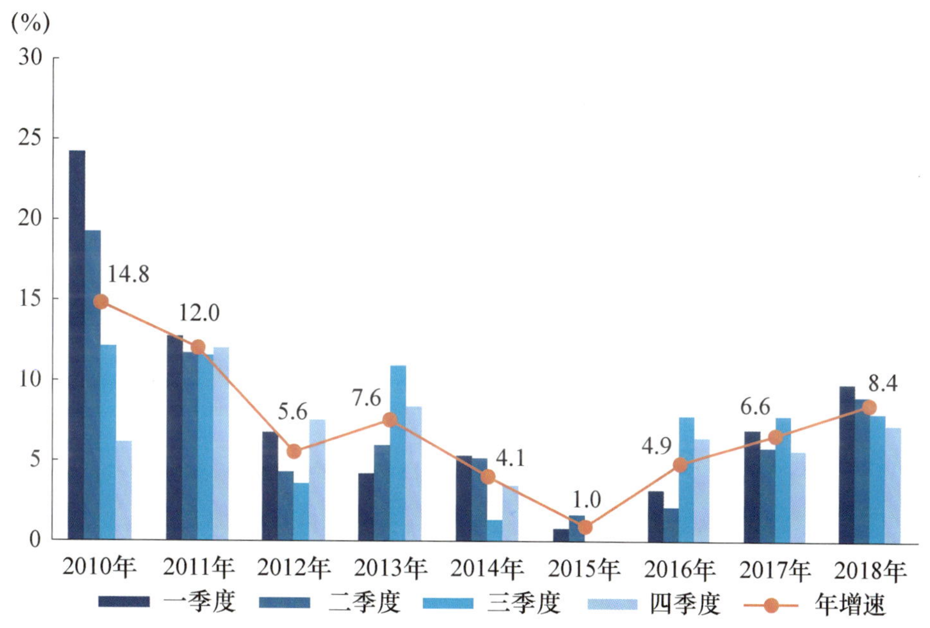

图6-2 2010—2018年分季度全社会用电量增速

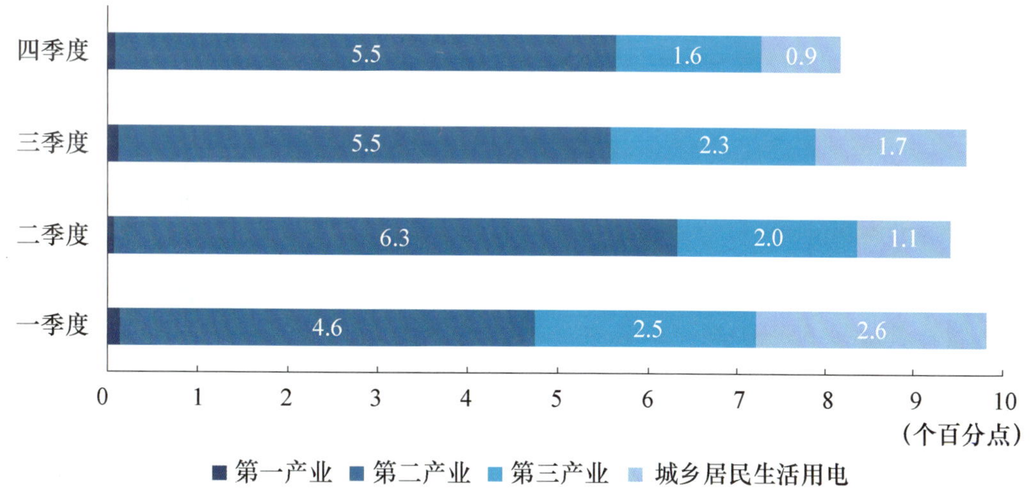

图6-3 2018年分季度、分产业用电量增长对全社会用电量增长的拉动

分月份看，受上年基数、气温因素以及国内外经济形势等综合影响，上半年各月用电量增长起伏相对较大。受夏季高温影响，7 月、8 月用电量规模明显高于其他月份；10 月、11 月用电增速有所回落。

2017 年、2018 年分月全社会用电量及其增速见图 6－4。

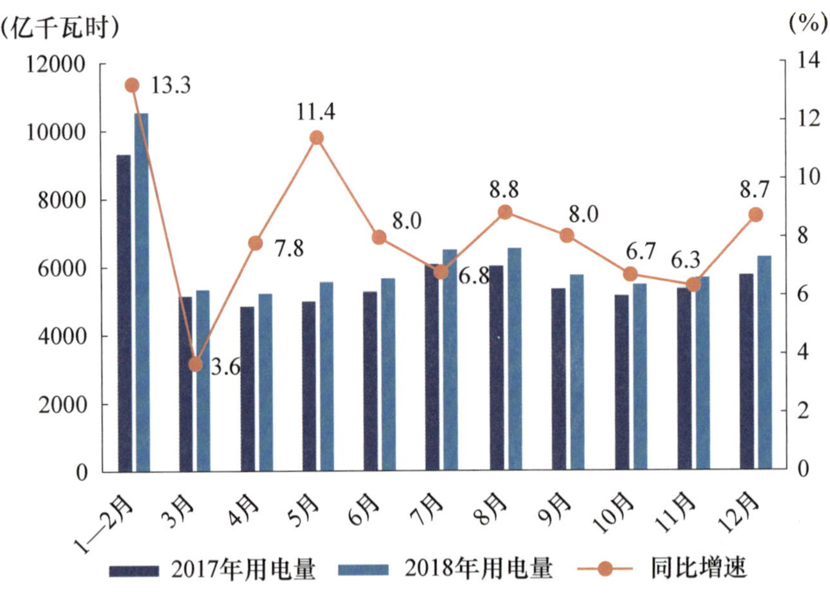

图 6－4　2017 年、2018 年分月全社会用电量及其增速

注：本书图中 1—2 月用电量是指 1—2 月合计用电量的平均值；
1—2 月增速是指 1—2 月合计用电量增速。

专栏 10　年初低温和夏季高温拉动全社会用电增长

根据 2018 年中国气候公报，全国平均气温 10.1℃，较常年偏高 0.5℃。极端高温事件和极端低温事件均偏多，全国共有 209 站日最高气温达到极端事件标准，极端高温事件站次比为 0.18，较常年偏多；全国共有 255 站日最低气温达到极端事件标准，极端低温事件站次比为 0.18，较常年偏多。全国平均高温（日最高气温≥35℃）日数 11.8 天，较常年偏多 4.1 天，为历史次多，略少于 2017 年。与常年相比，我国中东部大部地区及新疆西南部和东部、内蒙古西部、辽宁等地高温日数偏多 5～10 天，华北东南部、黄淮中部、江汉、江南大部、华南中东部及四川东部、重庆等地偏多 10 天以上。分月份看，1 月、2 月、10 月、12 月气温偏低，其余月份偏高，冬季的寒潮以及夏季的高温拉高了用电负荷及全社会电量增速。

2. 用电结构

电力消费结构持续优化。2018 年第一、第二、第三产业和城乡居民生活用电量占全社会用电量的比重分别为 1.1%、69.2%、15.7% 和 14.0%。与 2017 年相比，第三产业和城乡居民生活用电量占比分别提高 0.5 个和 0.1 个百分点；第二产业用电量占比降低 0.7 个百分点。

2017 年、2018 年全国电力消费结构见图 6－5。

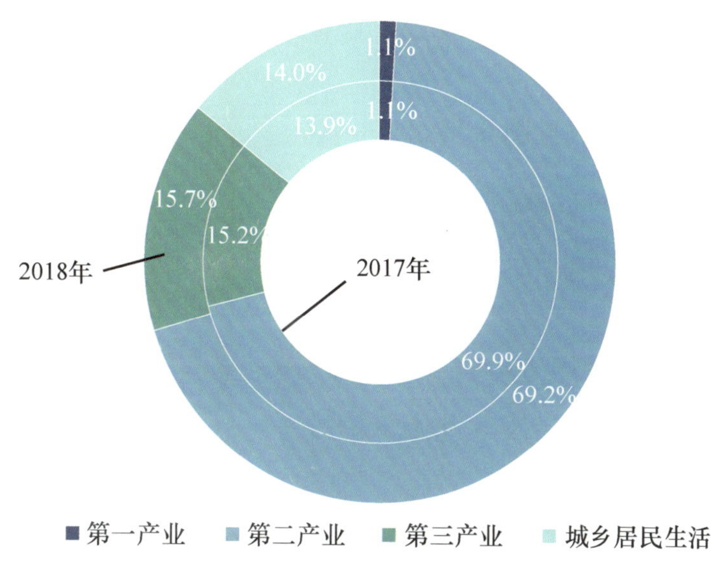

图 6－5　2017 年、2018 年全国电力消费结构

（1）各产业及居民生活用电。

第二产业用电量依然是拉动全社会用电量增长的主力，拉动全社会用电量增长 5.0 个百分点，比上年提高 1.1 个百分点；第三产业和城乡居民生活用电量继续保持快速增长，对全社会用电量增长的拉动力分别比 2017 年提高 0.5 个百分点和 0.4 个百分点。

2018 年各产业及居民生活用电情况见图 6－6。

图 6－6　2018 年各产业及居民生活用电情况

（2）工业及其重点行业用电。

1）工业。全国工业用电量46954亿千瓦时，比上年增长7.0%，拉动全社会用电量增长4.8个百分点，占全社会用电量比重68.0%。

与上年相比，工业用电量占全社会用电量比重回落0.8个百分点，而其中代表高技术及装备制造业等新兴产业的医药制造业、金属制品业、通用设备制造业、专用设备制造业、汽车制造业、铁路/船舶/航空航天和其他运输设备制造业、电气机械和器材制造业、计算机/通信和其他电子设备制造业、仪器仪表制造业用电量合计占比提高0.1个百分点。

2018年工业用电量构成见图6－7。

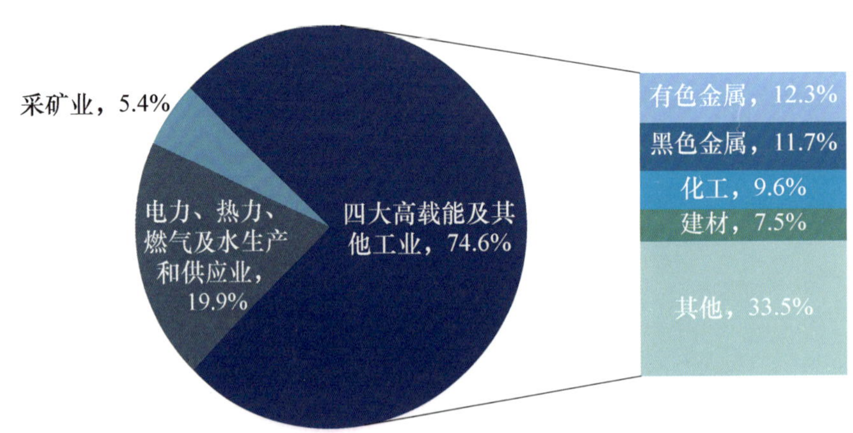

图6－7 2018年工业用电量构成

2）制造业。制造业用电量占全社会用电量的50.9%，占工业用电量的74.8%。各季度增速分别为6.5%、8.0%、7.9%和6.2%，分别拉动全社会用电量增长3.3个、4.3个、3.9个和3.2个百分点。

2018年制造业用电情况见图6－8。

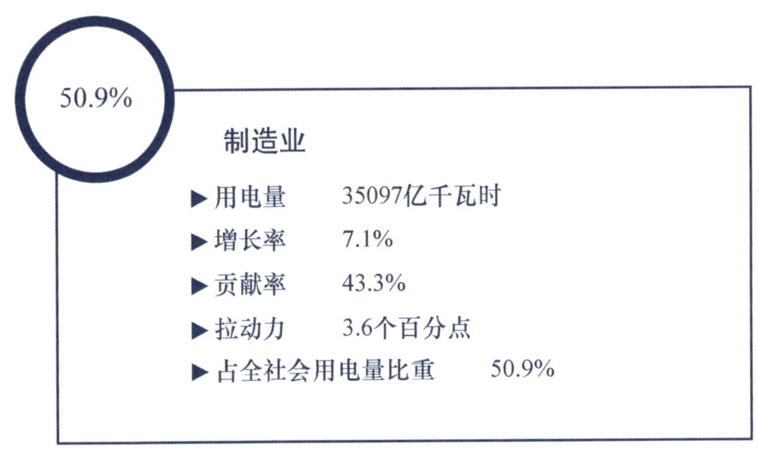

图6－8 2018年制造业用电情况

分行业看，31 个制造业行业中，只有铁路/船舶/航空航天/其他运输设备制造业和仪器仪表制造业用电量负增长，分别下降 4.4% 和 6.0%；制造业中共有 14 个行业用电量增速高于制造业平均用电量增速（7.1%）。

2018 年制造业中用电量大于 400 亿千瓦时的行业用电量及其增速见图 6-9。

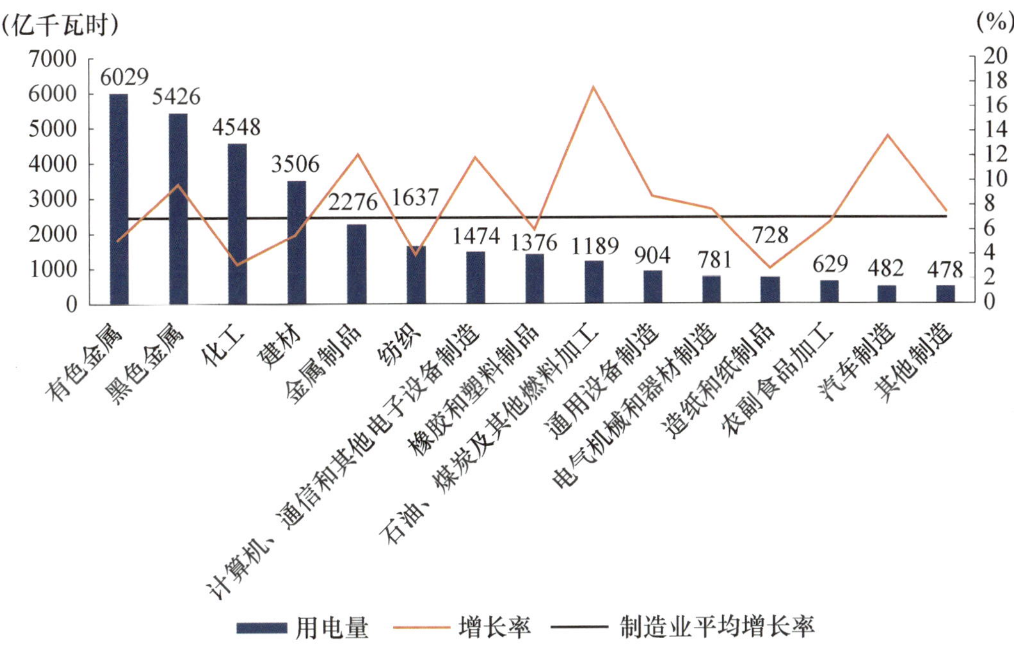

图 6-9 2018 年制造业中用电量大于 400 亿千瓦时的行业用电量及其增速

3）四大高载能行业。化学原料及化学制品制造业（以下简称“化工”）、非金属矿物制品业（以下简称“建材”）、黑色金属冶炼及压延加工业（以下简称“黑色”）、有色金属冶炼及压延加工业（以下简称“有色”）四大高载能行业合计用电量为 19509 亿千瓦时，同比增长 6.0%，增速比上年提高 1.1 个百分点；拉动全社会用电量增长 1.7 个百分点；四大高载能行业用电量占全社会用电量比重 28.3%，比上年回落 0.9 个百分点。

四大高载能行业用电增长的季度走势有所分化，其中，化工行业由于产业升级，用电增速稳中放缓；随着“稳投资”措施及项目逐步落地，基建投资企稳回升，建材行业用电量增速比上年有所提高；钢铁行业去产能带动国内钢材价格总体上行，企业效益明显改善，行业开工率提升，导致黑色行业用电量较快增长；由于上年同期部分省份清理电解铝违法违规产能导致的低基数以及市场需求拉动作用，有色行业下半年以来用电量增速回升明显。

2018 年四大高载能行业各季度用电增长率见图 6-10，四大高载能行业用电量及占全社会用电量比重见图 6-11。

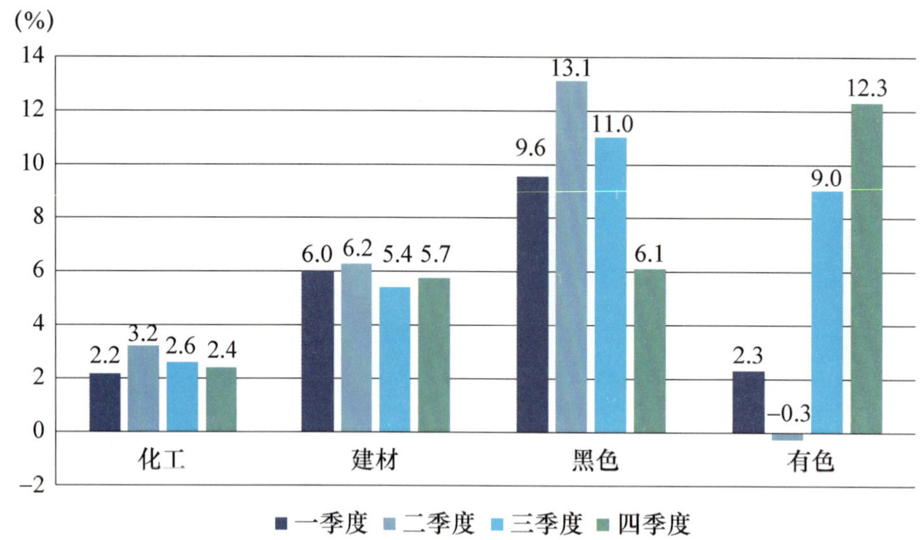

图 6－10　2018 年四大高载能行业各季度用电增长率

图 6－11　四大高载能行业用电量及占全社会用电量比重

（二）分区域、分省份情况

1. 分区域用电

1）全社会用电。华东、华北、华中和南方区域全年全社会用电量超过 10000 亿千瓦时，四个区域合计用电量占全社会用电量的 82.3%。华北和华中区域全社会用电增速高于全国平均水平，分别拉动全社会用电量增长 2.2 个百分点和 1.8 个百分点；除西北和东北区域外，其他区域用电量增长对全社会用电量增长的拉动力比上年均有不同程度提高，其中，华北、华中和南方区域对全社会用电量增长的拉动力比上年分别提高 1.0 个百分点、0.7 个百分点和 0.2 个百分点。

2017 年、2018 年分区域用电量及其增速见图 6－12。

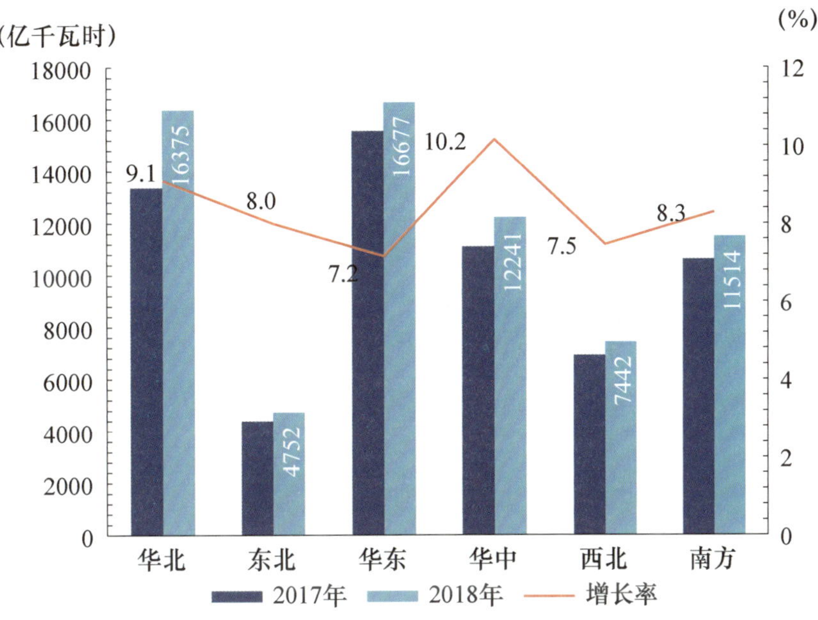

图 6－12　2017 年、2018 年分区域用电量及其增速

2）分产业用电。从拉动力看，华北、东北、华中、西北和南方区域主要是第二产业用电拉动；华东区域主要是第二和第三产业拉动，但第二产业用电拉动相较其他区域偏弱；华中区域城乡居民生活用电拉动明显高于其他区域。

2018 年各产业用电量增长对本区域用电量增长拉动力见图 6－13。

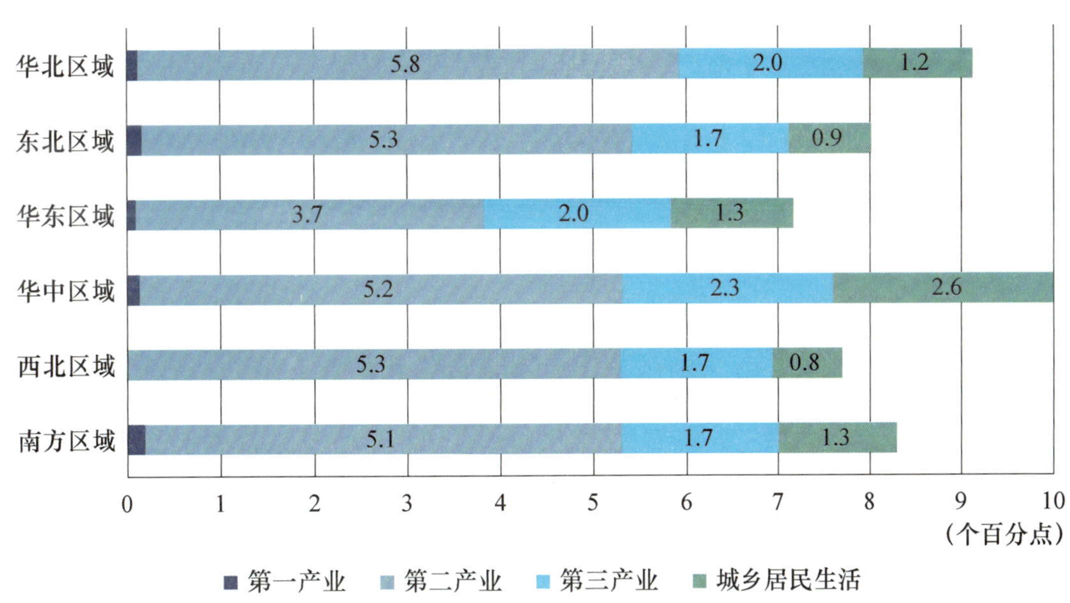

图 6－13　2018 年各产业用电量增长对本区域用电量增长拉动力

从产业结构看，华北和西北区域第二产业用电量占比超过70%，西北区域城乡居民生活用电量比重最低，低于全国平均水平6.9个百分点。与上年相比，除东北区域与上年持平外，其他各区域第二产业用电量占比均有不同程度的降低，其中华中、华东和西北区域第二产业用电量占比分别回落1.2个百分点、1.2个百分点和0.6个百分点；各区域第三产业用电量占比均同比提高，其中华东、西北和华中区域第三产业占比同比分别提高0.8个百分点、0.7个百分点和0.6个百分点，用电结构持续优化。

2018年各区域分产业用电量占比见图6－14。

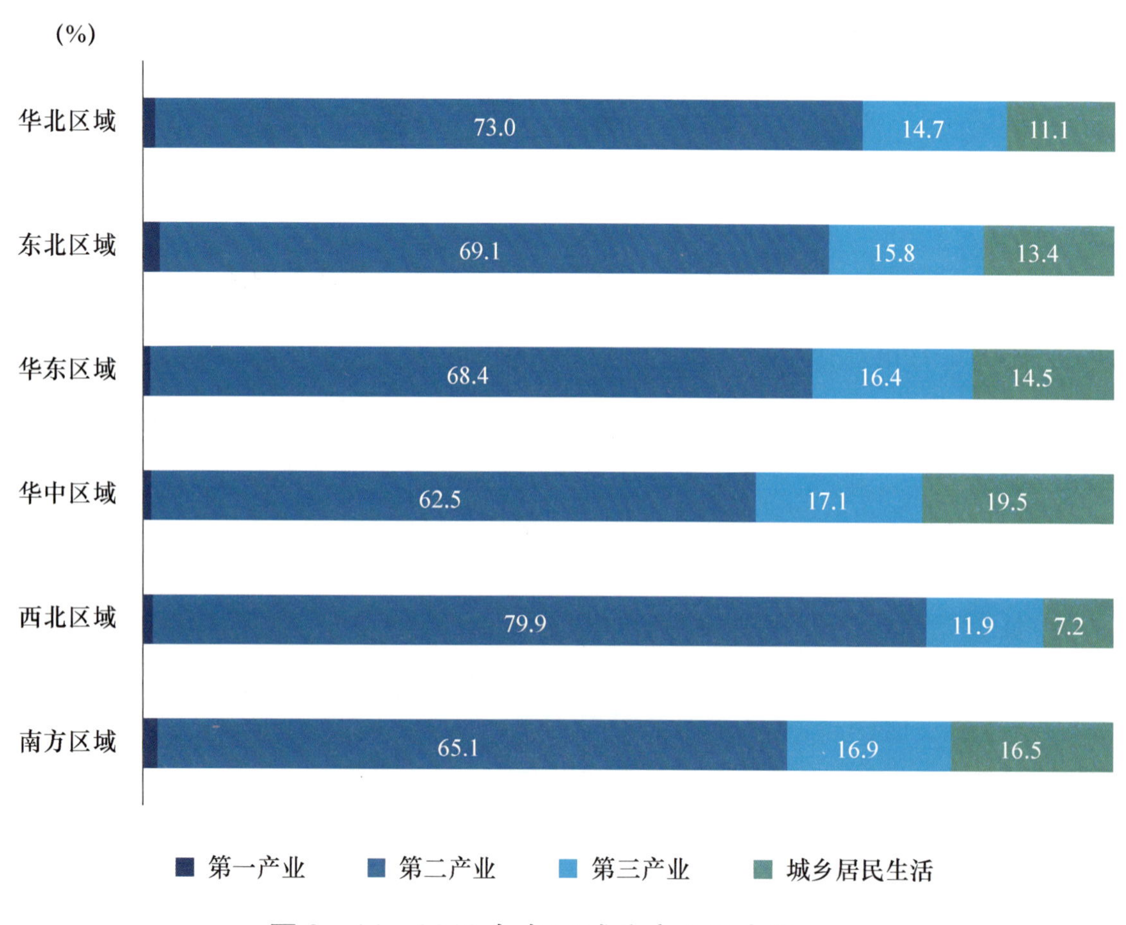

图6－14　2018年各区域分产业用电量占比

3）四大高载能行业用电。除西北区域高载能行业用电增速低于上年外，其他区域增速均比上年提高。南方、东北和华北区域高载能行业用电增速高于全国高载能用电平均增速（6.1%），其中，南方区域增速高于全国全社会用电量增速3.2个百分点。

2018年分区域四大高载能行业合计用电量及增速见图6－15。

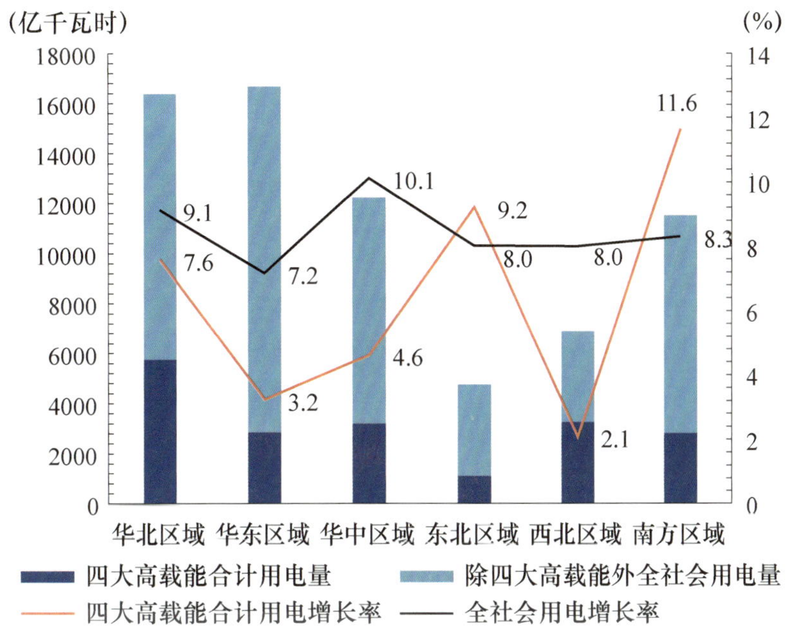

图 6－15　2018 年分区域四大高载能行业合计用电量及增速

从各区域四大高载能行业合计用电量占本区域全社会用电量比重看，西北和华北区域占比分别为 47.4% 和 35.1%，高于全国平均水平（27.9%）；华东区域由于多数省份产业结构调整较早，呈现多元化态势，高载能产业用电量仅占该区域全社会用电量比重的 17.1%。

华北区域黑色和有色行业用电量各占本区域四大高载能行业合计用电量 1/3 左右，华东区域化工和黑色行业用电各占该区域四大高载能行业合计用电量 1/3 左右，华中区域四大高载能行业用电占比相当，西北区域有色行业用电占该区域四大高载能行业合计用电量的比重超过一半。

2018 年分区域四大高载能行业用电量占比见图 6－16。

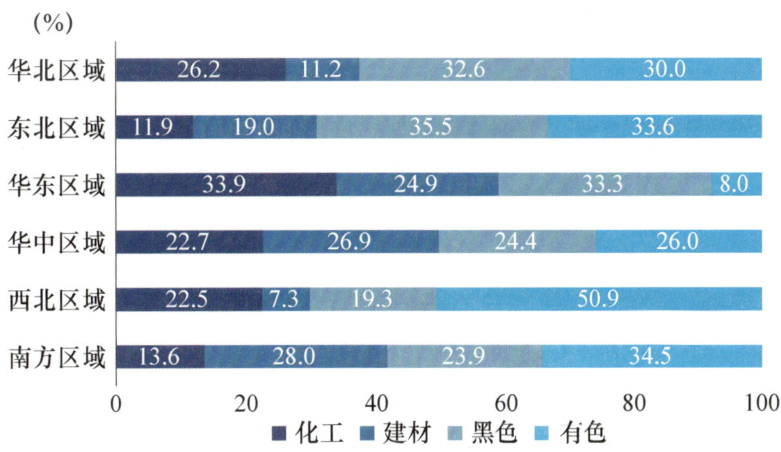

图 6－16　2018 年分区域四大高载能行业用电量占比

化工行业主要分布在华北和华东区域，两个区域合计化工行业用电量占该行业全国用电量的54.4%。全国各区域化工行业用电均实现正增长，其中，华北、华中和南方区域高于该行业全国用电量增速，南方区域化工行业用电量增速最高，达到12.6%。从对当地拉动力看，西北区域化工行业用电拉动力相较其他区域偏弱；南方区域化工行业用电拉动力最高，为0.4个百分点。

建材行业是四大高载能行业中用电量占比最小的行业，主要分布在南方、华中和华东区域，三个区域合计建材行业用电量约占该行业全国用电量的67.3%。华北、东北和南方区域建材行业用电增速高于该行业全国增速，其中，华北区域建材行业用电增速最高，达到9.6%。与2017年相比，除西北区域外，其他区域建材行业用电增速同比提高。从对当地拉动力看，西北区域建材行业用电拉动力相较其他区域偏弱；华北区域建材行业用电拉动力最高，为1.7个百分点。

黑色行业华北区域黑色行业用电量占该行业全国用电量的34.6%。全国各区域黑色行业用电均有不同程度增长，其中，西北区域增长最多，达到16.5%；与上年相比，全国各区域增速均有所提高。从对当地拉动力看，华东区域黑色行业用电拉动力相较其他区域偏弱；华北区域黑色行业用电拉动力最高，为2.5个百分点。

有色行业主要分布在华北和西北区域，两个区域合计用电量占该行业全国用电量的9.4%。华中和西北区域用电增速同比下降，分别为-3.4%和-1.0%；与上年相比，华北、东北和南方区域增速有所提高，其中，南方区域有色行业用电增速最高，达到16.7%。从对当地拉动力看，华中和西北区域有色行业用电拉动力相较其他区域偏弱；华北区域有色行业用电拉动力最高，为2.9个百分点。

2018年四大高载能行业分区域用电量占全国同行业用电量比重、增速分别见图6-17和图6-18。

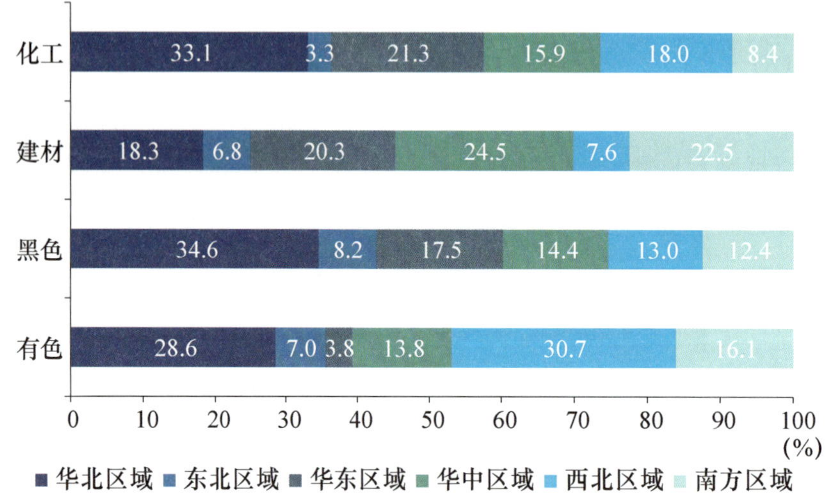

图6-17　2018年四大高载能行业分区域用电量占全国同行业用电量比重

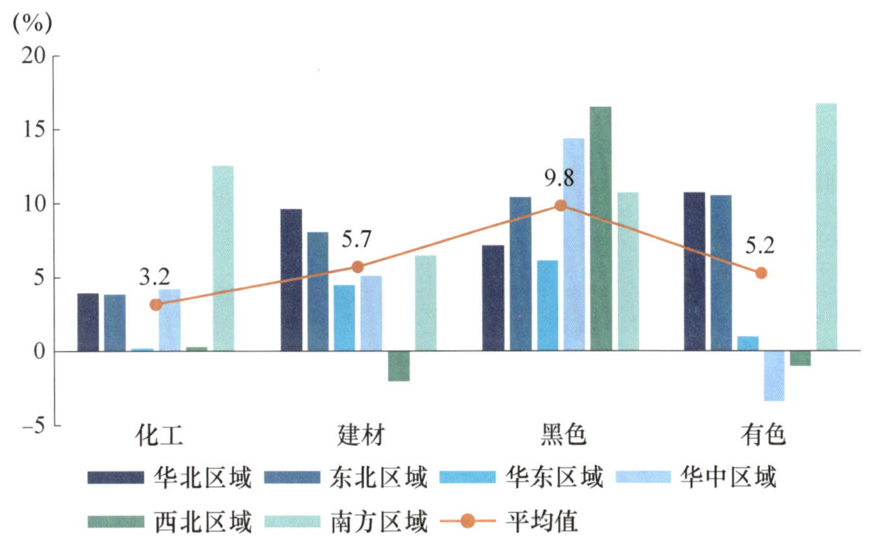

图 6－18　2018 年四大高载能行业分区域用电量增速

2. 分省份用电

全国有广东、江苏、山东、浙江、河北、河南、内蒙古、新疆、四川、福建、辽宁、山西、安徽和湖北 14 个省份全社会用电量超过 2000 亿千瓦时，14 省合计用电量 49467 亿千瓦时，同比增长 8.3%，占全国全社会用电量的 71.7%；对全国用电量增长的贡献率为 70.6%，14 个省份中，除福建、山东外，其余东部省份用电增速均低于全国平均增速。

2018 年分省全社会用电量及增速见图 6－19。

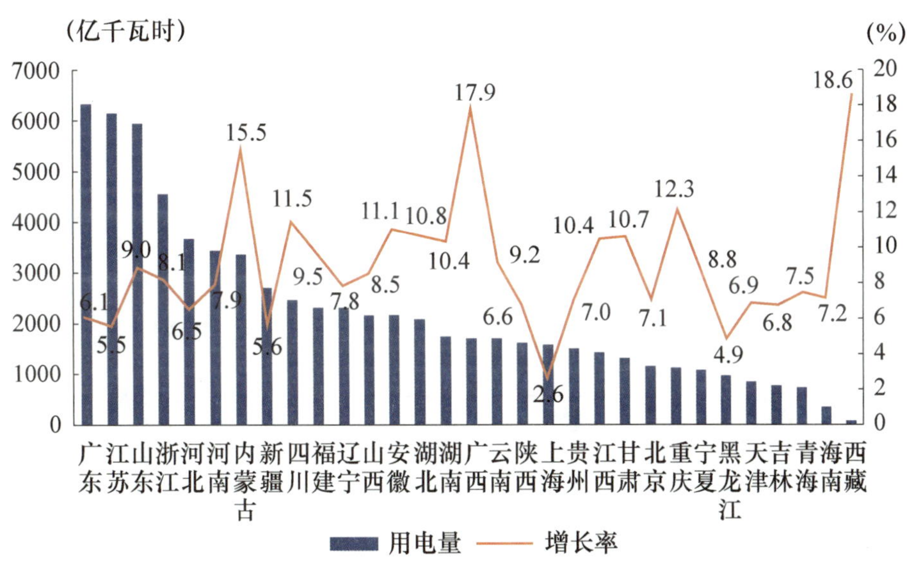

图 6－19　2018 年分省全社会用电量及增速

全国所有省份的全社会用电量均实现正增长。15 个省份的用电增速高于全国平均水平（8.4%），其中增速超过 10% 的省份有西藏（18.6%）、广西（17.9%）、内蒙古（15.5%）、重庆（12.3%）、四川（11.5%）、安徽（11.1%）、湖北（10.8%）、甘肃

（10.7%）、江西（10.4%）和湖南（10.4%），基本是中、西部省份。

2018 年分省份全社会用电量增速与全国平均增速比较见图 6－20。

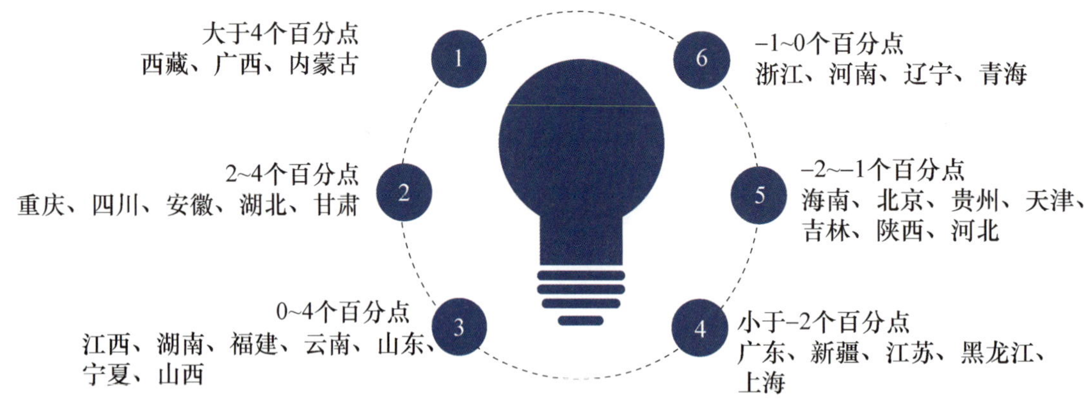

图 6－20　2018 年分省份全社会用电量增速与全国平均增速比较

二、统调最高用电负荷

根据国家电力调度控制中心数据，2018 年，在加大优化调度和需求侧响应等措施的作用下，全国电网统调最高用电负荷（即最高发受电电力，下同）同比增长 5.8%，增速比上年下降 2.0 个百分点。分区域看，各区域统调最高用电负荷增速均比上年有不同程度的提高，华北、华东、华中、西南和南方区域最大用电负荷均出现在夏季，东北和西北电网最大负荷出现在冬季。

2018 年分区域最高用电负荷及增速见图 6－21，2017 年、2018 年分月份最高用电负荷及增速见图 6－22。

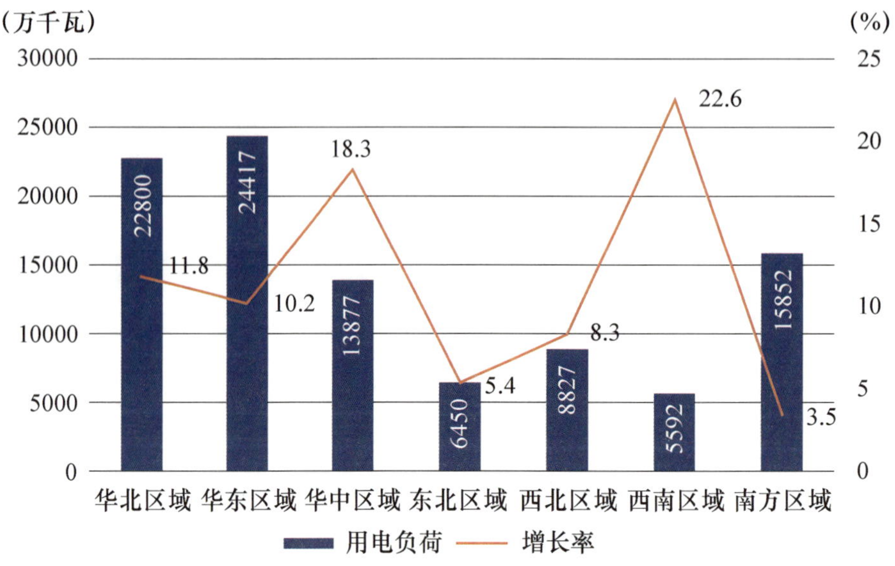

图 6－21　2018 年分区域最高用电负荷及增速

注：数据来源于国家电力调度控制中心旬报。

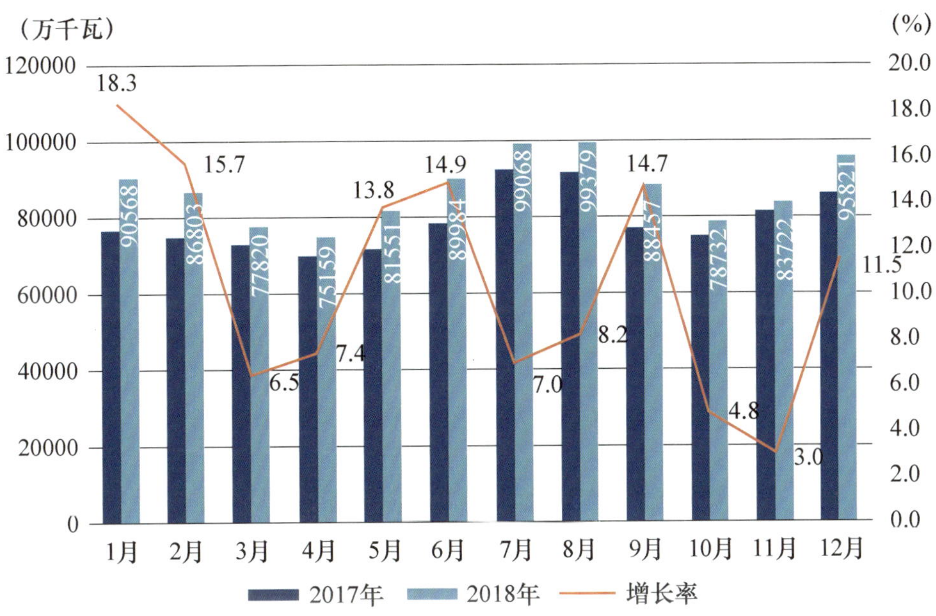

图6－22　2017 年、2018 年分月份最高用电负荷及增速

注：数据来源于国家电力调度控制中心旬报。

第二节　电能替代

一、总体情况

电能替代是我国终端能源清洁利用途径之一。2018 年，在各级政府大力推动下，相关部门积极贯彻《关于推进电能替代的指导意见》，落实并完善电能替代相关配套政策，电能替代得到持续推进，全年累计完成替代电量 1558 亿瓦时①，同比增长 21.1%。其中，国家电网公司 1353 亿千瓦时，南方电网公司 205 亿千瓦时。电能替代各领域新技术不断发展，交通及采暖领域成果显著。

二、相关政策

（一）国家政策

2018 年国家发布的有关电能替代的主要政策见表 6－1。

① 数据来源国家电网公司、南方电网公司统计口径。

表 6－1　2018 年国家发布的有关电能替代的主要政策

文件名称	主要内容
国家能源局关于印发 2018 年能源工作指导意见的通知（国能发规划〔2018〕22 号）	提升终端能源消费清洁化水平，积极开展电能替代；在电供暖方面，要充分考虑电网承载能力和新增电网项目安排，积极推广电供暖，在燃煤锅炉、窑炉、港口岸电等重要替代领域，实施一批电能替代工程
国务院关于印发打赢蓝天保卫战三年行动计划的通知（国发〔2018〕22 号）	一是有效推进北方地区清洁取暖。2020 年采暖季前，在保障能源供应的前提下，京津冀及周边地区、汾渭平原的平原地区基本完成生活和冬季取暖散煤替代。二是重点区域继续实施煤炭消费总量控制。到 2020 年，全国煤炭占能源消费总量比重下降到 58% 以下，2020 年全国电力用煤占煤炭消费总量比重达到 55% 以上。三是开展燃煤锅炉综合整治。四是提高能源利用效率。继续实施能源消耗总量和强度双控行动。五是加快发展清洁能源和新能源。到 2020 年，非化石能源占能源消费总量比重达到 15%。加大可再生能源消纳力度，基本解决弃水、弃风、弃光问题。

（二）地方政策

2018 年，地方政府发布的有关电能替代的主要政策措施见表 6－2。

表 6－2　2018 年地方政府发布的有关电能替代的主要政策措施

省份名称	政策措施	主要内容
天津	制定天津市 2018 至 2019 年居民冬季清洁取暖工作计划	坚持“优先用电”原则，大力实施“煤改电”，力争到 2019 年底，除山区外，全市居民取暖散煤基本“清零”
河南	电能清洁取暖电量纳入电能替代“打包交易”	按照“企业为主、政府推动、居民可承受”的指导方针，在集中供热管网未覆盖区域，以村庄、社区为单位，整体推进居民电能清洁取暖，鼓励符合条件的发电企业参与电能清洁取暖电量“打包交易”，参与交易的发电企业给予成交电量 30% 发电量奖励，并在满足调度机构安全校核的前提下不受电力交易最大利用小时数限制
青海	《关于推进冬季城镇清洁供暖的实施意见》	涩宁兰天然气长输管线沿线城镇及周边经济运距范围内城镇，大力发展天然气，重点推进“煤改气”集中供暖，减少散煤供暖，加快推进“禁煤区”建设。其他地区要进一步发展清洁燃煤集中供暖、“煤改电”及可再生能源供暖等多种清洁供暖方式。设市城市城区优先发展热电联产、大型区域锅炉房为主的集中供暖，集中供暖暂时难以覆盖的，加快实施各类分散式清洁供暖

续表

省份名称	政策措施	主要内容
甘肃	发布《甘肃省推进绿色生态产业发展规划》	用好国家关于北方地区清洁供暖价格政策，指导推动建成一批新能源清洁供暖项目在农村和城市供热管网未覆盖地区积极推广分户式电采暖模式。利用弃风弃光电量，开展清洁能源供暖试点示范，逐步在其他具备条件的县市区推广电采暖替代燃煤锅炉采暖
吉林	发布《关于进一步明确我省清洁供暖价格政策有关问题的通知》	鼓励利用谷段低价电供暖，提高电力利用效率，降低用电成本。分户式电采暖价格，在取暖期期间执行居民峰谷分时电价。非取暖期期间执行居民阶梯电价。集中式居民电取暖和非居民电采暖，在采暖期内用电执行居民非阶梯电价政策
陕西	发布《陕西省“十三五”控制温室气体排放工作实施方案》	合理控制煤炭消费总量，加大天然气、电力等清洁能源利用，积极发展分布式能源。到 2020 年，陕西省煤炭消费占能源消费总量的比重控制在 70% 以内。推广采用先进的节能减碳技术，对重点公共建筑实施用能在线监测，公共机构率先使用清洁能源，率先执行绿色建筑标准。在农村地区推广节能建筑，鼓励建设低碳乡村

三、措施及技术

（一）替代措施

（1）交通运输领域：沿湖、沿江、沿海地区大力发展港口岸电，着力推进长江大保护岸电工程建设，破解多船并靠供电、大水位落差岸船联接、远距离江心供电等难题；推进长江三峡坝区岸电建设。

（2）清洁取暖领域：积极实施清洁高效绿色校园专项行动，选取试点学校实施电采暖、电锅炉改造，为幼儿园等教育系统推广电采暖起到良好示范作用。

（3）北方地区供暖：完成北方清洁取暖煤改电任务，供暖季前全部完成配套电网及客户内部工程；研究停电不停暖保障措施，推动技术改造，优化运行管理。

（二）替代技术

（1）电供暖领域：已经成为技术创新的热点领域。电供暖产品由传统的、单一的电阻丝制热方式，逐渐发展为新型材料应用、技术工艺改造、多种技术组合的高效制热方式。

（2）交通领域：研究高低压船舶岸电技术，建立车船联网平台，解决电动汽车大功率快速充电以及船舶移动储能利用等难题。

（3）工农业生产领域：电能替代技术不断创新，经济性逐步提高，电制蒸汽、工业用热水等技术已具备全部替代传统能源的条件。

（4）电力供应与消费：涉及发、输、配、用各个环节，充分利用物质各种形态，多场景下扩展电力、冷热等多能源供应模式，替代传统煤、油等能源。

四、替代电量

电能替代主要在居民采暖、工（农）业生产制造、交通运输、电力供应与消费及其他等重要领域。其中，工（农）业生产制造领域替代潜力很大，2018年，该领域替代电能规模占全国电能替代量比重为62.2%。

1. 居民采暖领域

2018年全国居民采暖领域完成替代电量115.9亿千瓦时，约占总替代电量的7.4%。

2018年全国居民采暖领域替代电量见表6－3。

表6－3　2018年全国居民采暖领域替代电量

替代领域	技术类型	替代电量（亿千瓦时）	所占比重（%）
居民采暖领域	替代电量小计	115.9	7.4
	分散电采暖	28.3	1.8
	电（蓄）热锅炉	22.3	1.4
	热泵	65.3	4.2

2. 工（农）业生产制造领域

2018年全国工（农）业生产制造领域完成替代电量968亿千瓦时，约占总替代电量的62.2%。

2018年全国工（农）业生产制造领域替代电量见表6－4。

表6－4　2018年全国工（农）业生产制造领域替代电量

替代领域	技术类型	替代电量（亿千瓦时）	所占比重（%）
工（农）业生产制造领域	替代电量小计	968	62.2
	工业电锅炉	144.8	9.3
	建材电窑炉	146.7	9.4
	冶金电炉	314.6	20.2
	辅助电动力	195	12.5
	矿山采选	81.7	5.2
	农业电排灌	69.5	4.5
	农业辅助生产	14.2	0.9
	农产品加工	1.6	0.1

3. 交通领域

2018 年全国交通运输领域完成替代电量 130.5 亿千瓦时，约占总替代电量的 8.4%。

2018 年全国交通运输领域替代电量见表 6－5。

表 6－5　2018 年全国交通运输领域替代电量

替代领域	技术类型	替代电量（亿千瓦时）	所占比重（%）
	替代电量小计	130.5	8.4
交通运输领域	电动车	18.1	1.2
	轨道交通	99.2	6.4
	港口岸电	9.7	0.6
	机场桥载 APU 替代	3.5	0.2

4. 电力供应与消费领域

2018 年全国电力供应与消费领域完成替代电量 267.4 亿千瓦时，约占总替代电量的 17.2%。

2018 年全国电力供应与消费领域替代电量见表 6－6。

表 6－6　2018 年全国电力供应与消费领域替代电量

替代领域	技术类型	替代电量（亿千瓦时）	所占比重（%）
	替代电量小计	267.4	17.2
电力供应与消费领域	燃煤自备电厂、地方电厂替代	190.8	12.3
	油田钻机油改电	10.1	0.7
	油气管线电力加压	24.9	1.6
	电（蓄）冷空调	34.7	2.2
	大型公共建筑热泵	6.9	0.5

5. 其他领域

2018 年全国其他领域完成替代电量 75.9 亿千瓦时，约占总替代电量的 4.9%。

专栏11　医院用户“蓄热式电锅炉+离心式制冷机组”

对供暖面积12.7万m^2的医院进行供暖，原方案为采用常规空调以及天然气“燃气锅炉+冷水机组”供暖方式。新方案为采用低谷电锅炉蓄冷蓄热供暖方式，夏季制冷采用原有设计离心式机组，配备一定容量蓄冷水罐（或水箱），利用晚间电力低负荷时段（0：00—8：00）进行水蓄冷，白天释放冷量；冬季采暖以及生活热水供应，采用水蓄热的形式利用低谷电存储热能，白天释放热量。其中，夏季蓄冷与冬季蓄热可以采用同一个保温水罐（或水池、水箱）。

两种供暖方案经济性比较见下表。

两种供暖方案经济性比较

项目	原方案	新方案	备注
供暖方式	燃气锅炉+冷水机组	低谷电锅炉蓄冷蓄热	
初始设备投资	原锅炉成本：120万元 高可靠性：128万元 间隔费用：60万元 外线投资：600万元	860万元 免除高可靠性费用	一次性投资
年运营成本	915.4万元	758万元	每年
人工成本	60万元	0	每年
节约费用	使用低谷电锅炉蓄冷蓄热比使用常规空调以及天然气，每年可节省：（915.4+60）万元－758万元=217.4万元		
	使用低谷电锅炉蓄冷蓄热比使用常规空调以及天然气可减少一次性投资：（120+128+60+600）万元－860万元=48万元		
总费用	初始投资：120万元+128万元+60万元=308万元 五年运营成本：（915.4+60）万元×5=4877万元 天然气锅炉效率损耗100万元 合计：5285万元	初始投资：860万元 五年运营成本：758万元×5=3790万元 合计：4650万元	天然气锅炉两年后会增加约10%的效率损耗，折合约100万元

通过对比两种方案可以看出，低谷电锅炉蓄冷蓄热具有良好的经济收益，5年可节约资金635万元。目前该项目建设条件落实有保障、技术可行，符合国家可持续发展战略，是一个理想的投资项目。建议在综合考虑经济效益、环境效益、社会效益的基础上，积极推动电锅炉蓄冷蓄热项目。

第三节　电力需求侧

2018 年，电力供需形势总体平衡，为进一步开展电力需求侧管理、推进电力需求响应提供了充分的条件。地方政府部门、行业协会、电力企业深化电力需求侧管理，积极探索、推进需求响应。电网企业加大需求侧服务，圆满完成国家考核任务；工业企业以及园区对电力需求侧管理与需求响应的认识普遍提高；江苏、上海等地区继续深入推进需求响应，河南、山东、天津等地区在需求响应方面也取得了实质性进展。

一、电力需求侧管理

2018 年，电力行业积极配合国家发展改革委、工信部以及各地政府主管部门深入推进电力需求侧管理市场化服务，在政策引导及相关研究、第三方评审、产品技术推广、电能服务产业培育和培训宣传等方面开展了卓有成效的工作。

（一）工业领域电力需求侧管理专项行动

为贯彻落实国家《能源生产和消费革命战略（2016—2030）》的部署，根据《工业领域电力需求侧管理专项行动计划（2016—2020 年）》工作安排，工信部不断完善“政府引导、企业主体、专业服务”的工作体系，积极引导工业企业转变能源消费方式，促进电力需求侧与供给侧良性互动，推动工业领域实现能源消费革命。

1. 示范企业（园区）

2018 年 9 月，工信部发布全国工业领域电力需求侧管理第四批示范企业（园区）名单，全国 25 个省（区、市）的 64 家企业和 9 家园区作为示范。截至 2018 年年底，累计公布四批国家级示范企业 141 家、示范园区 12 家，引导全国 20 余个省份 1000 余家工业企业和园区开展电力需求侧管理工作，为实现降本增效起到重要作用。

全国工业领域电力需求侧管理示范园区名单见表 6－7。

表 6－7　全国工业领域电力需求侧管理示范园区名单

序号	园区名称	省（区、市）	批准年份
1	泰州医药高新技术产业开发区	江苏省泰州市	2017 年
2	张家港经济技术开发区	江苏省张家港市	2017 年
3	万华烟台工业园	山东省烟台市	2017 年
4	上海临港装备产业区	上海市	2018 年
5	青岛经济技术开发区海尔工业园	山东省青岛市	2018 年
6	自贡高新技术产业开发区	四川省自贡市	2018 年

续表

序号	园区名称	省（区、市）	批准年份
7	锦界工业园区	陕西省榆林市	2018 年
8	内蒙古包头石拐工业园区	内蒙古自治区包头市	2018 年
9	无锡星洲工业园区	江苏省无锡市	2018 年
10	柳东新区	广西壮族自治区柳州市	2018 年
11	肥城高新区	山东省泰安市	2018 年
12	南阳内乡产业集聚区	河南省南阳市	2018 年

2. 参考产品（技术）目录

根据《工业领域电力需求侧管理产品（技术）推广暂行办法》，工信部于 2018 年 10 月公布全国工业领域电力需求侧管理参考产品（技术）第二批目录，共 16 项。截至 2018 年年底，累计公布两批 38 项产品（技术）目录。

全国工业领域电力需求侧管理参考产品（技术）目录分类和数量见表 6－8。

表 6－8　全国工业领域电力需求侧管理参考产品（技术）第二批目录

类别	子类别	第二批数量	累计数量
电力供需互动响应	电力需求侧管理系统	4	12
	电能监测终端	2	5
	需求响应终端	0	2
	智能微电网	0	1
能效电厂	电能质量治理	0	3
	余热余压利用	2	2
	节能设备	3	5
移峰填谷	电蓄、储能技术应用	4	6
其他	—	1	2
合计		16	38

（二）电力需求侧管理基础服务

2018 年，中电联充分发挥电力专业优势，积极配合政府有关部门开展电力需求侧管理基础服务工作。

1. 评价工作

组织开展“工业企业实施电力需求侧管理工作评价”，截至 2018 年年底，已有 43 家工业企业通过电力需求侧管理评价，其中 AAA 级 2 家，AA 级 23 家，A 级 18 家，其中 29 家已获得工业领域电力需求侧管理示范企业称号。

2. 电能服务产业培育

截至2018年年底，共有170家电能服务机构[①]。其中，一级机构36家，二级机构134家。按主营业务背景分析，信息服务企业98家，综合节能服务企业30家，设备生产企业24家，开发建设企业11家，售电企业5家，研究院2家。

3. 电力需求侧管理培训

以电力需求侧管理、综合能源服务为主题组织开展三期专题培训，安徽、甘肃等地开展了全省电力需求侧管理培训。

二、电力需求响应

2018年全国大部分地区入夏较早，5月份即迎来首轮高温天气，华东、华中地区用电负荷创同期历史新高。迎峰度夏期间，全国日发电量先后6次创新高，8月9日全国当日用电量达到225.8亿千瓦时，比2017年最大值高出14.6亿千瓦时，增长6.9%；当日全国最大用电负荷达9.9亿千瓦，比2017年最大值高出6569万千瓦，增长7.1%。华北、华东、华中、西南、西北、南方6个区域电网以及20个省级电网用电负荷均创新高。各地通过探索实施需求响应和精细化开展有序用电，最大削减高峰电力负荷1245万千瓦[②]，切实保障了民生用电和重点用电安全平稳。

江苏省

2018年春节、国庆期间，江苏省推行并实施了国内规模最大的“填谷”需求响应，利用填谷需求响应竞价机制，实现年初一到初三日平均填谷响应量分别为123.5万千瓦（0时到8时）和144.9万千瓦（12点到17点），10月1日到3日平均填谷响应量分别为59.7万千瓦（0时到8时）和79.9万千瓦（12时到17时），累计向用户支付激励资金3240万元。

上海市

2018年6月18日，上海市实施了首次大规模“填谷”需求响应，单次最大提升负荷105.9万千瓦，响应时段平均填谷负荷87.3万千瓦，填谷负荷量占夜间电网低谷负荷总量的8.4%。8月17日，在当日负荷高峰时段实施了削峰需求响应，响应负荷共计34.5万千瓦，响应率114.8%，达到预期效果，是上海历次削峰需求响应负荷最高的一次。2018年以来，黄浦区商业建筑需求侧管理（虚拟电厂）示范项目组织需求响应活动11次，参与楼宇595幢次，参与楼宇数量111幢，总计削减量7.6万千瓦。全年累计向用户发放需求响应经济补偿455余万元。

① 数据来源：工业领域电力需求侧管理促进中心。

② 数据来源：国家发展改革委经济运行调节局。

山东省

2018 年 12 月 20 日 12 时至 13 时（用电负荷谷段），山东省在全省范围内首次成功实施电力需求响应。本次发出邀约用户 264 户、响应负荷 55.6 万千瓦，实际参与用户 201 户、最大填谷响应负荷 43.9 万千瓦，其中工业用户 187 户，填谷响应负荷 43.2 万千瓦，非工业用户 14 户，填谷响应负荷 0.7 万千瓦。山东省还创新性的采用了单边集中竞价方式确定客户补偿价格，并根据客户响应量比例优化补偿系数，充分调动用户参与积极性，推动用户负荷管理水平持续提升。

河南省

2018 年 7—8 月份，河南省共启动 3 次电力需求响应，3 次响应目标设定为 15 万千瓦，每次不超过 1 小时。实际响应负荷累计 32.1 万千瓦，其中午高峰 2 次，晚高峰 1 次。其中，约定响应普通工业用户累计参与 122 户、储能用户累计参与 3 户；实时响应以空调负荷为主，累计参与用户 28 户。

天津市

2018 年春节和迎峰度夏期间，天津市开展了国内首次“填谷”需求响应和天津市首次削峰需求响应。通过在用电低谷时段给予企业适度补贴，促进工业企业连续生产，实现低谷时段最小用电负荷相较 2017 年春节提升约 40 万千瓦，同比增长 7.2%。通过开展夏季削峰需求响应，将尖峰负荷精准维持在 1500 万千瓦的范围内，保障了京津唐电网安全。

三、电网企业需求侧服务

2018 年，各电网公司结合新形势下电力需求侧管理工作要点，实现供给侧与需求侧相互配合、协调推进，有效促进了电力资源的供需平衡和优化配置。

国家电网公司

持续完善机构建设和岗位设置。组建省级综合能源服务公司和分支机构，将“省节能公司”更名为“省综合能源服务公司”，将其由省电科院的二级机构调整为省公司直接管理的二级单位，负责开展综合能源服务业务。

拓展综合能源服务市场。印发《国家电网有限公司关于推进综合能源服务业务发展 2019—2020 年行动计划》，践行公司“三型两网、世界一流”的战略目标，坚持以电为中心、多能互济，以推进能源互联网、智慧用能为发展方向，构建开放、合作、共赢的能源服务平台，将公司建设成为综合能源服务领域主要践行者、深度参与者、重要推动者和示范引领者。

推进技术研究和对外合作。组织国家电网公司系统相关产业公司联合丹佛斯等国内外特有技术厂商开展关键技术攻关和装备研发工作，全面提升公司节能服务核心技术能力。

南方电网公司

节能服务。2018 年累计开展节能咨询、告知和诊断共计 1.88 万次。

电能替代。在电锅炉、港口岸电、电磁厨房、电动汽车等 13 个领域开展电能替代工作，全年累计实施完成电能替代项目 5880 个。

充电设施建设。2018 年累计建设投产充电站 374 个、充电桩 9605 个，完成年度建设目标（8000 个桩）的 120%。截至 2018 年年底，全网累计建成投运充电站 595 个，充电桩 17846 个。

内蒙古电力公司

电能替代。完成锡林郭勒阿巴嘎旗蒙高丽亚电供热改造项目 5600 平方米，实现了自治区首例清洁能源供热平台交易，并通过电能替代项目实现交易代理服务模式的新突破。

充电设施建设。2018 年联合华能北方电力热力公司，在西郊热电厂厂区内规划建设集中式充电站，为呼和浩特市公交公司的 100 辆新能源公交车提供充电、补电服务。

陕西地电

供电所碳纤维电采暖改造。投资 624 万元，对 8 个市分公司、44 个县分公司实施碳纤维墙裙采暖板改造 6600 余块。

治理三相不平衡治理项目。投资 950 万元，为 6 个市分公司购置三相不平衡装置 200 余台。

2018 年，电网企业通过实施送变电系统节电和推动社会各领域企业节电等措施，合计完成节约电量 166 亿千瓦时，节约电力 435 万千瓦，其中国家电网公司全年节约电量 131 亿千瓦时、电力 359 万千瓦；南方电网公司节约电量 31 亿千瓦时，电力 69 万千瓦；内蒙古电力公司节约电量 3 亿千瓦时、电力 4.0 万千瓦；陕西地电节约电量 1 亿千瓦时，电力 3 万千瓦。

第四节 电力供需

2018 年，经济运行保持在合理区间，经济结构不断优化。全国电力供需形势从前两年的总体宽松转为总体平衡，东北和西北区域电力供应能力富余；部分地区受年初大范围雨雪天气、夏季持续高温天气、部分时段燃料供应偏紧等因素影响，局部时段电力供需平衡偏紧。

一、宏观经济影响因素

1. 经济运行总体平稳、稳中有进

2018 年，根据国家统计局初步核算，全年国内生产总值[①] 900309 亿元，比上年增长 6.6%，各季度增速分别为 6.8%、6.7%、6.5% 和 6.4%。

2014—2018 年国内生产总值及其增速见图 6－23，2014—2018 年三次产业增加值占国内生产总值比重情况见图 6－24。

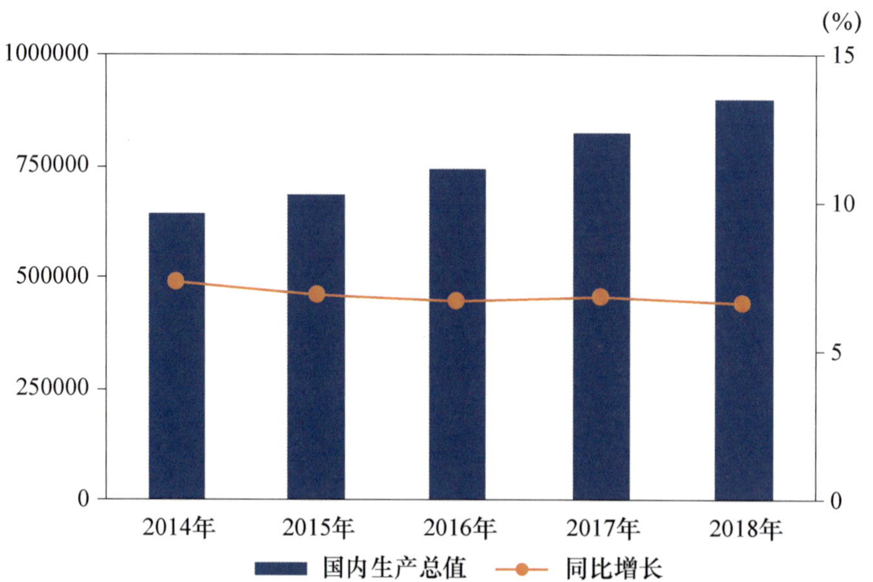

图 6—23　2014—2018 年国内生产总值及其增速

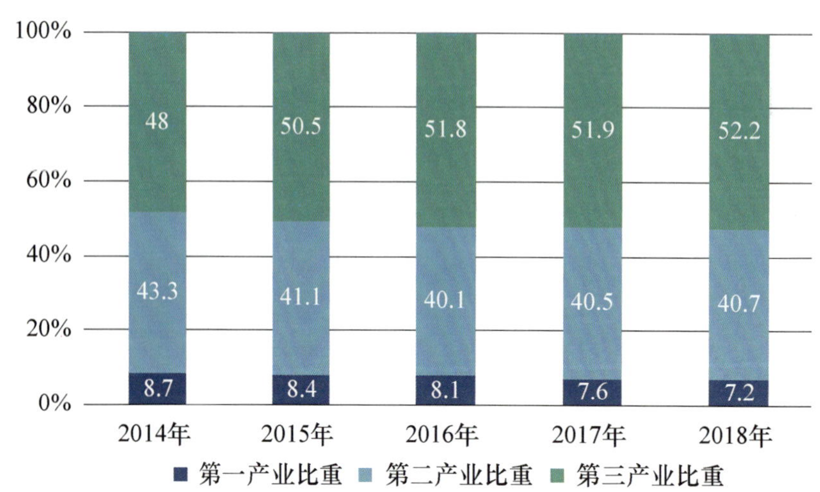

图 6－24　2014—2018 年三次产业增加值占国内生产总值比重情况

① 国内生产总值、各产业增加值和人均国内生产总值绝对数按现价计算，增长速度按不变价格计算。

2. 工业新动能成长较快

工业战略性新兴产业、装备制造业和高技术制造业[①]增加值增速均明显领先于全国工业增加值平均增长水平（6.2%），情况见图6－25。

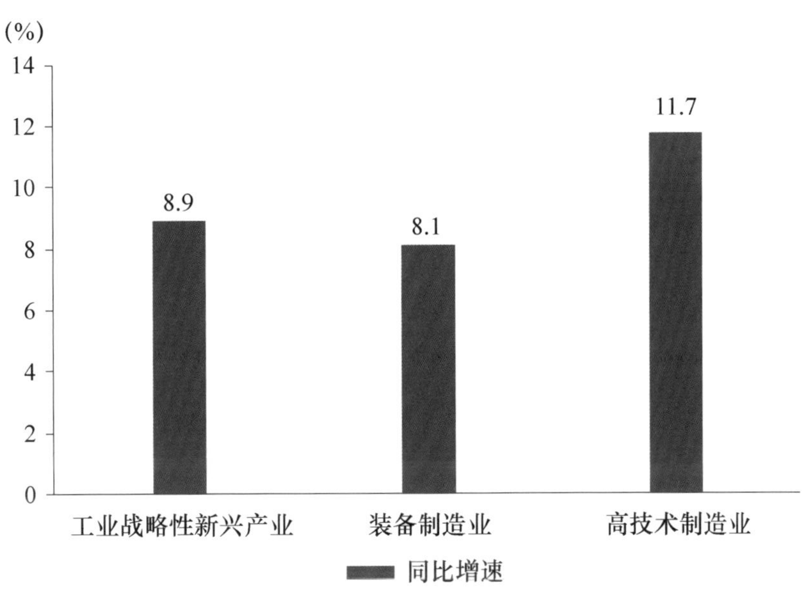

图6－25　2018年工业战略性新兴产业、装备制造业、高技术制造业增加值增速情况

3. 投资增速缓中趋稳，民间投资增速加快

2018年，固定资产投资（不含农户）635636亿元，比上年增长5.9%。其中，民间固定资产投资394051亿元，增长8.7%，占固定资产投资（不含农户）的比重为62.0%。

4. 市场销售平稳较快增长，网上零售占比明显提高

社会消费品零售总额380987亿元，比上年增长9.0%，保持较快增长。其中，全年实物商品网上零售额70198亿元，比上年增长25.4%，占社会消费品零售总额的比重为18.4%，比上年提高3.4个百分点。

5. 进出口总额创历史新高，贸易结构不断优化

全年货物进出口总额305050亿元，比上年增长9.7%，贸易总额首次超过30万亿元，创历史新高。其中，出口增长7.1%，进口增长12.9%，结构呈现不断优化的态势。

① 工业战略性新兴产业、装备制造业和高技术制造业统计口径依照国家统计局规范。

二、电力供需形势

全国电力供需形势从前两年的总体宽松转为总体平衡。其中，华北、华东、华中、南方区域电力供需总体平衡，部分省份局部性、阶段性电力供应偏紧；东北和西北区域电力供应能力富余。

2018 年各区域电力供需形势如下：

电力供需总体平衡

- **华北** 迎峰度夏、迎峰度冬期间偏紧；河北、山东等地执行有序用电措施。
- **华东** 1 月和迎峰度夏期间偏紧，部分省份执行有序用电措施。
- **华中** 局部时段偏紧；1 月受低温寒潮天气影响，江西、湖南、湖北、河南在用电高峰时段执行有序用电措施；四川在迎峰度夏用电高峰时段执行有序用电措施。
- **南方** 受资源限制和高温天气影响，部分地区局部时段偏紧；贵州受电煤供应不足影响，1、2 月份执行有序用电；云南受负荷快速增长、入汛偏晚、火电存煤不足等因素影响，5 月份执行有序用电措施。

电力供应能力富余

- **东北** 区域内各省级电网电力供应能力均有所富余；辽宁在迎峰度夏高峰执行有序用电措施。
- **西北** 供应能力总体富裕，陕西在迎峰度夏高峰时段执行有序用电措施。

2018 年，除西北区域火电设备平均利用小时同比有所降低外，其他区域火电设备平均利用小时均有所提高。

第七章　电力安全生产和可靠性

第一节　电力安全生产

一、安全举措

（一）安全监管

2018 年，电力安全监管重点抓了六方面工作：一是结合职责范围和工作特点，明确了“一网二坝三基建四网络”的年度重点工作；二是建立了并网电厂涉网安全联席会议和电力行业网络与信息安全联席会议等有效工作机制；三是出台了 3 个行动计划，与“十三五”能源发展规划后三年发展目标有序衔接；四是开展了以“两会”保电、防洪度汛、迎峰度夏、施工安全为主题的 4 个季度安全生产大检查工作，保持安全监管高压态势；五是开展了两次金沙江堰塞湖险情应急处置工作，圆满完成了上合组织青岛峰会等 6 项重大活动保电任务，成功应对台风、洪涝、雨雪冰冻等自然灾害；六是组织开展电力行业“安全生产月”和“安全生产万里行”活动，营造了安全、和谐的浓厚氛围。

（二）安全法规

2018 年，国家发展改革委、国家能源局等各级政府部门高度重视电力安全生产工作，出台了多项政策性文件，较好地保障了电力安全生产。2018 年出台的政策性文件见表 7－1。

表 7－1　2018 年国家出台的有关电力安全生产的政策性文件

序号	文件名称	主要内容
1	国家能源局关于印发 2018 年电力安全生产工作思路和重点任务安排的通知（国能发安全〔2018〕15 号）	杜绝重大以上电力人身伤亡责任事故、杜绝重大以上电力安全事故、杜绝电厂垮坝漫坝事故，确保电力系统安全稳定运行和电力可靠供应，实现电力安全生产事故起数和伤亡人数进一步下降，为决胜全面建成小康社会提供坚实电力安全保障的基本目标，明确 12 项重点任务。

续表

序号	文件名称	主要内容
2	关于印发《AP1000核电厂运行阶段核安全监督检查大纲（试行）》的函（国核安函〔2018〕37号）	对核电厂安全监督检查的目的、依据、组织机构和职责，以及检查实施内容作了详细规定，以指导做好三门、海阳核电厂1、2号机组运行阶段的核安全监督检查工作，并为后续AP1000项目运行监督提供必要的参考
3	国家能源局综合司关于印发电力建设工程施工安全专项治理行动实施方案的通知（国能综通安全〔2018〕84号）	明确工作目标、治理范围和内容，以及工作安排和措施，落实企业主体责任，做好电力建设工程施工安全工作，防范和遏制重特大事故发生
4	关于进一步加强核电运行安全管理的指导意见（发改能源〔2018〕765号）	明确核电运行安全管理的总体要求、指导思想、基本要求、总体目标以及9个方面的重点任务
5	国家能源局关于印发《电力安全监管约谈办法》的通知（国能发安全〔2018〕79号）	国家能源局及其派出机构约见电力企业，就电力安全生产有关问题进行提醒告诫、督促整改的谈话。约谈对象为电力企业安全生产第一负责人、分管安全生产工作的负责人及有关人员。电力企业发生10种情形之一由国家能源局负责组织约谈
6	国家能源局综合司关于落实国务院安委会通报精神 加强电力行业危险化学品安全生产工作的通知（国能发安全〔2018〕183号）	加强电力行业危险化学品安全生产工作，排查电力行业涉及液氨、柴油、氢气、液氯等多种危险化学品，部分构成重大危险源，防范和遏制重特大事故发生

二、生产安全①

2018年，全国电力安全形势持续向好，全国未发生较大以上电力人身伤亡事故，未发生电力系统水电站大坝垮坝、漫坝以及对社会造成重大影响的事件。

（一）基本情况

发生电力人身伤亡一般责任事故39起，死亡40人，事故起数同比减少14起，下降比例为26%，死亡人数同比减少22人，下降比例为35%。其中，电力生产人身

① 生产安全内容来源于国家能源电力安全监管司《2018年12月事故通报及年度事故分析报告》。

伤亡事故21起，死亡22人，起数同比减少19起，下降比例为47%，死亡人数同比减少19人，下降比例为46%；电力建设人身伤亡事故18起，死亡18人，起数同比增加5起，增加比例为38%，死亡人数同比减少3人，下降比例为14%。自然灾害造成的电力人身伤亡事故1起，同比减少2起。

直接经济损失100万元以上的电力设备事故6起，同比增加6起；电力安全事件5起，同比减少9起。电力人身伤亡责任事故起数见图7-1、电力人身伤亡责任事故死亡人数见图7-2。

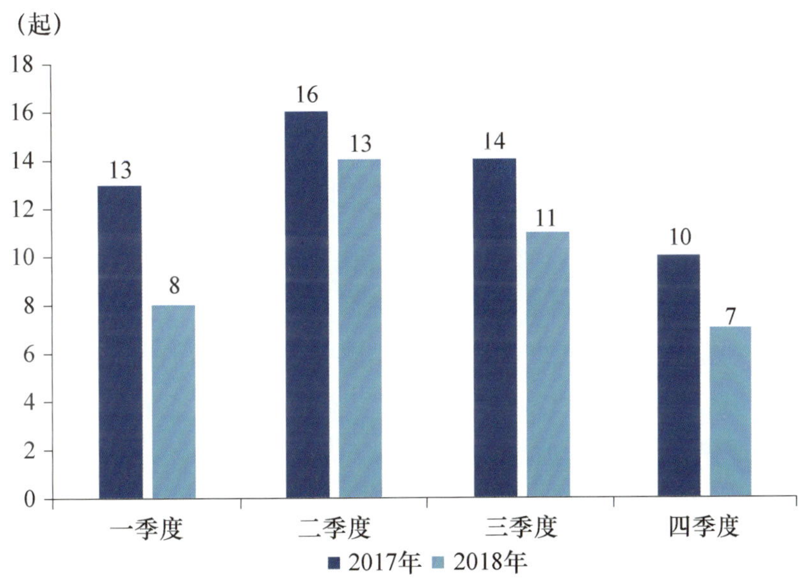

图7-1　电力人身伤亡责任事故起数

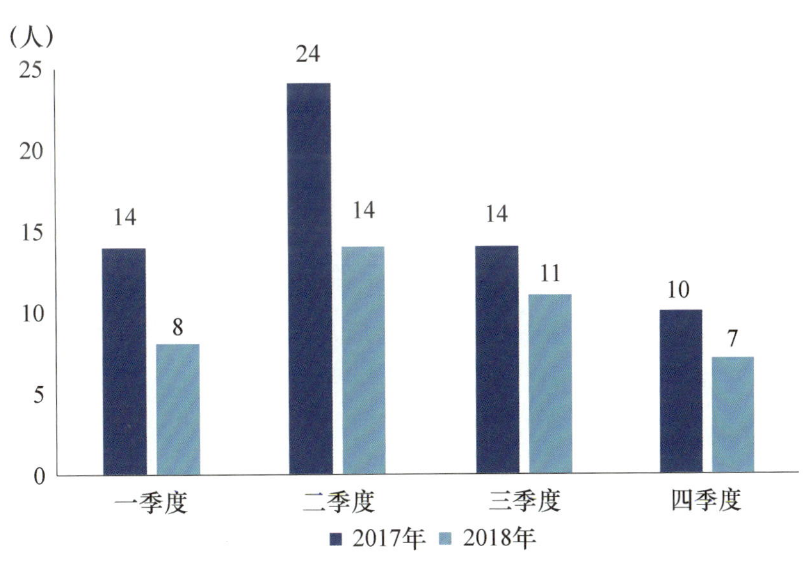

图7-2　电力人身伤亡责任事故死亡人数

（二）事故统计分析

1. 按事故业主单位统计

2018 年，全国电力安全生产委员会企业成员单位共发生电力人身伤亡责任事故 24 起，占全国电力人身伤亡事故起数的 61.5%；发生电力设备事故 5 起，占全国电力设备事故起数的 83.3%；发生电力安全事件 4 起，占全国电力安全事件起数的 80%。2018 年，中国华能、国家电投、中广核、京能集团、浙能集团等 5 家单位未发生电力人身伤亡事故，其中中广核集团连续 2 年未发生任何电力事故。

2. 按区域统计

华中、云南、华东、河南、湖南、新疆、甘肃等 7 个区域电力人身伤亡事故起数较 2017 年同比上升，南方、山西、东北、西北、华北、福建、贵州、江苏、山东等 9 个区域电力人身伤亡事故起数较 2017 年同比下降，浙江、四川事故起数同 2017 年持平。

3. 按事故类别统计

2018 年，高处坠落事故死亡 16 人，触电事故死亡 13 人，分别占死亡人数的 40% 和 32.5%；坍塌、机械伤害、中毒窒息、容器爆炸等类事故死亡人数大幅下降；触电、淹溺和起重伤害 3 类事故同比增加。

三、信息安全

（一）安全政策

2018 年 5 月，国家发展改革委、国家能源局、生态环境部、国防科工局四部委联合发布《关于进一步加强核电运行安全管理的指导意见》（发改能源〔2018〕765 号），明确了核电网络安全工作纳入核电安全管理体系，加强网络安全防护能力建设，保障核电厂网络安全，做好网络等级保护测评，开展网络安全培训及评估工作。同年 9 月，国家能源局印发《关于加强电力行业网络安全工作的指导意见》（国能发安全〔2018〕72 号），进一步落实电力企业网络安全主体责任，从电力行业全局角度指导、推进网络安全工作，涵盖电力关键信息基础设施安全保护、提高网络安全态势感知、预警及应急处置能力，支持网络安全自主创新与安全可控等 12 方面，共提出 30 条具体要求。

（二）安全标准

网络安全国家标准发布实施 《电力监控系统网络安全防护导则》（GB/T 36572—2018）于 2018 年 9 月发布，旨在加强电力监控系统的安全管理，防范黑客及恶意代码等对电力监控系统的攻击侵害，保障电力系统安全稳定运行。《电力信息系统安全检查规范》（GB/T 36047—2018）于2018年10月正式实施，对电力信息系统安全的检查流程、内容和方法，防范网络与信息安全攻击对电力信息系统造成侵害，保障电力信息系统安全稳定运行，保护国家关键信息基础设施安全进行了全面规范。《电力信息系统安全等级保护实施指南》（GB/T 37138—2018）于2018年12月发布，旨在规范电力信息系统安全等级保护实施的流程、内容和方法，加强电力信息系统的安全管理，防范网络攻击对电力信息系统造成侵害，保障电力信息系统安全稳定运行。

《信息系统密码应用基本要求》发布实施 2018年2月，由国家密码管理局发布的《信息系统密码应用基本要求》（GM/T 0054—2018）正式实施。该标准从信息系统的物理和环境安全、网络和通信安全、设备和计算安全、应用和数据安全四个层面提出了等级保护不同级别的商用密码技术应用要求，明确了等级保护不同级别的密钥管理和安全管理要求。

网络安全行业标准发布实施 2018年12月，《可再生能源发电站电力监控系统网络安全防护技术规范》（DL/T 1941—2018）、《配电自动化系统安全防护技术导则》（DL/T 1936—2018）、《电力 LTE 无线通信网络安全防护要求》（DL/T 1931—2018）等电力行业网络安全相关标准发布实施。

第二节 电力可靠性

一、发电设备

（一）发电机组运行可靠性

2018年，纳入电力可靠性统计的4万千瓦及以上水电、10万千瓦及以上火电和核电机组共计2978台、103808.51万千瓦，比2017年增加67台、3317.51万千瓦。

水电机组运行可靠性总体水平与2017年相当 2018年，纳入电力可靠性统计的水电机组1015台，总容量22089.54万千瓦。主要运行可靠性指标同比有升有降，其中，运行系数为55.68%，同比提高0.72个百分点；等效可用系数为92.3%，同比下降0.25个百分点；等效强迫停运率为0.1%，同比下降0.04个百分点；非计划停运次数0.21次/台年，同比增加0.02次/台年。

2017年、2018年水电分类机组主要运行可靠性指标见图7-3。

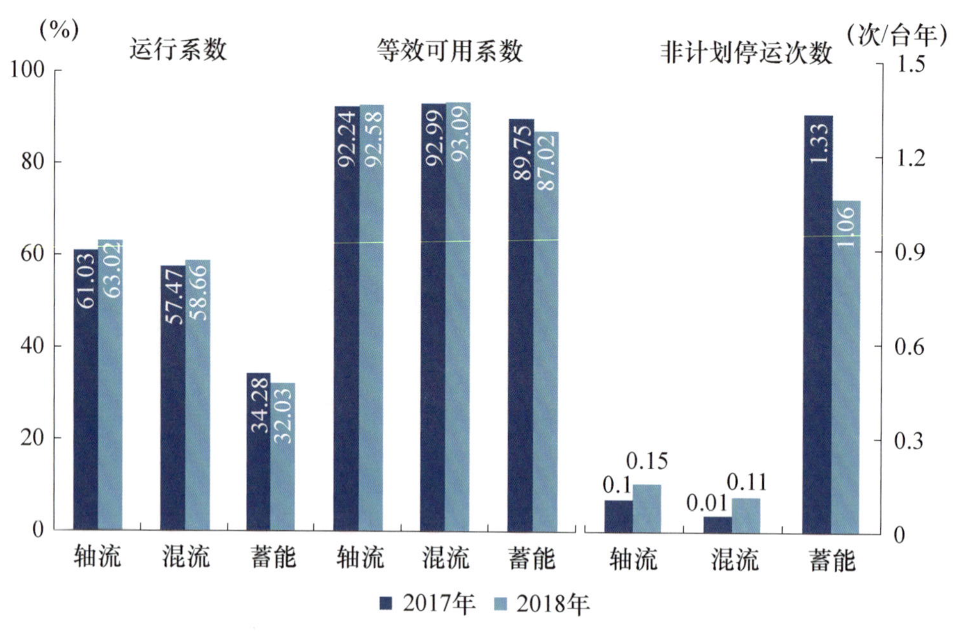

图7－3　2017年、2018年水电分类机组主要运行可靠性指标

燃煤机组可靠性总体维持在较高水平，非计划停运次数增幅较大　2018年，纳入电力可靠性统计的燃煤机组1766台，总容量74973.79万千瓦。主要可靠性指标总体水平同比有所下降，但仍维持在较高水平。2018年，因用电增速较高的拉动作用，燃煤机组整体负荷水平有所上升，运行系数为75.06%，同比提高4.13个百分点；等效可用系数为92.26%，同比下降0.5个百分点；等效强迫停运率为0.93%，同比提高0.36个百分点；非计划停运次数0.78次/台年，同比增加0.13次/台年。

2017年、2018年燃煤机组主要运行可靠性指标见图7－4。

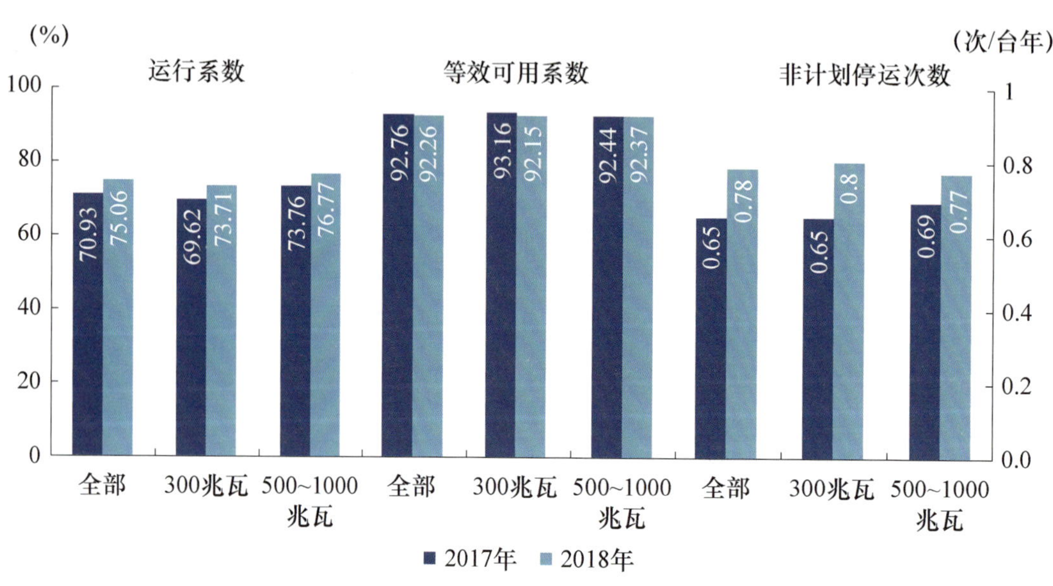

图7－4　2017年、2018年燃煤机组主要运行可靠性指标

燃气轮机组运行可靠性水平总体同比略有下降　2018 年，纳入电力可靠性统计的燃气轮机组 180 台，总容量 5265.09 万千瓦。燃气轮机组主要可靠性指标略低于上年，其中，等效可用系数为 92.47%，同比下降 0.13 个百分点；运行系数为 48.50%，同比提高 3.13 个百分点；非计划停运次数 0.45 次/台年，同比增加 0.09 次/台年。

2017 年、2018 年燃气轮机组主要运行可靠性指标见图 7－5。

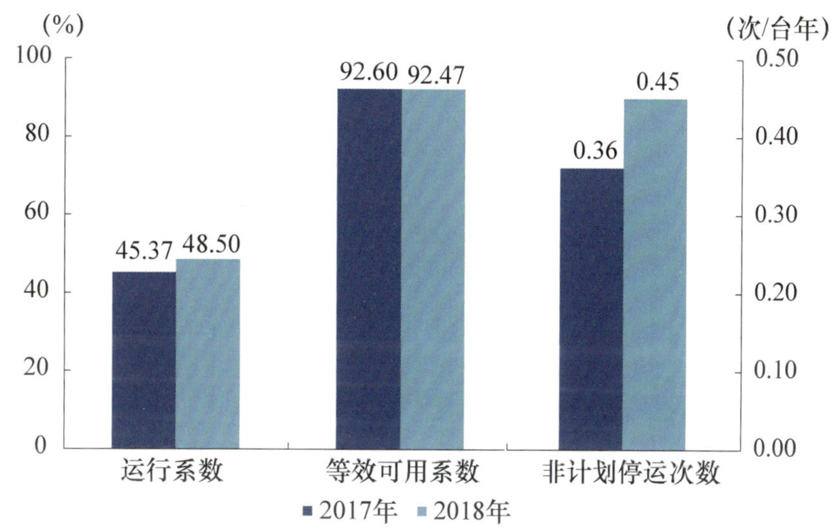

图 7－5　2017 年、2018 年燃气轮机组主要运行可靠性指标

核电机组运行可靠性水平总体良好，非停次数同比略有增加　2018 年，纳入电力可靠性统计的核电机组 17 台，总容量 1480 万千瓦。受电力消费需求旺盛，非化石能源消纳力度不断加大等因素影响，核电机组主要可靠性指标总体良好，其中运行系数为 91.5%，同比提高 0.26 个百分点；等效可用系数为 91.84%，同比提高 0.74 个百分点；非计划停运次数 0.59 次/台年，同比增加 0.35 次/台年。

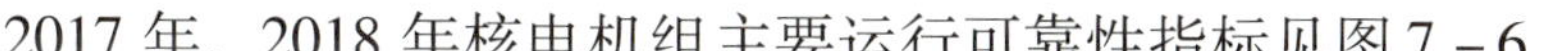

2017 年、2018 年核电机组主要运行可靠性指标见图 7－6。

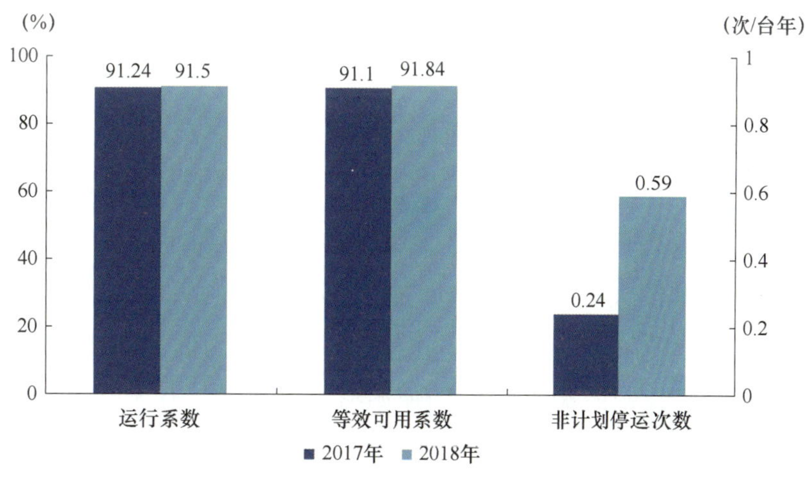

图 7－6　2017 年、2018 年核电机组主要运行可靠性指标

（二）燃煤机组主要辅助设备运行可靠性

燃煤机组主要辅助设备运行系数和可用系数有所上升。2018 年，纳入电力可靠性统计的 20 万千瓦及以上容量燃煤机组主要辅助设备磨煤机、给水泵、送风机、引风机、高压加热器的台数分别为 6932 台、3831 台、2779 台、2846 台、4291 台。受计划停运时间同比下降的影响，运行系数、可用系数同比有所提高，其中运行系数提高幅度较大；磨煤机和送风机非计划停运时间同比有所增加，给水泵、引风机和高压加热器非计划停运时间同比均有不同程度的减少。

2017 年、2018 年燃煤机组五种辅助设备主要运行可靠性指标对比见图 7－7。

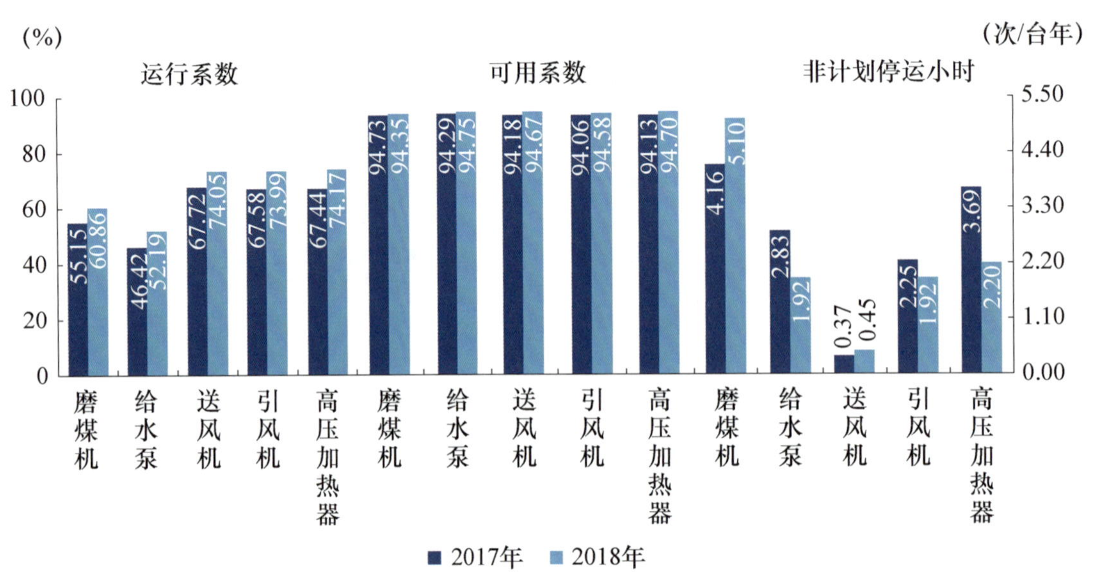

图 7－7　2017 年、2018 年燃煤机组五种辅助设备主要运行可靠性指标对比

二、输变电设施

（一）总体情况

输变电设施可靠性总体维持在较高水平，十三类设施计划停运时间普遍高于上年。2018 年，除电缆线路外，其他设施计划停运时间均高于 2017 年，其中电抗器、架空线路、变压器增幅较大，分别同比增加 9.577 小时、9.061 小时和 7.620 小时。受计划停运时间增加影响，十三类输变电设施可用系数均低于 2017 年，其中电缆线路、架空线路、电抗器降幅较大，分别同比下降 0.289 个、0.170 个和 0.109 个百分点。母线、电缆线路、变压器、组合电器、架空线路强迫停运率高于 2017 年，其中母线、电缆线路、变压器增幅较大，同比分别增加 0.108 次/百段年、0.082 次/百千米年和0.050次/百台年，2018年电抗器、耦合电容器没有发生强迫停运，其他设施强迫停运率均比上年有不同幅度下降。

2018年220千伏及以上电压等级十三类输变电设施主要可靠性指标见表7-2。

表7-2 2018年220千伏及以上电压等级十三类输变电设施主要可靠性指标

类别	可用系数（%）	强迫停运率	非计划停运时间	计划停运时间
架空线路	99.328	0.062	2.439	50.524
变压器	99.741	0.188	0.116	21.663
电抗器	99.720	0	0.382	23.947
断路器	99.908	0.121	0.047	7.516
电流互感器	99.972	0.006	0.009	2.321
电压互感器	99.948	0.019	0.010	4.468
隔离开关	99.977	0.005	0.007	1.883
避雷器	99.962	0.009	0.003	3.232
耦合电容器	99.982	0	0	1.421
阻波器	99.977	0.006	0.007	1.793
电缆线路	99.612	0.082	1.296	4.672
组合电器	99.978	0.024	0.011	1.913
母线	99.940	0.266	1.003	4.009

注：强迫停运率单位：架空线路、电缆线路单位为次/百千米年，其他设备单位为次/百台（段）年；非计划停运、计划停运时间单位：架空线路、电缆线路单位为小时/百千米年，其他设备单位为小时/台（段）年。

（二）三类主要输变电设施

三类主要输变电设施可用系数均低于2017年，架空线路、变压器强迫停运率高于2017年。2018年，纳入电力可靠性统计的220千伏及以上电压等级架空线路总里程790252千米，变压器、断路器总数量分别为17845台和46624台。架空线路、变压器、断路器三类主要设施的可用系数分别为99.328%、99.741%、99.908%，受计划停运时间增加影响，可用系数分别比上年下降0.170个、0.094个、0.023个百分点。架空线路、变压器、断路器三类主要设施的强迫停运率分别为0.062次/百千米年、0.188次/百台年、0.121次/百台年，其中架空线路、变压器同比分别增加0.007次/百千米年、0.050次/百台年，断路器同比减少0.012次/百台年。

2017年、2018年三类主要输变电设施不同电压等级可用系数、强迫停运率对比见表7-3。

表7-3 2017年、2018年三类主要输变电设施不同电压等级可用系数、强迫停运率对比

指标	设施	年份	220千伏	330千伏	500千伏	750千伏	1000千伏
可用系数（%）	架空线路	2017	99.824	99.289	99.340	99.035	98.770
		2018	99.765	98.718	99.135	98.260	95.632
	变压器	2017	99.875	99.815	99.760	99.787	99.376
		2018	99.785	99.745	99.685	99.401	98.945
	断路器	2017	99.938	99.923	99.904	99.645	99.881
		2018	99.917	99.899	99.885	99.419	99.955
强迫停运率［次/百千米（百台）年］	架空线路	2017	0.049	0.097	0.069	0.028	0.050
		2018	0.060	0.033	0.083	0.026	0.052
	变压器	2017	0.072	0.231	0.274	0.363	0
		2018	0.147	0	0.313	0	0
	断路器	2017	0.101	0.116	0.297	0.314	0
		2018	0.098	0	0.282	0	0

三、直流输电系统

直流输电系统运行可靠性总体良好，能量利用率同比降幅较大，强迫停运次数有所增加。2018年，纳入电力可靠性统计的直流输电系统数量为31个，其中，点对点超高压直流输电系统15个，点对点特高压直流输电系统12个，背靠背直流输电系统4个，额定输送容量总计139624兆瓦，直流输电线路总长度约为36033千米。

2018年，纳入电力可靠性统计的30个直流输电系统①合计能量可用率、能量利用率分别为92.148%、44.11%，总计强迫停运35次。与上年相比，能量可用率下降3.202个百分点，能量利用率下降10.31个百分点，强迫停运次数增加2次。35次强迫停运事件中，18次为单级强迫停运事件，同比减少3次；3次为双级强迫停运事件，同比减少1次，其中葛南系统发生2次双极强迫停运，雁淮系统发生1次双极强迫停运；10次为阀组强迫停运事件，同比增加5次；4次为单元强迫停运事件，同比增加1次。

2018年，纳入电力可靠性统计的直流输电系统共发生强迫停运35次，江城、高肇、德宝、锦苏、普桥、祁韶、锡泰、灵宝、高岭9个系统未发生强迫停运。

2018年直流输电系统主要可靠性指标情况见表7-4。

① 2018年新投运直流系统（新东直流），运行时间不满1年，未纳入年度可靠性指标的计算和分析。

表 7 -4　2018 年直流输电系统主要可靠性指标

直流输电系统	能量可用率（%）	能量利用率（%）	强迫能量不可用率（%）	强迫停运次数（次）
合计	92. 148	44. 112	0. 996	35
葛南	98. 653	61. 563	1. 338	2
天广	94. 169	44. 325	0. 007	1
龙政	95. 400	30. 385	0. 091	3
江城	92. 785	64. 719	0	0
高肇	96. 843	47. 573	0	0
宜华	94. 542	40. 183	0. 773	1
兴安	96. 092	56. 313	0. 084	2
德宝	95. 500	67. 623	0	0
伊穆	97. 359	58. 010	0. 011	1
银东	95. 738	87. 599	0. 104	1
林枫	99. 441	45. 850	0. 060	1
柴拉	89. 762	32. 365	0. 834	3
牛从甲	98. 858	56. 743	0. 005	1
牛从乙	98. 355	58. 028	0. 005	1
金中	96. 519	46. 810	0. 298	1
楚穗	95. 408	58. 085	0. 147	2
复奉	90. 437	54. 749	0. 036	2
锦苏	90. 236	61. 403	0	0
天中	67. 716	46. 349	14. 683	2
宾金	87. 564	45. 125	0. 074	2
普侨	95. 936	57. 642	0	0
灵绍	96. 125	53. 902	0. 092	1
祁韶	86. 626	25. 294	0	0
雁淮	95. 331	20. 676	0. 027	1
鲁固	84. 147	17. 146	0. 695	3
锡泰	100	6. 410	0	0
灵宝	96. 923	91. 127	0	0
高岭	96. 671	77. 183	0	0
黑河	94. 492	39. 435	0. 018	1
鲁西	95. 931	42. 387	0. 102	3

四、供电系统

2018 年，纳入电力可靠性统计的省级供电企业 36 个，地市级供电企业 450 个。全国 10（6、20）千伏供电系统用户 951 万户，用户总容量 33.9 亿千伏安，其中，城市用户 253 万户，总容量为 16.4 亿千伏安；农村用户 698 万户，总容量为 17.5 亿千伏安。

2018 年全国 10（6、20）千伏供电系统用户及容量构成见图 7－8。

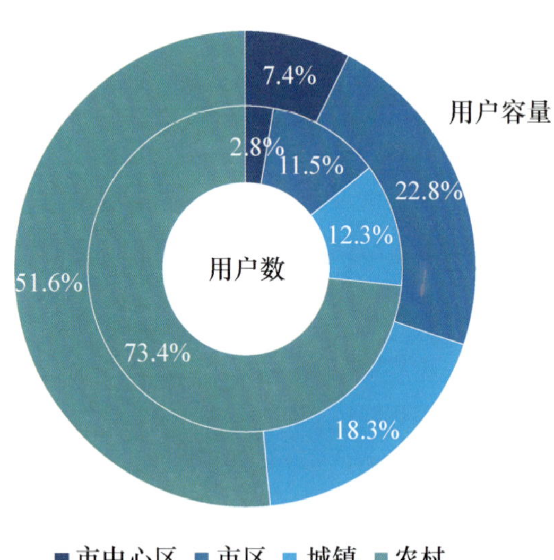

图 7－8　2018 年全国 10（6、20）千伏供电系统用户数及容量构成

全国 10（6、20）千伏供电系统用户供电可靠性小幅上升，城乡用户供电可靠性差距较大。2018 年，全国供电系统用户平均供电可靠率为 99.820%，同比提高了 0.006 个百分点；用户平均停电时间 15.75 小时/户，同比减少 0.52 小时/户；用户平均停电频率 3.28 次/户，与上年持平。其中，城市用户平均停电时间同比减少 0.25 小时/户，平均停电频率同比增加 0.01 次/户；农村用户平均停电时间同比减少 0.62 小时/户，平均停电频率与上年持平。城市、农村用户平均停电时间相差 14.96 小时/户，平均停电频率相差 2.96 次/户，城乡用户供电可靠性差距较大。

2017 年、2018 年供电系统用户平均停电频率、平均停电时间同比变化见图 7－9。

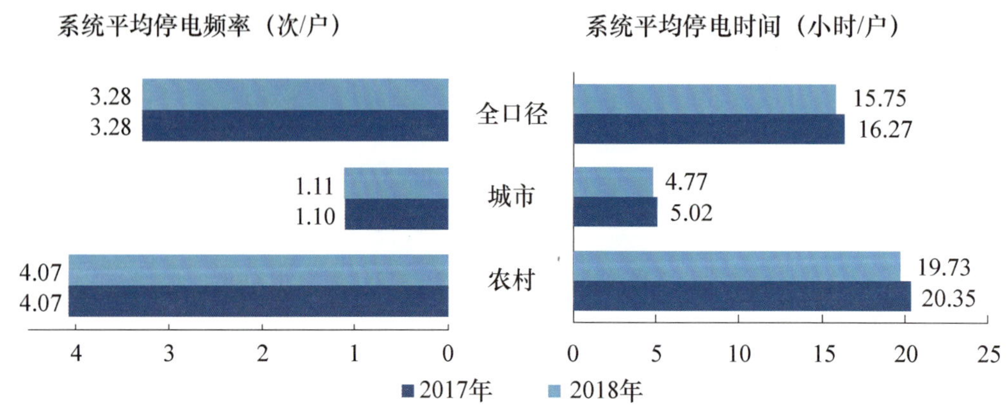

图 7－9　2017 年、2018 年供电系统用户平均停电时间、平均停电频率同比变化

华东区域供电可靠性平均水平领先其他区域，用户供电可靠性东西部差异明显。2018 年，华东区域的供电系统用户平均停电时间低于 10 小时/户，为 9.83 小时/户，其他区域供电系统用户平均停电时间均大于 15 小时/户，其中西北区域和华东区域供电系统用户平均停电时间相差 15.57 小时/户；华东和华中区域供电系统用户平均停电频率低于 3 次/户；西北区域城乡供电系统用户供电可靠性水平相差最大，用户平均停电时间相差 21.45 小时/户。

2018 年各区域电网供电系统用户供电可靠性指标见表 7 – 5。

表 7 – 5 2018 年各区域电网供电系统用户供电可靠性指标

区域	平均供电可靠率 ASAI-1 (%)			系统平均停电时间 SAIDI-1 (小时/户)			系统平均停电频率 SAIFI-1 (次/户)		
	全口径	城市	农村	全口径	城市	农村	全口径	城市	农村
全国	99.820	99.946	99.775	15.75	4.77	19.73	3.28	1.11	4.07
华北区域	99.828	99.956	99.786	15.10	3.90	18.75	3.03	0.99	3.69
东北区域	99.794	99.944	99.730	18.07	4.87	23.65	3.42	1.00	4.44
华东区域	99.888	99.960	99.863	9.83	3.48	12.02	2.50	0.94	3.04
华中区域	99.812	99.950	99.758	16.52	4.39	21.19	2.92	0.94	3.69
西北区域	99.710	99.907	99.662	25.40	8.14	29.59	4.93	1.95	5.65
南方区域	99.787	99.927	99.722	18.71	6.37	24.31	4.39	1.35	5.77

注：华北区域包括蒙东公司，华北、华中、南方区域包括地方电力公司，西北区域包括西藏。

省间供电系统用户供电可靠性水平有一定差距，上海、北京的用户平均停电时间同比大幅下降。2018 年，除上海、北京和天津外，江苏、广东的供电系统用户平均停电时间也低于 10 小时/户；省间最优和最差的用户平均停电时间相差 31.0 小时/户（不包括西藏）。31 个省份中，有 20 个省份供电可靠性水平较上一年有所提高，其中，上海和北京的用户平均停电时间分别同比减少 42.41% 和 41.87%。

2018 年各省供电系统用户平均停电时间和同比变化率见图 7 – 10。

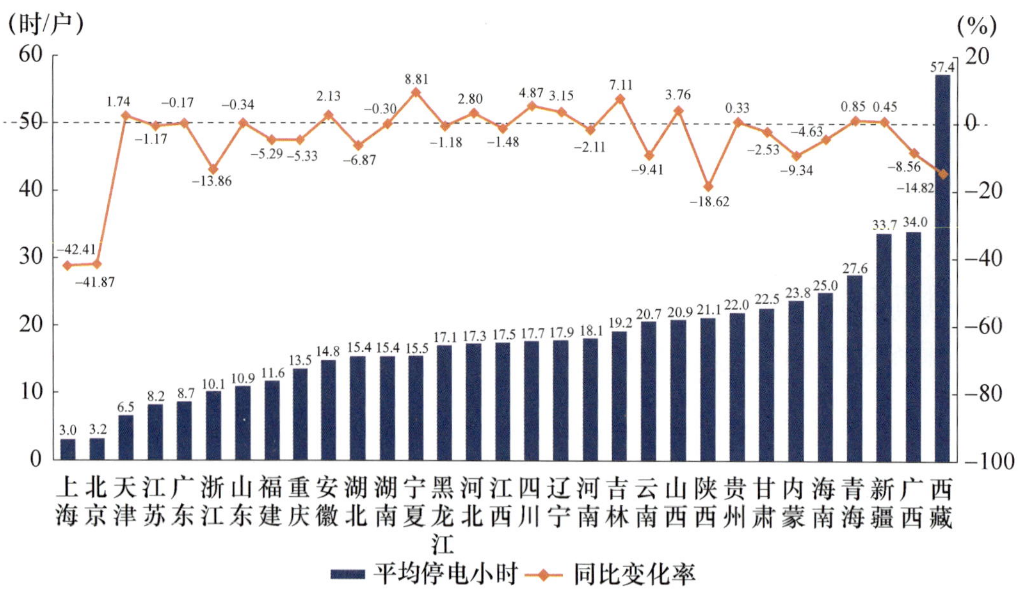

图7－10　2018年各省供电系统用户平均停电时间和同比变化率

全国主要城市供电可靠性同比波动较大，部分城市城区的供电系统用户供电可靠性已达到较高水平。2018年，全国52个主要城市（即直辖市、省会城市及GDP排名前40的城市）的用户数占全国总用户数的34.07%，其所属用户平均停电时间为8.44小时/户，比全国平均值低7.31小时/户。其中，佛山、厦门、深圳的用户平均停电时间小于3小时/户。52个主要城市中有18个城市的用户平均停电时间同比减少超过10%；13个城市的用户平均停电时间波动超过20%，其中，厦门、上海、北京的用户平均停电时间同比分别减少45.65%、42.41%、41.87%，徐州、昆明的用户平均停电时间同比分别增加64.20%、32.43%。

2018年主要城市供电系统用户平均停电时间见图7－11。

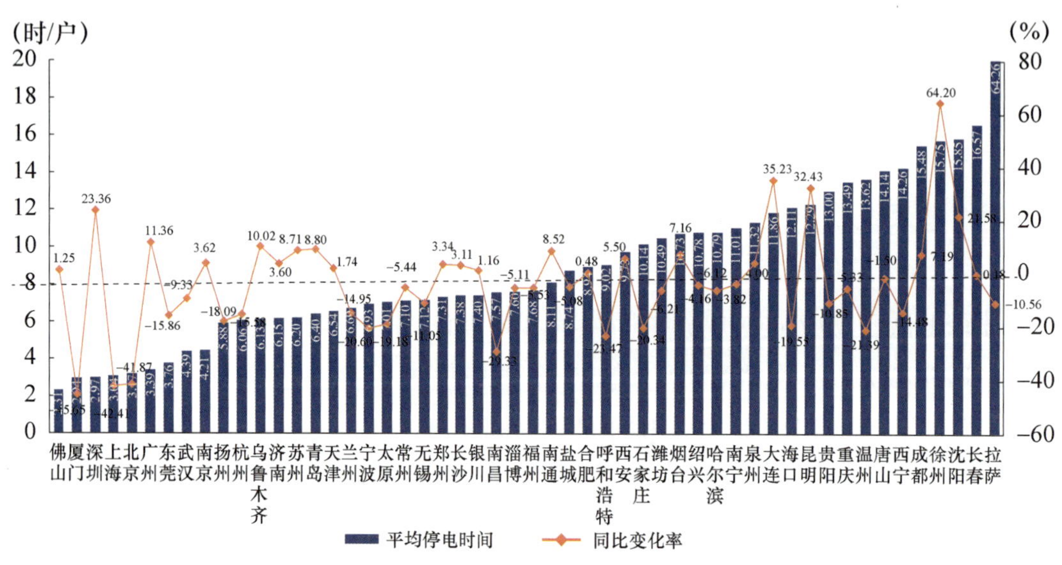

图7－11　2018年主要城市供电系统用户平均停电时间

第八章　电力绿色发展

第一节　资源节约

2018 年，电力行业持续推进节能升级改造，淘汰落后产能，加大供热改造力度，供电标准煤耗、线损率、发电水耗等主要资源节约指标水平持续向好，粉煤灰、脱硫石膏综合利用量持续升高。

一、供电煤耗

（一）全国情况

全国平均供电煤耗持续降低　全国 6000 千瓦及以上火电厂供电标准煤耗 307. 6 克/千瓦时，比上年降低 1. 8 克/千瓦时。

2000—2018 年全国 6000 千瓦及以上火电厂供电标准煤耗见图 8－1。

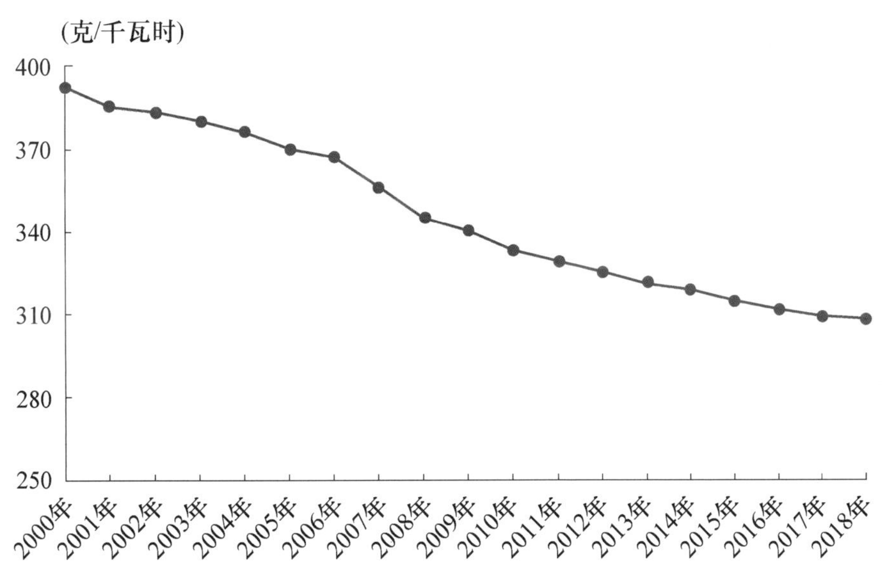

图 8－1　2000—2018 年全国 6000 千瓦及以上火电厂供电标准煤耗

（二）分省份情况

大部分省份供电标准煤耗比上年降低　全国各省份火电机组结构持续优化，大部分省份平均供电煤耗比上年降低；部分省份由于火电机组负荷下降，部分火电机组参与调峰和超低排放改造，导致煤耗增长。

2018 年全国各省份 6000 千瓦及以上火电厂供电标准煤耗及变化幅度见图 8－2。

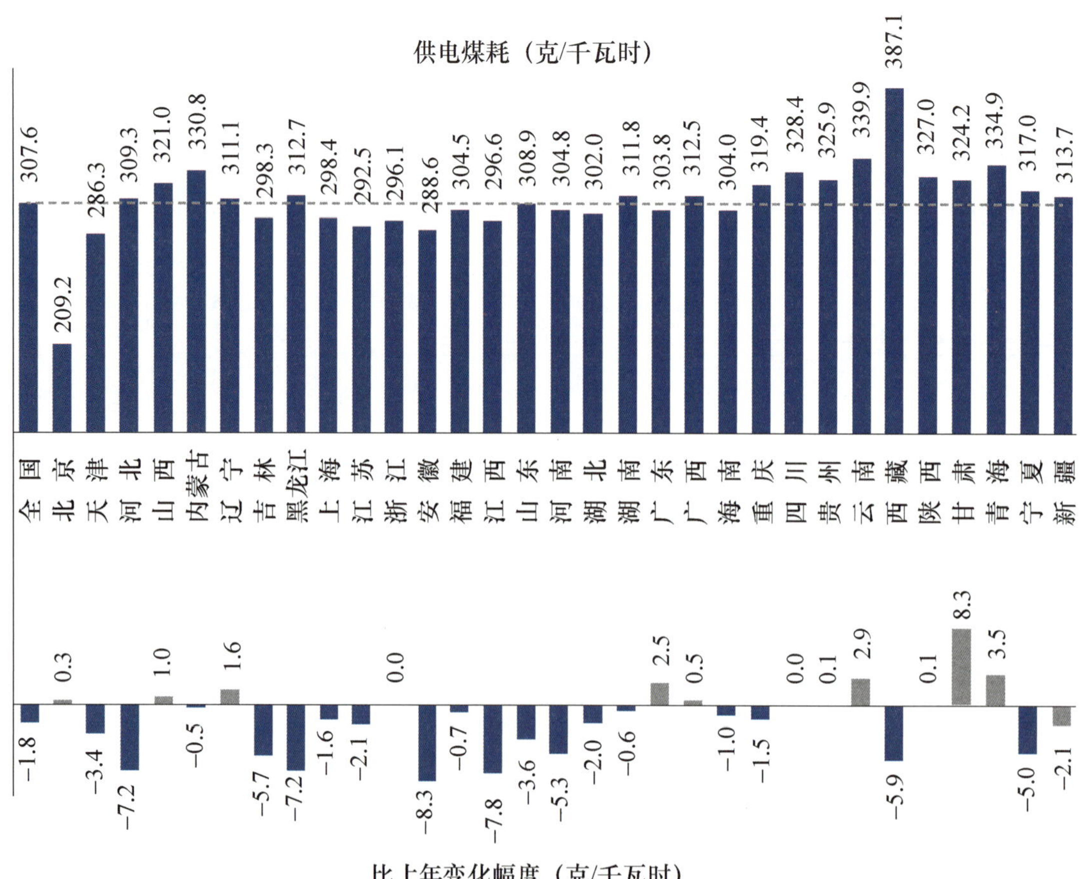

图 8－2　2018 年全国各省份 6000 千瓦及以上火电厂供电标准煤耗及变化幅度

二、线损率

（一）全国情况

全国线损率同比下降　2018 年，线损率为 6.27%，同比下降 0.21 个百分点。2000—2018 年线损率见图 8－3。

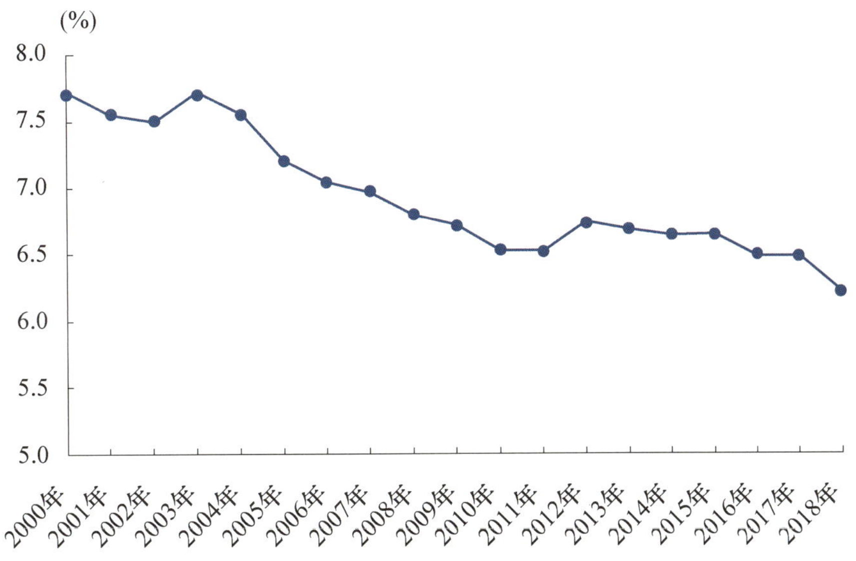

图 8－3　2000—2018 年全国线损率

（二）分省份情况

大部分省份线损率继续下降　全国大部分省份通过细化线损数据管理、提升分析智能化水平等措施，线损率进一步降低。

2018 年全国各省份线损率及变化幅度见图 8－4。

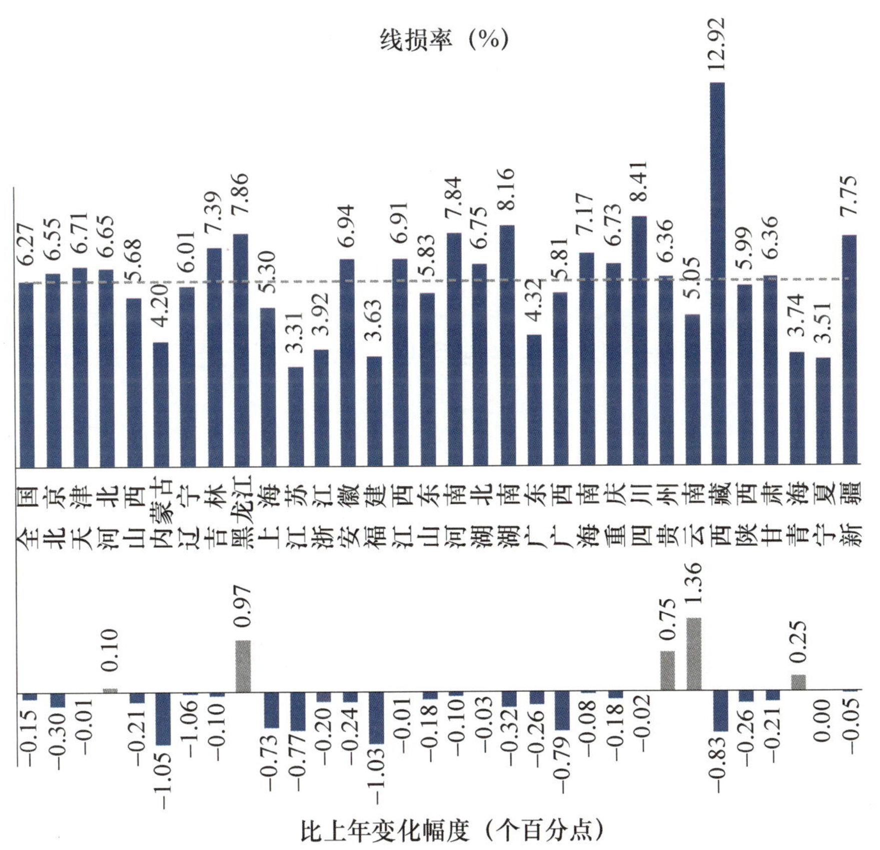

图 8－4　2018 年全国各省份线损率及变化幅度

三、厂用电率

（一）全国情况

全国平均厂用电率同比下降　2018 年，全国 6000 千瓦及以上电厂厂用电率 4.69%，同比下降 0.11 个百分点。其中，水电 0.25%，比上年降低 0.02 个百分点；火电 5.95%，比上年降低 0.09 个百分点。

2000—2018 年全国 6000 千瓦及以上电厂厂用电率见图 8－5。

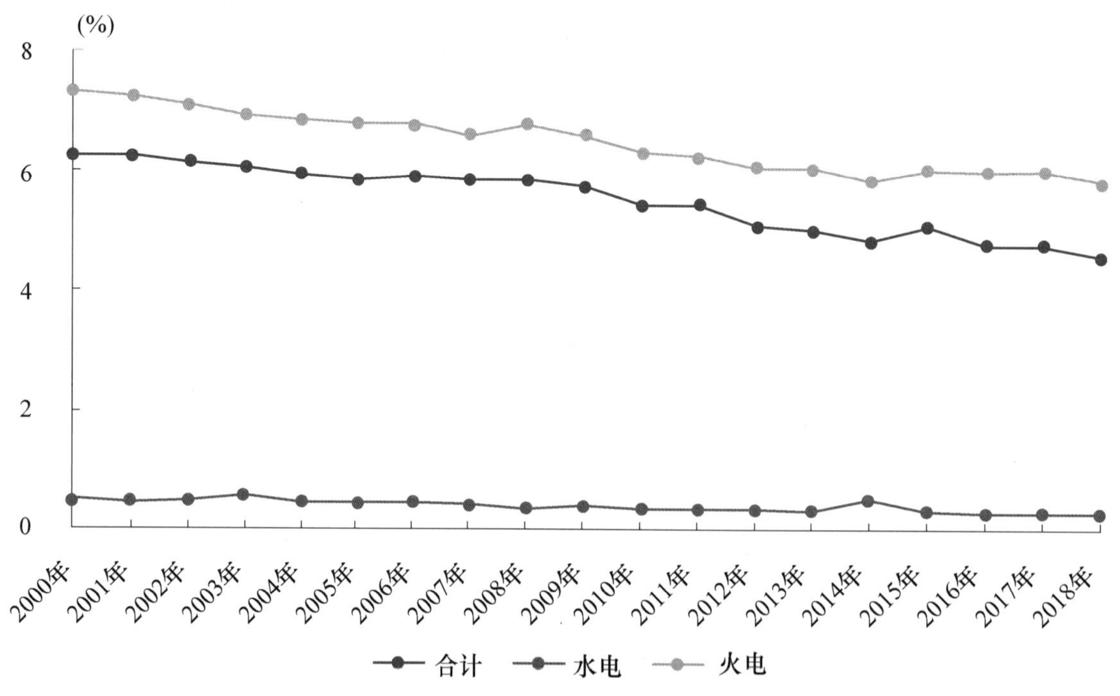

图 8－5　2000—2018 年全国 6000 千瓦及以上电厂厂用电率

（二）分省份情况

各省份厂用电率有降有升　多数省份厂用电率均有一定程度下降。福建、四川等个别省份负荷差加大，火电厂用电率略有上升；山东、吉林等部分省份由于来水较少等原因，水电厂用电率略有上升。

2018 年全国各省份 6000 千瓦及以上电厂厂用电率及变化幅度、分发电类型厂用电率分别见图 8－6 和表 8－1。

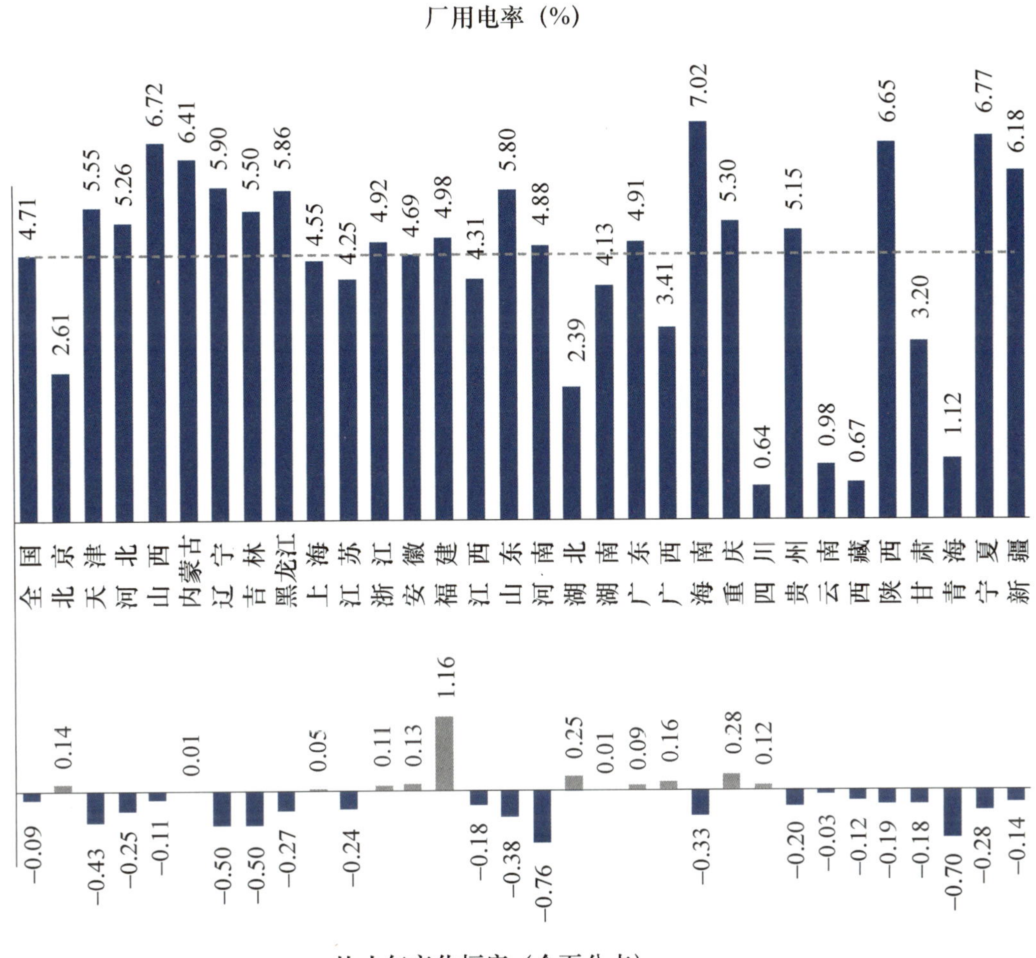

图 8－6　2018 年全国各省份 6000 千瓦及以上电厂厂用电率

表 8－1　2018 年全国各省份 6000 千瓦及以上电厂分发电类型厂用电率及变化幅度

地　区	2018 年（%）		比上年变化幅度（个百分点）	
	水电	火电	水电	火电
全国	0.25	5.95	-0.02	-0.09
北京	0.94	2.67	-0.05	0.14
天津		5.64		-0.43
河北	1.32	5.93	-2.24	-0.16
山西	0.37	7.36	-0.11	0.00
内蒙古	0.57	7.41	-0.38	0.11
辽宁	1.81	6.41	-0.13	-0.10
吉林	1.23	6.68	0.51	-0.19
黑龙江	1.06	6.50	0.07	-0.25

续表

地 区	2018 年（%）		比上年变化幅度（个百分点）	
	水电	火电	水电	火电
上海		4.59		0.06
江苏	0.06	4.28	-0.91	-0.19
浙江	0.53	4.98	0.06	0.10
安徽	0.70	4.79	0.01	0.15
福建	0.32	5.08	0.04	1.06
江西	0.68	4.80	0.03	-0.27
山东	1.84	6.17	0.60	-0.13
河南	0.25	5.29	-0.14	-0.53
湖北	0.11	5.17	0.00	0.07
湖南	0.80	5.63	0.01	-0.40
广东	0.50	4.96	-0.06	-0.14
广西	0.36	5.97	-0.03	-0.52
海南	0.34	7.64	-0.09	-0.26
重庆	0.50	7.12	0.04	0.01
四川	0.10	4.52	0.00	0.30
贵州	0.18	7.88	-0.04	-0.32
云南	0.25	8.14	0.01	0.02
西藏	0.61	0.27	0.03	-4.94
陕西	1.20	7.28	-0.42	-0.04
甘肃	0.41	5.41	-0.10	0.00
青海	0.23	6.54	-0.08	-0.04
宁夏	1.90	7.90	-1.12	-0.39
新疆	0.20	7.60	0.00	-0.20

四、发电水耗

火电厂单位发电量耗水量持续下降 随着火电结构持续优化和节水技术推广，发电水耗持续下降，2018 年全国火电厂单位发电量耗水量 1.23 千克/千瓦时，比上年降低 0.02 千克/千瓦时。

2000—2018 年全国火电厂单位发电量耗水量见图 8-7。

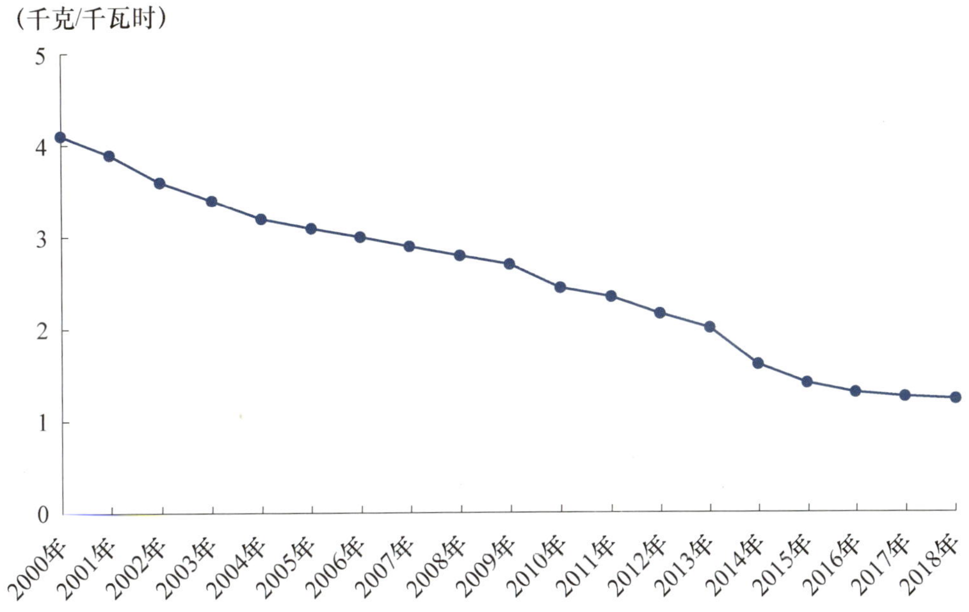

图 8-7 2000—2018 年全国火电厂单位发电量耗水量

五、固体废物综合利用

（一）粉煤灰

粉煤灰利用量持续提高 2018 年，全国火电厂粉煤灰产生量 5.5 亿吨，比上年增加 0.4 亿吨；综合利用量 3.9 亿吨，比 2017 年增加 0.2 亿吨。2018 年全国火电厂粉煤灰综合利用率 71%，比上年降低 1 个百分点。

2000—2018 年全国火电厂粉煤灰产生与利用情况见图 8-8。

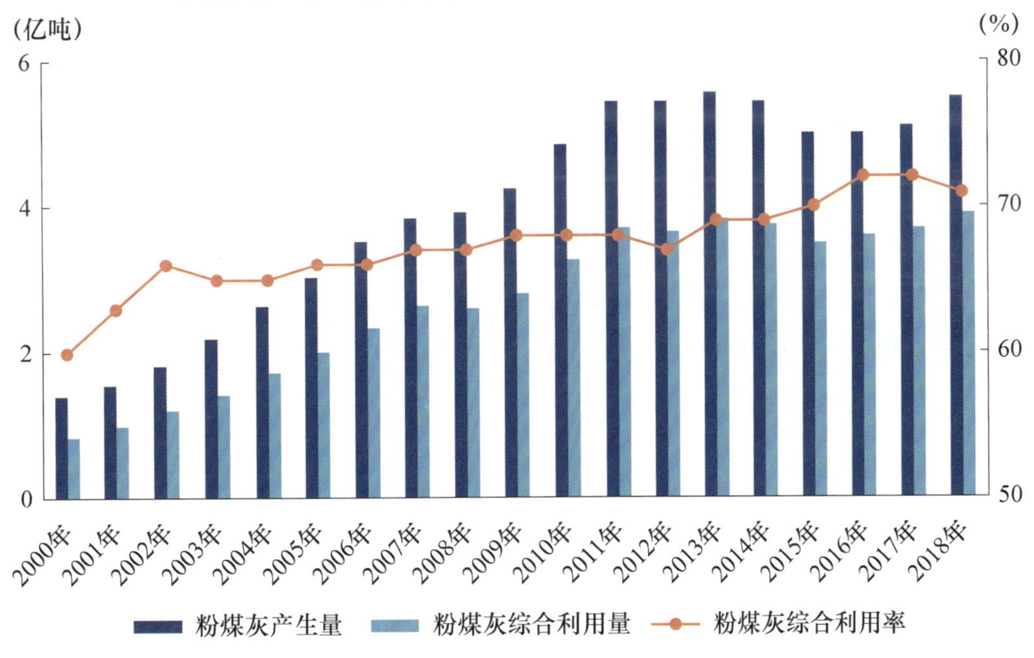

图 8-8 2000—2018 年全国火电厂粉煤灰产生与利用情况

（二）脱硫石膏

脱硫石膏利用量持续提高 2018 年，全国火电厂脱硫石膏产生量 8150 万吨，比 2017 年增加 600 万吨；综合利用量 6050 万吨，比上年增加 350 万吨。2018 年全国火电厂脱硫石膏综合利用率为 74%，比上年降低 1 个百分点。

2005—2018 年全国火电厂脱硫石膏产生与利用情况见图 8－9。

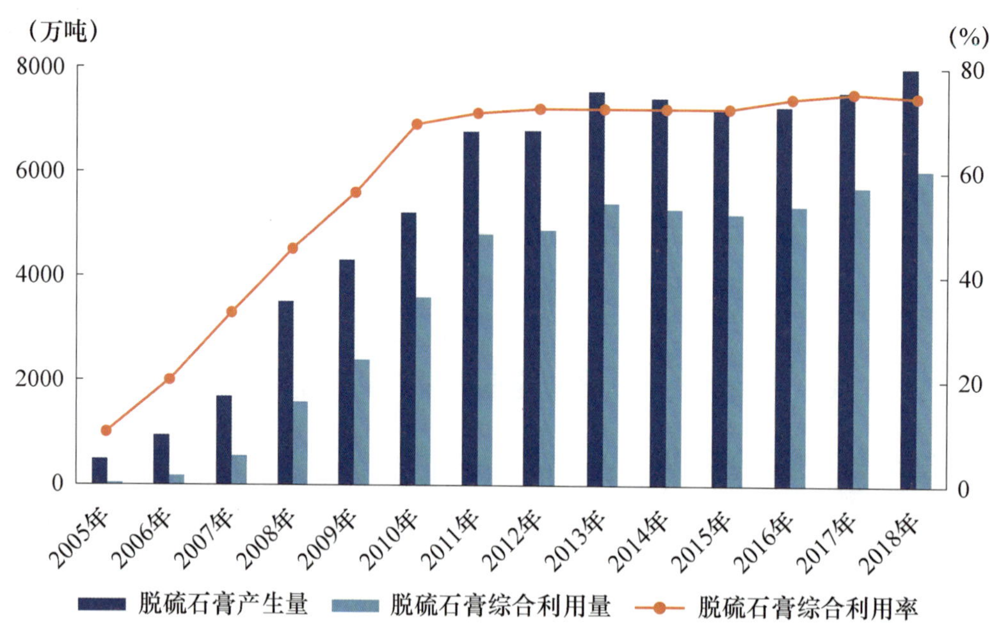

图 8－9 2005—2018 年全国火电厂脱硫石膏产生与利用情况

第二节 环境保护

2018 年，电力企业积极落实国家各项环保政策要求，电力主要大气污染物排放量持续减少，行业环境保护整体水平持续提高，为国家生态文明建设和全国污染物减排、环境质量改善做出贡献。

超低排放煤电机组比重进一步提高 根据生态环境部公布信息，截至 2018 年年底，全国达到超低排放限值的煤电机组约 8.1 亿千瓦，占全国煤电总装机容量约 80%。

执行特别排放限值地区扩大 2018 年 1 月 15 日，《关于京津冀大气污染传输通道城市执行大气污染物特别排放限值的公告》出台，执行地区为“2＋26”个城市①；同

① 根据《关于京津冀大气污染传输通道城市执行大气污染物特别排放限值的公告》，执行地区为京津冀大气污染传输通道城市行政区域。京津冀大气污染传输通道城市包括北京市，天津市，河北省石家庄市、唐山市、廊坊市、保定市、沧州市、衡水市、邢台市、邯郸市，山西省太原市、阳泉市、长治市、晋城市，山东省济南市、淄博市、济宁市、德州市、聊城市、滨州市、菏泽市，河南省郑州市、开封市、安阳市、鹤壁市、新乡市、焦作市、濮阳市（以下简称“2＋26”城市，含河北雄安新区、辛集市、定州市，河南巩义市、兰考县、滑县、长垣县、郑州航空港区）。

时，天津、浙江等地方排放标准陆续出台，将超低排放限值作为地方排放标准。

火电企业环保监管力度加大 根据排污许可相关要求，火电企业须严格执行“自行监测”“环保台账”“执行报告”“信息公开”等环境管理要求，除管控好主要排放口大气污染物排放，还要严格管控废气一般排放口及无组织排放，废水及固废危废管控也已逐步提上日程。

一、烟尘

电力烟尘排放量下降 19.2% 2018 年，全国电力烟尘排放量约 21 万吨，同比下降约 19.2%；单位火电发电量烟尘排放量约 0.04 克/千瓦时，同比下降 0.02 克/千瓦时。

2001—2018 年电力烟尘排放量及绩效见图 8－10。

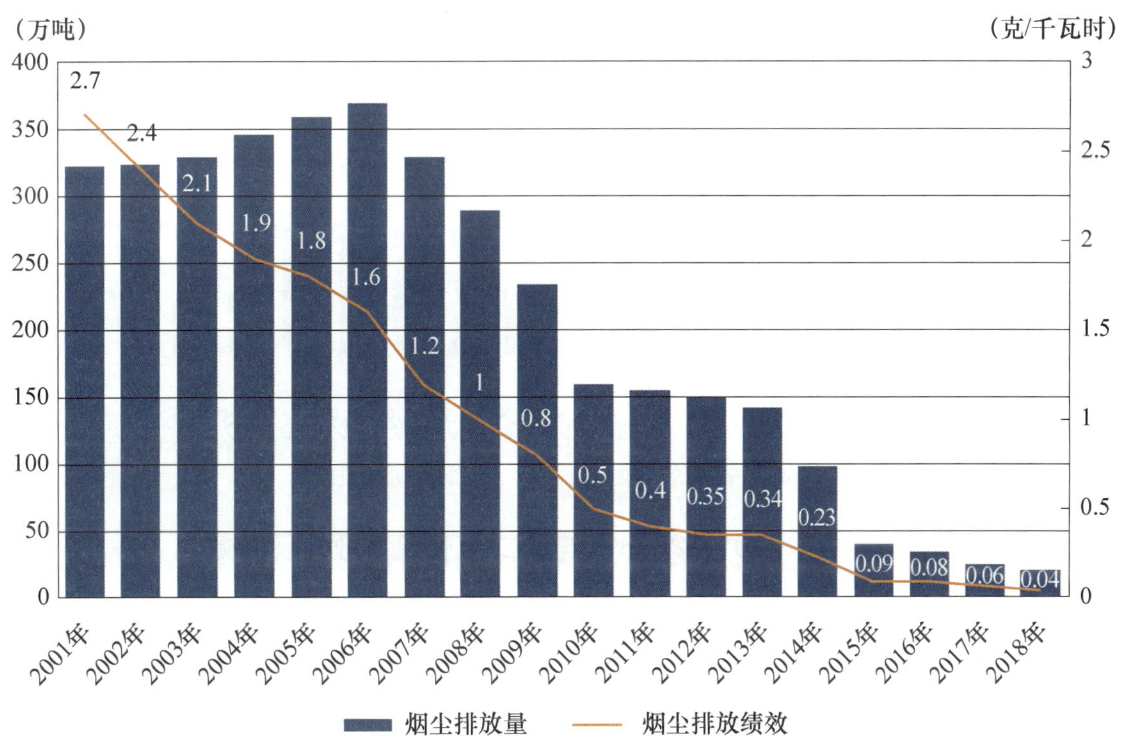

图 8－10 2001—2018 年电力烟尘排放量及绩效

注：烟尘排放量来源于电力行业统计分析，统计范围为全国装机容量 6000 千瓦及以上火电厂。

袋式（或电袋复合式）除尘器比重提高 根据中电联 2018 年度火电厂环保产业登记，截至 2018 年底，安装袋式或电袋复合式除尘器煤电机组容量约 3.44 亿千瓦，占全国煤电机组容量约 34.0%。其中，袋式除尘器机组容量约 8700 万千瓦，电袋复合式除尘器机组容量约 2.57 亿千瓦，分别约占全国燃煤机组容量的 8.6% 和 25.4%。

二、二氧化硫

电力二氧化硫排放量下降 17.5% 2018 年，全国电力二氧化硫排放量约 99 万吨，同比下降约 17.5%；单位火电发电量二氧化硫排放量约 0.20 克/千瓦时，比上年下降 0.06 克/千瓦时。

2001—2018 年电力二氧化硫排放量及绩效见图 8－11。

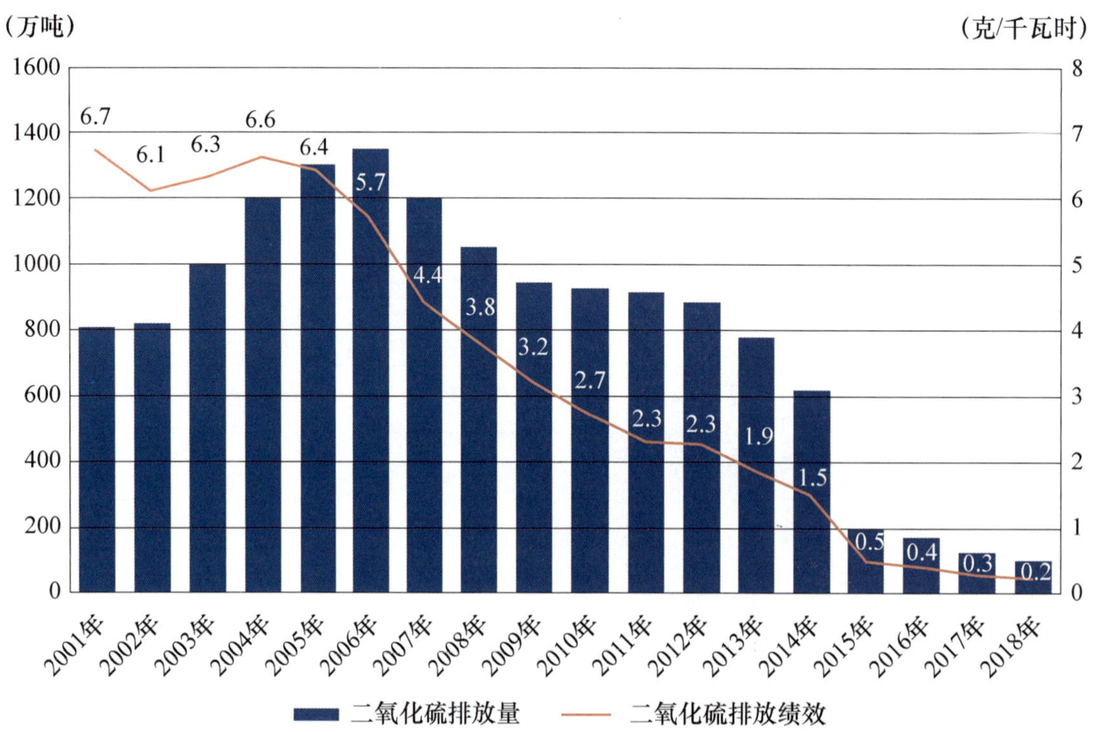

图 8－11 2001—2018 年电力二氧化硫排放量及绩效

注：电力二氧化硫排放量来源于电力行业统计分析，
统计范围为全国装机容量 6000 千瓦及以上火电厂。

煤电机组全面投运脱硫设施 根据中电联统计分析，截至 2018 年年底，已投运煤电烟气脱硫机组容量超过 9.6 亿千瓦，占全国煤电机组容量的 95.9%；其余为采用燃烧中脱硫技术的循环流化床锅炉。2018 年，纳入火电厂环保产业登记的在运火电厂烟气脱硫特许经营的机组容量超过 1.02 亿千瓦，在运火电厂烟气脱硫委托运营的机组容量超过 6960 万千瓦。

2005—2018 年全国烟气脱硫机组投运容量及占煤电机组容量比重见图 8－12。

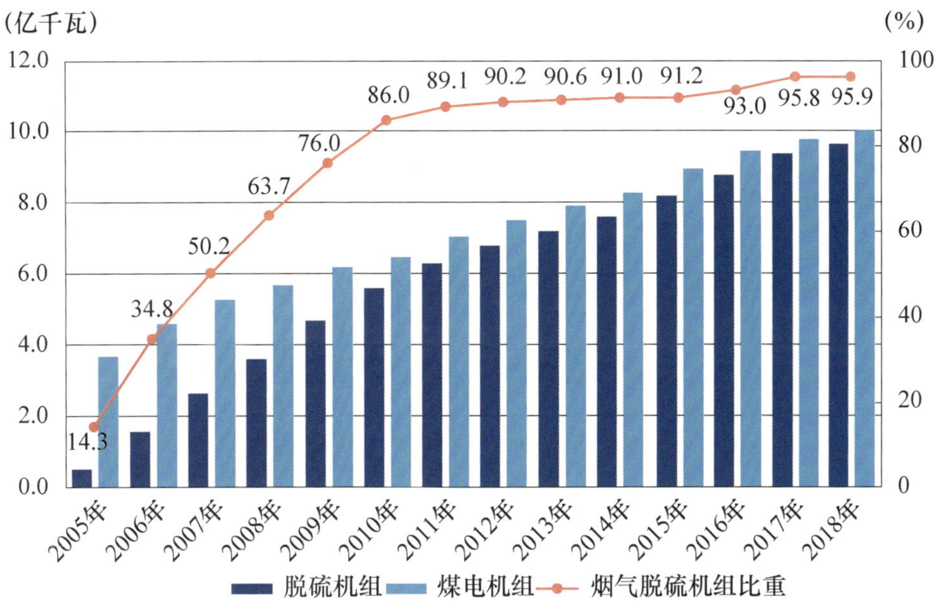

图 8－12　2005—2018 年全国烟气脱硫机组投运容量及占煤电机组容量比重

三、氮氧化物

电力氮氧化物排放量下降 15.8%　2018 年，全国电力氮氧化物排放量约 96 万吨，同比下降约 15.8%；单位火电发电量氮氧化物排放量约 0.19 克/千瓦时，比上年下降 0.06 克/千瓦时。

2005—2018 年电力氮氧化物排放量及绩效见图 8－13。

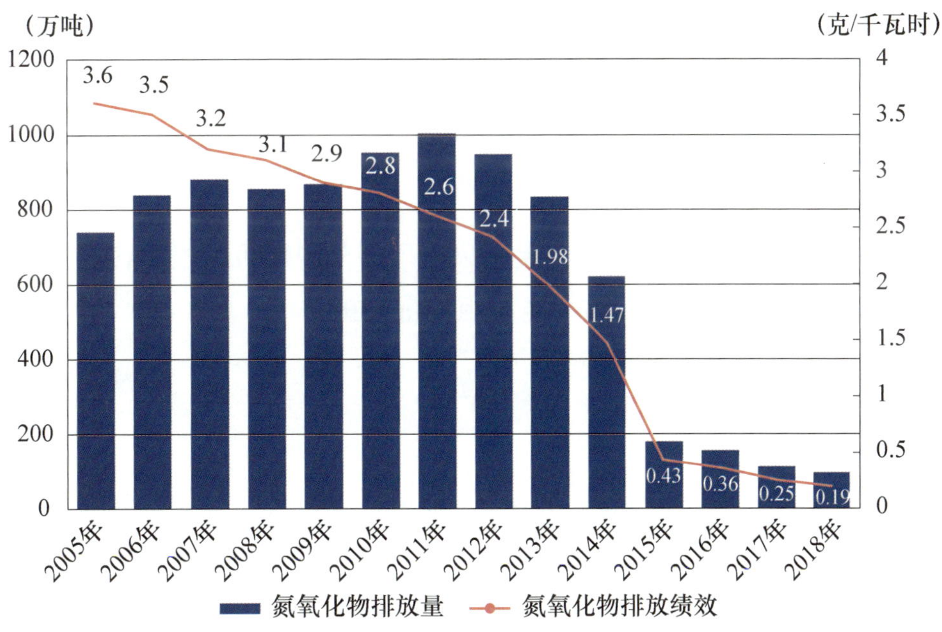

图 8－13　2005—2018 年电力氮氧化物排放量及绩效

注：电力氮氧化物排放量来源于电力行业统计分析，统计范围为全国装机容量 6000 千瓦及以上火电厂。

火电烟气脱硝机组比重进一步提升 根据中电联统计分析，截至2018年年底，已投运火电厂烟气脱硝机组容量10.6亿千瓦，占全国火电机组容量的92.6%，比上年提高0.3个百分点。2018年，纳入火电厂环保产业登记的在运火电厂烟气脱硝特许经营的机组容量超过6787万千瓦，在运火电厂烟气脱硝委托运营的机组容量超过2090万千瓦。

2005—2018年全国火电厂烟气脱硝机组投运容量及占火电机组容量比重见图8－14。

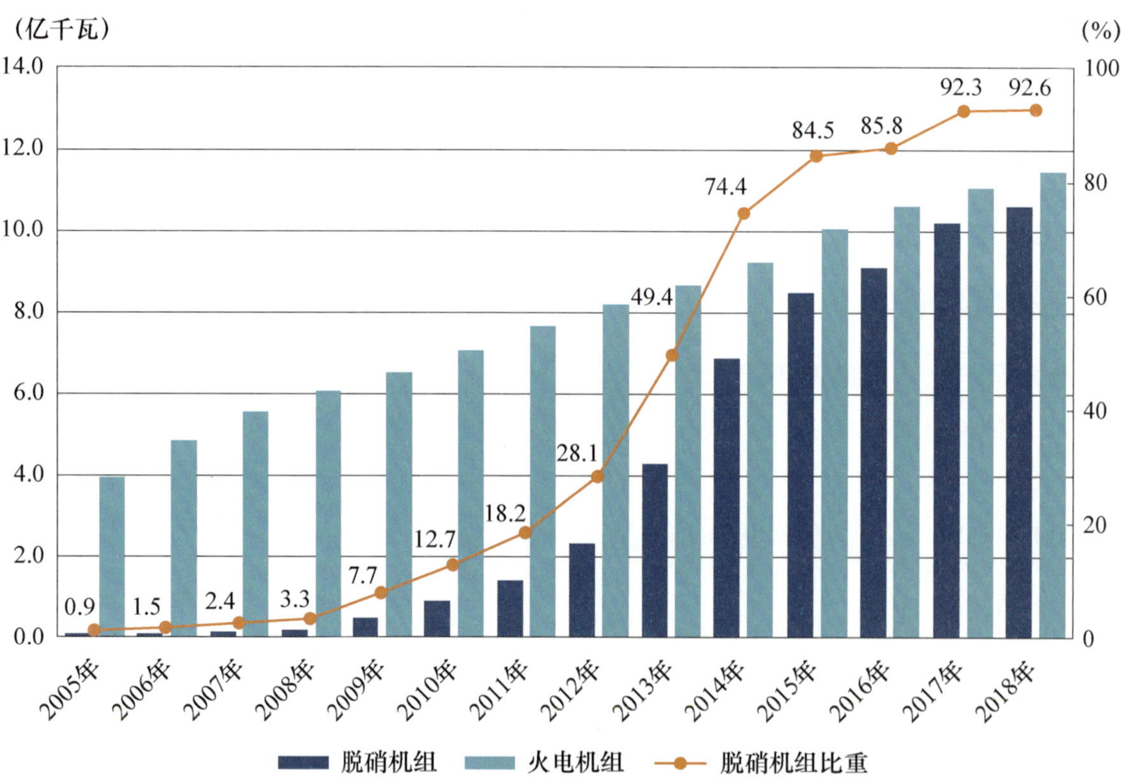

图8－14 2005—2018年全国火电厂烟气脱硝机组投运容量及占火电机组容量比重

四、废水

火电厂单位发电量废水排放量与2017年持平 2018年，单位火电发电量废水排放量为0.06千克/千瓦时，与2017年持平。

2000—2018年全国火电厂单位发电量废水排放量见图8－15。

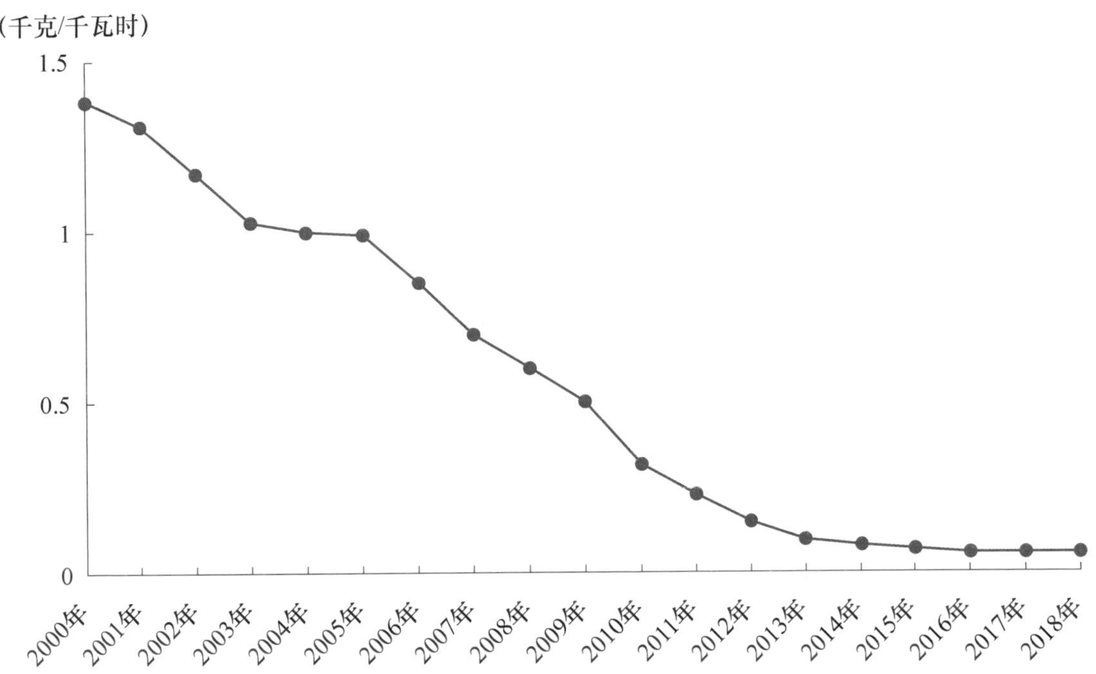

图 8－15　2000—2018 年全国火电厂单位发电量废水排放量

第三节　应对气候变化

电力行业积极应对气候变化，持续提高可再生能源发电比重，不断优化煤电机组结构，通过多种措施降低供电煤耗和线损率，电力行业碳排放强度和碳排放总量指标整体持续优化，为国家落实应对气候变化目标和承诺做出积极贡献。

一、碳排放强度

电力行业碳排放强度持续下降　根据中电联统计分析，2018 年，全国单位火电发电量二氧化碳排放约 841 克/千瓦时，比 2005 年下降 19.4%；单位发电量二氧化碳排放约 592 克/千瓦时，比 2005 年下降 30.1%。

2005—2018 年电力二氧化碳排放强度见图 8－16。

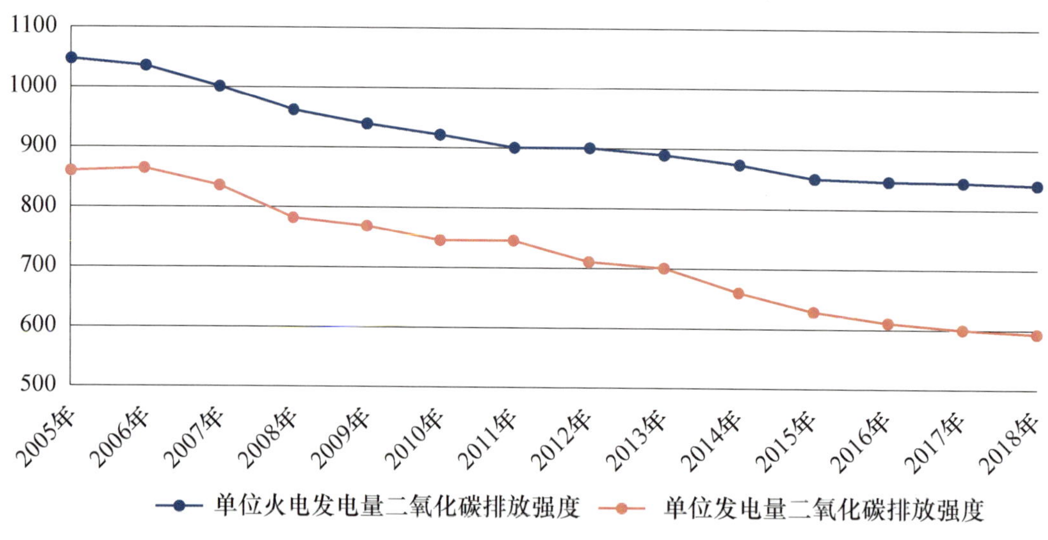

图 8－16　2005—2018 年电力二氧化碳排放强度

二、碳排放量

电力行业碳排放量增速减缓　以 2005 年为基准年，2006—2018 年，通过发展非化石能源、降低供电煤耗和线损率等措施，电力行业累计减少二氧化碳排放约 137 亿吨，减缓了电力二氧化碳排放总量的增长。其中，供电煤耗降低对电力行业二氧化碳减排贡献率为 44%，非化石能源发展贡献率为 54%。

2006—2018 年各种措施累计减少二氧化碳排放量（以 2005 年为基准年）见图 8－17。

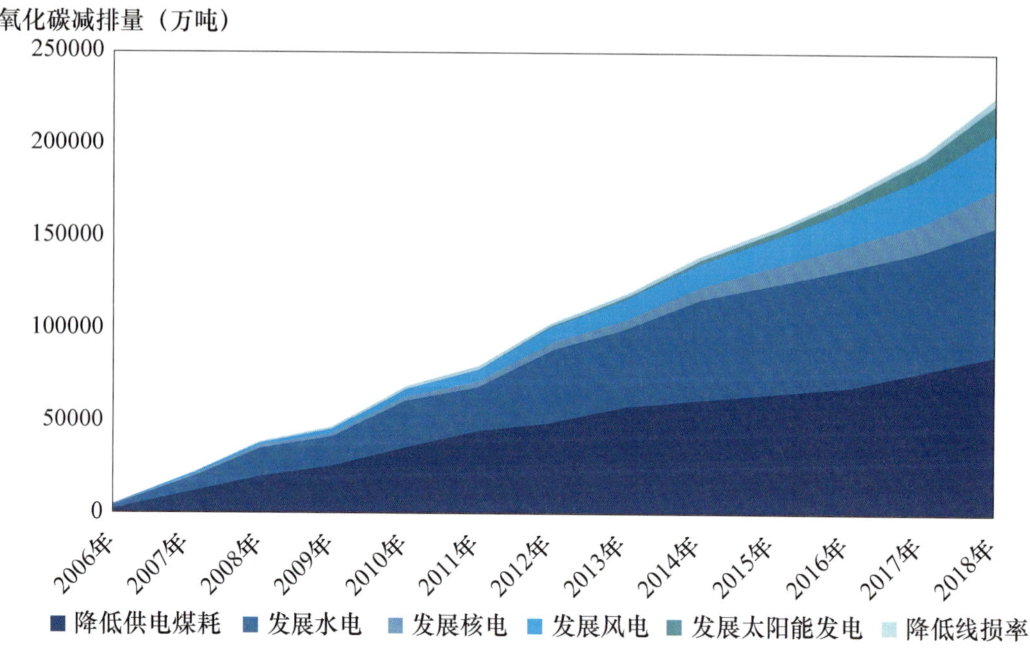

图 8－17　2006—2018 年各种措施累计减少二氧化碳排放量（以 2005 年为基准年）

三、碳排放权交易市场建设

根据国家发展改革委《全国碳排放权交易市场建设方案（发电行业）》（发改气候规〔2017〕2191号），发电行业（含热电联产）率先纳入全国碳排放权交易市场建设。

试点地区电力企业全部履约　截至2018年6月底，覆盖电力、钢铁、水泥等多个行业近3000家重点排放单位的7个碳排放权交易试点地区碳配额累计成交量突破2.57亿吨，累计成交金额约55亿元。其中，纳入碳交易试点的电力企业全部实现履约。

行业工作取得积极进展　中电联高度重视电力行业应对气候变化工作，积极支持和参与电力行业碳市场建设。2018年，按照国家应对气候变化主管部门要求，组织建立了电力行业低碳沟通协调平台，成立了电力行业低碳发展研究中心，协助政府有关部门开展了发电行业配额分配研究，组织编制了《发电企业碳排放交易技术指南》《碳排放权交易（发电行业）培训教材（试用版）》，初步提出了全国碳排放权交易市场（发电行业）运行测试方案、全国碳排放交易信用体系相关配套管理制度等。

电力企业积极参与碳市场建设　积极开展机制体系建设，搭建碳资产管理体系，部分集团推进碳资产统一专业化管理，成立了碳资产专业公司；认真完成碳排放核查工作，摸清排放家底，分析配额特点；组织实施碳资产管理平台建设，不断提升碳排放信息化管理水平；不断加强碳排放管理能力建设，针对碳交易政策、配额分配、交易策略等进行培训和模拟演练，提升参与市场交易的能力。

第四节　发电机组能效对标

一、火电机组能效对标

2018年，全国共有469台机组参加年度火电60万千瓦级（含100万千瓦级）机组竞赛，其中，60万千瓦级机组381台，100万千瓦级机组88台，分别比上年增加17台和12台。

60万千瓦级（含100万千瓦级）参赛火电机组能效指标统计见表8－2。

表8-2　60万千瓦级（含100万千瓦级）参赛机组能效指标统计

序号	机组类型	机组台数	机组容量（万千瓦）	主要能效指标平均值			
				供电煤耗（克/千瓦时）	厂用电率（%）	发电综合耗水率（千克/千瓦时）	油耗（吨/年）
1	100万千瓦级超超临界湿冷	86	86822	283.04	3.95	0.66	112.12
2	100万千瓦级超超临界空冷	2	2000	298.19	6.27	0.36	67.86
3	60万千瓦级超超临界湿冷	61	40020	286.81	4.13	1.18	101.32
4	60万千瓦级超临界纯凝湿冷	113	71600	302.79	4.82	1.12	100.86
5	60万千瓦级超临界供热湿冷	27	17070	295.70	4.31	0.89	101.62
6	60万千瓦级亚临界湿冷	66	40780	312.86	5.40	1.15	168.92
7	60万千瓦级超超临界空冷	11	7260	297.89	5.12	0.28	25.28
8	60万千瓦级超临界空冷	53	33866	315.09	6.31	0.40	72.16
9	60万千瓦级亚临界空冷	44	26460	327.78	7.51	0.30	117.84
10	60万千瓦级俄（东欧）制	6	3820	314.05	5.81	1.35	140.72

二、火电机组能效指标

（一）100万千瓦级超超临界火电机组能效指标

1. 机组整体能效指标

2016—2018年100万千瓦级超超临界纯凝湿冷火电机组能效指标见表8-3。

表8-3　2016—2018年度100万千瓦级超超临界纯凝湿冷火电机组能效指标

年度	统计台数（台）	前20%平均值		前40%平均值		100%平均值	
		供电煤耗（克/千瓦时）	厂用电率（%）	供电煤耗（克/千瓦时）	厂用电率（%）	供电煤耗（克/千瓦时）	厂用电率（%）
2018	82	275.16	2.94	277.31	3.32	283.76	3.97
2017	68	275.96	2.93	277.80	3.28	283.22	3.92
2016	75	275.82	2.96	278.45	3.36	285.02	4.03

2. 主要发电集团机组能效指标

2017年、2018年主要发电集团100万千瓦级超超临界火电机组能效指标见图8-4。

表 8 –4　2017 年、2018 年主要发电集团公司 100 万千瓦级超超临界火电机组能效指标

集团名称	机组数量（台）		供电煤耗（克/千瓦时）		厂用电率（%）		耗水率（千克/千瓦时）		油耗（吨/年）	
			2018	2017	2018	2017	2018	2017	2018	2017
湿冷机组										
华能集团	14		280.43	280.56	3.39	3.46	0.56	0.63	83.35	56.09
大唐集团	5		278.08	280.18	3.98	4.08	0.89	0.77	15.30	0.00
华电集团	6		279.24	278.70	4.20	4.24	0.53	0.52	83.21	96.21
国家能源集团	26	纯凝 23	285.62	285.85	3.86	3.84	0.66	0.82	147.75	171.62
		含供热 3	284.00	283.56	3.76	3.71	0.61	0.71	143.44	150.32
国家电投集团	10	纯凝 8	283.82	280.88	4.02	4.16	1.01	0.99	71.16	103.28
		含供热 2	282.67	280.30	4.08	4.15	0.87	0.89	79.48	100.54
其他发电集团	28	纯凝 26	286.04	285.09	4.32	4.16	0.69	0.84	133.67	211.95
		含供热 2	285.59	284.36	4.33	4.20	0.65	0.78	134.08	199.73
空冷机组										
华电集团	2	纯凝 1	299.07	298.42	6.27	5.88	0.36	0.34	57.15	13.75
		含供热 1	298.19		6.27		0.36		67.86	

（二）60 万千瓦级超超临界湿冷火电机组能效指标

1. 机组整体能效指标

2016—2018 年 60 万千瓦级超超临界纯凝式湿冷火电机组能效指标见表 8 –5。

表 8 –5　2016—2018 年 60 万千瓦级超超临界纯凝式湿冷火电机组能效指标

年度	统计台数（台）	前 20% 平均值		前 40% 平均值		100% 平均值	
		供电煤耗（克/千瓦时）	厂用电率（%）	供电煤耗（克/千瓦时）	厂用电率（%）	供电煤耗（克/千瓦时）	厂用电率（%）
2018	56	277.47	3.13	280.28	3.44	287.08	4.13
2017	57	278.07	3.19	280.72	3.53	287.92	4.16
2016	63	280.97	3.35	283.37	3.64	289.12	4.22

2. 主要发电集团机组能效指标

2017 年、2018 年主要发电集团 60 万千瓦级超超临界湿冷火电机组能效指标见表 8 –6。

表8－6　2017年、2018年主要发电集团60万千瓦级超超临界湿冷火电机组能效指标

集团名称	机组数量（台）		供电煤耗（克/千瓦时）		厂用电率（%）		耗水率（千克/千瓦时）		油耗（吨/年）	
			2018	2017	2018	2017	2018	2017	2018	2017
华能集团	16	纯凝15	284.47	283.83	3.77	3.78	0.94	1.04	96.88	44.45
		含供热1	284.23	283.58	3.78	3.80	0.90	1.00	91.06	44.80
大唐集团	12		287.08	288.16	4.43	4.33	0.59	0.66	67.66	68.70
华电集团	8	纯凝7	286.23	283.10	4.62	4.42	2.81	1.81	116.71	23.45
		含供热1	285.93	283.24	4.56	4.35	2.72	1.85	109.38	28.71
国家能源集团	3		284.58	284.96	3.71	3.66	0.73	0.97	45.33	107.33
国家电投集团	10		293.20	292.46	3.92	4.12	1.49	1.39	34.39	81.54
其他发电集团	12	纯凝9	286.08	290.61	4.31	4.39	0.98	0.92	226.02	175.40
		含供热3	285.78		4.31		0.98		213.01	

（三）60万千瓦级超临界纯凝湿冷火电机组能效指标

1. 机组整体能效指标

2016—2018年60万千瓦级超临界纯凝湿冷火电机组能效指标见表8－7。

表8－7　2016—2018年60万千瓦级超临界纯凝湿冷机组能效指标

年度	统计台数（台）	前20%平均值		前40%平均值		100%平均值	
		供电煤耗（克/千瓦时）	厂用电率（%）	供电煤耗（克/千瓦时）	厂用电率（%）	供电煤耗（克/千瓦时）	厂用电率（%）
2018	115	294.71	3.83	296.13	4.11	302.93	4.84
2017	122	294.91	3.86	296.69	4.11	302.90	4.83
2016	134	296.15	3.86	297.82	4.12	303.90	4.79

2. 主要发电集60万千瓦级超临界纯凝湿冷火电机组能效指标

2017年、2018年主要发电集团60万千瓦级超临界纯凝湿冷火电机组能效指标见表8－8。

表 8－8　2017 年、2018 年主要发电集团 60 万千瓦级超临界纯凝湿冷火电机组能效指标

集团名称	机组数量（台）	供电煤耗（克/千瓦时）		厂用电率（%）		耗水率（千克/千瓦时）		油耗（吨/年）	
		2018	2017	2018	2017	2018	2017	2018	2017
华能集团	15	303.82	302.86	4.63	4.54	1.21	1.42	163.13	150.23
大唐集团	19	301.42	303.41	4.50	4.60	0.60	0.61	36.639	28.82
华电集团	9	296.64	296.63	4.93	4.94	1.13	1.00	105.38	80.23
国家能源集团	27	301.34	301.01	4.77	4.70	1.26	1.12	42.59	63.28
国家电投集团	15	309.79	304.66	5.25	5.29	1.79	1.90	157.64	240.19
其他发电集团	30	303.34	304.74	4.98	4.93	1.01	1.17	159.44	113.30

（四）60 万千瓦级超临界供热湿冷火电机组能效指标

1. 机组整体能效指标

2016—2018 年 60 万千瓦级超临界供热湿冷火电机组能效指标见表 8－9。

表 8－9　2016—2018 年 60 万千瓦级超临界供热湿冷火电机组能效指标

年度	统计台数（台）	前 20% 平均值		前 40% 平均值		100% 平均值	
		供电煤耗（克/千瓦时）	厂用电率（%）	供电煤耗（克/千瓦时）	厂用电率（%）	供电煤耗（克/千瓦时）	厂用电率（%）
2018	27	286.48	3.68	288.97	3.82	295.70	4.31
2017	20	280.95	3.80	286.54	3.85	293.84	4.22
2016	15	287.51	3.78	289.39	3.86	295.52	4.19

2. 主要发电集团 60 万千瓦级超临界供热湿冷火电机组能效指标

2017 年、2018 年主要发电集团 60 万千瓦级超临界供热湿冷火电机组能效指标见表 8－10。

表 8－10　2017 年、2018 年主要发电集团 60 万千瓦级超临界供热湿冷火电机组能效指标

集团名称	机组数量（台）	供电煤耗（克/千瓦时）		厂用电率（%）		耗水率（千克/千瓦时）		油耗（吨/年）	
		2018	2017	2018	2017	2018	2017	2018	2017
华能集团	3	291.17	290.88	3.94	4.37	1.09	0.96	342.01	381.72
大唐集团	2	298.41		4.00		0.12		0.00	

续表

集团名称	机组数量（台）	供电煤耗（克/千瓦时）		厂用电率（%）		耗水率（千克/千瓦时）		油耗（吨/年）	
		2018	2017	2018	2017	2018	2017	2018	2017
华电集团	1	297.53		4.78		0.32		33.27	
国家能源集团	8	297.40	296.71	4.28	4.18	1.21	1.05	90.86	36.70
国家电投集团	3	300.50	296.38	4.52	3.77	1.41	1.41	155.92	89.61
其他发电集团	10	293.53	290.12	4.40	4.27	0.61	0.31	48.97	37.44

（五）60 万千瓦级亚临界湿冷火电机组能效指标

1. 机组整体能效指标

2016—2018 年 60 万千瓦级亚临界纯凝湿冷火电机组能效指标见表 8－11。

表 8－11　2016—2018 年 60 万千瓦级亚临界纯凝湿冷火电机组能效指标

年度	统计台数（台）	前 20% 平均值		前 40% 平均值		100% 平均值	
		供电煤耗（克/千瓦时）	厂用电率（%）	供电煤耗（克/千瓦时）	厂用电率（%）	供电煤耗（克/千瓦时）	厂用电率（%）
2018	60	302.43	4.80	306.63	4.94	313.95	5.57
2017	62	302.54	4.68	306.24	4.87	314.35	5.65
2016	73	305.73	4.80	308.64	4.98	315.79	5.66

2. 主要发电集团 60 万千瓦级亚临界湿冷火电机组能效指标

2017 年、2018 年主要发电集团 60 万千瓦级亚临界湿冷火电机组能效指标见表 8－12。

表 8－12　2017 年、2018 年主要发电集团 60 万千瓦级亚临界湿冷火电机组能效指标

集团名称	机组数量（台）		供电煤耗（克/千瓦时）		厂用电率（%）		耗水率（千克/千瓦时）		油耗（吨/年）	
			2018	2017	2018	2017	2018	2017	2018	2017
华能集团	10		313.18	311.93	5.35	5.37	2.04	1.74	283.20	406.11
大唐集团	16	纯凝 13	311.50	313.76	5.79	5.68	1.48	1.55	115.95	83.38
		含供热 3	310.80	312.43	5.56	5.56	1.49	1.54	112.02	92.27
华电集团	4	纯凝 2	305.70	303.76	4.78	4.63	1.03	1.03	90.00	90.00
		含供热 2	308.35	303.25	5.10	5.06	1.38	1.63	45.00	60.50

续表

集团名称	机组数量（台）		供电煤耗（克/千瓦时）		厂用电率（%）		耗水率（千克/千瓦时）		油耗（吨/年）	
			2018	2017	2018	2017	2018	2017	2018	2017
国家能源集团	27	纯凝 21	313.17	311.11	5.57	5.41	1.00	1.20	101.87	119.32
		含供热 6	312.19	311.60	5.33	5.31	0.91	1.08	138.91	120.99
国家电投集团	4		318.11	319.99	5.85	5.65	0.99	0.98	426.94	352.56
其他发电集团	10		319.52	320.21	5.52	6.22	0.77	0.61	179.30	235.36

（六）60 万千瓦级超超临界空冷火电机组能效指标

1. 机组整体能效指标

2016—2018 年 60 万千瓦级超超临界纯凝式空冷火电机组能效指标见表 8－13。

表 8－13　2016—2018 年 60 万千瓦级超超临界纯凝式空冷火电机组能效指标

年度	统计台数（台）	前 40% 平均值		100% 平均值	
		供电煤耗（克/千瓦时）	厂用电率（%）	供电煤耗（克/千瓦时）	厂用电率（%）
2018	12	292.56	4.77	298.40	5.16
2017	8	298.65	4.72	301.25	5.10
2016	4			299.46	4.84

2. 主要发电集团能效指标

2017 年、2018 年主要发电集团 60 万千瓦级超超临界空冷火电机组能效指标见表 8－14。

表 8－14　2017 年、2018 年主要发电集团 60 万千瓦级超超临界空冷火电机组能效指标

集团名称	机组数量（台）	供电煤耗（克/千瓦时）		厂用电率（%）		耗水率（千克/千瓦时）		油耗（吨/年）	
		2018	2017	2018	2017	2018	2017	2018	2017
大唐集团	2	290.68	304.24	4.99	5.10	0.37	0.38	77.38	21.28
国家能源集团	6	298.62	298.88	4.95	4.81	0.27	0.51		0.00
国家电投集团	2	300.91	302.97	5.51	5.69	0.35	0.38	164.20	80.74
其他发电集团	2	302.96		5.60		0.21			

（七）60万千瓦级超临界空冷火电机组能效指标

1. 机组整体能效指标

2016—2018年60万千瓦级超临界纯凝空冷火电机组能效指标见表8-15。

表8-15　2016—2018年度60万千瓦级超临界纯凝空冷火电机组能效指标

年度	统计台数（台）	前20%平均值		前40%平均值		100%平均值	
		供电煤耗（克/千瓦时）	厂用电率（%）	供电煤耗（克/千瓦时）	厂用电率（%）	供电煤耗（克/千瓦时）	厂用电率（%）
2018	45	307.69	4.42	310.95	4.75	316.51	6.02
2017	38	310.09	4.54	311.89	4.78	317.35	6.20
2016	38	310.71	5.95	312.94	5.35	318.27	6.35

2. 主要发电集团能效指标

2017年、2018年主要发电集团60万千瓦级超临界空冷火电机组主要能效指标见表8-16。

表8-16　2017年、2018年主要发电集团60万千瓦级超临界空冷火电机组主要能效指标

集团名称	机组数量（台）		供电煤耗（克/千瓦时）		厂用电率（%）		耗水率（千克/千瓦时）		油耗（吨/年）	
			2018	2017	2018	2017	2018	2017	2018	2017
华能集团	12	纯凝11	310.02	312.65	4.81	4.96	0.33	0.36	123.09	130.58
		含供热1	309.83	312.41	4.88	5.06	0.33	0.36	129.46	171.10
大唐集团	4		315.70	319.98	5.11	5.12	0.34	0.34	31.30	67.08
华电集团	2		323.45	309.62	6.40	9.36	0.26	0.27	0.00	24.68
国家能源集团	20	纯凝16	317.45	317.09	6.95	6.97	0.35	0.44	10.16	8.20
		含供热4	315.19	314.35	7.04	7.11	0.34	0.40	29.42	40.08
国家电投集团	6	纯凝2	315.94	319.75	4.80	6.33	0.16	0.33	134.60	112.26
		含供热4	312.50	314.30	7.34	7.58	0.28	0.33	154.67	141.72
其他发电集团	10		321.21	321.62	6.39	6.32	0.72	0.76	67.82	64.83

（八）60 万千瓦级亚临界空冷火电机组能效指标

1. 机组整体能效指标

2016—2018 年 60 万千瓦级亚临界纯凝空冷火电机组能效指标见表 8 - 17。

表 8 - 17　2016—2018 年 60 万千瓦级亚临界纯凝空冷火电机组能效指标

年度	统计台数（台）	前 20% 平均值		前 40% 平均值		100% 平均值	
		供电煤耗（克/千瓦时）	厂用电率（%）	供电煤耗（克/千瓦时）	厂用电率（%）	供电煤耗（克/千瓦时）	厂用电率（%）
2018	37	318.70	5.23	321.55	5.79	330.35	7.25
2017	40	320.37	5.68	322.50	6.19	329.63	7.44
2016	44	322.05	5.44	323.88	6.14	329.32	7.38

2. 主要发电集团机组能效指标

2017 年、2018 年主要发电集团 60 万千瓦级亚临界空冷火电机组能效指标见表 8 - 18。

表 8 - 18　2017 年、2018 年主要发电集团 60 万千瓦级亚临界空冷火电机组主要能效指标

集团名称	机组数量（台）		供电煤耗（克/千瓦时）		厂用电率（%）		耗水率（千克/千瓦时）		油耗（吨/年）	
			2018	2017	2018	2017	2018	2017	2018	2017
华能集团	6	纯凝 5	327.54	329.35	6.95	6.93	0.30	0.29	200.71	261.74
		含供热 1	326.66	328.18	6.66	6.70	0.30	0.28	173.61	233.2
大唐集团	12		336.49	335.64	6.29	6.66	0.36	0.38	77.82	55.83
华电集团	4	纯凝 2	331.64	327.06	8.52	9.00	0.27	0.30	126.64	70.72
		含供热 2	324.18		9.05		0.32		119.89	
国家能源集团	10	纯凝 8	323.33	324.32	7.75	7.76	0.28	0.31	45.34	48.00
		含供热 2	320.18	322.42	7.90	7.93	0.31	0.34	46.35	43.15
国家电投集团	5	纯凝 3	319.73	319.82	7.98	7.78	0.24	1.50	94.29	78.90
		含供热 2	318.05	319.02	7.82	7.68	0.24	1.25	70.78	73.68
其他发电集团	8	纯凝 7	334.01	332.66	7.88	7.70	0.28	0.32	248.14	208.60
		含供热 1	335.36	333.58	8.12	7.86	0.29	0.36	240.50	195.34

（九）60 万千瓦级火电俄（东欧）制机组能效指标

1. 机组整体能效指标

2016—2018 年 60 万千瓦级俄（东欧）制机组能效指标见表 8－19。

表 8－19　2016—2018 年 60 万千瓦级俄（东欧）制机组能效指标

年度	统计台数（台）	供电煤耗平均值（克/千瓦时）	厂用电率平均值（%）
2018	6	314.04	5.81
2017	6	314.06	5.59
2016	6	315.04	5.75

2. 主要发电集团能效指标

2017 年、2018 年主要发电集团 60 万千瓦级俄（东欧）制机组能效指标见表 8－20。

表 8－20　2017 年、2018 年主要发电集团 60 万千瓦级俄（东欧）制机组主要能效指标

集团名称	机组数量（台）		供电煤耗（克/千瓦时）		厂用电率（%）		耗水率（千克/千瓦时）		油耗（吨/年）	
			2018	2017	2018	2017	2018	2017	2018	2017
华能集团	2		310.61	312.42	5.67	5.39	1.99	1.97	202.34	84.86
国家能源集团	4	纯凝 2	322.52	320.89	6.10	5.82	0.32	0.29	201.56	101.00
		含供热 2	315.76	314.87	5.88	5.69	1.02	1.05	109.90	81.50

第九章　电力科技与信息化

第一节　电力科技发展

一、发电技术

2018 年，电力行业的科技创新，推动了行业科技进步，践行了国家绿色发展战略，提升了具有自主知识产权的核心技术的国际竞争力。

（一）水电

加强了高坝工程安全控制关键技术研究，攻克了大型地下洞室群施工关键技术难题，打造了升船机技术中国品牌，率先掌握百万千瓦等级巨型水轮机组核心技术，全面提升了我国水电科技创新和装备制造的国际竞争力。

特高拱坝工程安全风险防控技术　提出了特强震区特高拱坝全面系统的综合抗震加固措施，保证了高拱坝抗震安全，解决了溶出型腐蚀承压热水区帷幕灌浆特殊难题，首次提出卸荷裂隙密集带复杂岩体边坡综合加固治理技术，攻克了大流量、高速水流泄洪洞过流面空蚀破坏难题，解决了巨型电站主变压器运输难题。项目所依托的四川大渡河大岗山水电站工程，荣获 2018—2019 年度国家优质工程金质奖。

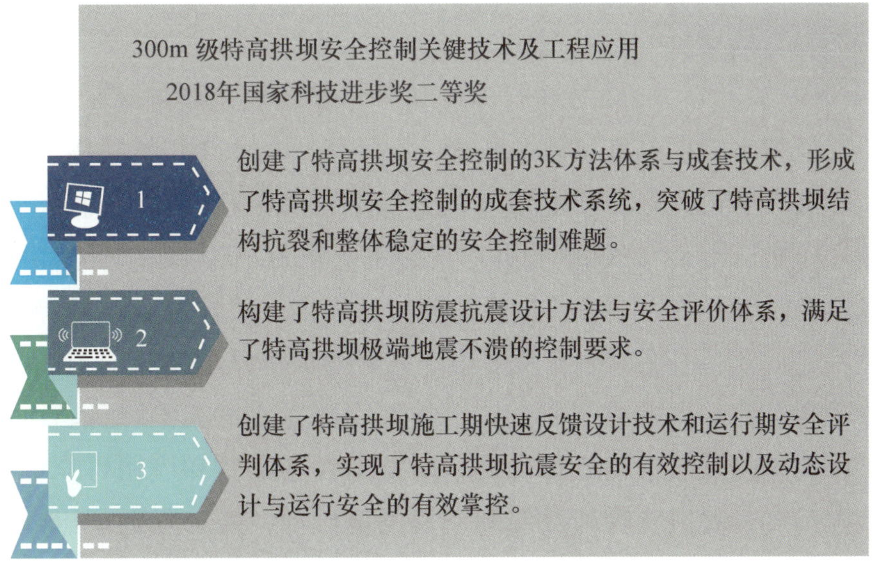

特大地下洞室群施工关键技术 研发了特大地下洞室群开挖围岩稳定和变形控制施工关键技术，提出了顶拱“先中后边，先软后硬”、边墙洞室相贯部位“间隔分序、小洞穿大洞、先洞后墙”、岩壁吊车梁“双向精确爆破、锁脚锚杆”开挖成型、厂房高边墙“施工分层、一次预裂、薄层开挖、随层支护”的成套技术，创建了通风散烟全过程动态分析模型与评价体系，研发了通风散烟、高效节能智能运行控制技术，研制了施工设备尾气净化装置，解决了深埋复杂洞室群绿色施工关键技术难题。

水力式升船机技术 研究提出了水力式升船机理论、设计、制造、施工、运行成套技术体系，为建成世界上首座景洪水力式升船机奠定了基础，实现升船机发展史上的一次技术跨越，在高坝通航领域创立了中国品牌。

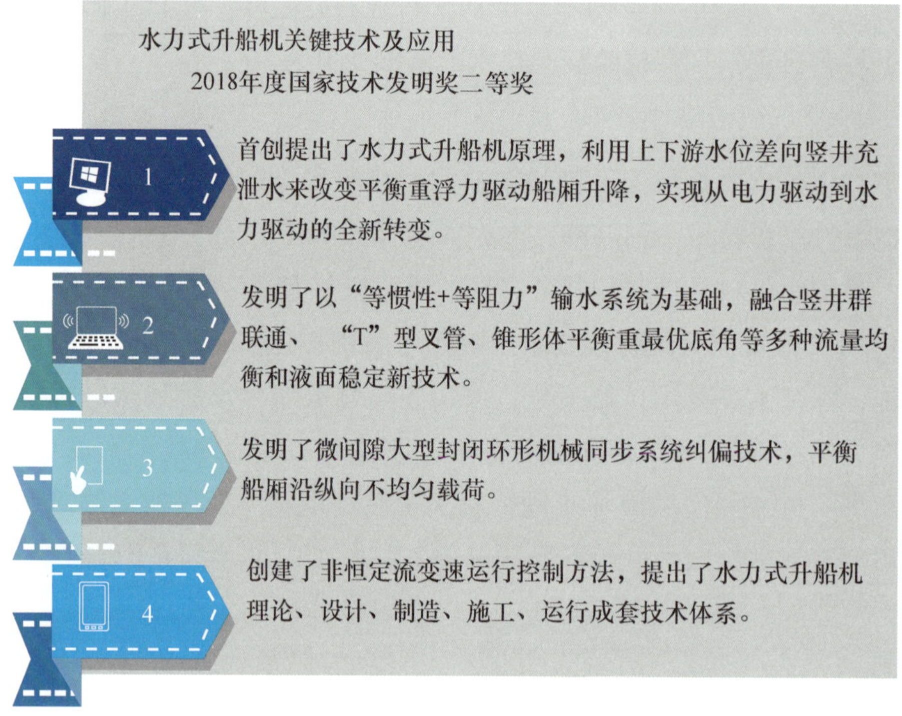

百万千瓦巨型水轮发电机组制造技术 采用先进的水力设计、CFD分析等性能预测手段，首次将全流道全工况数值仿真技术应用于工程实际，创新性开拓了水力评判标准和叶形加厚技术，首次提出并形成额定电压24千伏级空冷水轮发电机定转子绕组绝缘性能的评定项目与考核指标，首次开展定子线棒及绕组的绝缘与防晕系统仿真计算、定子绕组的绝缘性能及多因子老化寿命等试验验证研究，开展了励磁绕组内外分区高效冷却方式应用研究，较常规冷却方式可大幅降低转子线圈温升；对多种定子铁心高效散热结构进行研究，研发出性能优良和应用可靠的散热结构；创新冷却结构，在有效提升冷却空气利用率的基础上，大幅降低了机内空气流量，使电机通风损耗明显减小，满足了发电机高效率的高要求。

（二）火电

践行“高效、清洁、低碳”发展理念，开展产学研联合攻关，多项火电关键技术取得重大突破，巩固了我国在相关领域的世界领先地位。

超超临界锅炉技术　660兆瓦超超临界CFB锅炉技术占领世界制高点，进行了循环流化床锅炉污染物超低排放技术验证，二次再热锅炉技术取得重大突破，标志着我国高效清洁燃煤发电装备技术达到世界领先水平。

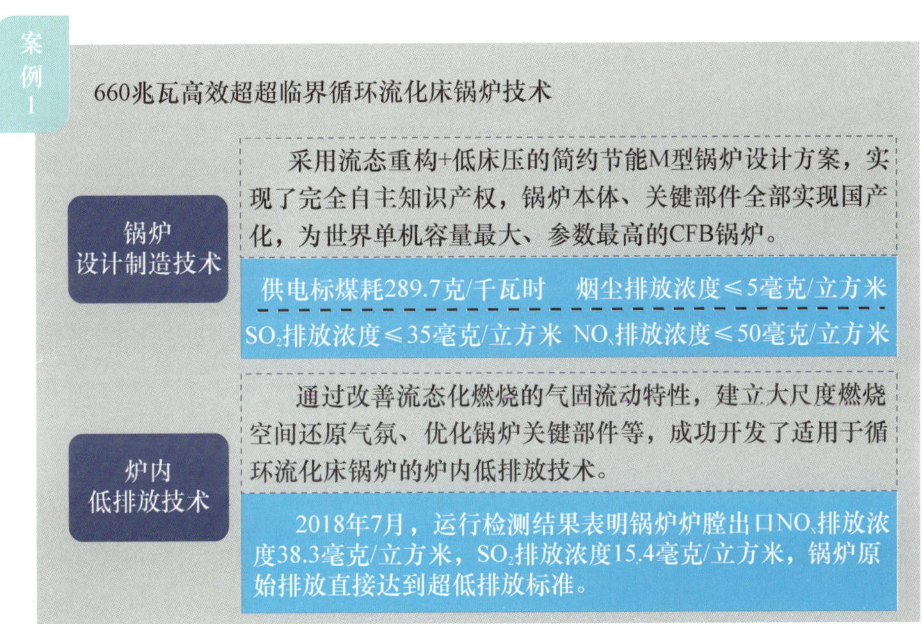

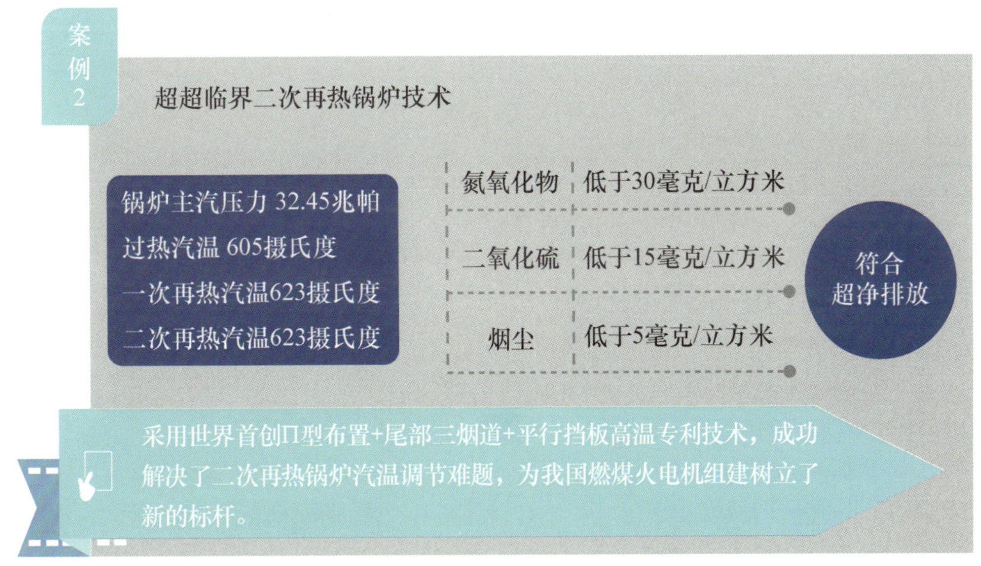

火电灵活性改造及深度调峰技术　新型汽轮机凝抽背供热技术实现了对国产热电机组运行理念的重大突破，进一步提高了我国火电机组运行的灵活性，为全面提升电力系统调峰能力提供了新手段。

实现热电解耦的汽轮机冷端近零损失供热关键技术研究及应用

2018年电力创新大奖

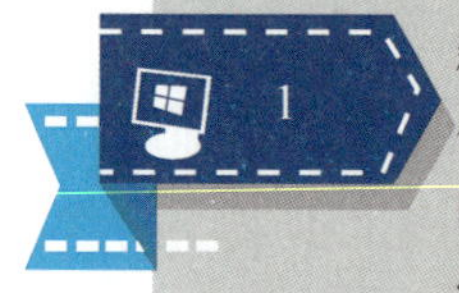

新型抽凝背供热技术，采取高效低压缸冷却蒸汽系统、辅机优化系统等配置，实现了机组在纯凝、抽汽与背压工况的实时切换和采暖季稳定运行；特别是在背压工况下，实现了机组低压缸不进汽做功的长期稳定运行。

在200兆瓦热电机组实施后热能力相比原工况提升48%，机组电负荷调峰能力增加20%以上。

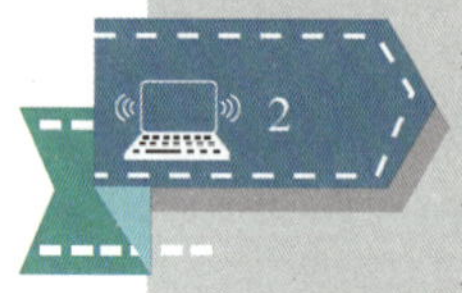

基于在线切换的双温区凝汽器高背压循环水供热技术，实现了机组在不停机情况下多种运行工况的在线切换和厂内双机背压供热的互换、供热兼电网调峰，提升了大型高背压循环水供热机组的安全性及调峰灵活性。

在350兆瓦燃煤热电机组实施后，相同电热负荷下机组煤耗降低122克/千瓦时，热能力增加189兆瓦，机组综合热效率超过90%。

火电厂废水零排放技术 针对火电厂废水零排放的关键技术问题，通过核心技术的自主研发，取得系列创新成果。

高效防垢全膜法废水零排放技术

以高效防垢全膜法为核心技术，形成了“管式膜 + 纳滤—反渗透 + 机械蒸汽再压缩”（“TMF + NF-SCRO/XRO + MVR”）火电厂废水零排放成套技术；发明了干粉加药耦合管式膜（TMF）处理技术，代替了传统的湿法加药、澄清、砂滤、超滤处理过程，解决了火电厂废水处理流程复杂、调质不充分和运行不稳定的问题；开发了反渗透膜的电子阻垢技术，集成应用特殊流道的纳滤及反渗透膜组合技术，实现膜组件高效防垢，使系统运行稳定可靠。

脱硫废水资源化处理关键技术

首创了硫酸钙常温结晶—纳滤（ATC-NF）分盐技术，开发了同步实现反应、结晶与固液分离功能一体化的常温结晶器，创造性地将常温结晶过程与纳滤膜过程耦合，打破了硫酸钙等难溶盐溶解度对膜系统浓缩的限制，实现了一、二价盐的高效分离和高品质硫酸钙的资源化回收；开发了电渗析—反渗透（ED-RO）高效膜浓缩技术，通过优选电渗析离子交换膜、优化系统设计与工艺参数，实现了在低电耗条件下将一价盐浓盐水的含盐量浓缩至18% ~20%，大幅减小了蒸发结晶装置的尺寸和运行能耗；开发了ATC-NF和ED-RO耦合集成成套工艺，实现了产品水、高品质硫酸钙和高纯度氯化钠的资源化回收。

多污染物一体化脱除技术 围绕燃煤锅炉污染物（SO_2、NO_x、PM）一体化控制技术开展研究，揭示了燃煤污染物的控制反应机理，开发了燃煤污染物一体化脱除全流程控制软件、金属间化合物柔性膜高温除尘器和产量为100千克/小时的臭氧发生器等软硬件设备，搭建了燃煤锅炉污染物全流程小试装置。在燃煤污染物脱除反应间竞争/耦合机制、一体化脱除协同优化控制理论及能效评价体系的建立等领域取得了重要进展，研制了金属件化合物柔性膜高温除尘器和大型臭氧发生器等关键性设备。

富氧燃烧碳捕集技术 自主掌握了富氧燃烧技术的成套设计、制造、调试和运行能力，为富氧燃烧碳捕集系统的成本降低提供了技术支撑。

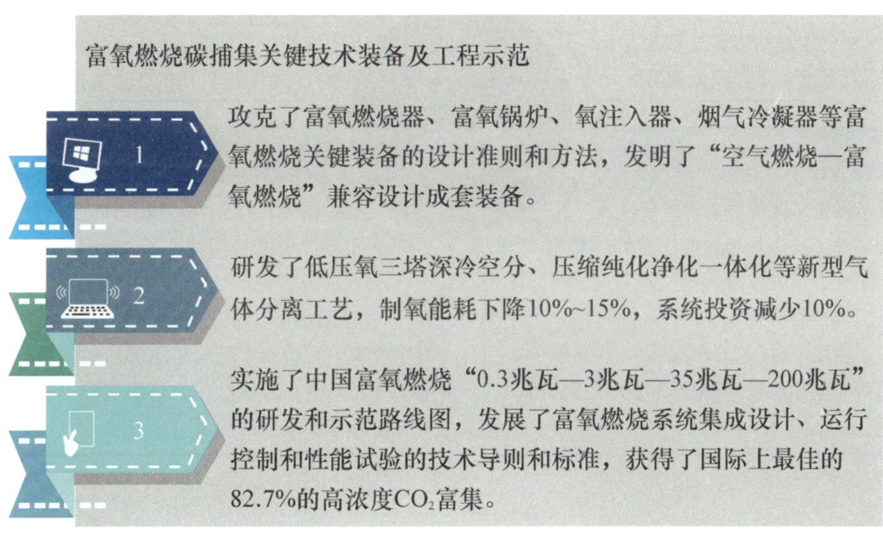

（三）核电

全面掌握第四代核电高温气冷堆蒸汽发生器制造核心技术，为石岛湾示范堆核岛安装和调试创造条件，三代核电技术持续推进，华龙一号、CAP1400设备国产化取得一系列新进展，推动我国核电建设水平和装备制造能力的全面提升。

第四代核电高温气冷堆蒸汽发生器制造技术 先后攻克了高精密换热管对接焊工艺、镍基合金环缝内孔全位置自动TIG焊接工艺、镍基合金焊接材料和焊接接头高温持久试验、低合金材料管子管板仰焊工艺等重大工艺技术。通过对狭小空间复杂形状连接管布管设计及工艺优化研究，掌握了高温气冷堆蒸汽发生器给水侧、蒸汽侧连接管的布管设计原理、连接装配工艺，克服和解决了Incoloy-800H管和T22管高温性能降低等瓶颈性难题，创造性地提出T22换热管表面高温氧化防腐蚀技术，填补了T22换热管等铁素体不耐蚀钢在高盐、高湿度条件下长时间不腐蚀的国内空白，掌握了一套完整的高温气冷堆蒸汽发生器T22换热管防腐工艺。

2018 年 6 月，蒸汽发生器内件完工，具备与壳体整体套装的条件；2018 年 7 月，蒸汽发生器内件与壳体完成整体套装；2018 年 9 月，顺利完成蒸汽发生器压力试验，标志着我国已完全掌握第四代核电高温气冷堆蒸汽发生器制造的核心技术。

"华龙一号"新进展

全范围模拟机

按照福清核电5号机组主控室1：1的比例复制，设备采用了最新一代仿真开发平台RINSIM 2.0、反应堆物理、热工水力、严重事故软件及其他工艺系统仿真软件。

核电站控制系统仿真采用了DCS实物模拟及虚拟实物模拟的仿真技术，提升了模拟机仿真精度和工程验证能力。

反应堆压力容器

攻克了M170大直径螺栓螺距加工、大尺寸厚壁径向支承键组焊、镍基材料安全端组焊、CRDM密封焊变形控制等技术难关。

实现了压力容器关键路径所有主锻件大面积堆焊、主环缝、马鞍焊缝、安全端焊缝等焊接工序质量检验一次合格，实现了自主化和批量化的先进制造。

一体化堆顶结构

实现了设备一体化和功能集成式设计，大大减少了反应堆换料时压力容器开扣盖操作工序，节省了反应堆换料时间，提高了反应堆的经济性。

同时，兼顾了对CRDM的定位、抗震保护、通风散热等重要功能，保障了核电在运行过程中的安全。

人员闸门

采用FMEA故障模式及影响分析方法，针对人员闸门机械结构进行了故障模式分析和影响程度的分级评定。

采用先进的三维集成设计技术，建立人员闸门数字样机，对传动系统与承压部件间的装配关系、静态和动态接口匹配性、设备引入与安装方案的可行性进行了三维模拟验证。

"国和一号"关键设备研制

蒸汽发生器

重大专项"CAP1400蒸汽发生器研制"通过验收（2018年8月）

掌握了超大型异型椭圆形封头锻造技术、超大型带直段锥形筒体仿形锻造技术、特大饼形锻件研制技术等制造关键技术，成功研发满足CAP1400要求的蒸汽发生器椭圆形封头、锥形筒体锻件以及管板锻件，为研制具有自主知识产权的CAP1400蒸汽发生器提供了有力的支撑，使我国具备了CAP1400蒸汽发生器的自主制造能力。

反应堆压力容器

重大专项"国和一号（CAP1400）反应堆压力容器研制"通过验收（2018年12月）

攻克了国和一号反应堆压力容器设计、关键锻件制造工艺及反应堆压力容器制造等关键技术，全面掌握了国和一号反应堆压力容器设计制造技术，实现了国和一号反应堆压力容器自主设计和自主制造

反应堆结构

CAP1400反应堆结构创新

成功开发了一套高精度的反应堆三维流场分析技术；在堆芯入口流量分配方面，采用创新性均流板方案的堆芯入口流量分配特性明显优于国内外其他压水反应堆，达到国际领先水平；开展了结构完整性和安全性综合评介，形成了一套适用于反应堆设备设计的分析评价体系，在堆内构件流致振动预测分析方面达到国际领先水平。

数字化、网络化、智能化核电　建设统一业务流程平台，开发核电数据源和数据流模型，实现智能化的跨专业、跨领域、跨阶段业务协同和信息交互与设计、采购、施工、调试过程的无缝衔接，进而实现核电业务与管理的全面协同。

中国工业大奖
中国仪器仪表学会科学技术奖一等奖

采用全生命周期可靠性设计与安全分析技术、核级信息显示和控制设备设计技术、自诊断技术、形式化验证技术、核级通信网络设计技术和嵌入式系统软件设计技术等十大关键技术，是我国具有完全自主知识产权的核级数字化仪控平台。

“和睦系统”的诞生和应用填补了我国在该领域的空白，使得我国成为全球第四个具备核极DCS研发和生产能力的国家

基于计算机仿真技术的核电厂设计验证与虚拟调试应用

中国质量技术奖一等奖

利用计算机仿真技术，建立了核电项目多专业耦合仿真模型，开发了核电项目设计验证与确认的方法与工具，构建了完整的核电项目设计、仿真推演、试验验证与虚拟调试平台，成功应用于多个在役核电项目的安全运维检测。

项目提升了“华龙一号”核电整体设计水平和核心能力，提高了中国核电在国际市场的竞争力。

（四）新能源发电

太阳能光热发电技术　突破国外技术封锁，在塔式光热发电高温太阳能吸收涂层研究领域取得重要进展，研制了一种高温太阳能光谱选择性吸收涂料；摸索出了适合国内环境的太阳岛槽式光热镜场跟踪控制技术，填补了我国大规模槽式光热发电技术的空白。

新型高效太阳能电池技术　积极开展有机太阳能电池、钙钛矿太阳能电池技术的创新研发，刷新了光电转换效率的世界最高纪录；成功研制出应用于太阳能电池的高应变点玻璃产品，实现了薄膜太阳能电池关键基础材料的国产化。

有机太阳能电池

利用半经验模型，从理论上预测了有机太阳能电池实际可以达到的最高效率和理想活性层材料的参数要求。通过采用适合的活性层材料，用成本低廉与工业化生产兼容的溶液加工方法制备得到了两端叠层有机太阳能电池，实现了17.3%的光电转化效率。

钙钛矿太阳能电池

提出了"胍盐辅助二次生长"方法，开创性地实现了钙钛矿薄膜半导体特性的调控，显著降低了器件中非辐射复合的能量损失，在提升器件开路电压方面取得了突破。

首次在反式结构器件中获得了超过1.21伏的高开路电压（材料带隙宽度为1.6电子伏）。同时，在不损失光电流和填充因子等性能参数的情况下，显著提高了反式结构钙钛矿电池的光电转换效率（实验室最高效率达到21.51%）。经中国计量科学研究院认证，器件的光电转换效率高达20.90%。

风电技术聚焦低风速双馈风电机组，在设计、制造、控制、运行四个方面取得重大创新成果；在风电装备有效监测方面积极探索，攻克了变转速诊断难题；开展海上风机研制、基础设计、施工建设、电气系统优化和运行维护5大技术攻关，实现了我国海上风电领域关键技术突破。

（1）低风速风电机组关键技术。

提出了基于自适应协方差矩阵演化策略的全局寻优方法，创建了流固耦合的低风速风电机组叶片—整机一体化协同设计平台；研发了低风速轴承的整体保持架超精导辊、整体冲压制造技术，突破了风电关键轴承高精度制造和变形工艺控制等技术瓶颈；发明了系列风能捕获智能自寻优和载荷控制算法，攻克了大叶轮高塔筒风电机组发电能力提升和机械载荷控制难题；创建了基于高斯混合模型的机组健康状态实时评价方法，研发了全生命周期健康状态监测系统，提升了机组安全运行的可靠性。

（2）风电装备故障诊断技术。

原创性提出了"故障模式分离—故障信息提取—故障定量诊断"的三位一体"逐层去扰"的诊断新技术，发明了频率跟踪加噪的故障模式分离技术、故障信息匹配稀疏提取技术和加权稀疏定量诊断技术，研发了专用测风仪、叶片声音传感器、一体化集成式监测采集器等相关产品和系统，并在风电装备上投入应用，解决了变转速诊断难题，避免了重大事故的发生。

（3）海上风电机组试验检测技术

研制了海上风电机组全参数测试系统，突破性地实现了包括机组电气特性、各个结构部件载荷特性、基础载荷特性、气象特性、海流特性、波浪特性等在内的6个方面共计80余个参数的实时测量，填补了国内海上风电机组多参数全方位测量的空白。

我国首座大型海上风电场关键技术

2018年国家科技进步奖二等奖

- 率先研制出大容量海上风机，最大可承受风速70米/秒。
- 全球首创多桩混凝土-钢组合式海上风机基础结构，被国际权威机构挪威船级社列为新的海上风电机组基础。
- 率先研发大型海上风机整体安装技术，构建初定位、软着陆与精定位一体化安装技术，解决了淤泥质海域风机施工难题。
- 提出大型海上风电场电气系统优化方法，构建基于超网络理论的全寿命周期优化模型，发布国内首套大型海上风电场集电系统优化软件。

依托上海东海大桥海上风电示范工程，建成了我国首座大型海上风电声，带动了我国海上风电产业发展，开创了国产海上风电品牌。

二、电网技术

（一）电网安全与控制

1. 电网安全控制与保护技术

电压控制技术　攻克了复杂电网自动电压控制（AVC）决策的实时性和最优性难题，使中国在电压控制领域居世界领先水平。

复杂电网自律—协同自动电压控制关键技术、系统研制与工程应用

2018年国家科技进步奖一等奖

独创了主从分裂理论，给出了收敛性定理，阐明了收敛机理，构建了合作博弈模型，使全局协同AVC的实现成为可能。

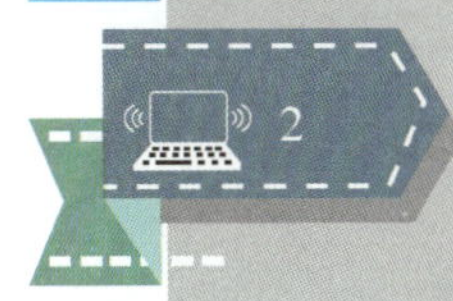

创建“自律+协同”技术体系，发明了多控制中心自律协同AVC方法，提出了风/光汇集区多尺度自律协同AVC技术，攻克AVC决策的实时性和最优性难题。

研制出世界上首套复杂电网自律协同AVC系统，构建了电网广域闭环控制体系。

该项目实现了现代电网控制中心电压控制“从人工到自动，从开环到闭环”的重大跨越，使AVC成为世界范围内电力控制中心一个新的基础闭环控制系统，引领了电力系统电压控制领域的发展与技术进步，整体上处于国际领先水平。

继电保护技术 基于先进的计算机和网络技术系统化地设计了全新的继电保护装置，芯片化保护技术取得多项创新成果。

以单一芯片内多 CPU 核实现数字化保护的 SV、GOOSE、通信等多 CPU 板卡功能，实现了关键数据不出芯片，解决了传统微机保护多 CPU 板卡导致的架构功能模块分散、数据交互复杂和装置可靠性下降等技术难题，提升了装置可靠性；突破了微机保护 CPU 顺序执行、串行处理的技术瓶颈，实现了芯片内多通道采样值全过程并行处理，以数据映射和内存共享替代板间通信，速动段动作时间较数字化保护压缩了 20%，有利于提高电力系统稳定运行裕度。继电保护技术开拓了从微机保护向芯片化保护发展升级的新方向，将有力带动电力终端的整体智能化升级，从而响应《中国制造 2025》的制造强国战略目标。

基于大数据的电网智能运检管控系统及关键技术——2018年电力创新大奖

该技术提出基于 XML Schema 模型的跨平台数据抓取技术和基于萤火虫支持向量机的运检数据规范化校核模型，实现了空间数据、环境数据、电网状态数据、电网资源数据等多元异构运检大数据的融合和规范化；提出基于气象和地形耦合、多模式匹配、动态修正的电网状态评估和风险预警模型，实现设备状态以及覆冰、树障、雷电、山火、污秽等风险的智能评估、诊断和预警；构造以成本、时间、效率为收敛条件的基于多源大数据的资源调配全局函数，实现运检数据关联分析、运检状态在线获取、运检作业远程管控、运检资源智能调配。

2. 大电网安全分析与仿真技术

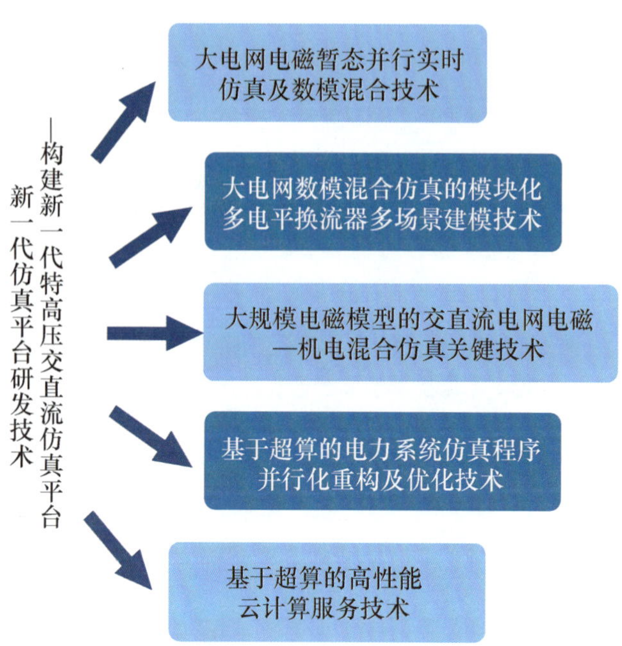

基于现有电磁暂态和混合仿真技术，探讨了从发电机、交直流线路、负荷到满足模拟三华主网规模的全电磁暂态仿真方法；设计了全电磁暂态研究开发技术方案、

交流电网全电磁暂态的具体实施方案和包含电力电子设备的全电磁暂态实施方案；提出了以半控器件为核心的超/特高压直流在全电磁暂态仿真中的建模和仿真模拟方法及大规模交直流电网全电磁暂态仿真的技术方案。新一代仿真平台的全电磁暂态仿真能力得到显著提升。

3. 电力系统运行控制与分析技术

创建了“微观—宏观”协同的交、直流电力系统连锁故障整体动力学建模与分析技术，攻克了交、直流电力系统连锁故障准确建模、快速模拟和定量分析的难题；创建了交、直流电力系统危险故障路径快速辨识和连锁故障风险主动预防技术，实现了“风险源定位—危险传播路径辨识—系统总体风险评估—风险预控”的连锁故障主动预防；创建了交、直流电力系统连锁故障在线主动阻断技术，突破了交、直流电力系统连锁故障阻断由被动型向主动型转变的技术瓶颈。交、直流电力系统连锁故障主动防御技术体系的建立，使我国在建立与特高压电网发展规模相适应的安全技术管理体系上实现了新突破，迈上了新台阶。

4. 电网防灾减灾技术

发明了电网山火定量预测新方法，开发了独特的山火实时监测新技术，揭示了山火带电灭火新原理，研制了国内外首创电网防山火系列装备；攻克电网可控融冰关键技术，全面解决导线融冰、地线和 OPGW 融冰及可控脱冰难题，研制成套设备，建立起完整的电网可控融冰技术体系。

电网大范围山火灾害带电防治关键技术（2018年国家技术发明二等奖）

创造性提出山火“定量预测—风险救援—水雾绝缘带电高扬程灭火”的不停电防治独特思路，发明了全新的电网山火灾害带电防治技术；发明电网人为山火定量预报新方法，实现提前布控，为不停电灭火赢得时间；发明了山火群发故障电网风险快速分析方法，实现山火风险最小化精准救援；首次发现水强效雾化绝缘超过空气的水雾绝缘反常现象，发明了水雾绝缘高电压带电灭火技术及装备，攻克含特高压的高压带电灭火世界难题。

电网可控融冰关键技术与设备研发及大规模应用（2018年电力创新大奖）

发明基于晶闸管的 6 脉动和 12 脉动融冰装置、基于全桥模块化多电平换流器的融冰装置，成为我国融冰装置的标准型式；首创光纤复合地线（OPGW）的融冰技术，实现地线、OPGW 与导线同期融冰；研制出动静触头绝缘等级不同的紧凑型自动接线隔离开关（占地减小 50%）、地线分段接入融冰系统的自动装置；提出换流器极限工况验证方法和现场融冰等效试验方法，实现对融冰装置的 50 安 ~ 5000 安全工况检验；创建电网融冰技术应用体系，实现电网从“被动抗冰”到“主动防冰”的转变，建立电网防冰技术、管理和作业体系，及时有序融冰，确保电网安全。

（二）输变电

通过技术攻关和试验验证，在特高压输电、柔性输电、海洋输电等方面取得了关键技术突破，研发世界首台1100千伏GIL、新一代国产化1100千伏GIS，研制成功交流500千伏交联聚乙烯海底电缆，并在世界上首次实现工程应用；攻克低纬度、高海拔、大落差直升机航巡的世界性难题，为保障电网安全稳定运行提供了技术支撑；在超导输电领域开展了试验样机研制及关键部件设计制造技术研发工作。

1. 特高压输电技术

±1100千伏特高压直流输电核心技术

突破了特高压直流成套设计、特高压换流阀阀塔内暂态电压分布数学模型建模仿真、高端换流变压器绝缘、高性能/大容量直流氧化锌电阻片制造等关键技术，实现了“直流电压、交流电压和输送容量”的全面提升。

突破了特高压直流输电换流阀、换流变压器、直流隔离开关及接地开关、直流母线避雷器、直流系统用棒形支柱复合绝缘子等特高压直流输电领域关键短板装备。

采用先进的高电压、大电流、低损耗换流技术和新一代智能电网技术，破解了远距离大功率高电压直流输电、跨大区电网互联等世界级技术难题。

1100千伏特高压交流GIL输电技术

开展电场仿真、机械力学仿真、温度场仿真、GIL柔性设计仿真、金属微粒运动特性仿真等大量的仿真分析及试验验证工作，拥有三支柱绝缘子、盆式绝缘子等关键零部件的全部核心技术和自主知识产权。

2018年3月，苏通GIL综合管廊工程刚性气体绝缘输电线路设备通过全部型式试验。这是世界上首次研制成功特高压GIL设备，将应用于苏通GIL综合管廊工程，代表国际同类设备的最高水平。

2. 柔性直流输电技术

通过技术攻关，完全掌握了多端柔性直流输电关键技术；自主研发千兆瓦级柔性直流背靠背系统装备，取得系列创新成果；针对直流电缆系统开展系统研究，为我国柔性直流输电工程的实施与安全可靠运行提供理论与试验技术支持。

柔性输电技术

220千伏静止同步串联补偿器（SSSC）

攻克了SSSC换流阀电流电压自适应取能、多级直流均压及潮流控制、串联变压器仿真建模与优化设计、超宽电流范围自励平滑启动等关键技术难题，研制了基于压接型IGBT的H桥级联换流阀、SSSC控制保护系统等核心设备，成功打造了全球首个自励型SSSC装置。

2018年12月，全球首个静止同步串联补偿器（SSSC）正式投运，是我国在柔性输电领域重要的创新实践。

多端柔性直流输电技术

首次建立了多端柔性直流输电技术体系，攻克了柔性直流输电工程的系统研究和成套设计关键技术，完成了世界首个多端柔性直流输电系统研究和成套设计，实现了大规模新能源并网的整体工程应用；研发了世界首套多端柔直工程控制保护系统，研制了适用于海上风电、柔性直流配电系统的紧凑型控制保护一体化装置；研制了世界上首套 ±160 千伏机械式高压直流断路器装备，可实现第三站在线投退，以及在 3.5 毫秒内快速切除直流线路极对地短路故障等功能；建立了高压大容量换流器和多端控制保护系统核心装备的完整试验测试平台，支撑了核心设备的产业化发展。

背靠背柔性直流输电技术

首次采用背靠背柔性直流构建换流站，实现了柔性直流技术在超高压主电网的应用，首次提出高压大容量背靠背柔性直流系统解决方案，满足异步互联电网灵活潮流交换、动态无功控制。首次研制出 700 千伏/1000 兆瓦柔性直流换流阀，实现了柔性直流换流阀在电压和容量上的突破；首次建立全热源流体散热仿真模型，优化热源分布和冷却系统。首次提出柔直换流阀过电流主动控制方法，成为柔性直流应对交流短路故障的基本控制模式。该技术开发出一种特征阻抗扫描和前馈滤波谐振抑制技术实现柔直阻抗重构，解决了由于电压源型设备接入电网带来的高频谐振新问题。

3. 海洋输电技术

自主研发世界首条500 千伏交流聚乙烯海底电缆，切实提高了海底电缆的输送容量、输送能力和供电可靠性，为促进海洋输电产业的进步和技术升级、打破国外行业垄断创造了条件。

500千伏交联聚乙烯海底电缆

采用无污染的超净绝缘材料，在电缆纵向进水、绝缘偏心、绝缘内应力消除、防侵蚀、大长度生产、储缆上船、软接头及本体制造技术、试验及标准体系等方面取得多项技术创新，代表着我国海洋输电最高技术水平。

2018年4月13日，世界首条500千伏交流聚乙烯海缆诞生，通过出厂试验。2018年10月28日，顺利抵达舟山海缆基地码头，在世界上首次实现工程应用。

4. 高海拔地区直升机航巡技术

采用高清可见光、红外吊舱、激光扫描手段全方位查找线路缺陷。通过研究实现缺陷的自动检测与识别，实现自动化全景图像采集和缺陷逐级智能识别模型，拥有航巡数据自主分析能力，提高了缺陷处理效率，完成川藏、藏中联网线路试验性航巡。

5. 超导输电技术

超导直流限流器的关键技术研究方面，额定电压160 千瓦，额定电流1 千安的电阻型超导直流限流器中间验证样机顺利通过了大电流冲击和高压绝缘试验测试，为工程样机的性能参数优化提供了标准依据和参考；在平行带材式 YBCO 超导无感线圈机械结构设计、关键工艺技术研究上实现了重要突破，攻克了高温超导线材自张紧结构设计、超导无感单元模块化集成及超导接头焊接等难题，为构造超导限流器提供了核心技术支撑；在2.5 兆瓦/5 兆焦高温超导储能装置研制方面，完成两种高温超导带材混合超导储能磁体样机，研发成功采用制冷机直接冷却和超导混合磁体技术的“车载150 千焦/100 千瓦高温超导磁储能系统”。

（三）配用电

柔性交直流配电网关键技术 依托科技示范工程，发展完善了交直流配电网理论，打造了交直流高度融合、多电压等级协调互动、高度智能化的配用电网络，实现了供电区域互联互济，提高了配网的灵活性与可控性。

国网张北柔性变电站交直流配电网示范工程

原创性地提出了融多种功能于一体的柔性变电站概念，推动了变电站关键设备由“多种设备组合”向“单一设备集成”方向发展。

首创的电力电子变压器取得5大技术突破，实现了多端口一体化变压变换、直流故障隔离等4大功能。

首创的基于柔性变电站的交直流配电网理念，将数据中心和光伏发电连接，首次实现了智能电网与云计算产业的深度结合，勾勒了未来电网发展的新形态。

攻克成套设计、“源—网—荷”控制保护等技术难题，实现了功率潮流的灵活调控、故障限流与自愈，打造了灵活开放的平台，实现了发电、电网、用户的共赢。

南网多端交直流混合柔性配网互联工程

针对系统接入、主回路参数设计、绝缘配合设计、控制保护方案等关键技术进行专项攻关，突破了大容量、多电压等级柔性直流配电网的成套设计技术。

首次研发应用关键部件复用、集成化程度高的10千伏三端口直流断路器，减少占地与设备投资约30%。

成功研制2兆瓦级的第三代半导体全碳化硅直流变压器，自主创新研发基于国产化IGCT交叉箝位换流阀，实现直流故障的微秒级自清除。

工程为国际首个±10千伏、±375伏、±110伏多电压等级交直流混合配网示范工程，也是世界最大容量的±10千伏配网柔直换流站。

配电网优化规划技术 通过典型工程示范及规模化应用，极大提升了配电网可靠性水平，配电网自愈及测试水平居国际前列。这一技术提出了源网荷协同的多维度高可靠配电网优化规划方法，解决了随机约束复杂不确定性的源网荷多目标协同规划技术难题；发明了高可靠配电网最小拓扑分布式快速自愈技术与装置，突破了多电源多联络复杂配电网故障分布式快速处理技术瓶颈；创建了高可靠配电网自愈设备高逼真场景化系统级测试技术与装备，攻克了复杂场景实时模拟和多点分散系统测试难关。

高电压计量技术 针对高电压计量难题，在方法、装置和应用三方面取得创新突破，成功研制出高可靠性现场校准系统，提升了现场校验的准确性、可靠性、安全性和便捷性，使我国在高电压计量领域由长期跟跑西方发达国家跃变为国际领先。

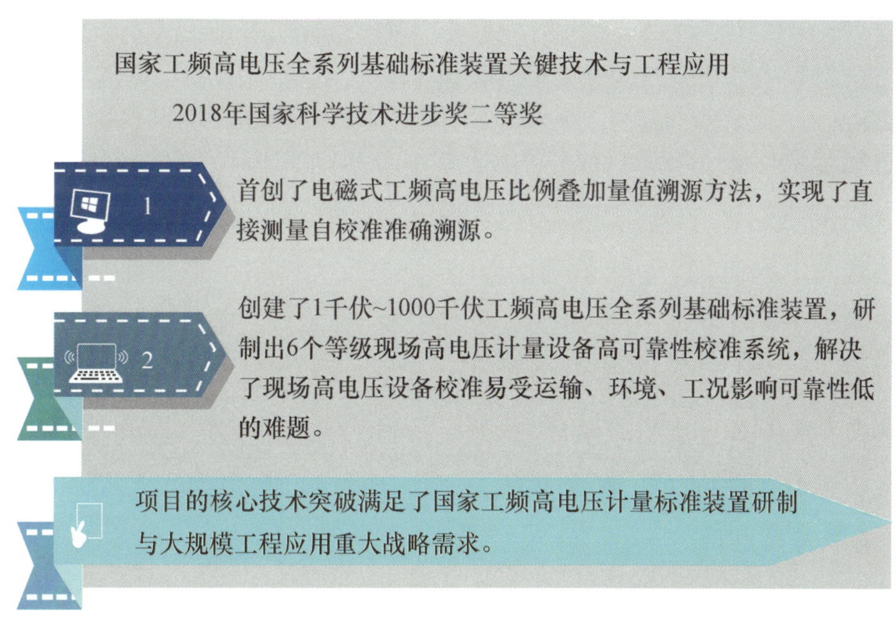

（四）新能源并网

新能源并网研发了闭环运行的大规模新能源并网协调控制类产品；攻克了电制热储热提升电网风电消纳能力的基础理论和关键技术，引领我国电网风电消纳与利用领域的技术进步。

大规模新能源并网控制技术 以实时联合调峰控制技术、多层互补控制架构技术为基础，形成了大规模新能源集群并网有功实时控制的完整解决方案，为各级调度和新能源场站提供了并网控制的软硬件装备，可实现新能源在线监测、有功闭环优化控制、多能源协调控制、跨省跨区联合调峰、市场交易电量分摊与执行、场网互动、场站就地控制等功能，在保证电网安全稳定前提下，实现新能源的最大送出和消纳。

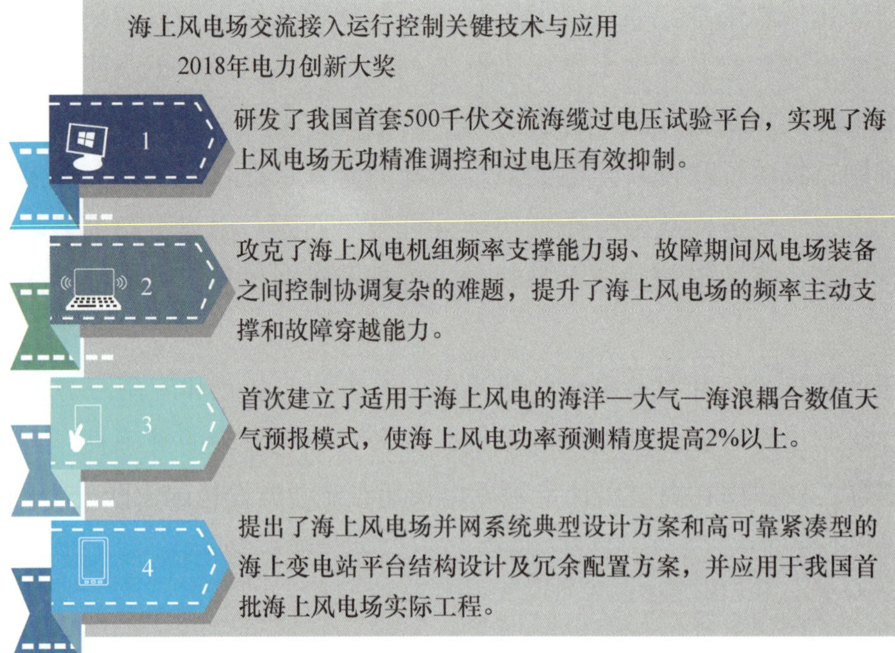

风电消纳关键技术 构建了弃风评估与电、热协同调控一体化理论体系，提出了“弃风—电制热储热—电网调控”协调技术；提出了电制热储热的电气化建模方法，实现装置与电网协同分析；研制出世界上首台大容量、低成本固态电制热储热装置，发明了大温差下的高压绝缘穿墙套管，实现高温、高压环境下大容量电制热储热装置可靠并网运行；开发了可控负荷与多能协调自动发电控制系统，实现了大规模电制热负荷与热电机组出力的“离散—连续”实时控制，最终形成了完整理论和技术体系，提升了电网风电消纳能力。

（五）储能与微电网

储能技术 成功研制国内首台具有自主知识产权的100千瓦飞轮储能装置，在压缩空气储能技术取得一系列创新性成果；发电侧、电网侧储能项目的建成投运为储能商业化应用时代的开启奠定了基础。

开发了10兆瓦级行进压缩空气储能系统的关键部件设计技术，研制出了多级间冷宽负荷压缩机、多级再热高负荷膨胀机和大容量蓄热（冷）换热器的样机；开发了10兆瓦级先进压缩空气储能系统的全工况优化设计技术、储能系统与电力系统耦合与控制技术，建成了国际首套10兆瓦级行进压缩空气储能示范系统。

攻克了多台PCS变流器直接并联技术，解决了百兆瓦级储能电站的并机系统稳定性及高低频环流谐振抑制；攻克了大规模储能虚拟同步机、虚拟励磁调压、惯性控制和协调控制等多项关键技术，实现了国内最大的新能源侧百兆瓦时储能电站的系统集成、统一调度及工程应用，率先树立了先进储能技术应用的标杆。攻克了百兆瓦级储能电站百万大数据处理关键技术，在海西州多能互补50兆瓦/100兆瓦时储能中，通信数据量达到百万点。

微电网定制化能源供应技术 围绕灵活可靠、优质高效的定制供电需求，从微电网仿真、规划等共性技术着手，瞄准多种典型供电场景下特殊的运行控制、能量管理问题，实现了微电网定制供电关键技术的重大突破。

首创了微电网功率与能量平衡关系的多能流集成母线统一建模方法，建成了国际领先的微电网综合物理仿真平台，开发了微电网规划设计系统，研制了微电网多能协调控制器，开发了多能流协调调控系统，有效解决了多能流系统优化调控难题，攻克了多微电网动态组网与并/离网无缝切换技术，研制了满足多微电网自适应动态重构需求的即插即用装置。

光储微电网技术 提出了自主同步运行特性光储微电网技术路线，突破了一系列重大技术难题：提出直流并联母线电压协调控制技术，减少直流电压变换环节，光储变换效率比国外领先产品提高 1.92%；发明阻感型虚拟中性点电压钳位控制技术，极大提高了光伏抗 PID 能力，光伏衰减率低于 2%；克服了孤岛检测世界难题，提出电压/频率全前馈和电压松弛闭环变结构控制策略，保障系统可靠自主运行；提出运行模式自辨识自切换的保护定值自适应方法，彻底解决了保护控制难以适应多种复杂工况的世界性难题，实现保护控制设备即插即用；发明功率频谱实时在线分析的储能控制方法，攻克了光伏高比例消纳难题。

分布式能源接入交直流混合微电网技术 破解了交直流混合微电网自身存在的难题，为交直流混合微电网提供了规划设计、运行控制、故障保护等一整套系统化解决方案，实现了交直流混合微电网核心装备研发和制造领域的重大突破。这一技术实现了系统优化配置技术、系统稳定控制技术及关键装置等技术创新，利用现有屋顶光伏，分别接入交流母线和直流母线，改造用户注塑机和 LED 灯等直流负荷，并根据项目需要新增铅炭电池储能系统、电动汽车充电桩、风力发电机组以及相应的交直流电能变换装置，实现了可再生能源利用和直流负荷的高可靠性供电。

三、获奖成果

2018 年电力行业获得国家科学技术奖 22 项（其中，一等奖 2 项，二等奖 20 项）；获得电力创新奖①（技术类）159 项（其中，创新大奖 4 项，一等奖 58 项，

① 根据国务院《国家科学技术奖励条例》、《关于深化科技奖励制度改革的方案》（国办函〔2017〕55 号）、国家科技部《关于进一步鼓励和规范社会力量设立科学技术奖的指导意见》（国科发奖〔2017〕196 号）和国家科技部奖励办公室有关要求，2018 年度中国电力企业联合会奖励办公室修订了奖励办法，将“中国电力创新奖”更名为“电力创新奖”，并被纳入社会科技奖励名录中，备案奖励编号“0290”。

二等奖 97 项）；获得中国电力科学技术奖 134 项（其中，一等奖 14 项，二等奖 45 项）。

2017 年、2018 年电力创新奖（技术类）项目申报获奖情况见图 9－1。

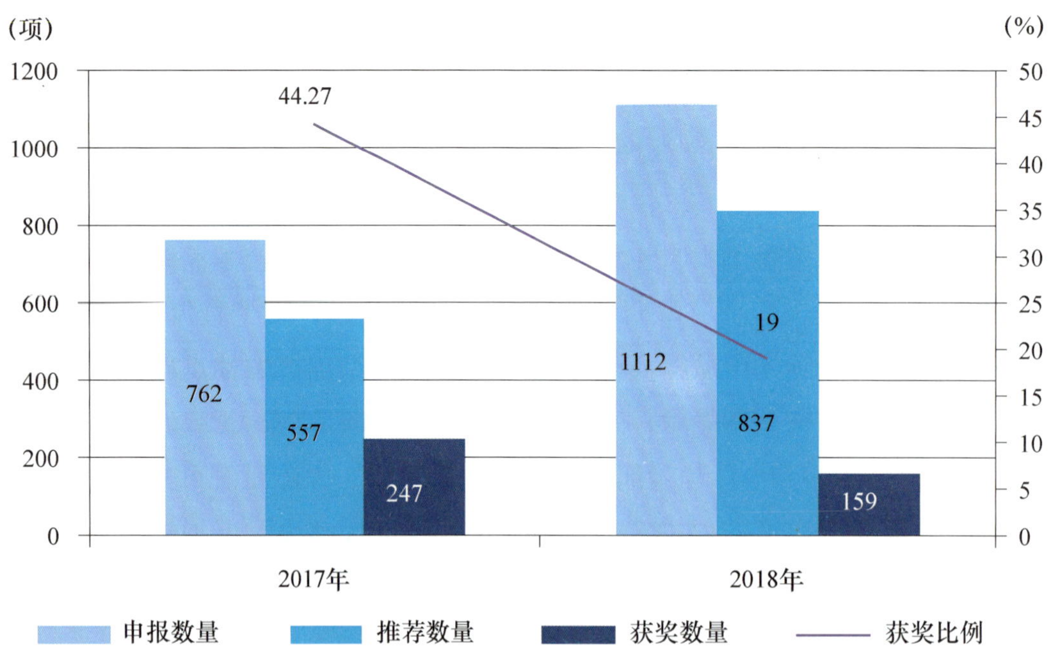

图 9－1　2017 年、2018 年电力创新奖（技术类）项目申报获奖情况

四、主要电力企业科技统计信息

国家电网公司等 21 家主要电力企业①的科研机构及其人力资源、新签科技项目、科技投入资金、知识产权统计结果如下：

（一）科技工作人员

2018 年 21 家主要电力企业共有各级科研机构 644 家，从事科研工作人员 232418 人。

2018 年主要电力企业科技工作人员学历、职称、工作分类见图 9－2。

① 21 家大型电力企业为：国家电网公司、南方电网公司、华能集团、大唐集团、华电集团、国家电投、三峡集团、中核集团、中广核、中国电建、中国能建、粤电集团、浙能集团、国投电力、陕西地电、内蒙古电力公司、华润电力、京能集团、河北建投、天津能投、深圳能源。

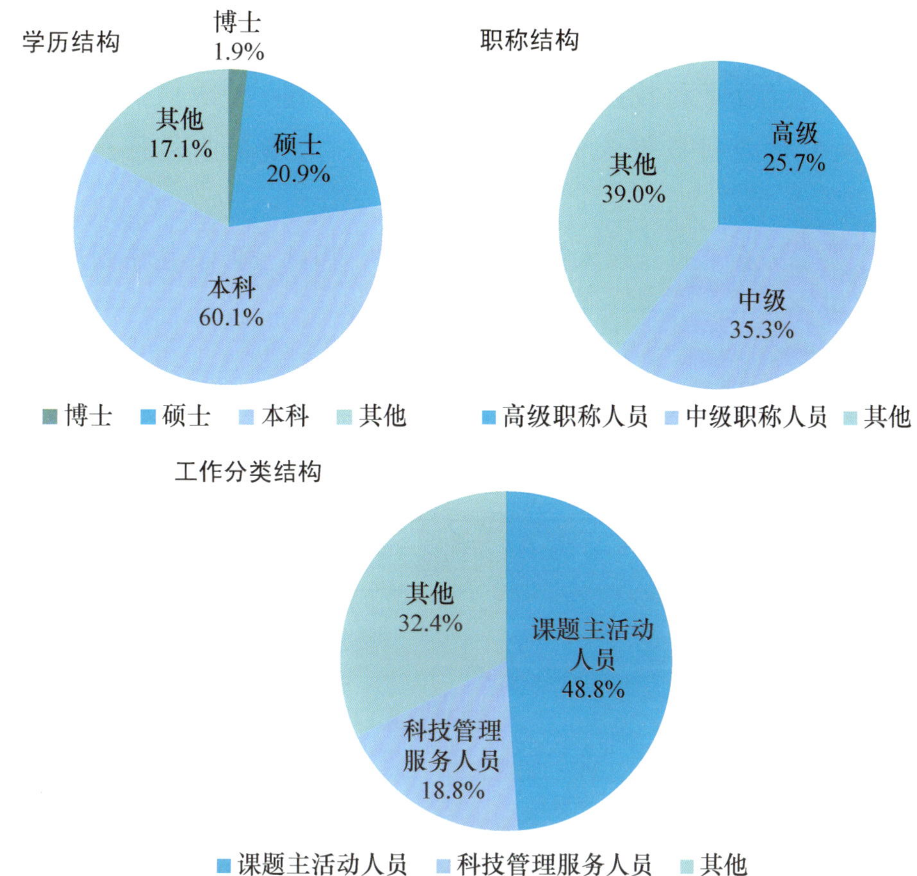

图 9－2　2018 年主要电力企业科技工作人员学历、职称、工作分类

（二）科技项目

2018 年主要电力企业科技项目 10536 项，其中横向项目①数 4458 项，纵向项目②数 6078 项。纵向项目中，国家级地方政府项目 519 项，集团公司项目 5559 项。

2018 年主要电力企业新签科技项目见图 9－3。

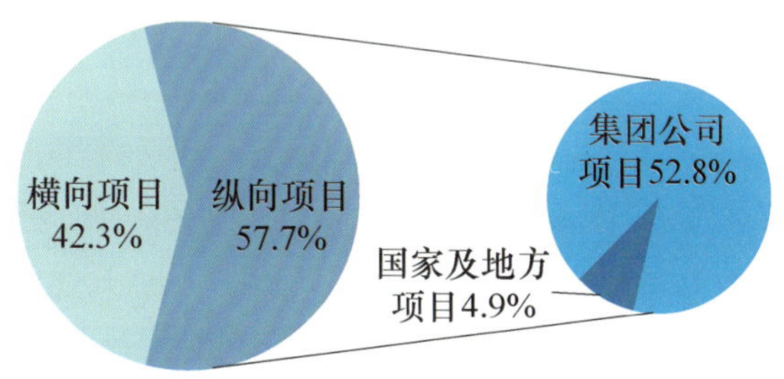

图 9－3　2018 年主要电力企业新签科技项目

① 横向项目指企事业单位、兄弟单位委托的各类科技开发、科技服务、科学研究等方面的项目，以及政府部门通过非常规申报渠道下达的项目。

② 纵向项目指上级科技主管部门或机构批准立项的各类计划（规划）、基金项目。

（三）科技投入资金

2018 年主要电力企业科技投入资金 857.4 亿元，其中，电网企业科技投入资金 393.1 亿元，发电企业科技投入资金 227.4 亿元，电建企业科技投入资金 236.9 亿元。

2018 年主要电力企业科技投入情况见图 9－4，2011—2018 年主要电力企业科技投入情况见图 9－5。

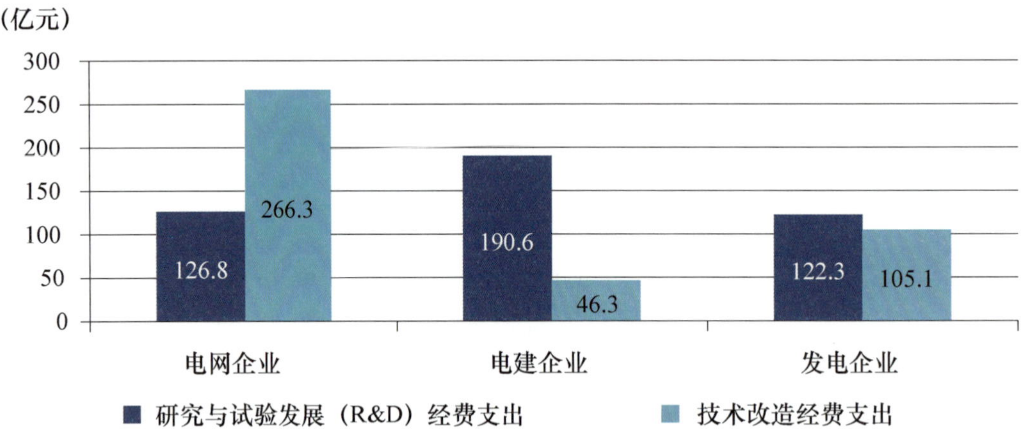

图 9－4　2018 年主要电力企业科技投入情况

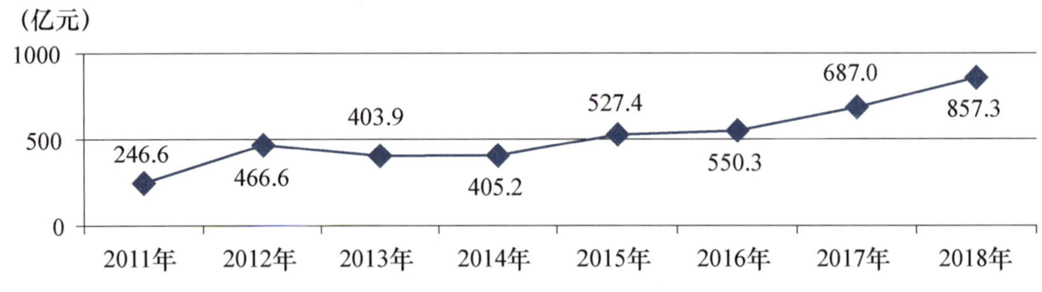

图 9－5　2011—2018 年主要电力企业科技投入情况

（四）知识产权

2018 年度主要电力企业国内专利的申请量为 39746 项，授权量为 26038 项，有效量为 141733 项；涉外专利的申请量为 127 项，授权量为 135 项，有效量为 462 项。

2018 年度主要电力企业国内专利申请授权情况见图 9－6，2011—2018 年主要电力企业专利的申请量和授权量统计见图 9－7。

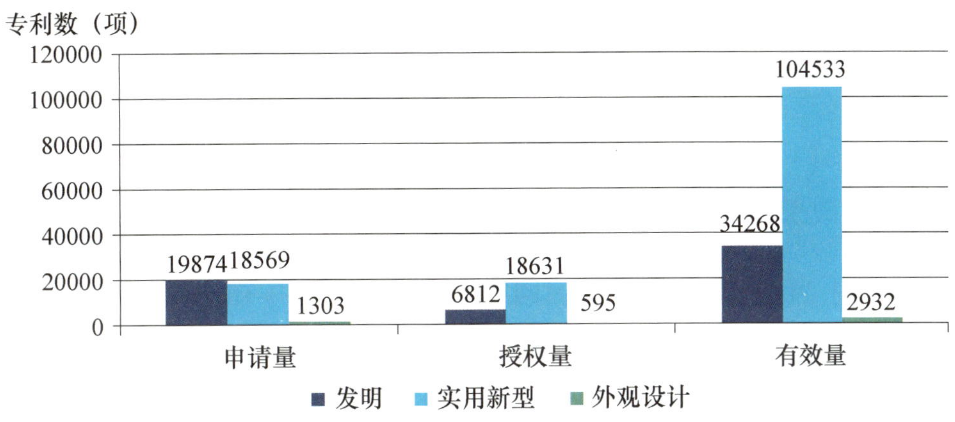

图9－6 2018年主要电力企业国内专利申请授权情况

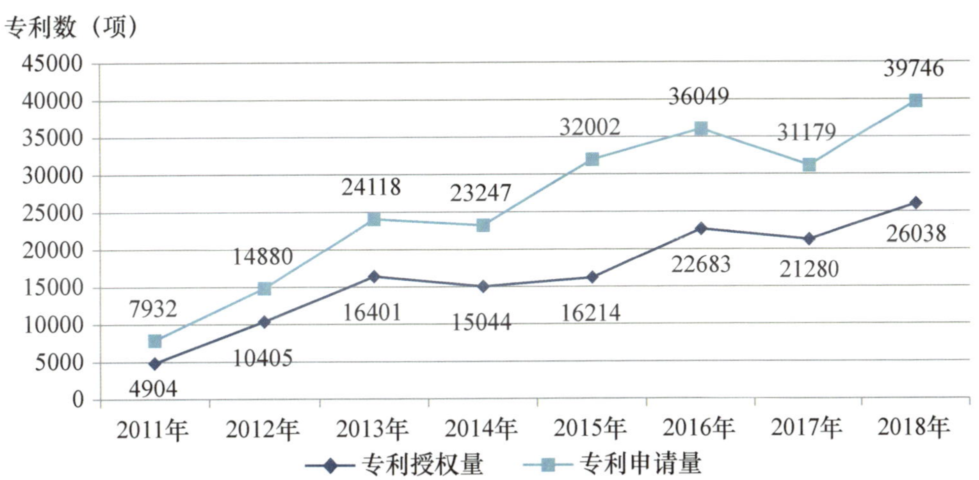

图9－7 2011—2018年主要电力企业专利的申请量和授权量统计

2018年主要电力企业公开累计发表论文16487篇，其中SCI和EI收录论文分别为360篇和1482篇；起草技术标准合计1779项，其中国际标准24项，国家标准209项。

2018年主要电力企业公开累计发表论文和起草技术标准情况见图9－8。

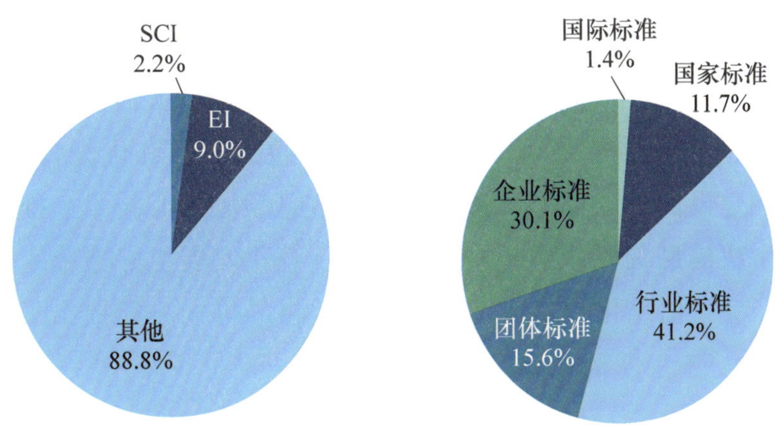

图9－8 2018年主要电力企业公开累计发表论文和起草技术标准情况

第二节　电力信息化

一、发展政策

2018 年 4 月 20 日至 21 日，全国网络安全和信息化工作会议在北京召开。中共中央总书记、国家主席、中央军委主席、中央网络安全和信息化委员会主任习近平出席会议并发表重要讲话。会议提出了关于网信事业、推进网络强国建设的以下六个方面战略重点：

重点一：网络强国战略思想形成

· 中国特色治网之道
· 统筹协调网信重大问题

重点二：树立正确的网络安全观

· 没有网络安全就没有国家安全
· 做到关口前移，防患于未然

重点三：核心技术是国之重器

· 加速推动信息领域核心技术突破

重点四：加快信息化发展，整体带动和提升新型工业化、城镇化、农业现代化发展

· 数字经济和与实体经济融合发展

重点五：加强党中央对网信工作的集中统一领导

· 对互联网规律的把握能力、对网络舆论的引导能力、对信息化发展的驾驭能力、对网络安全的保障能力

重点六：推进全球互联网治理体系变革

· 多边参与、多方参与
· 建设21世纪数字丝绸之路

2018 年 4 月 22 日，国家互联网信息办公室发布《数字中国建设发展报告（2017 年）》，报告总结了党的十八大以来数字中国建设取得的重大成就和基本经验，评估了“十三五”信息化发展主要目标、重大任务、重点工程和优先行动的进展情况，分析了数字中国建设面临的形势，就加快突破信息领域核心技术、推动信息基础设施优化升级、解决信息资源共享开放难题、让信息化发展更好造福人民、提升网络安全保障能力、完善信息化发展环境与深化开放格局等七方面提出了建设数字中国的努力方向。

二、发展现状

2018年，按照国家信息化整体战略部署和要求，电力行业进一步落实《国家信息化发展战略纲要》《“十三五”国家信息化规划》，电力企业积极推进企业信息化建设，并充分借鉴利用政府与企业、产业与企业、学校与企业、科研与企业等信息化生态链多环节、多维度环境和资源，充分发挥技术传导及引领、人才培养及利用、成果合作及利用等方面的各自优势，推动电力信息化支撑企业集团管控和经营发展，增强了电力企业市场竞争优势，实现电力企业价值提升和可持续发展。

（一）电源领域

发电企业充分运用物联网、云计算、大数据、人工智能等多领域先进技术，通过对发电设备数据进行有效分析和挖掘，形成“特征指标”，实现数据价值的共享利用，建立生产经营实时大数据平台，完成发电设备早期预警、状态分析、故障诊断方面的探索性技术突破，推进大数据、物联网、云计算、人工智能等新兴技术与各产业板块深度融合。

◆ **数字化智慧（能）化发展：**华能集团建立生产经营实时大数据平台（工业互联网）、华电集团成立数字化转型工作办公室（华数办），国家能源集团建设智能采购平台——国家能源e购平台，国家电投积极开展智慧能源发展路径研究，探索智慧能源新型商业模式和体制机制创新途径。三峡集团积极参与国家网络安全、国产密码试点示范等重大工程，“集团公司网络安全专项行动”在公安部网络安全执法检查中获得高度肯定。中核集团全面启动“数字核电”一期重点项目建设。

◆ **强化网络安全保障协调：**中广核调整集团网络安全和信息化委员会。开展关键信息基础设施保护研究及实施，建设网络安全态势感知平台，保障核电站网络安全运行。粤电集团提出“YD6322”信息化总体框架，完成广东能源集团网络安全态势感知和检测预警系统体系设计，建立关键信息基础设施安全保护管理体系，提升网络与信息安全防护水平。

◆ **加强信息一体化建设：**中国长江电力股份有限公司打造“电力生产调控一体化能力，跨区域大型水电站群检修维护精细化管控能力”持续助力“大国重器、利在千秋”高质量、全球水电引领发展。中核集团江苏公司持续推进系统化、纵深化科技创新改革，打造“核电生产现场安全管控能力，核电设备维修精细化管控能力，基于主数据管理平台的核电厂SSCs全生命周期管理能力”，助力企业实现“做世界核电行业的引领者”的愿景。大唐集团乌沙山、彭水、抚州等电厂按照集团统一部署，积极推进两化融合贯标工作，2018年底前顺利完成两化融合评定。

（二）电网领域

电网企业以培育具有国际竞争力的民族品牌为目标，提升面向全球市场提供电工装备、系统集成和增值服务等产品智能化水平；以“提质、增效、升级”为主线，重点发展智能制造水平，显著增强核心竞争力，推动行业技术进步和产业结构优化升级；以“互联网+”为基础，深入推进工业化和信息化融合，深化大数据、云计算、物联网、移动互联技术应用，提升制造环节的信息化支撑能力。

◆ **国家电网公司** 以信息通信技术支撑能源互联网创新发展为使命，开拓车联网、云服务、物联网、地理信息、信息安全等业务，建设集车、桩全寿命周期、清洁替代、电能替代、智能互动、金融创新等线上、线下服务功能为一体的创新业态。国家电网公司上海、冀北、山东等11家企业持续开展“两化融合”贯标及改进工作，持续提升信息化，助力企业战略可持续发展水平。

◆ **南方电网公司** 完善公司网络安全和信息化工作体制机制，推进公司业务协同和数据质量治理工作，全面提升信息化与业务的融合，夯实公司数字化转型基础，积极开展信息化扶贫帮扶工作，公司未发生一起网络安全事件，关键应用系统运行率100%，信息网络运行率100%。

◆ **内蒙古电力公司** 大力推进信息化建设及管理工作，组建信息化建设支撑工作组，完成公司《“十三五”信息化规划》修编，全面对标国家电网公司信息化建设成果，进一步提升公司信息化建设管控能力。陕西地电建立“全局可视、态势感知、内外兼顾、立体防护”的全新安全体系，持续提升公司网络与信息安全水平。

第十章 电力标准化

第一节 国家、行业标准化发展

2018 年，电力标准化工作扎实推进，取得了新进展，实现了新突破。新修订的《标准化法》正式实施，标准化综合改革工作纵深推进，标准制修订工作提质增效，中国专家首次当选 IEC 主席、连任 ITU 秘书长，国际标准提案位居前列。强制性标准进一步精简整合，强制性国家标准数量由 3600 多项精简到 2100 项；推荐性标准进一步优化，新制定发布推荐性国家标准 2657 项、国家标准样品 91 项，批准立项国家标准 2178 项。电力标准化工作按照标准化改革的要求，围绕电力产业政策发展方向，持续在能源互联网、新能源发电、电动汽车充电设施等新兴领域，加快标准的制修订步伐。经有关部门批准，2018 年共发布中电联归口管理电力标准 506 项，其中，国家标准 49 项，包括国家标准化管理委员会批准发布 43 项，住房和城乡建设部批准发布工程建设国家标准 6 项；国家能源局批准发布行业标准 337 项，行业标准英文版 46 项；中国电力企业联合会发布中电联标准 74 项。

一、水电

2018 年，在水电基础和通用、施工安全、施工安装、设备和试验、运行维护等方面加大了标准制修订工作力度，进一步完善了水电标准体系。水电领域立项标准 53 项，其中国家标准 3 项，行业标准 34 项，中电联标准 16 项；发布标准 37 项，其中国家标准 4 项，行业标准 32 项，中电联标准 1 项。

水电领域发布的重要标准见图 10 – 1。

二、火电

2018 年，火电领域标准化建设在面临去产能、更多地承担电力系统调峰任务的情况，加大了在工程质量、新技术、新工艺以及智能控制方面的标准制修订力度，为火电转型发展提供了技术支撑。火电领域立项标准 102 项，发布标准 85 项。

火电领域发布的重要标准见图 10 – 2。

基础和通用

GB/T 36550—2018《抽水蓄能电站基本名词术语》
GB/T 36294—2018《抽水蓄能发电企业档案分类导则》

我国抽水蓄能电站建设发展迅速，抽水蓄能电站在电网中发挥了重要作用，为进一步推动抽水蓄能电站的建设的运行，制定了抽水蓄能电站术语标准和抽水蓄能电站档案分类标准。

施工安装

GB/T 51320—2018《建设工程化学灌浆材料应用技术标准》
DL/T 5362—2018《水工沥青混凝土试验规程》
DL/T 5425—2018《深层搅拌法地基处理技术规范》
DL/T 5761—2018《水工混凝土界面处理剂施工技术规范》
DL/T 5777—2018《水工混凝土掺用硅粉技术规范》
DL/T5113.14—2018《水电水利基本建设工程单元工程质量等级评定标准第14部分：混凝土面板堆石坝工程》

随着中国水电工程建设的推进，水电施工技术水平得到了进一步的发展，促进了新工艺、新材料的广泛应用，制定了系列施工工艺和材料应用标准。为了保障施工质量，修订了混凝土面板坝质量评定标准。这些标准对保障水电施工质量、推进水电工程智能建造提供了有力支撑。

运行维护

GB/T 36570—2018《水力发电厂消防设施运行维护规程》
DL/T 710—2018《水轮机运行规程》
DL/T 1869—2018《梯级水电厂集中监控系统运行维护规程》

水电站无人值班、状态检修的发展需求，对水电站设备的运行提出了新的要求，按照新的电站管理模式要求，制定了水电站消防设备、梯级水电厂集中监控运行维护标准，修订了水轮机运行标准。

施工安全

DL/T 1886—2018《水电水利工程砂石筛分机械安全操作规程》
DL/T 1887—2018《水电水利工程砂石破碎机械安全操作规程》
DL/T 5773—2018《水电水利工程施工机械安全操作规程混凝土运输车》

混凝土运输车、砂石筛分机械、砂石破碎机械的安全操作是保障人员安全基础，制定施工机械安全操作标准，对施工机械的安全操作程序做出规定，保障操作人员的生命安全，进一步提高水电施工安全技术水平。

设备和试验

DL/T 489—2018《大中型水轮发电机静止整流励磁系统试验规程》
DL/T 583—2018《大中型水轮发电机静止整流励磁系统技术条件》
DL/T 1803—2018《水电厂辅助设备控制装置技术条件》
DL/T 1809—2018《水电厂设备状态检修决策支持系统技术导则》
DL/T 1818—2018《可逆式水泵水轮机调节系统试验规程》
DL/T 1819—2018《抽水蓄能电站静止变频装置技术条件》
DL/T 1859—2018《水电厂转速监测装置技术条件》
DL/T 5762—2018《梯级水电厂集中监控系统安装及验收规程》

水电站设备技术的进步促进了水电站智能化的发展，根据集中监控系统、励磁系统、水轮机调节系统、静止变频装置、辅助设备控制装置、自动化原件的最新发展，制定了一批水电站设备技术条件和试验标准，为提高水电站设备运行可靠性，提升水电站智能化水平起到了促进作用。

图10－1　水电领域发布的重要标准

自动化与控制

GB/T 36285—2018《火力发电厂汽轮机电液控制系统技术条件》
GB/T 36293—2018《火力发电厂分散控制系统技术条件》
DL/T 1091—2018《火力发电厂锅炉炉膛安全监控系统技术规程》
DL/T 1926—2018《火力发电机组自启停控制系统技术导则》
DL/T 1949—2018《火力发电厂热工自动化系统电磁干扰防护技术导则》

规范了火电厂自动化控制系统的技术要求，对今后控制系统的设计、调试、运行、检修起到了决定性作用。不仅保证了火电厂热工自动化系统的长期、安全、稳定运行，同时为火电厂智能电站技术的发展奠定了良好基础。

试验与测试

DL/T 1836—2018《矿物绝缘油与变压器材料相容性测定方法》
DL/T 1077—2018《离子交换树脂有机溶出物测定方法》
DL/T 1845—2018《电力设备高合金钢里氏硬度试验方法》
DL/T 1915—2018《火电厂低浓度颗粒物测试技术规范重量法》

规范了在化学、金属材料及烟气排放检测等方面的试验方法和要求，对近年来的新技术，新设备，新材料，新工艺进行了全面的总结，标准中积极采用国外先进标准，确保了设备长周期安全可靠运行。

施工质量验收与评价

DL/T 5210.2—2018《电力建设施工质量验收规程 第2部分：锅炉机组》
DL/T 5210.3—2018《电力建设施工质量验收规程 第3部分：汽轮发电机组》
DL/T 5210.4—2018《电力建设施工质量验收规程 第4部分：热工仪表及控制装置》
DL/T 5210.5—2018《电力建设施工质量验收规程 第5部分：焊接》
DL/T 5764—2018《火电工程质量评价标准》

规范了火电工程施工和现场加工配制的质量验收及质量评价规则和方法。在施工过程中通过采用新技术、新工艺、新材料、新装备、新流程，加强了工程建设质量管理与控制，提高了设备的运行效率，降低了煤耗，在节能及减排等方面发挥了重要作用。

智能燃煤系统

T/CEC 156—2018《火力发电企业智能燃煤系统技术规范》
第1部分：智能燃煤系统结构和功能
第2部分：燃煤接卸输送和掺配设备
第3部分：燃煤计量和质量检测设备设施
第4部分：储煤场设备设施
第5部分：智能化管控平台
第6部分：燃料管理信息系统

本系列标准规范了火力发电企业智能燃煤系统结构及各组成部分，包括燃煤接卸输送掺配、计量与检测、储煤场、管控平台和燃料管理信息软件的功能和技术要求，对火电厂智能燃料的研发、设计、建设和管理起到了指导、监督作用，为提高火电厂燃料管理技术水平提供了坚强保障，对于智慧电厂的建设具有积极的推进作用。

图 10－2　火电领域发布的重要标准

三、核电（核电常规岛和 BOP）

核电常规岛及 BOP 领域已基本形成了与国际接轨、适应我国核电行业实际情况、基本满足核电企业实际需求的标准体系，标准在核电工程设计、建设与运营中得到广泛应用，为核电"走出去"在标准化支撑方面提供了有力保障。2018 年，核电常规岛和 BOP 领域标准体系得到进一步完善，形成涵盖通用和基础、前期工作、工程设计、设备、建造、调试、运行、退役等 8 个部分、201 项标准组成的标准体系表。全年立项标准 23 项，发布标准 14 项。

核电常规岛及 BOP 领域发布的重要标准见图 10－3。

设备运行维护

NB/T 25085—2018《核电厂常规岛焊接技术规程》
NB/T 25084—2018《核电厂常规岛焊接工艺评定规程》
NB/T 25082—2018《核电厂设备构件超音速火焰喷涂修复技术规范》

规范了核电厂常规岛及BOP压力容器、压力管道与承重结构等钢制构件的焊接修复技术要求及工艺评定规范，以及厂内设备构件超音速火焰喷涂修复技术要求，有效提升核电厂常规岛及BOP 机械设备焊接及喷涂等修复方式的规范化、标准化，减少机械设备断裂及腐蚀事故，对确保核电厂的安全、经济运行具有重要的意义。

试验与测试

NB/T 25080—2018《核电厂水泵定期试验规范》
NB/T 25081—2018《核电站管道系统振动测试与评估》
NB/T 25083—2018《核电厂汽轮发电机组隔振基础测试技术导则》
NB/T 25087—2018《核电厂水处理用离子交换树脂动力学性能试验方法》

规定了核电厂水泵定期试验方法、管道系统的振动测试与评估方法、汽轮机组隔振基础测试要求以及水处理系统用颗粒状离子交换树脂的动力学性能试验方法，对规范核电厂的水泵、管道系统、发电机组、水处理系统等重要设备的试验测试工作有重要意义。

调试及质量验收

NB/T 25088—2018《压水堆核电厂凝汽器真空系统调试导则》
NB/T 25093—2018《核电厂汽轮机数字电液控制系统调试导则》
NB/T 25086—2018《核电厂常规岛焊接工程质量验收规程》
NB/T 25079—2018《核电厂常规岛设备和管道防腐蚀工程质量验收规范》

规定了压水堆核电厂焊接工程、设备和管道防腐蚀工程的质量验收规范，以及汽轮机数字电液控制系统、凝汽器真空系统的调试试验内容和验收要求，对减少机械设备裂纹及腐蚀事故、规范国内压水堆核电厂真空系统、汽轮机数字电液控制系统的调试工作具有指导意义。

图 10－3　核电常规岛及 BOP 领域发布的重要标准

四、新能源

2018 年，在风力发电、太阳能发电、电力储能、微电网及垃圾发电等方面开展了标准制修订工作，新能源标准体系进一步完善，促进了新能源行业健康有序发展。新能源领域立项标准 49 项，发布标准 60 项，其中，风力发电标准 13 项，太阳能发电标准 11 项，电力储能标准 18 项，微电网及分布式电源标准 13 项，垃圾发电标准 5 项。

新能源领域发布的重要标准见图 10－4。

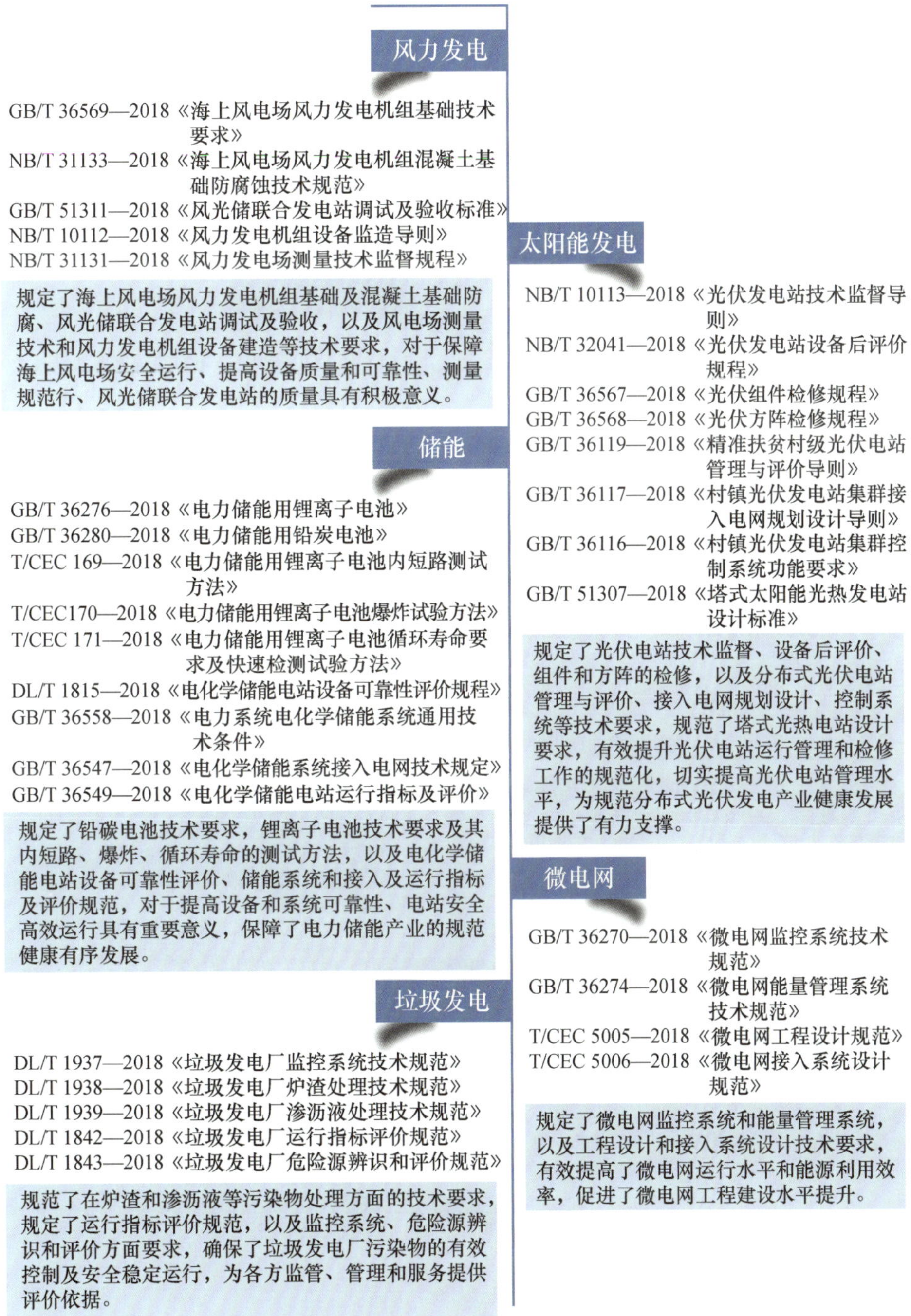

风力发电

GB/T 36569—2018《海上风电场风力发电机组基础技术要求》
NB/T 31133—2018《海上风电场风力发电机组混凝土基础防腐蚀技术规范》
GB/T 51311—2018《风光储联合发电站调试及验收标准》
NB/T 10112—2018《风力发电机组设备监造导则》
NB/T 31131—2018《风力发电场测量技术监督规程》

规定了海上风电场风力发电机组基础及混凝土基础防腐、风光储联合发电站调试及验收，以及风电场测量技术和风力发电机组设备建造等技术要求，对于保障海上风电场安全运行、提高设备质量和可靠性、测量规范行、风光储联合发电站的质量具有积极意义。

太阳能发电

NB/T 10113—2018《光伏发电站技术监督导则》
NB/T 32041—2018《光伏发电站设备后评价规程》
GB/T 36567—2018《光伏组件检修规程》
GB/T 36568—2018《光伏方阵检修规程》
GB/T 36119—2018《精准扶贫村级光伏电站管理与评价导则》
GB/T 36117—2018《村镇光伏发电站集群接入电网规划设计导则》
GB/T 36116—2018《村镇光伏发电站集群控制系统功能要求》
GB/T 51307—2018《塔式太阳能光热发电站设计标准》

规定了光伏电站技术监督、设备后评价、组件和方阵的检修，以及分布式光伏电站管理与评价、接入电网规划设计、控制系统等技术要求，规范了塔式光热电站设计要求，有效提升光伏电站运行管理和检修工作的规范化，切实提高光伏电站管理水平，为规范分布式光伏发电产业健康发展提供了有力支撑。

储能

GB/T 36276—2018《电力储能用锂离子电池》
GB/T 36280—2018《电力储能用铅炭电池》
T/CEC 169—2018《电力储能用锂离子电池内短路测试方法》
T/CEC170—2018《电力储能用锂离子电池爆炸试验方法》
T/CEC 171—2018《电力储能用锂离子电池循环寿命要求及快速检测试验方法》
DL/T 1815—2018《电化学储能电站设备可靠性评价规程》
GB/T 36558—2018《电力系统电化学储能系统通用技术条件》
GB/T 36547—2018《电化学储能系统接入电网技术规定》
GB/T 36549—2018《电化学储能电站运行指标及评价》

规定了铅碳电池技术要求，锂离子电池技术要求及其内短路、爆炸、循环寿命的测试方法，以及电化学储能电站设备可靠性评价、储能系统和接入及运行指标及评价规范，对于提高设备和系统可靠性、电站安全高效运行具有重要意义，保障了电力储能产业的规范健康有序发展。

微电网

GB/T 36270—2018《微电网监控系统技术规范》
GB/T 36274—2018《微电网能量管理系统技术规范》
T/CEC 5005—2018《微电网工程设计规范》
T/CEC 5006—2018《微电网接入系统设计规范》

规定了微电网监控系统和能量管理系统，以及工程设计和接入系统设计技术要求，有效提高了微电网运行水平和能源利用效率，促进了微电网工程建设水平提升。

垃圾发电

DL/T 1937—2018《垃圾发电厂监控系统技术规范》
DL/T 1938—2018《垃圾发电厂炉渣处理技术规范》
DL/T 1939—2018《垃圾发电厂渗沥液处理技术规范》
DL/T 1842—2018《垃圾发电厂运行指标评价规范》
DL/T 1843—2018《垃圾发电厂危险源辨识和评价规范》

规范了在炉渣和渗沥液等污染物处理方面的技术要求，规定了运行指标评价规范，以及监控系统、危险源辨识和评价方面要求，确保了垃圾发电厂污染物的有效控制及安全稳定运行，为各方监管、管理和服务提供评价依据。

图 10－4　新能源领域发布的重要标准

五、电网

2018 年，电网领域在积极开展输变电变压器设备、带电作业技术及工器具等相关领域基础标准制修订的同时，加强了智能电网柔性交直流输电、节能与环保等重点领域的标准体系研究，制修订了一批重点标准。全年立项标准 422 项，发布标准 238 项。

电网领域发布的重要标准见图 10－5。

电力变压器及设备

DL/T 363—2018《超、特高压电力变压器(电抗器)设备监造导则》
DL/T 1798—2018《换流变压器交接及预防性试验规程》
DL/T 1808—2018《干式空心电抗器匝间过电压现场试验导则》
DL/T 1093—2018《电力变压器绕组变形的电抗法检测判断导则》
DL/T 1095—2018《变压器油中带电度现场测试方法》
DL/T 1799—2018《电力变压器直流偏磁耐受能力试验方法》
DL/T 1807—2018《油浸式电力变压器、电抗器局部放电超声波检测与定位导则》
DL/T 1814—2018《油浸式电力变压器工厂试验油中溶解气体分析判断导则》
DL/T 1984—2018《油浸式变压器绝缘老化判断导则》
DL/T 1094—2018《电力变压器用绝缘油选用导则》
DL/T 1811—2018《电力变压器用天然酯绝缘油选用导则》
DL/Z 1812—2018《低功耗电容式电压互感器选用导则》
DL/T 1805—2018《电力变压器用有载分接开关选用导则》
DL/T 1806—2018《油浸式电力变压器用绝缘纸板及绝缘件选用导则》
DL/T 1810—2018《110（66）kV六氟化硫气体绝缘电力变压器使用技术条件》
DL/T 1811—2018《电力变压器用天然酯绝缘油选用导则》

随着电网的发展，特高压工程的建设，对变电站变压器等众多标准的需求越来越迫切，2018年在电力变压器（电抗器）设备监造、试验指导和方法手段，和原材料组部件的选用等方面，做了重点布局规划，发布了一系列标准，包括变压器设备监造、变压器预防性试验、现场试验、直流偏磁耐受能力试验、局部放电超声检测与定位、电压互感器选用、绝缘油选用等，全面支撑“三交三直五扩建”特高压工程设备监造工作，为变压器预防性试验等提供了依据，有效地支撑国网、南网、发电集团等单位的设备质量控制需求，结合电力变压器用套管、片式散热器、绕组线、电工钢带、吸湿器等原材料组部件选用类标准，逐步形成了完善的标准体系，涵盖电力变压器系列、互感器系列、电力变压器原材料组部件系列、消弧线圈系列等，减少了标准交叉重复的现象，又达到了方便使用和管理的目的。针对人口密集地带、土地资源不足、用电需求量大地区，颁布的气体变压器标准，能有力支撑城市临时用电、紧急保电、绿色环保等需求。

柔性输电

电网运行控制及智能电网

DL/T 1870—2018《电力系统网源协调技术规范》
DL/T 1860—2018《自动电压控制试验技术导则》
DL/T 1231—2018《电力系统稳定器整定试验导则》
DL/T 1872—2018《电力系统即时消息传输规范》
DL/T 1871—2018《智能电网调度控制系统与变电站即插即用框架规范》
DL/T 1875—2018《智能变电站即插即用接口规范》
DL/T 1873—2018《智能变电站系统配置描述（SCD）文件技术规范》
DL/T 1874—2018《智能变电站系统规格描述（SSD）建模工程实施技术规范》
T/CEC 182—2018《微电网并网调度运行规范》
GB/T 36273—2018《智能变电站继电保护和安全自动装置数字化接口技术规范》

基于我国更高电压等级交流电网快速发展、大容量特高压直流大量投运、新能源规模迅速扩大，以及并网电力电子设备指数增长等新形势，依托NQI重点专项“特高压交直流混联大电网运行关键技术标准研究”工作，电网运行控制及智能电网领域逐步形成一系列重要标准，包括电力系统元件建模及仿真关键技术相关标准、新能源资源评估和调度运行控制关键技术等相关标准。电力系统网源协调技术等标准的发布，满足大容量直流和大规模新能源接入后提高电网仿真精度和效率、强化电网防御水平、提升电网状态的快速感知能力、促进新能源精细化控制和充分消纳的需求，保障我国电网由传统交流同步电网向特高压交直流混联电网安全过渡，并指导未来特高压电网规划、设计、运行控制。同时，为落实“一带一路”倡议提供技术支撑，为我国在相关技术领域拥有国际话语权奠定基础，为IEC国际标准的立项奠定基础。

图 10－5　电网领域发布的重要标准

GB/T 37008—2018《柔性直流输电用电抗器技术规范》
GB/T 37014—2018《海上柔性直流换流站检修规范》
GB/T 37011—2018《柔性直流输电用变压器技术规范》
GB/T 36498—2018《柔性直流换流站绝缘配合导则》
GB/T 37010—2018《柔性直流输电换流阀技术规范》
GB/T 37013—2018《柔性直流输电线路检修规范》
GB/T 37012—2018《柔性直流输电接地设备技术规范》
GB/T 37015.1—2018《柔性直流输电系统性能 第1部分：稳态》
GB/T 37015.2—2018《柔性直流输电系统性能 第2部分：暂态》
GB/T 36955—2018《柔性直流输电用启动电阻技术规范》
GB/T 36956—2018《柔性直流输电用电压源换流器阀基控制设备试验》
DL/T 1831—2018《柔性直流输电换流站检修规程》
DL/T 1832—2018《配电网串联电容器补偿装置技术规范》
DL/T 1833—2018《柔性直流输电换流阀检修规程》
DL/T 1862—2018《电能质量监测终端检测技术规范》

柔性直流输电柔性直流输电技术可以实现有功无功功率独立快速控制、动态电压支撑、无源电网黑启动等功能，具有可控性高、适应性好、运行灵活等显著优势，已成为支撑大规模可再生能源接入和电网柔性互联的重要技术手段。我国已建成了上海南汇、广东南澳、浙江舟山、福建厦门、渝鄂联网等多个柔性直流工程，并且已于2018年开工建设世界首个柔性直流电网工程，至此我国的柔性直流输电系统设计能力和装备制造水平已处于世界前列。同时，我国在柔性交流输配电领域继续取得突破性进展。在柔性配电技术方面，在河北省张家口市基于柔性变电站的交直流配电网工程正式投入商业化运行，在浙江省杭州市建成三端柔性直流配电示范工程，在广东省珠海市唐家湾建成世界规模最大多端交直流混合柔性配网互联工程。针对柔性直流输电电抗器、换流阀、变压器等设备的技术规范，柔性直流输电系统性能、检修，启动电阻技术、试验项目等提出指导意见，进一步解决了我国柔性直流输电领域的技术需求，解决了我国柔性直流输电在电阻、电抗器等缺少相关专业技术标准指导的问题。

节能环保能效

GB/T 18039.10—2018《电磁兼容环境HEMP环境描述辐射骚扰》（IEC 61000-2-9：1996，IDT）
GB/T 17626.2—2018《电磁兼容试验和测量技术静电放电抗扰度试验》（IEC61000-4-2：2008，IDT）
GB/T 17626.4—2018《电磁兼容试验和测量技术电快速瞬变脉冲群抗扰度试验》（IEC 61000-4-4：2012，IDT）
DL/T 1840—2018《交流高压架空输电线路对短波无线电测向台（站）保护间距要求》
DL/T 1841—2018《交流高压架空输电线路与对空情报雷达站防护距离要求》
GB/T 36573—2018《电力线路升压运行节约电力电量测量和验证技术规范》
GB/T 36571—2018《并联无功补偿节约电力电量测量和验证技术规范》

各种电气、电子设备的种类和数量急剧增加，电磁环境日益复杂和恶化，使得电气电子产品的电磁兼容性问题也受到各国政府和生产企业的日益重视。保护电磁环境，抗电磁骚扰的任务变得越来越繁重，安装在电信中心的通信设备，对通信网络的安全运营至为关键，在电磁兼容领域，建立了试验和测量技术体系，制定了环境HEMP环境描述辐射骚扰标准，为规范我国民用设备的高空核电磁脉冲的敏感度以及防护能力提供了统一的环境标准，为提高各类重要的民用基础设施的抗扰度建立了环境依据，并对电力线路升压运行和并联无功补偿节约电力电量测量和验证技术进行了规定，为电力节能减排与环保提供了技术支撑。

安全工器具及安全方面

DL/T 1147—2018《电力高处作业防坠器》
DL/T 5285—2018《输变电工程架空导线（800mm²以下）及地线液压压接工艺规程》
DL/T 319—2018《架空输电线路施工抱杆通用技术条件及试验方法》
DL/T 1931—2018《电力LTE无线通信网络安全防护要求》
DL/T 1936—2018《配电自动化系统安全防护技术导则》
T/CEC 196—2018《超、特高压设备检修作业安全预警系统》
GB/T 36291.1—2018《电力安全设施配置技术规范 第1部分：变电站》
GB/T 36291.2—2018《电力安全设施配置技术规范 第2部分：线路》

电力安全始终是电力建设、生产运营的基础，电力安全工器具及施工机具作为保证安全的必备设备及器材，是电力行业发展监督管理的重点。从技术要求、试验方法、验收规则、标志、包装及运输几个方面对防坠器和施工抱杆等工具器进行了规定。提高了标准通用性和实用性，同时，配电自动化系统安全防护、电力安全设施配置等方面的标准进一步完善了电力安全标准体系，对提高输电线路工程的安全稳定运行具有重要的作用和意义。

配电规划设计

GB/T 36278—2018《电动汽车充换电设施接入配电网技术规范》
GB/T 36117—2018《村镇光伏发电站集群接入电网规划设计导则》
T/CEC 166—2018《中压直流配电网典型网架结构及供电方案技术导则》
T/CEC 173—2018《分布式储能系统接入配电网设计规范》
T/CEC 167—2018《直流配电网与交流配电网互联技术要求》
DL/T 5771—2018《农村电网35kV配电化技术导则》

配电网是支持需求侧响应管理，承载大量分布式发电和电动汽车等的重要平台，是推动智能电网建设、解决能源危机的关键环节。未来配电网将发展成为支撑能源、电力、信息的综合服务体系，提供“源-网-荷”深度融合、综合多元能源、满足供需互动的多样化平台。2018年，我国配电网结构进一步改善，配电自动化水平不断提高，供电能力、供电质量和装备水平大幅提升，分布式电源和电动汽车等新型负荷并网规模保持持续增长，陆续在分布式储能、电动汽车充换电设施、村镇光伏发电站集群接入电网规划设计等领域颁布标准，为规范和指导配电网的规划、设计及多种类型的电源和负荷接入配电网等发挥作用，保障配电网安全、稳定运行。

图10－5（续） 电网领域发布的重要标准

六、电动汽车充电设施

随着电动汽车充换电设施快速发展，为了适应换电技术路线的新变化以及大功率充电、无线充电以及电动汽车充电设施与智能电网的互动等技术的发展，对充电设施标准体系也随之进行了完善，现已形成传导充电设施、换电设施、无线充电系统三大标准体系。当前电动汽车充电设施标准体系规划标准 144 项，截至 2018 年年底，已发布标准 50 项，在编标准计划共 47 项。

深化充电设施标准体系。2018 年，在原有标准体系的基础上，在电动汽车充电安全、大功率及小功率直流充电技术、电动汽车充放电双向互动技术等方面进行了标准体系的前期研究工作，分析技术应用场景，提出了标准体系，做好标准前期顶层设计。

加快标准制修订步伐。2018 年，充电设施标准化工作进展顺利、整体推进有序。向政府有关部门报送标准 6 项，发布标准 6 项，分别是《电动汽车充换电设施接入配电网技术规范》（GB/T 36278—2018）、《电动汽车分散充电设施工程技术标准》（GB/T 51313—2018）、《电动汽车充放电设施术语》（NB/T 33028—2018）、《电动汽车充电与间隙性电源协同调度规范》（NB/T 33029—2018）、《电动汽车非车载传导式充电机技术条件》（NB/T 33001—2018）、《电动汽车车载静止式直流电能表技术条件》（GB/T 36277—2018）。电动汽车充电设施领域发布的重要标准见图 10 -6。

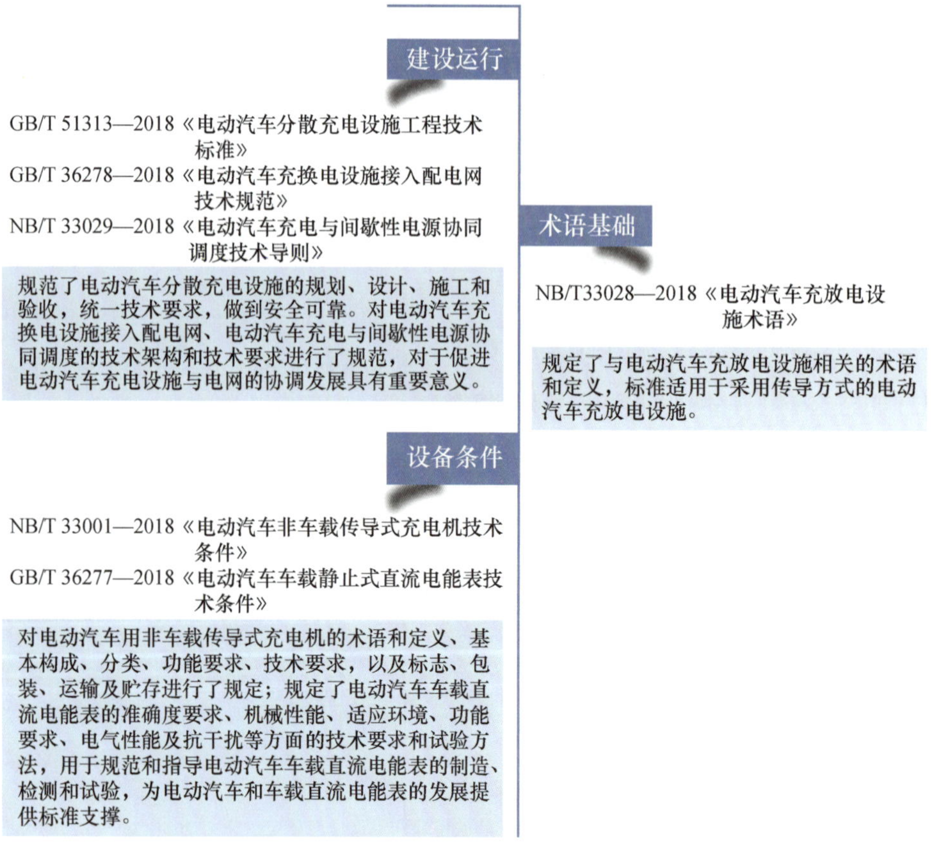

建设运行

GB/T 51313—2018《电动汽车分散充电设施工程技术标准》
GB/T 36278—2018《电动汽车充换电设施接入配电网技术规范》
NB/T 33029—2018《电动汽车充电与间歇性电源协同调度技术导则》

规范了电动汽车分散充电设施的规划、设计、施工和验收，统一技术要求，做到安全可靠。对电动汽车充换电设施接入配电网、电动汽车充电与间歇性电源协同调度的技术架构和技术要求进行了规范，对于促进电动汽车充电设施与电网的协调发展具有重要意义。

术语基础

NB/T33028—2018《电动汽车充放电设施术语》

规定了与电动汽车充放电设施相关的术语和定义，标准适用于采用传导方式的电动汽车充放电设施。

设备条件

NB/T 33001—2018《电动汽车非车载传导式充电机技术条件》
GB/T 36277—2018《电动汽车车载静止式直流电能表技术条件》

对电动汽车用非车载传导式充电机的术语和定义、基本构成、分类、功能要求、技术要求，以及标志、包装、运输及贮存进行了规定；规定了电动汽车车载直流电能表的准确度要求、机械性能、适应环境、功能要求、电气性能及抗干扰等方面的技术要求和试验方法，用于规范和指导电动汽车车载直流电能表的制造、检测和试验，为电动汽车和车载直流电能表的发展提供标准支撑。

图 10 -6　电动汽车充电设施领域发布的重要标准

完善标准技术组织体系。2018年，充电设施检测认证工作组、无线充电工作组、大功率充电工作组、信息安全工作组以及换电工作组围绕各自领域开展了大量工作，聚焦标准制修订和前期研究、技术发展趋势、产业推进，利用会议研讨、试验验证、标准宣贯等多种活动形式，整合了各自领域产业链的上下游，拓展了参与充电设施标准化工作的代表面，已经成为充电设施标准化工作重要支撑。针对标准涉及必要专利问题，制定了《无线充电标准工作组涉及必要专利管理办法》。

七、标准化获奖项目

2018年10月14日，世界标准日主题活动在北京举行，活动期间公布了2018年中国标准创新贡献奖获奖名单。《电网通用模型描述规范》（GB/T 30149—2013）等42项标准、《电力需求侧管理项目节约电力电量测量与验证通则》（Q/GDW 11040—2013）等20项标准获一等奖，《智能变电站技术导则》（GB/T 30155—2013）等36项标准、《1000kV及以上特高压交流系统电压调节及无功补偿技术导则》（IEEE 1860—2014）等3项标准以及《取水定额第1部分：火力发电》（GB/T 18916.1—2012）等取水定额标准获二等奖。

第二节 中电联标准发展

一、标准化组织机构

按照《中国电力企业联合会标准管理办法》，根据工作需要，经有关企业申请并广泛征求意见，截至2018年年底，已批复组建中国电力企业联合会电力工程信息模型应用、输变电工程三维设计、电力先进计算、户用光伏发电、电网电磁环境与噪声控制、电力测试设备等23个中国电力企业联合会专业标准化技术委员会。

二、中电联标准建设

2018年批准发布中电联标准74项，覆盖并网型微电网、智能燃煤系统、变电站机器人、电供暖系统、电力设备、人员培训、电力企业标准化、电力需求侧管理、风电塔筒建造等热点领域。这些标准的发布对电力健康发展起到了积极的作用：

一是规定了微电网总体设计、一次系统设计、二次系统设计等方面的技术要求；微电网接入配电网并网调试和验收的项目、内容和方法；对微电网监控系统和微电网能量管理系统的结构及配置、工作环境条件、系统功能、性能指标等技术要求进行了规定。

二是规定了火力发电企业智能燃煤系统的结构、组成和功能，诠释智能燃煤系统；智能燃煤系统中接卸输送和掺配作业、数据交互和设备可靠性方面的需要，实现输煤系统与智能化管控平台、计量质检设备的无缝对接、协同运行和信息共享；用于规范和指导智能燃煤系统的建设、燃煤计量和质量检测智能化建设。

三是规定了变电站机器人巡检系统集中监控的术语和定义、总则、体系结构、功能要求、性能指标涉及和变电站机器人的维护检修，指导变电站机器人巡检系统集中监控技术研发、制造、安全集中控制管理及规范化。

四是《电供暖系统技术规范》系列标准适用于通用电供暖系统的设计、建设施工、安装及系统的验收、运行维护、检测、计量等业务，规定电供暖系统的通用性技术要求、目的和适用对象，主要包括电供暖系统技术类别（直接加热类、热泵类、蓄热类）、建设原则、系统结构、基本功能、主要技术指标等方面。

五是规定了电力线路无人机巡检作业人员不同能力级别对应的培训和考核内容，有利于规范无人机巡检作业人员规范作业，提高整体从业人员素质，提高无人机巡检的质量和效率。

六是为电力企业标准化活动评价提供了科学的方法，为电力企业构建标准体系、有效推进和实施标准化管理提供了有力支撑。

三、中电联标准国际化

由中电联牵头编制的《电动汽车充电漫游信息交互系列国际标准第一部分：通用要求》（IEC 63119-1）经过 IEC TC69 全体 17 个正式成员国的投票，一致同意通过了表决，这意味着由中国主导的世界上第一个电动汽车充电服务领域国际标准完成了标准编制程序。同时，该标准也在欧盟标准投票通过，成为欧盟标准。该套标准是在 2016 年批准发布的中电联标准电动汽车充换电服务信息交换系列标准的基础上完成的。

第三节　企业标准化发展

2018 年，电力企业对标准化良好行为企业创建工作高度重视、合理策划、周密组织和精心安排，成立组织机构、广泛组织培训，梳理业务活动、适用的法律法规、上级要求和适用标准，构建并持续运行企业标准体系，规范管理，提升了企业综合实力。在广大电力企业的积极参与下，有 59 家电力企业通过了“标准化良好行为企业”的现场确认（其中 8 家为申请复评企业）。电力企业标准化良好行为企业确认工作呈现如下特点：

影响力不断增强 随着电力企业标准化良好行为企业确认工作扎实、严谨、有效开展，得到越来越多企业的认可和肯定，有意愿和需求参加确认的企业逐年增加，电力企业标准化良好行为企业确认工作的影响力、认可度和品牌效应越来越大。

水平成效显著提升 标准化良好行为企业创建工作促进了企业管理水平和效率的提升，企业标准化机构不断健全，标准化人才队伍不断扩大，符合企业实际和内在需求的标准体系不断建立。随着交流、培训、现场确认指导的不断深入，企业标准化工作进展显著，有效推动了电力企业综合水平的提升，2018 年通过的 59 家企业中，有 53 家企业达到 AAAA 级水平。

覆盖面进一步扩大 从地域覆盖上看，不仅沿海经济发达地区的电力企业积极参与标准化良好行为试点及确认，新疆、内蒙、吉林、宁夏、广西、贵州边域地区的电力企业也积极参加良好行为确认，确认的电力企业覆盖 22 个省市自治区，2018 年参与的电力企业进一步拓展，覆盖面进一步扩大。

海外项目积极参与 中国电建集团海外投资有限公司（以下简称“海投公司”）南俄 5 发电有限公司成为中资企业在老挝获得电力企业标准化良好行为 AAAA 级的第一个运营水电站，是海投公司打造“以投资及资产运营为核心竞争力的国际化投资公司”整体战略部署下取得的重要成果；尼泊尔中国水电——萨格玛塔电力有限公司是尼泊尔首个运用标准化原理和方法建立标准体系，并在生产、经营等各个环节执行标准化管理，取得了良好经济效益和社会效益的发电企业，为尼泊尔电力企业的管理、运行提供了经验借鉴。

企业类型持续扩展 参与的电力企业类型已涵盖风、光、水、火等发电企业，发电企业已扩展到地方电力投资集团；电网企业也由地市公司扩展到县公司；电力科学研究院、经济技术研究院、科技工程类企业、电力制造业等企业也纷纷申请参与标准化良好行为企业试点与确认活动，发电和供电企业依然占据多数。

集团公司相对集中 2018 年通过确认的 59 家企业所在集团包括：国家电网公司（17 家），大唐集团（16 家），华电集团（9 家），国家电投集团（11 家），以及中国电建、粤电集团、浙江能源、内蒙古电力公司等。

电力企业通过标准化良好行为企业试点及确认工作的开展，进一步完善了本企业技术标准、管理标准和工作标准体系，厘清了业务活动和管理流程，促进了企业的规范化管理，提高了参与国家、行业和中电联标准制修订工作的积极性，推动了电力工业的健康发展和管理水平的提升。2018 年通过确认的标准化良好行为企业分类见图 10－7。

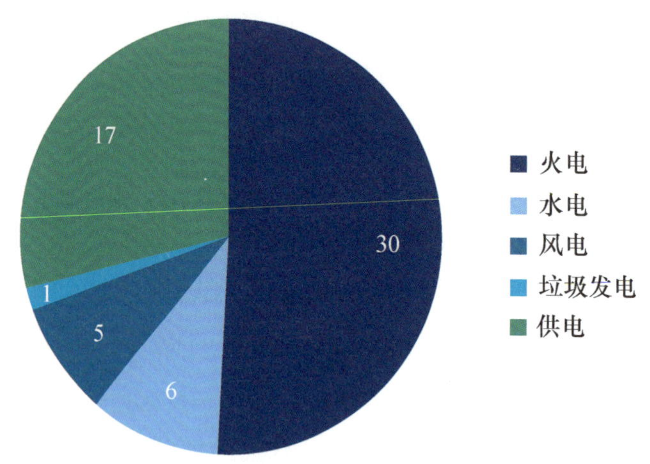

图 10－7　2018 年通过确认的标准化良好行为企业分类（单位：家）

第四节　国际标准化发展

一、标准国际合作

为支持电动汽车产业发展，推动充电技术进步，促进相关国际标准化工作，2018 年 8 月，中电联与日本电动汽车用快速充电器协会（CHAdeMO）在北京签署了电动汽车充电设施领域技术和标准合作谅解备忘录，开启了中日双方在电动汽车充电实施领域的合作。2018 年 10 月，由中国商务部、国家发展改革委、日本经济产业省、外务省共同举办的第一届中日第三方市场合作论坛在人民大会堂进行。论坛期间，李克强总理与日本安倍晋三首相共同会见了包括中国电力企业联合会、日本电动汽车用快速充电器协会等企业在内的中日合作换文代表，并一起合影留念。2018 年 11 月，由国家发展改革委、商务部和日本经产省、日中经济协会共同举办的第十二届中日节能环保综合论坛在北京进行，中电联与日本签署的协议被纳入本次论坛的重要成果。此一系列活动提升了中电联在电动汽车充电设施领域的国际影响力，在相关国际标准制定中发出了中国声音。

二、国际标准提案

2018 年，中电联组织申报了《虚拟发电厂的架构与功能要求 第 1 部分：虚拟发电厂的架构与功能要求》《虚拟发电厂的架构与功能要求第 2 部分：用例》《变电站通信网络智能电子设备（IEDs）物理资源配置语言》《低压直流配电系统标准电压等级和电能质量需求评估》《分布式能源接入电网 第 3 部分：电池储能系统的其他要求》等多项国际标准提案。中电联向国际电工委员会（IEC）提交了《电动汽车充电漫游服务的信息交换》第 2 ~4 部分国际标准提案材料。中电联组织申报了 IEC 新领域提案《电力厂站用低压辅助系统》。

三、标准英文版翻译

为服务“一带一路”，支持电力标准“走出去”战略实施，中电联积极开展电力标准英文版翻译工作，将电力企业在海外工程建设、运营中所需的电力标准翻译成英文版，组织专业技术及语言领域专家审查，并报送政府部门审批发布。截至 2018 年年底，共完成 320 项电力标准英文版翻译项目，初步形成了工程建设标准英文版体系，基本满足电力企业海外工程建设需求。

四、标准化国际会议

2018 年 10 月，国际电工委员会（IEC）第八十二届大会在韩国釜山召开。会议期间，IEC 各国家委员会一致提名选举原国家电网公司董事长（现华能集团董事长）舒印彪为 IEC 第三十六届主席。这是该组织成立 112 年来，首次由中国专家担任最高领导职务，代表着一批具有国际视野、熟悉国际规则的优秀企业家和专家积极参与国际标准化事务，奉献中国智慧，承担国际责任，对推动中国电力电子科技研发成果与世界共享，促进中国标准与世界各国标准的互融互通具有重要意义。

2018 年 11 月，国际电工委员会太阳能光热电厂技术委员会（IEC/TC 117）工作组会议暨年会在北京召开。会议对《IEC PT62862-2-1 储热系统通用特性》《IEC PT62862-4-1 塔式太阳能光热发电站设计总体要求》《IEC PT 62862-3-1 槽式太阳能光热发电站设计总体要求》三项国际标准进行深入研讨，此次会议的顺利召开，有利于促进中国光热行业和光热标准化事业的发展，并将加强我国在国际标准化领域的影响力。

第十一章　电力企业发展与经营

第一节　电力企业发展

一、企业规模

（一）发、供电企业

截至2018年年底，纳入国家统计局统计口径的电力企业数①合计6390家，比上年增加152家，同比增长2.4%；其中供电企业586家，因农电企业上划等因素，同比减少378家。发电企业合计5804家，随着新能源，特别是太阳能发电的快速发展，发电企业数量同比增加530家。2018年底全国分类型发电企业数量见图11－1。

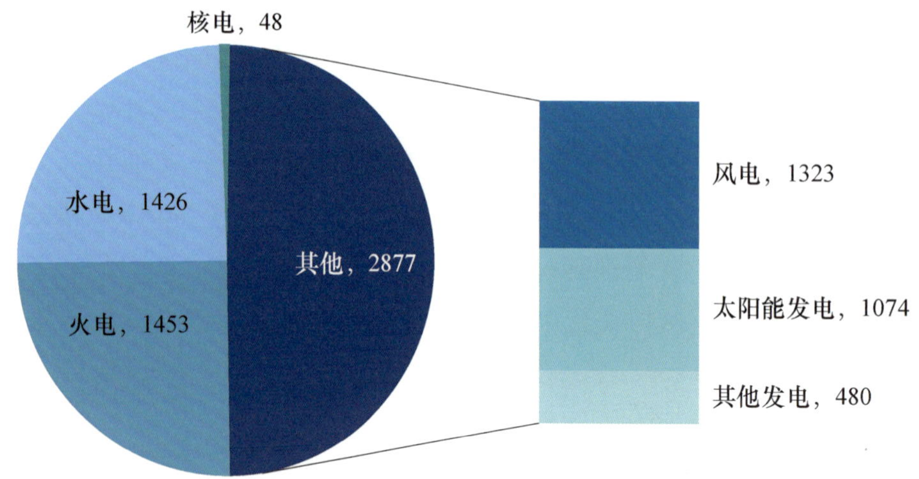

图11－1　2018年年底全国分类型发电企业数量（单位：家）

在新增发电企业中，新增风电、太阳能发电企业数占全部发电企业增加数的比重达到75.9%。2018年分类型发电企业增加数量见图11－2。

① 电力企业数统计数据来源于国家统计局；统计口径为规模以上独立核算法人单位。

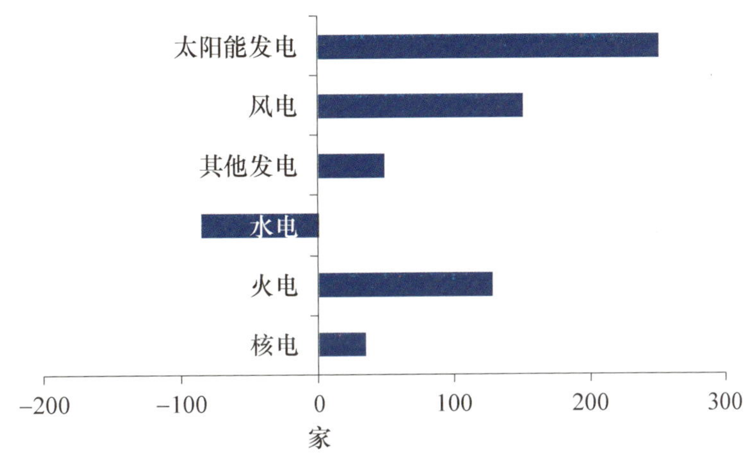

图 11-2　2018 年分类型发电企业增加数量

注：此处发电企业中"其他发电"指地热、潮汐能、温差能、波浪能、生物能及其他未明细能源的发电企业。

（二）电力建设企业规模

截至 2018 年年底，纳入中国电力建设企业协会（以下简称"中电建协"）统计口径内的全国主要电力建设施工企业 113 家，主要电力监理企业 125 家，主要电力工程调试企业 91 家。与上年相比，113 家电力建设施工企业中，水电、火电、送变电施工企业保持数量未变，电力监理企业数量减少 7 家，电力工程调试企业数量增加 2 家。

电力建设施工企业　113 家电力建设施工企业中，水电施工企业 30 家，独立法人火电施工企业 49 家，送变电施工企业 34 家，与上年相比，统计口径内的施工企业数量未发生变化；具有水利水电和电力工程施工总承包特级资质企业保持 27 家（中国电建 19 家，中国能建 7 家，内蒙古能建 1 家）。

电力监理企业　与上年相比，监理企业数量净减 6 家。其中，因企业重组注销 8 家，新增 2 家。在这些监理企业中，经培训合格的电力建设总监理工程师和监理工程师共 6413 人（一级总监 794 人，二级总监 558 人，监理工程师 5061 人）。

电力调试企业　电力调试企业数量同比净增 2 家。其中，因企业重组注销 1 家，新增 3 家。在这些调试企业中，经培训合格的电力建设调试总工程师和调试工程师共 2772 人（一级调总 448 人，二级调总 258 人，调试工程师 2066 人）。

二、大型电力企业人力资源

（一）职工结构情况

根据中电联对国家电网公司等 16 家[①]大型电力企业人力资源情况统计，截至

① 国家电网公司、南方电网公司、华能集团、大唐集团、华电集团、国家能源集团、国家电投集团、三峡集团、中广核、中国电建、中国能建、粤电集团、浙能集团、内蒙古电力公司、京能集团、陕西地电。

2018 年年底，16 家大型电力企业职工总数为 212.46 万人，同比减少 1.6%。其中，南方电网公司减员 1.03 万人，同比减少 3.4%，五大发电集团和两大电建集团由于电力市场变化对企业业绩的影响，对职工人数进行了主动控制，各集团职工人数均有不同程度的减少。16 家大型电力企业人力资源结构呈如下特点：

管理人员比重上升 管理人员 41.3 万人，比上年增加 18748 人，占职工人数比重为 19.4%，比上年上升 1.2 个百分点。

2017 年、2018 年 16 家大型电力企业职工结构见图 11－3。

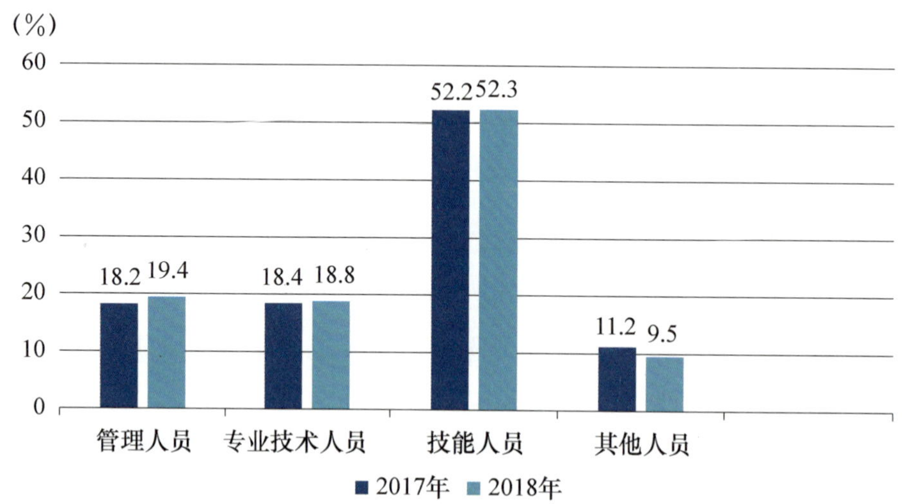

图 11－3 2017 年、2018 年 16 家大型电力企业职工结构

36 岁以上职工比重变化明显 从职工分年龄结构来看，36～45 岁职工比 2017 年减少 57700 人，比重比 2017 年下降 2.3 个百分点；46 岁以上职工人数比重上升 2.1 个百分点。

2017 年、2018 年 16 家大型电力企业职工年龄结构见图 11－4。

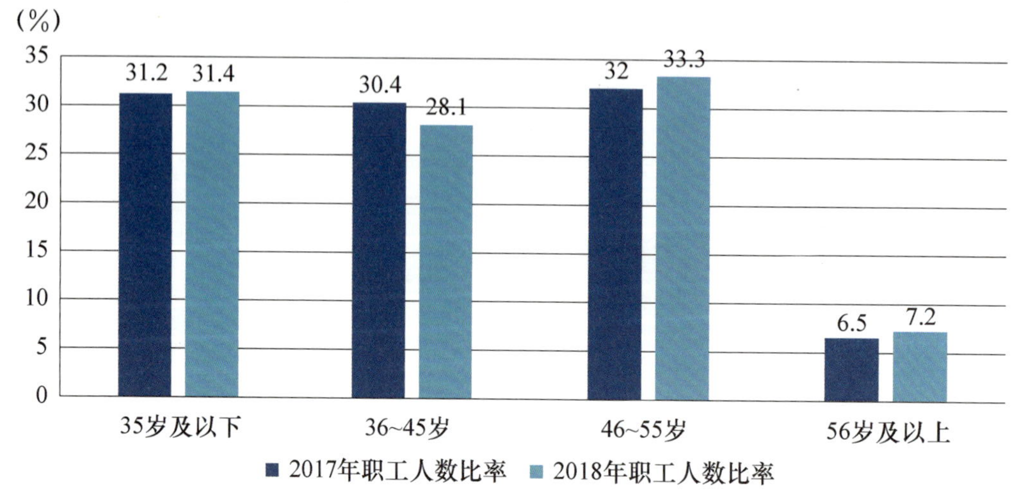

图 11－4 2017 年、2018 年 16 家大型电力企业职工年龄结构

本科及以上学历比重提高，专科及以下学历比重下降　从职工分学历结构来看，本科及以上学历比重比上年提高 4.5 个百分点，其中，硕士学历人数增加 10491 人，专科及以下学历人数减少 83307 人，比重比上年降低 4.5 个百分点。

2017 年、2018 年 16 家大型电力企业职工学历结构见图 11－5 。

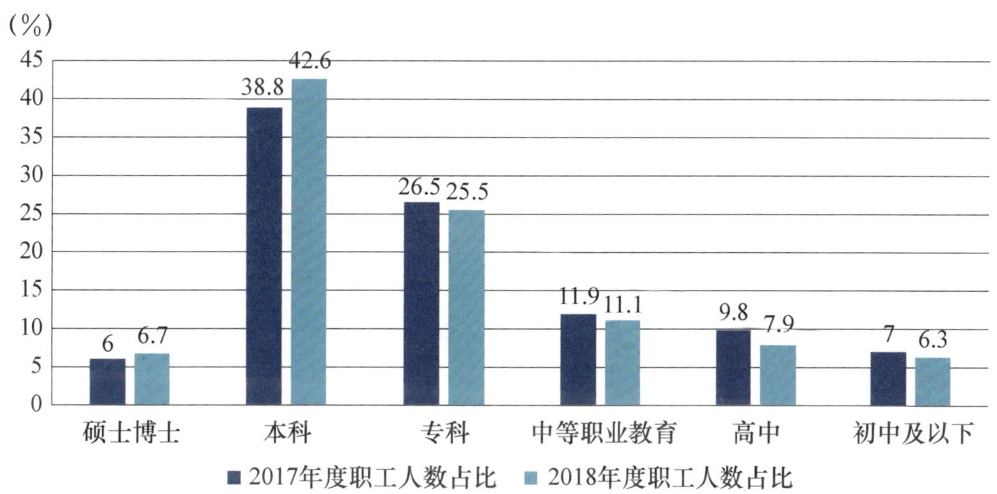

图 11－5　2017 年、2018 年 16 家大型电力企业职工学历结构

专业技术人员中各职称等级比重均有所提高，生产技能人员中的高级技能人员比重相对平稳　从专业技术人员分职称等级来看，中级及以上职称等级人员比重比 2017 年提高了 2.6 个百分点，其中，中级、正副高级分别提高了 1.2 个、1.4 个百分点；从生产技能人员分技术等级来看，高级工以上相对平稳，技师比例略有下降。

2018 年 16 家大型电力企业职工技术职称与技能等级见表 11－1。

表 11－1　2018 年 16 家大型电力企业职工技术职称与技能等级

	专业技术人员				生产技能人员			
	总数	正、副高级	中级	初级	总数	高级技师	技师	高级工
人数（人）	399797	66038	121518	133892	1110346	97514	192516	325318
占本类人员总数比例（%）	100	16.5	30.4	33.5	100	8.8	17.3	29.3
比重比上年提高（个百分点）		1.4	1.2	0.1		0.1	−0.5	−0.1

（二）职工分业务类板块构成情况

按电网、发电和电力建设三大业务板块划分①，近 5 年职工人数及其构成情况如下：

职工总数 电网企业职工人员呈上升趋势，发电企业呈下降趋势，电力建设企业略有起伏。

2014—2018 年三大业务板块电力企业职工人数变化见图 11－6。

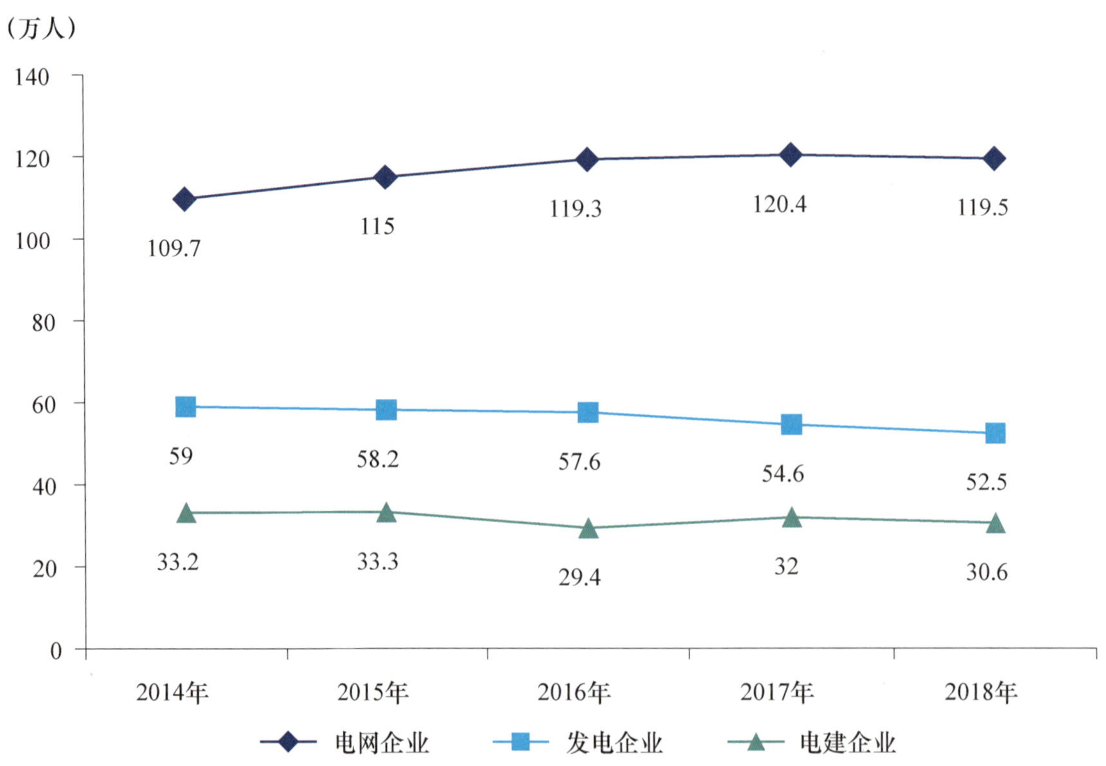

图 11－6 2014—2018 年三大业务板块电力企业职工人数变化情况

管理人员 电网企业管理人员持续增加，发电企业总体呈下降，电力建设企业呈较小波动变化。

2014—2018 年三大业务板块电力企业管理人员数量变化见图 11－7。

① 电网企业包括国家电网公司、南方电网公司、内蒙古电力公司和陕西地电等四家企业，发电集团企业包括华能集团、大唐集团、华电集团、国家能源集团、国家电投集团等五家企业，电建企业包括中国电建、中国能建等两家企业。

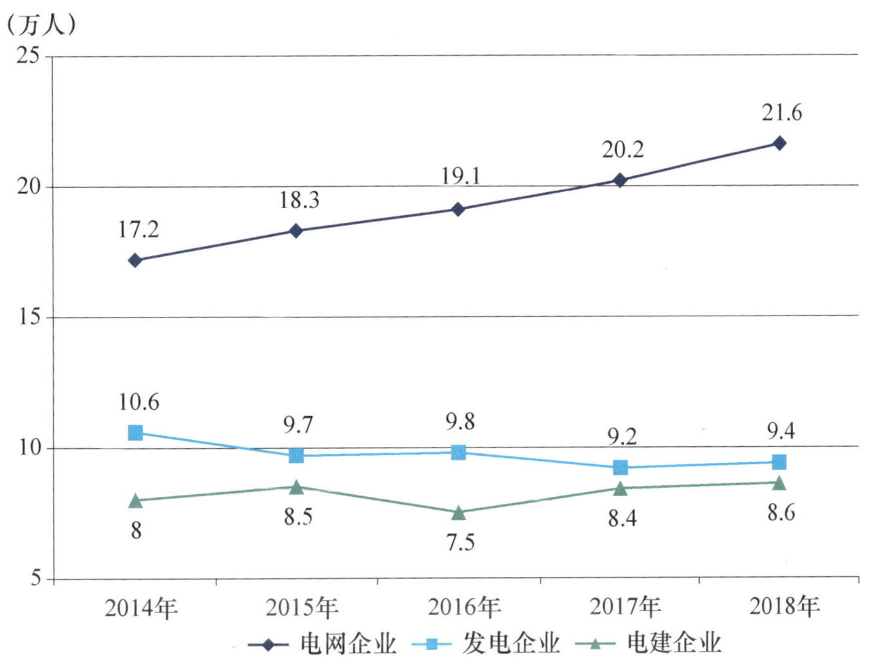

图 11－7　2014—2018 年三大业务板块电力企业管理人员数量变化

专业技术人员　电网、电力建设企业专业技术人员呈上升趋势，发电企业呈下降趋势。2014—2018 年三大业务板块电力企业专业技术人员数量变化见图 11－8。

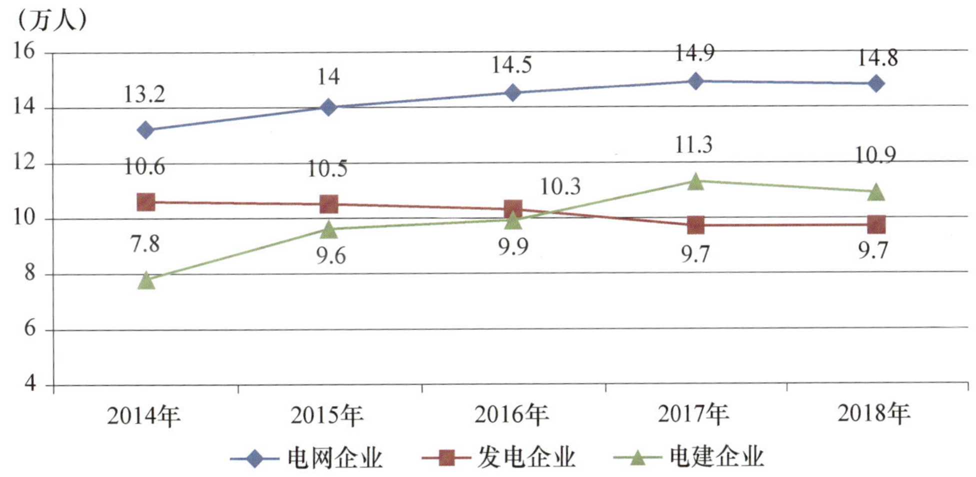

图 11－8　2014—2018 年三大业务板块电力企业专业技术人员数量变化

生产技能人员　电网企业生产技能人员总体呈上升趋势，当年略有下降，发电及电力建设企业呈下降趋势。

2014—2018 年三大业务板块电力企业生产技能人员数量变化见图 11－9。

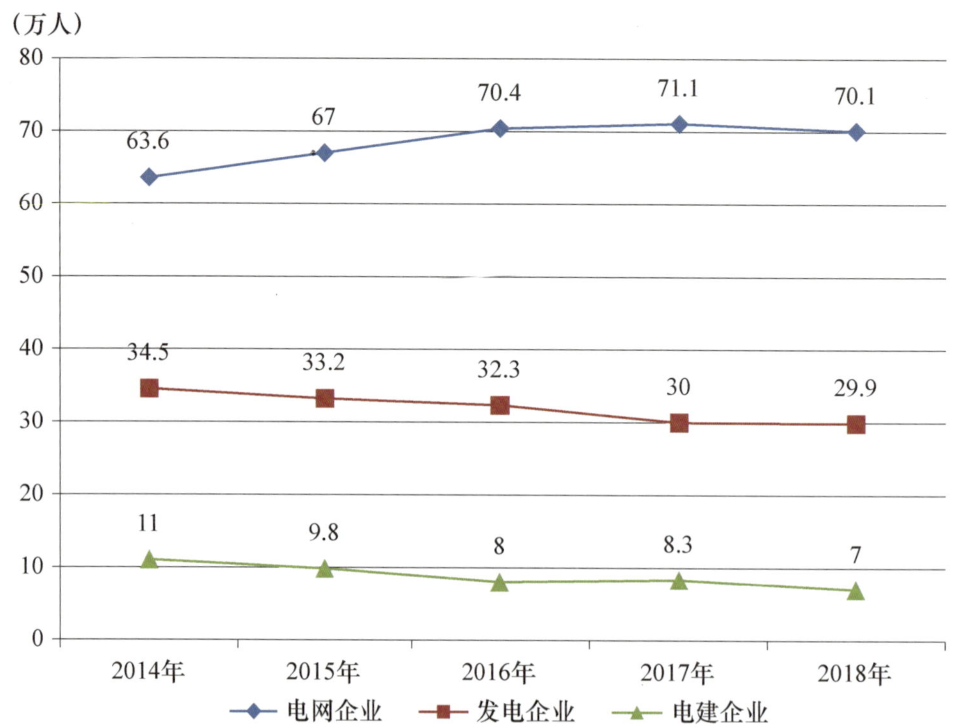

图 11－9 2014—2018 年三大业务板块电力企业生产技能人员数量变化

职工整体结构 电网、发电企业技能人员比例较大，电力建设企业管理人员及专业技术人员比例相对较高。

2018 年三大业务板块电力企业职工结构情况见图 11－10。

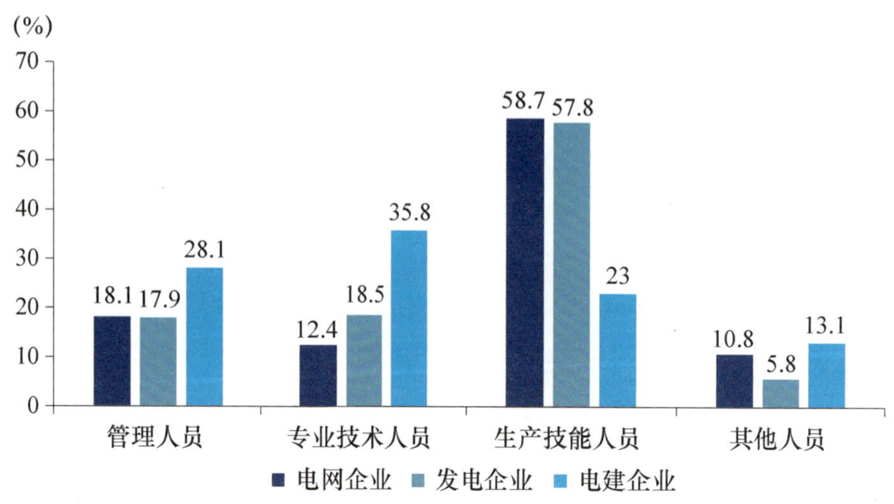

图 11－10 2018 年三大业务板块电力企业职工结构情况

第二节 电力企业经营

一、整体情况

2018 年，规模以上电力企业资产总额增速回落，负债总额增速降低，负债率有所下降。电力供应企业利润总额减少，发电企业利润增长，带动电力企业利润整体上涨。

2018 年规模以上电力企业主要经营效益指标见表 11－2。

表 11－2 2018 年规模以上电力企业主要经营效益指标

类别	资产		负债		利润	
	总额（亿元）	同比增长（%）	总额（亿元）	同比增长（%）	总额（亿元）	同比增长（%）
电力企业	140408	2.7	84592	0.8	3231	3.1
电力供应企业	59843	4.2	30104	1.0	1022	－24.3
发电企业	80565	1.5	54488	0.6	2210	23.8
火电企业	22677	－1.8	15691	－1.7	323	115.1
热电联产企业	10976	1.7	7585	2.1	163	22.4
水电企业	19182	－1.8	12384	－3.7	647	3.4
核电企业	7640	5.8	5757	4.5	272	20.1
风电企业	11882	4.4	7684	2.1	501	25.0
太阳能发电企业	5968	10.8	3979	8.4	216	24.7
生物质能发电企业	1194	7.7	748	7.7	49	7.6
其他电力生产企业	1046	24.3	659	28.5	38	27.3

注：数据来源于国家统计局，统计口径是规模以上企业。

资产总额增速降低、火电和水电企业资产总额下降 根据国家统计局统计，截至 2018 年年底，全国规模以上电力企业资产总额 140408 亿元，比上年增长 2.7%，增速比上年下降 1.8 个百分点。其中，电力供应企业资产总额比上年增长 4.2%，增速比上年下降 0.7 个百分点；发电企业资产总额比上年增长 1.5%，其中火电和水电企业资产总额均比上年下降 1.8%，增速比上年下降 2.7 个百分点。

2017 年、2018 年电力企业资产结构见图 11－11，2018 年年底分类发电企业资产结构见图 11－12。

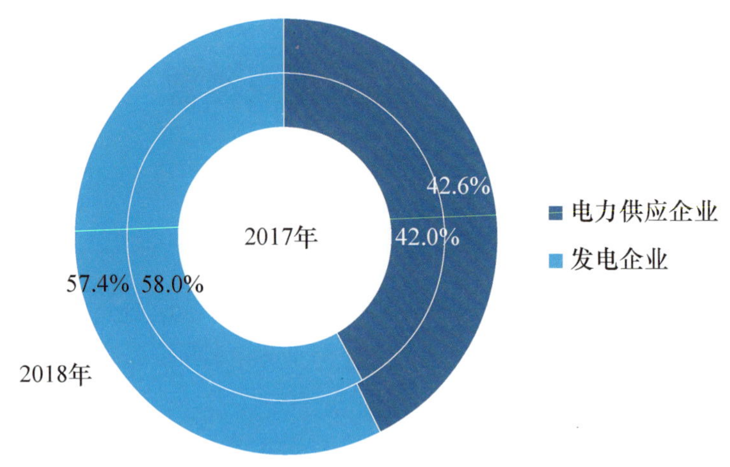

图 11－11　2017 年、2018 年电力企业资产结构

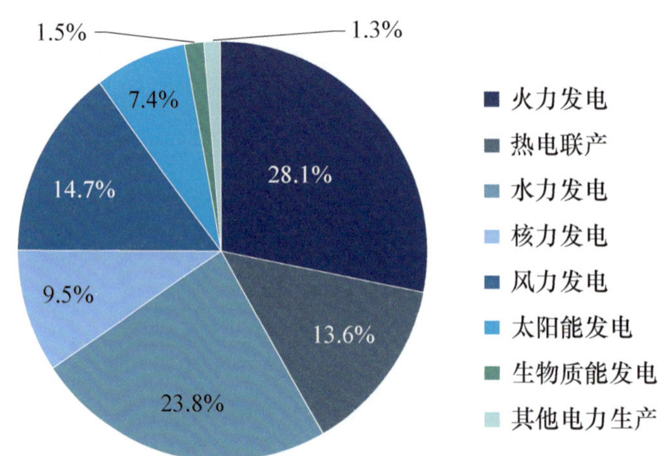

图 11－12　2018 年年底分类发电企业资产结构①

负债总额增速降低　规模以上电力企业负债总额 84592 亿元，比上年增长 0.8%，增速比上年下降 2.9 个百分点。其中，电力供应企业负债总额比上年增长 1.0%；发电企业负债总额比上年增长 0.6%，其中火电企业比上年下降 1.7%，水电企业比上年下降 3.7%。

行业负债率下降，火电企业负债率同比持平　规模以上电力企业资产负债率为 60.2%，比上年降低 1.1 个百分点。其中，电力供应企业资产负债率比上年降低 1.6 个百分点，发电企业资产负债率比上年降低 0.6 个百分点。发电企业资产负债率降低主要是太阳能发电、风电、水电、核电企业资产负债率分别降低 1.5 个百分点、1.4 个百分点、1.3 个百分点和 0.9 个百分点，火电企业资产负债率与上年持平。

① 数据因四舍五入的原因，存在总计与分项合计不等的情况。

2017 年、2018 年电力企业资产负债率见图 11－13，2017 年、2018 年发电企业分类型资产负债率见图 11－14。

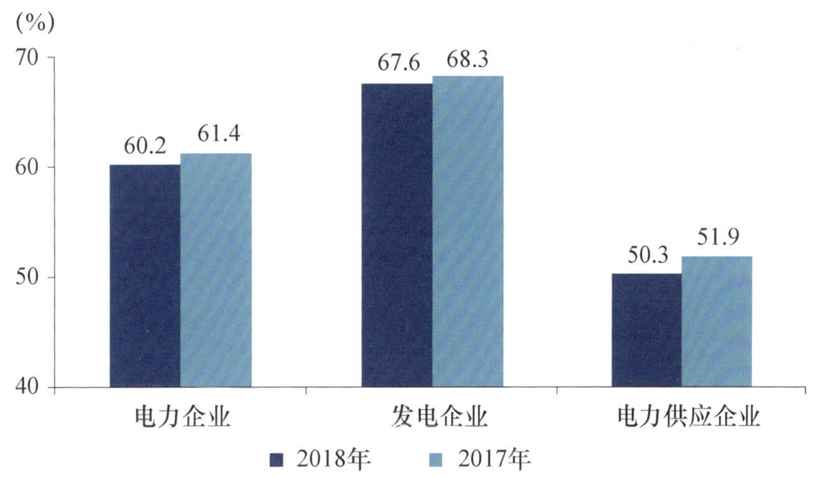

图 11－13　2017 年、2018 年电力企业资产负债率

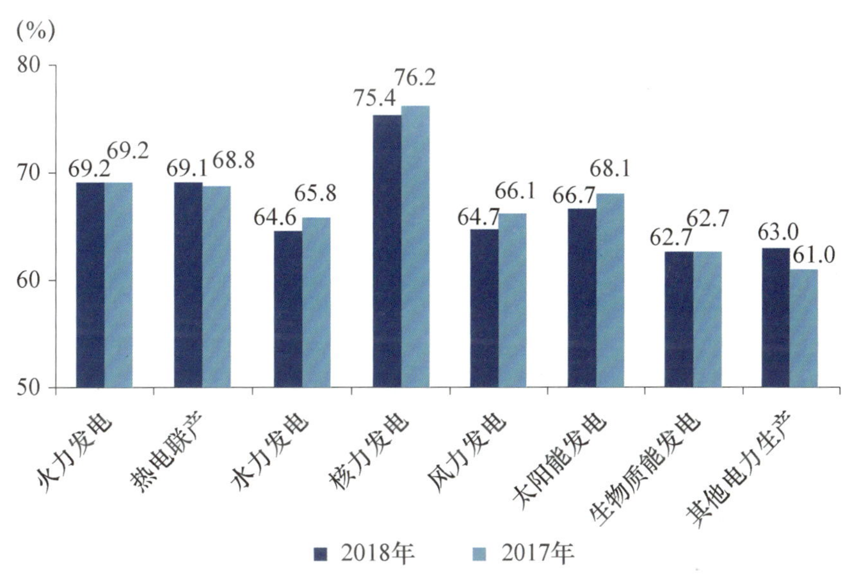

图 11－14　2017 年、2018 年发电企业分类型资产负债率

行业利润有所增长，电力供应企业利润下降　规模以上电力企业利润总额 3231 亿元，比上年增长 3.1%。其中，电力供应企业受贯彻落实 2018 年政府工作报告中提出的一般工商业电价平均降低 10% 的要求影响，利润总额比上年下降 24.3%；亏损面为 25.9%，比上年提高 9.4 个百分点；亏损企业亏损额为 124 亿元，比上年增长 158.0%。发电企业实现利润总额 2210 亿元、比上年增长 23.8%，其中，火力发电企业在上年低基数及发电量较快增长的拉动下，实现利润 323 亿元，比上年增长 115.1%，但亏损面仍然较高（为 43.8%）；此外，风电、太阳能发电和核电利润增速均超过20.0%，但风电、太阳能发电由于补贴不及时、不到位，企业账面利润短期内难以转化为现金流，导致资金周转困难。

2017年、2018年电力企业利润构成见图11－15，2017年、2018年发电企业分类型利润总额及增速情况见图11－16。

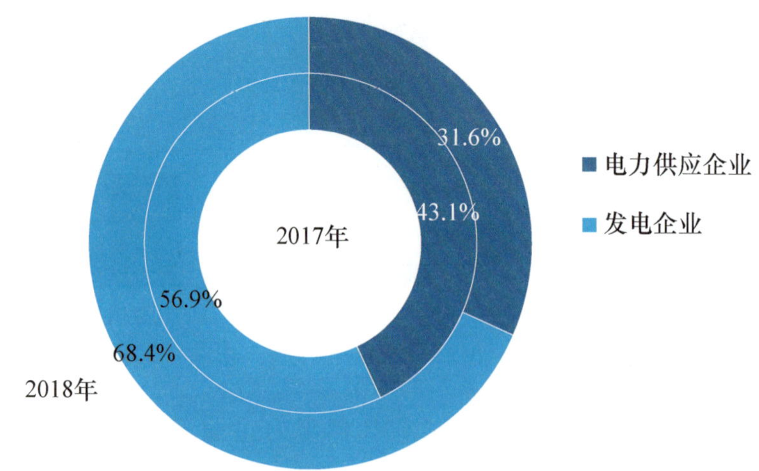

图11－15　2017年、2018年电力企业利润构成

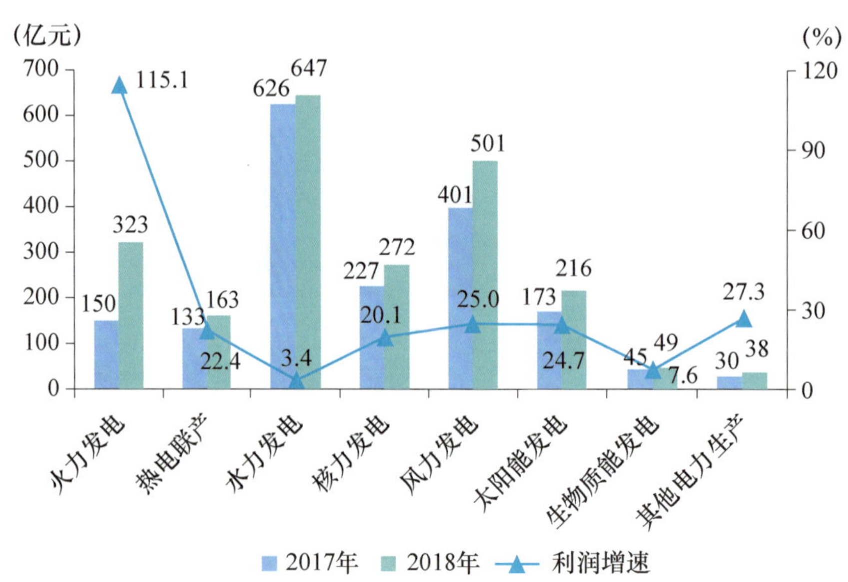

图11－16　2017年、2018年发电企业分类型利润总额及增速情况

二、电网企业

2018年电网企业生产经营数据见附录11。

（一）两大电网公司

国家电网公司、南方电网公司（以下简称“两大电网公司”）主营业务收入较快增长，但利润总额下降，具体体现为：

资产总额增速回落　两大电网公司资产总额合计 4.75 万亿元，比上年增长 4.3%，增速比上年回落 7.0 个百分点。

2010—2018 年两大电网公司资产总额见图 11－17。

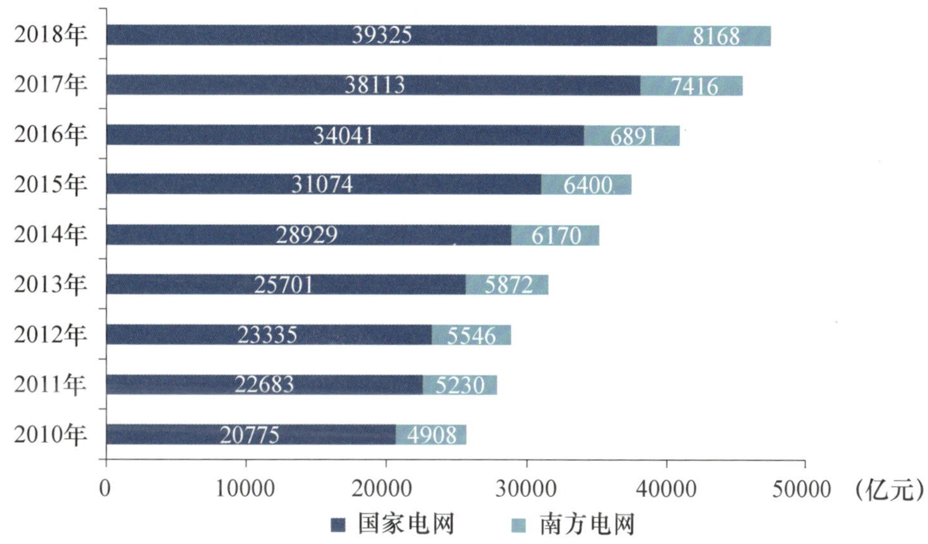

图 11－17　2010—2018 年两大电网公司资产总额

主营业务收入较快增长　受电力消费较快增长影响，2018 年两大电网公司售电量合计 5.21 万亿千瓦时，比上年增长 9.3%；主营业务收入合计 3.10 万亿元，比上年增长 8.9%。

2010—2018 年两大电网公司主营业务收入见图 11－18。

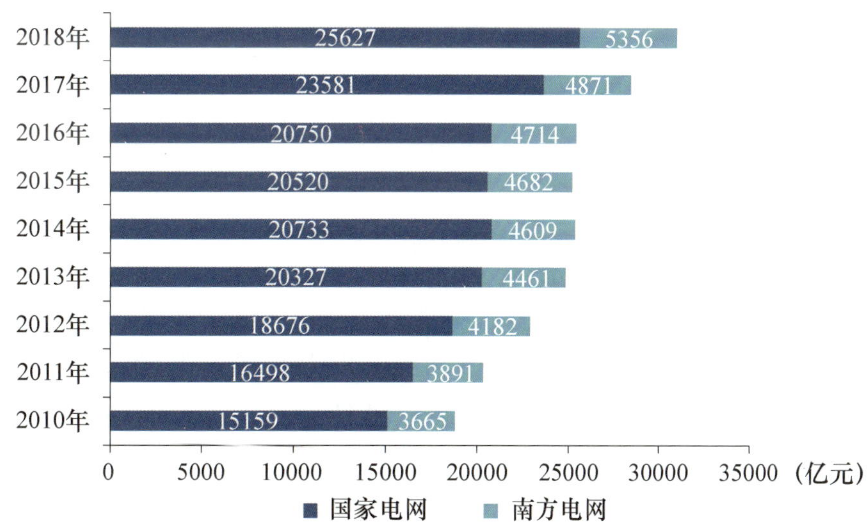

图 11－18　2010—2018 年两大电网公司主营业务收入

利润总额下降 国家电网公司利润总额 780 亿元，比上年下降 14.3%；南方电网公司利润总额 166 亿元，比上年下降 8.2%。两大电网公司平均资产负债率为 57.2%，比上年降低 0.9 个百分点。

2018 年两大电网公司主要经营数据见图 11－19。

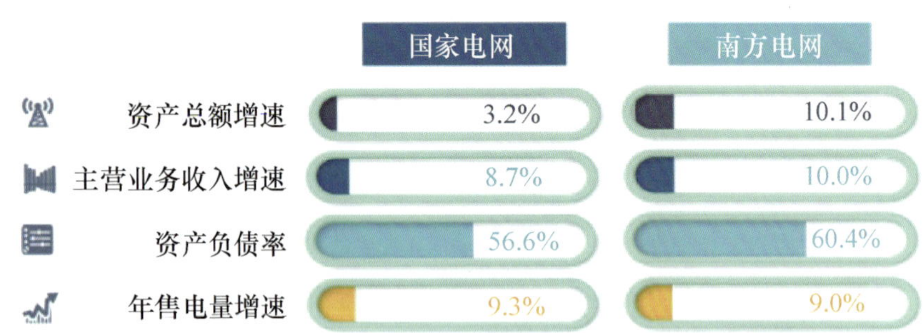

图 11－19　2018 年两大电网公司主要经营数据

电网建设投资额比上年略增 两大电网公司合计完成电网建设投资 5763 亿元，比上年增长 1.6%。其中，国家电网公司增长 0.7%，南方电网公司增长 7.1%。

（二）地方电网企业

内蒙古电力公司资产总额 1068 亿元，比上年增长 18.8%。主营业务收入 749 亿元，比上年增长 17.7%，公司全年主营业务利润总额 26.5 亿元，比上年增加 13.0 亿元；资产负债率 57.1%，比上年提高 0.7 个百分点；资本保值增值率为 103.4%，比上年提高 10.6 个百分点。

陕西地电资产总额 320 亿元，比上年增长 6.5%。主营业务收入 231 亿元，比上年增长 8.7%，公司全年主营业务利润总额 13.1 亿元，比上年增加 0.1 亿元；资产负债率 52.4%，比上年降低 3.2 个百分点；资本保值增值率为 111.7%，比上年提高 1.3 个百分点。

三、发电企业

2018 年发电企业生产经营数据见附录 12。

（一）五大发电集团①

2018 年，全国电力需求较快增长，带动五大发电集团发电量、主营业务收入以及电力利润总额较快增长。但受发电燃料价格持续居高不下、市场化交易电价下降而交易电量规模继续增加等因素影响，火电业务仍然整体亏损。

资产规模稳步增长 2018 年年底，五大发电集团资产总额合计 5.5 万亿元，比

① 五大发电集团指华能集团、大唐集团、华电集团、国家能源集团、国家电投集团。

上年增长 3.4%。其中，华能集团、国家能源集团、国家电投集团资产总额超过 1 万亿元。

2017 年、2018 年五大发电集团资产总额见图 11－20。

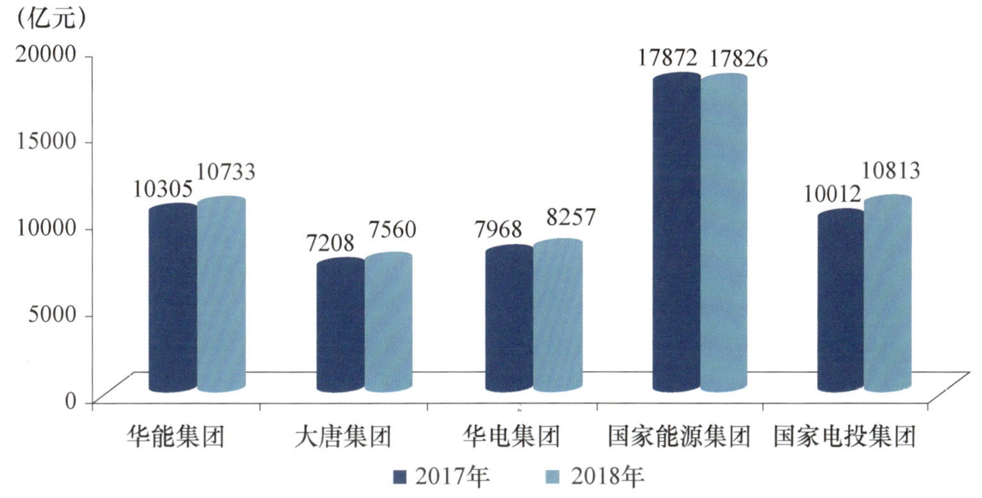

图 11－20 2017 年、2018 年五大发电集团资产总额

主营业务收入较快增长 2018 年，五大发电集团综合业务收入合计 14538 亿元，比上年增长 8.2%，其中，电力业务收入 10552 亿元，比上年增长 12.4%，电力业务收入占综合业务收入比重为 72.6%。企业资产负债率为 72.2%，比上年降低 1.7 个百分点。

2017 年、2018 年五大发电集团电力业务收入见图 11－21。

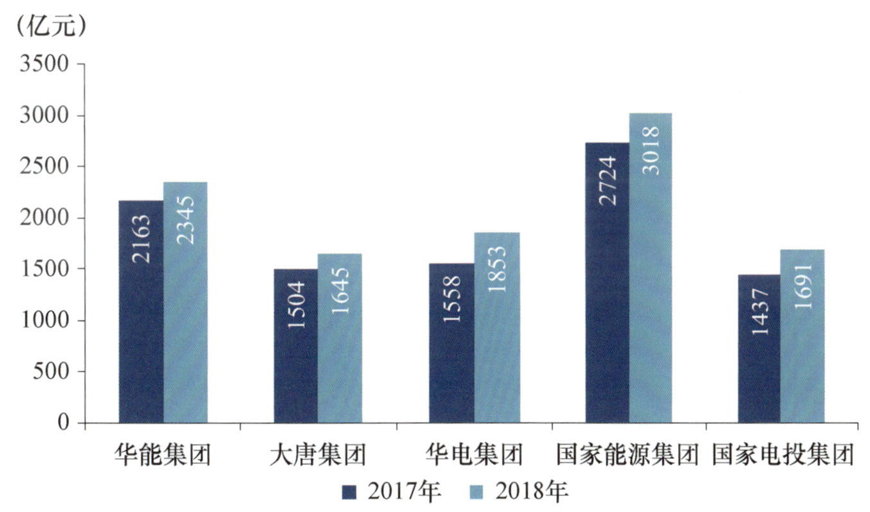

图 11－21 2017 年、2018 年五大发电集团电力业务收入

火电利润继续总体亏损 2018 年，五大发电集团经营形势有所好转，全年综合利润总额 1167 亿元，比上年增长 17.1%。其中，电力业务利润总额 563 亿元，比上

年增长42.2%，但是，火电业务利润总额亏损26亿元。

2017年、2018年五大发电集团电力业务利润、火电业务利润分别见图11－22和图11－23。

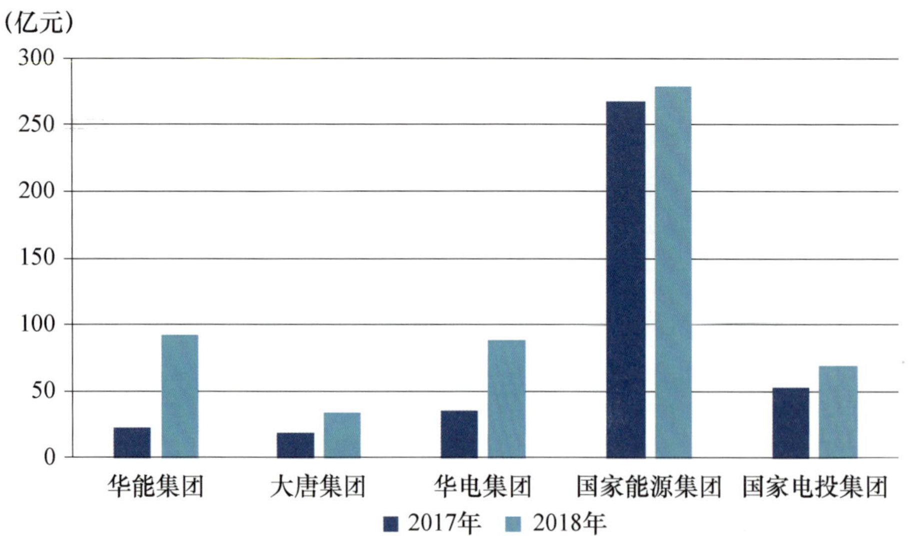

图11－22　2017年、2018年五大发电集团电力业务利润

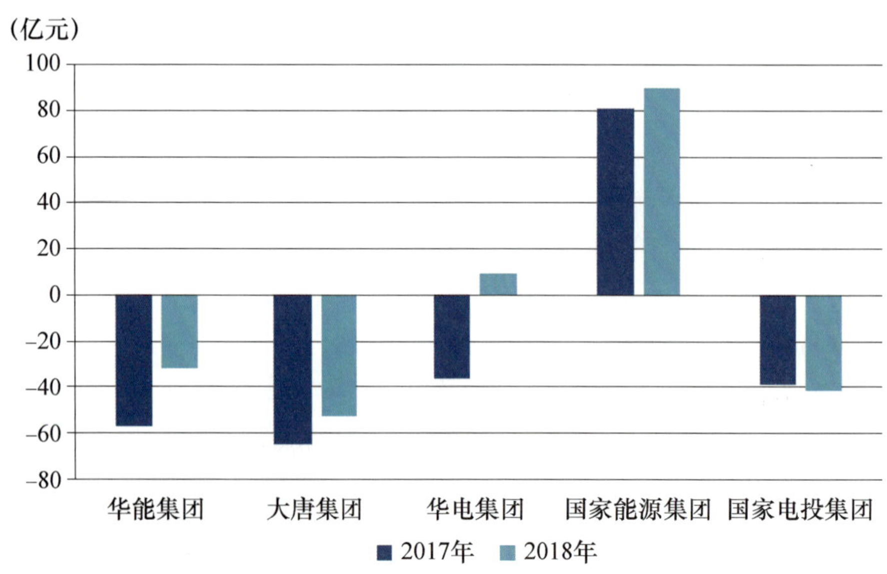

图11－23　2017年、2018年五大发电集团火电业务利润

发电量市场份额略有提高　截至2018年年底，五大发电集团可控发电装机容量8.42亿千瓦、同比增长3.7%，低于全国发电装机增速2.8个百分点，占全国发电装机容量的比重为44.3%、比上年下降1.2个百分点。可控发电装机的发电量合计32759亿千瓦时，同比增长9.3%，高于全国发电量增速0.9个百分点，占全国总发电量的比重为46.8%、比上年提高0.4个百分点。其中，非化石能源发电量7168亿

千瓦时，比上年增长 15.9%；占发电量的比重为 21.9%，比上年提高 1.3 个百分点，较全国非化石能源发电量占比低 9.0 个百分点。

市场交易电量比重继续提高　五大发电集团合计参与市场交易电量 14341 亿千瓦时，同比增长 30.7%，占同口径总发电量的比重为 43.8%，比上年提高 7.2 个百分点。

（二）其他大型发电企业

根据对 18 家其他大型发电企业①（以下简称“18 家电企”）的调查，截至 2018 年底，18 家电企资产总额合计 39211 亿元、比上年增长 5.5%，比五大发电集团增速高 2.1 个百分点。

市场份额与上年持平　截至 2018 年年底，18 家电企的可控发电装机容量为 3.75 亿千瓦，同比增长 6.5%，增速比五大发电集团高 2.8 个百分点；占全国总装机容量的比重为 19.8%，与上年持平。可控发电装机的发电量合计 1.62 万亿千瓦时，同比增长 8.7%，占全国总发电量的 23.1%，与上年持平。

2017 年、2018 年 18 家电企可控发电装机容量及增速、发电量及增速分别见图 11 -24 和图 11 -25。

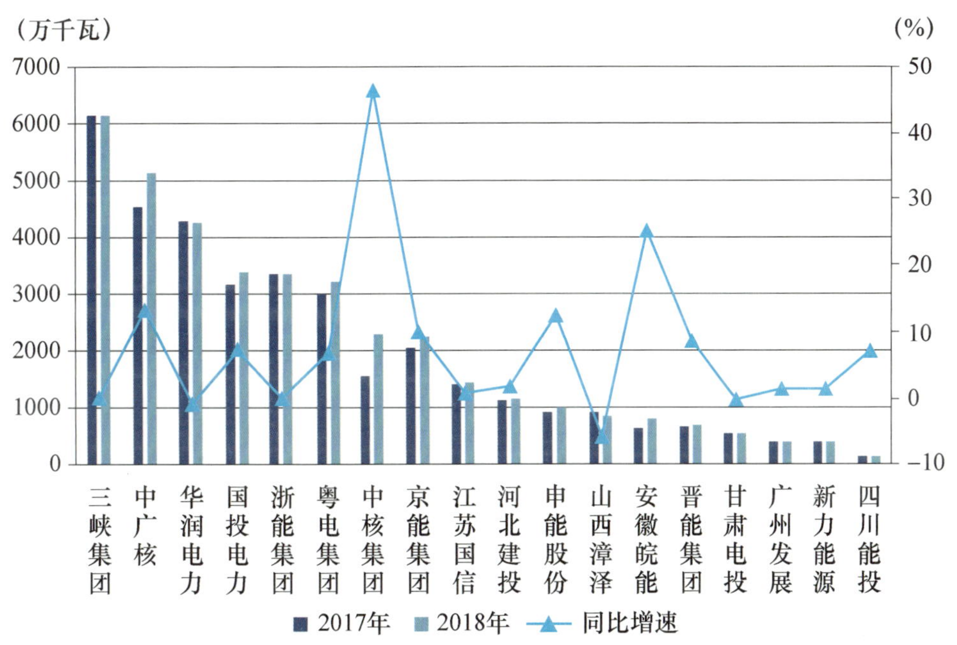

图 11 -24　2017 年、2018 年 18 家电企可控发电装机容量及增速

① 18 家其他大型发电企业分别是中核集团、三峡集团、中广核、粤电集团、浙能集团、国投电力、华润电力、北京能源、河北建投、四川能投、甘肃电投、广州发展、晋能集团、山西漳泽电力、安徽皖能、新力能源、江苏国信、申能股份。

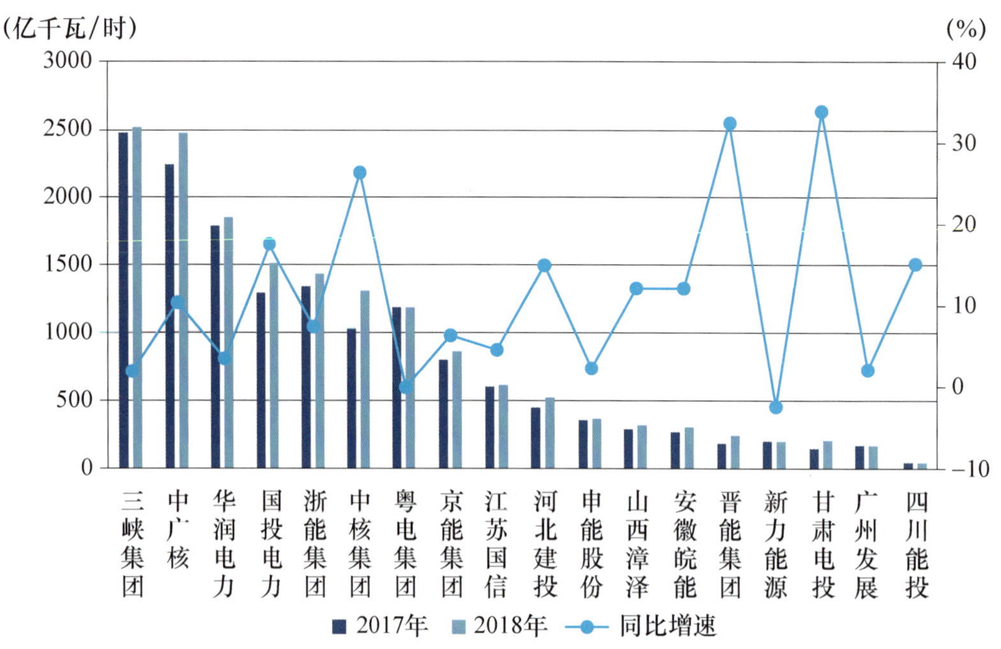

图 11－25　2017 年、2018 年 18 家电企可控发电装机发电量及增速

市场交易电量规模高速增长　15 家大型发电企业①合计参与市场交易电量 5163 亿千瓦时，比上年增长 63.9%，占同口径总发电量的比重为 31.9%，比上年提高 10.7 个百分点，比五大发电集团市场化交易电量比重低 11.9 个百分点，这与企业的发电类型、机组结构、地区分布、当地市场交易建设发展情况等因素有关。

资产负债率低于行业平均水平　得益于经济向好、发电量较快增长的拉动，18 家电企实现综合业务收入 8990 亿元，比上年增长 9.2%，高于五大发电集团增速 1.0 个百分点；其中，电力业务收入 5258 亿元、比上年增长 7.2%。18 家电企整体资产负债率为 60.8%，比上年降低 0.5 个百分点，低于五大发电集团 11.3 个百分点。

四、电力建设企业

2018 年，在电力建设市场工程项目大幅减少情况下，电力建设水电、火电、送变电施工企业努力转变经营方式，积极开拓市场，加强企业内部管理，主要经济指标得到了提升；电力建设监理、调试企业总体经营情况受市场形势影响，供大于需的矛盾显现，监理和调试的业务量不足，主要财务指标有所下降。

2018 年电力建设集团生产经营数据见附录 13。

① 15 家大型发电企业指上述 18 家其他大型发电企业中除京能集团、中广核和申能集团以外的其余 15 家电力企业。

（一）施工企业

近年，由于水电施工企业适时进入国内非电领域以及不断拓展境外市场，市场转型基本完成，发展受国内水电投资的影响很小；火电施工企业也在加快走向国内非电、境外市场及其他服务业，虽然转型开始较晚，处于起步探索阶段，但发展势头较好。

2018 年度，电力建设施工企业总营业收入 4594 亿元，比上年增长 6.5%。其中，境外总收入 950 亿元，比上年增长 11.3%；利润总额 121 亿元，比上年增长 22.7%；总负债率 79.7%，比上年降低 0.37 个百分点；新签合同总额 5140 亿元，比上年下降 7.6%。

营业收入　2018 年，除送变电施工企业营业收入略有降低外，水电及火电施工企业依靠境外稳定的市场业绩，营业收入均保持增长。

2016—2018 年电力建设施工企业分类营业收入（含境外）、2015—2018 年电力建设施工企业境外收入情况见图 11－26 和 11－27。

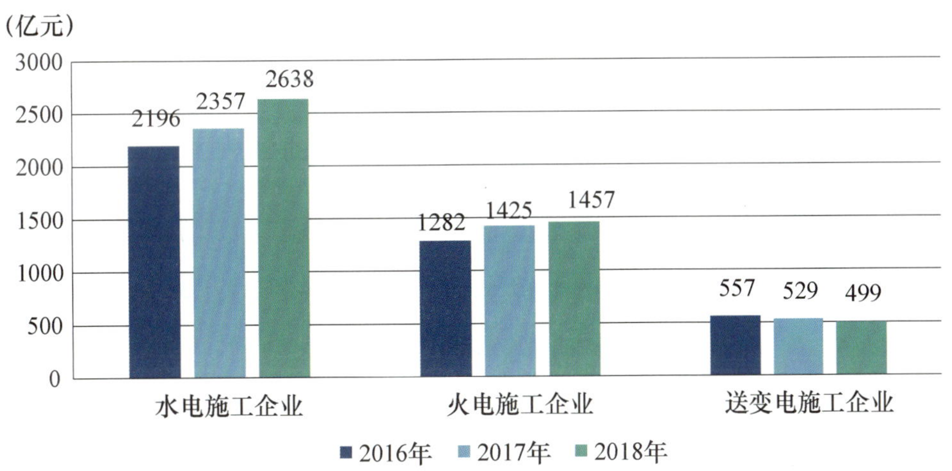

图 11－26　2016—2018 年电力建设施工企业分类营业收入（含境外）

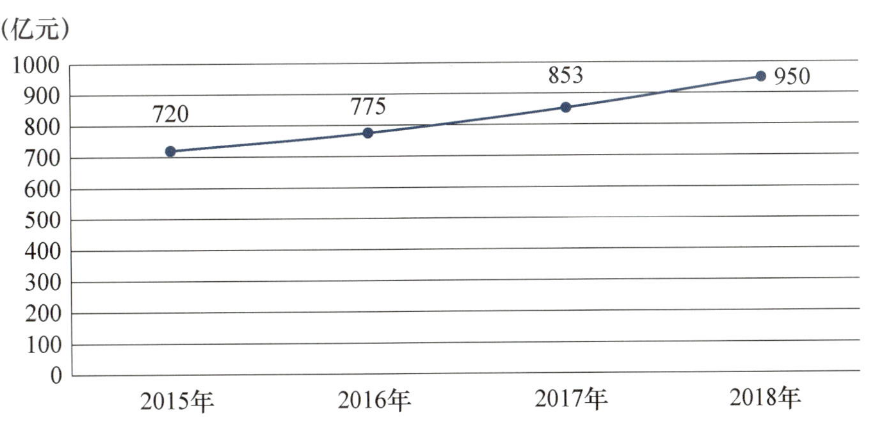

图 11－27　2015 年—2018 年电力建设施工企业境外收入

利润总额 由于电力建设施工企业积极开拓国内非电市场和实施“走出去”战略，加强企业管理，持续推动企业转型升级，在国内煤电、水电投资连续两年减少的情况下，水电、火电施工企业利润总额仍有所增加。

2016—2018 电力建设施工企业利润总额情况见图 11－28。

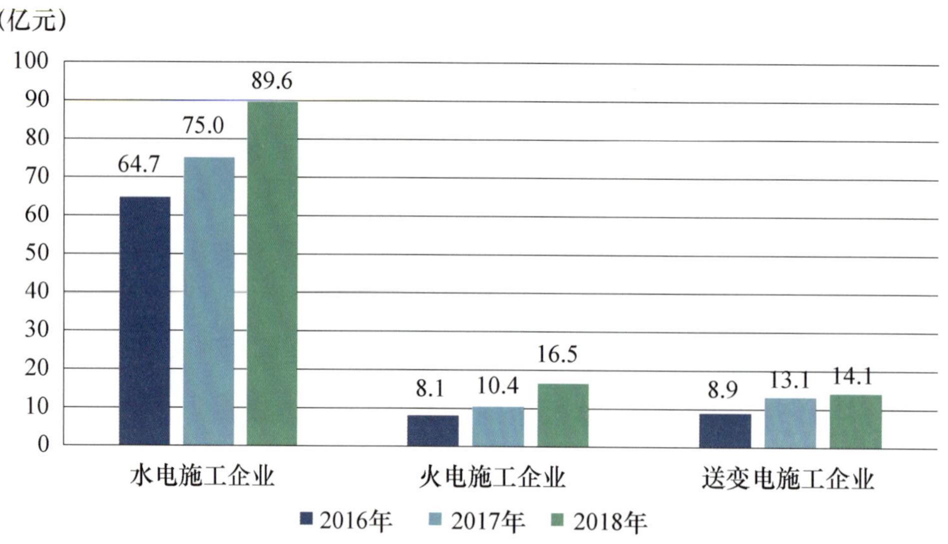

图 11－28 2016—2018 电力建设施工企业利润总额

负债率 近年来，电力建设施工企业加强管理，落实责任制，不断对企业进行整合调整，激发了企业活力，促进了企业发展，水电、火电、送变电施工企业负债率稳定下降。

2016—2018 年电力建设施工企业分类负债率情况见图 11－29。

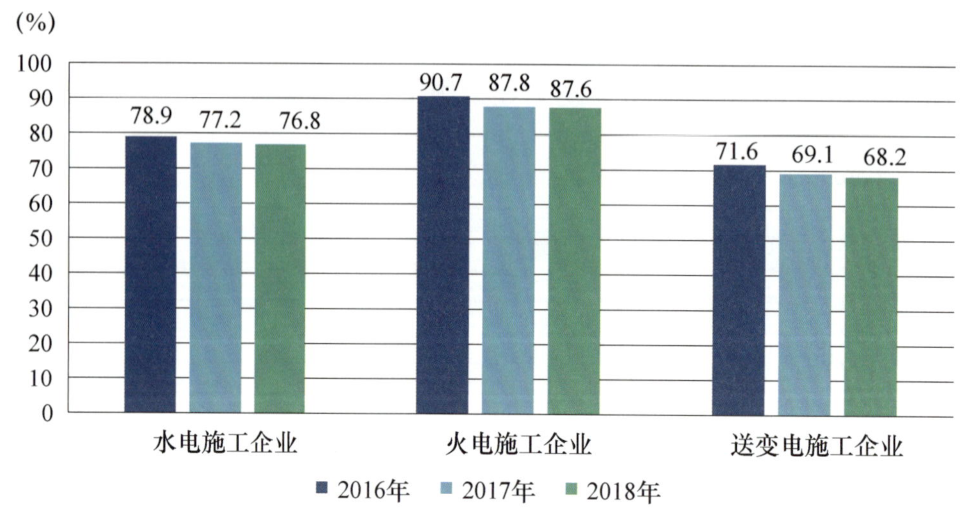

图 11－29 2016—2018 年电力建设施工企业分类负债率

新签合同额　2018 年，电力施工企业新签合同总额 5140 亿元，比上年降低 7.6%。其中，火电施工企业新签合同额 1669 亿元，比上增长 5.3%；送变电施工企业新签合同额 461 亿元，比上年增长 16.7%；水电施工企业的新签合同额 3010 亿元，比上年下降 16.0%。

2015—2018 年电力建设施工企业新签合同额见图 11－30。

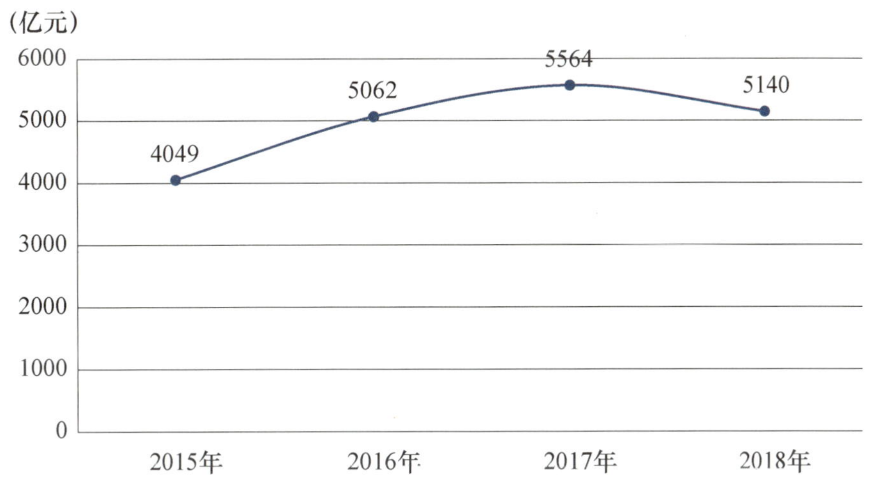

图 11－30　2015—2018 年电力建设施工企业新签合同额

（二）电力建设工程监理、调试企业

监理企业　2018 年，电源工程监理业务下降较多，电力监理市场供大于求的现象显现。监理企业总营业收入 222 亿元，比上年下降 5.1%，其中，工程监理业务收入 80.4 亿元，比上年下降 12.1%；监理企业利润总额 21.7 亿元，比上年下降 32.0%；总负债率 61.1%，比上年提高 2.5 个百分点。

2016—2018 年 电力监理企业经营情况指标见图 11－31。

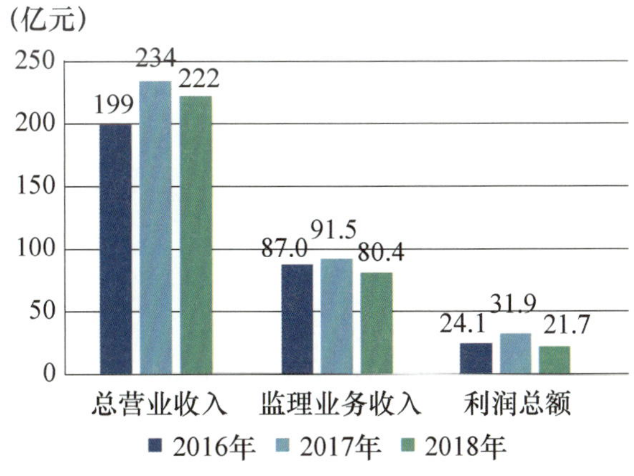

图 11－31　2016—2018 年电力监理企业经营情况指标

调试企业　2018 年，调试企业总营业收入 106 亿元，与上年持平，但企业其他主要财务指标连续两年下滑。其中，工程调试业务收入 17.6 亿元，比上年下降 23.5%；利润总额 13.3 亿元，比上年下降 7.6%，电力建设调试市场供大于求形势显现。

2018 年，调试企业采取了相应措施，使总负债率下降至 52.7%，比上年减少 20 个百分点；尽管调试企业的调试业务收入下降速度较快，但因调试收入在企业营业收入中占比不高（7.9%），对调试企业整体利润总额产生的影响不大。

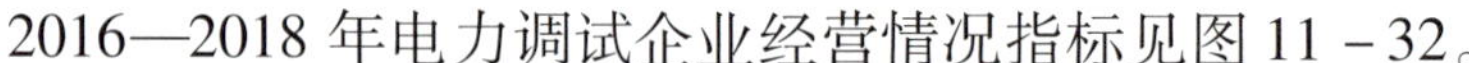

2016—2018 年电力调试企业经营情况指标见图 11－32。

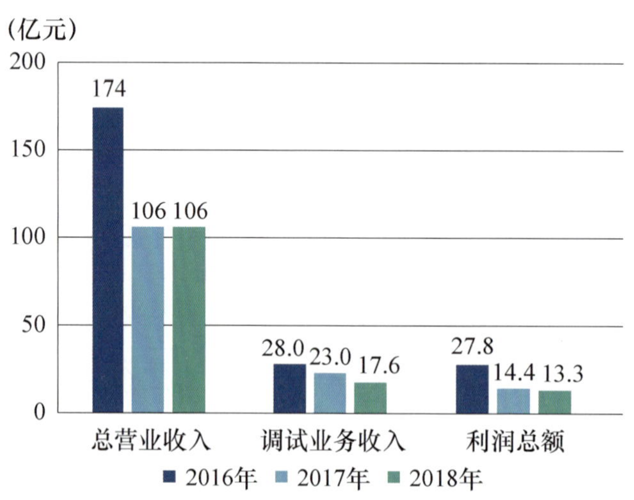

图 11－32　2016—2018 年电力调试企业经营情况指标

部分国外电力企业经营情况见附录 14。

第三节　电力上市公司

电力上市公司包含：在沪、深两市上市的发电企业、供电企业和电力装备企业；在香港上市的新能源发电企业。

一、发电、供电企业

（一）总体情况

沪、深两市共有 61 家发电、供电企业上市公司。其中，火电（含燃机、热电）企业 35 家，水电企业 10 家，电网企业 10 家。以 2018 年 12 月 31 日收盘价计算，电力板块总市值为 13320 亿元，比上年减少 11.3%；约占全市场总市值的 2.7%，比上年提高 0.3 个百分点；不含限售股的流通 A 股市值为 9839 亿元，比上年增长 0.4%；

约占不含限售股的流通 A 股市值的 2.8%，比上年提高 0.6 个百分点。

2018 年不同类型电力上市企业总市值占电力板块总市值的比重见图 11－33。

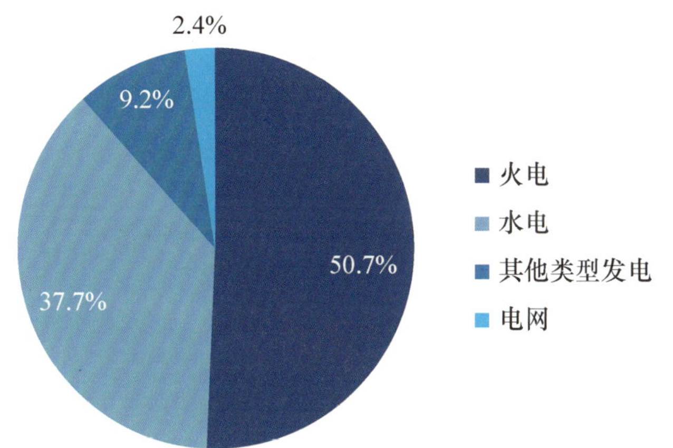

图 11－33　2018 年不同类型电力上市企业总市值占电力板块总市值的比重

注：上市公司情况的图、表资料来源均为 Wind 资讯、中信证券研究部。

（二）走势回顾

2018 年，受宏观经济增速及企业盈利增速下行压力增大，去杠杆带来的流动性收缩以及贸易摩擦发酵带来的避险情绪影响，全年股市呈现明显的下跌趋势，上证综指、深圳成指及创业板指分别大幅下滑 24.6%、34.4% 及 28.6%。由于电力为典型防守型行业，全年指数跌幅为 12.2%，跌幅低于全年沪深 300 指数跌幅 13.1 个百分点。

2018 年电力板块及大盘走势比较见图 11－34。

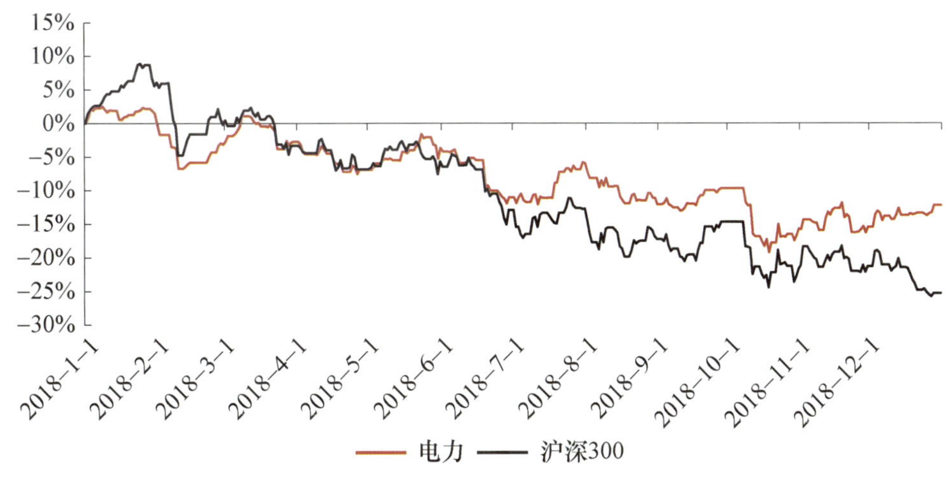

图 11－34　2018 年电力板块及大盘走势比较

在电力板块中，全年火电子板块跌幅为8.8%，水电子板块跌幅为4.2%，电网子板块跌幅为25.9%。

2018年电力各子板块走势比较见图11－35。

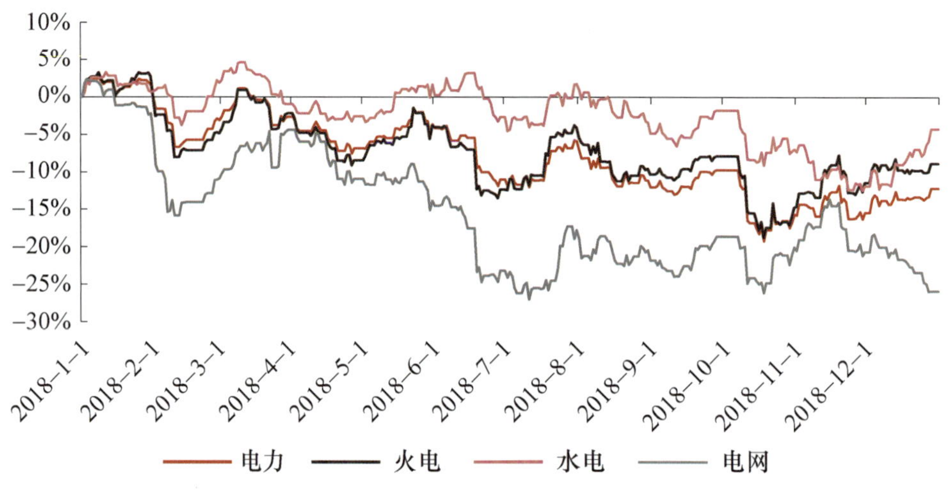

图11－35　2018年电力各子板块走势比较

（三）估值情况

2018年，电力板块的动态市盈率（P/E）从年初的23.7倍（同期全市场为19.5倍）下降至年底的21.9倍（同期全市场为13.1倍）。

2018年电力板块及大盘动态市盈率（P/E）比较见图11－36。

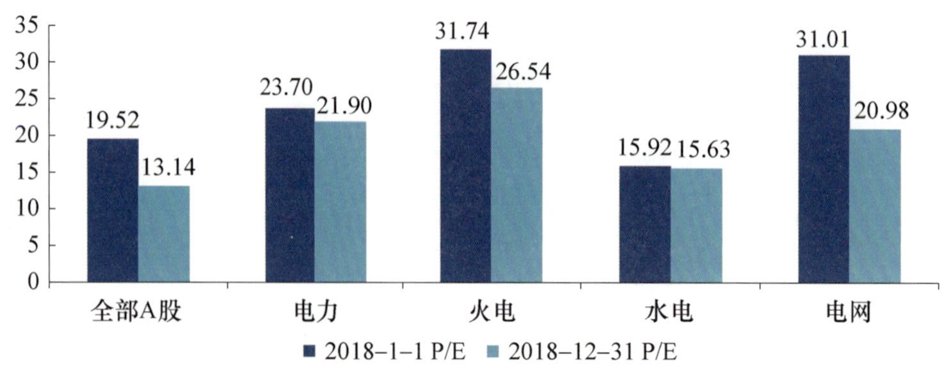

图11－36　2018年电力板块及大盘动态市盈率（P/E）比较

2018年，电力板块的市净率（P/B）从年初的1.7倍（同期全市场为2.0倍）下降至年底的1.4倍（同期全市场为1.4倍）。

2018年电力板块及大盘市净率（P/B）比较见图11－37。

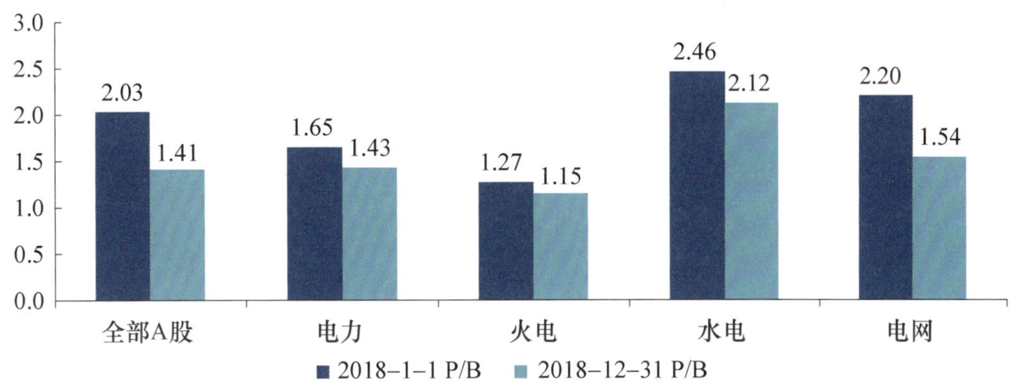

图 11 -37　2018 年电力板块及大盘市净率（P/B）比较

（四）业绩情况

2018 年，电力行业上市公司主营业务收入合计 9793 亿元，比上年增长 14.2%；全年煤炭均价虽有所上升，但受 2017 年年中国家发展改革委取消、降低部分向发电企业征收的政府性基金及 2018 年调整上网电价影响，行业总体毛利率为 19.6%，比上年上升 0.3 个百分点；电力板块投资收益 316 亿元，比上年增长 40.7%，投资收益高增长的主要原因为华能水电、上海电力、国电电力等公司处置部分长期股权投资带来的收益。

2018 年电力板块主营收入、毛利率及投资收益见表 11 -3。

表 11 -3　2018 年电力板块主营收入、毛利率及投资收益

类别		2018 年主营收入（亿元）	2018 年主营收入增长率（%）	2018 年毛利率（%）	2017 年毛利率（%）	2018 年投资收益（亿元）	2018 年投资收益增长率（%）
电力合计		9792.5	14.2	19.6	19.3	315.7	40.7
其中	火电	8143.1	15.8	14.7	13.9	207.4	29.8
	水电	862.8	5.4	56.7	55.8	102.0	72.9
	电网	284.6	11.8	15.3	15.9	4.5	22.7

2018 年，电力板块营业费用率为 1.3%，比上年提高 0.1 个百分点；管理费用率为 2.8%，比上年降低 0.1 个百分点；财务费用率为 7.8%，与上年持平。

2017 年、2018 年电力板块三项费用率见表 11 -4。

表 11-4　2017 年、2018 年电力板块三项费用率

类别		营业费用率（%）		管理费用率（%）		财务费用率（%）	
		2018 年	2017 年	2018 年	2017 年	2018 年	2017 年
电力合计		1.3	1.2	2.8	2.9	7.8	7.8
其中	火电	1.3	1.1	2.6	2.8	6.7	6.7
	水电	2.2	2.1	2.3	2.4	14.8	14.8
	电网	0.7	0.7	5.0	5.1	2.5	2.6

2018 年电力板块盈利 667.8 亿元，比上年增长 20.9%。其中火电子板块盈利 283.9 亿元，比上年增长 50.0%，电量较好及综合电价同比回升为业绩增长主因；水电子板块盈利 352.5 亿元，比上年增长 12.0%；电网子版块盈利 15.7 亿元，比上年增长 15.1%。总体净资产收益率为 7.2%，比上年上升 0.9 个百分点；各子板块净资产收益率均有所回升，其中火电回升 1.4 个百分点。

2017 年、2018 年电力板块净利润及净资产收益率情况见表 11-5。

表 11-5　2017 年、2018 年电力板块净利润及净资产收益率情况

类别		2018 年净利润（亿元）	2018 年净利润增长率（%）	净资产收益率（%）	
				2018 年	2017 年
电力合计		667.8	20.9	7.2	6.3
其中	火电	283.9	50.0	4.8	3.4
	水电	352.5	12.0	14.8	14.1
	电网	15.7	15.1	7.6	6.9

二、电力装备企业

以 2018 年年报业务占比分类，沪、深两市共有 157 家电力设备上市公司。其中，核电和新能源设备企业合计 33 家（包括核电设备企业 1 家，光伏设备企业 20 家，风电设备企业 12 家），输变电设备企业 104 家（包括一次设备企业 53 家，二次设备 51 家），电站设备企业 20 家。以 2018 年 12 月 31 日收盘价计算，电力设备板块总市值为 10552 亿元，比上年减少 29.9%，约占全市场总市值的比重为 2.2%，比上年降低 0.2 个百分点；电力设备板块不含限售股的流通 A 股市值为 8173 亿元，比上年减少 27.6%，约占不含限售股的流通 A 股市值的 2.3%，比上年降低 0.2 个百分点。板块

细分来看，核电和新能源设备企业总市值占比为33.5%，输变电设备企业总市值占比为52.3%，电站设备企业总市值占比为14.2%。

2018年不同类型电力设备上市企业总市值占电力设备板块总市值的比重见图11－38。

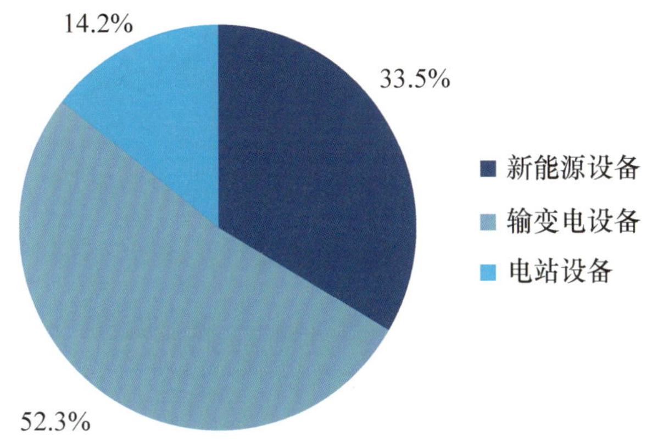

图11－38 2018年不同类型电力设备上市企业总市值占电力设备板块总市值的比重

2018年，电力设备指数跌幅为34.0%，走势弱于大盘。其中，新能源设备板块跌幅为36.3%，输变电设备板块跌幅为34.5%，电站设备板块跌幅为24.1%。

2018年电力设备板块及大盘走势比较见图11－39，电力设备板块各子板块走势比较见图11－40，电力设备上市公司市盈率（P/E）比较见图11－41，电力设备上市公司市净率（P/B）比较见图11－42。

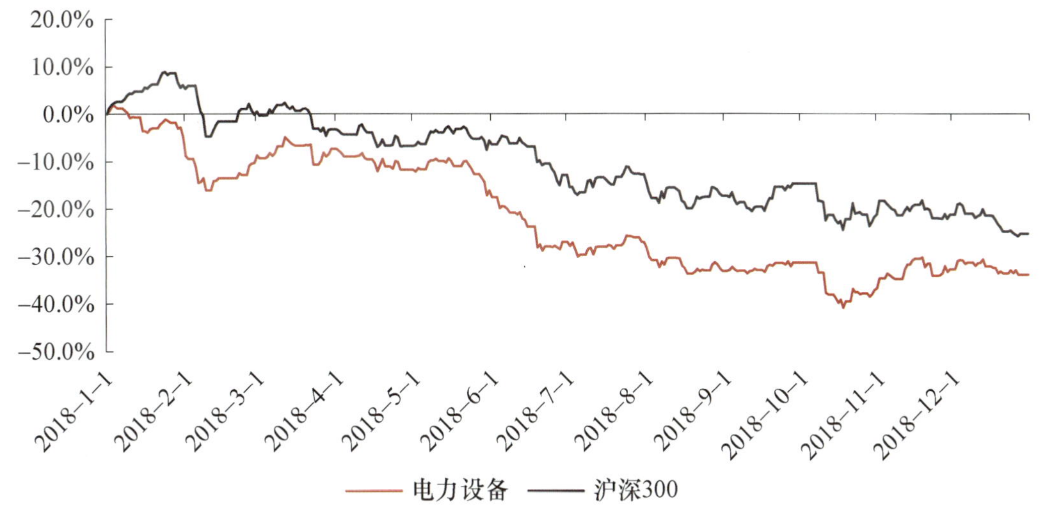

图11－39 2018年电力设备板块及大盘走势比较

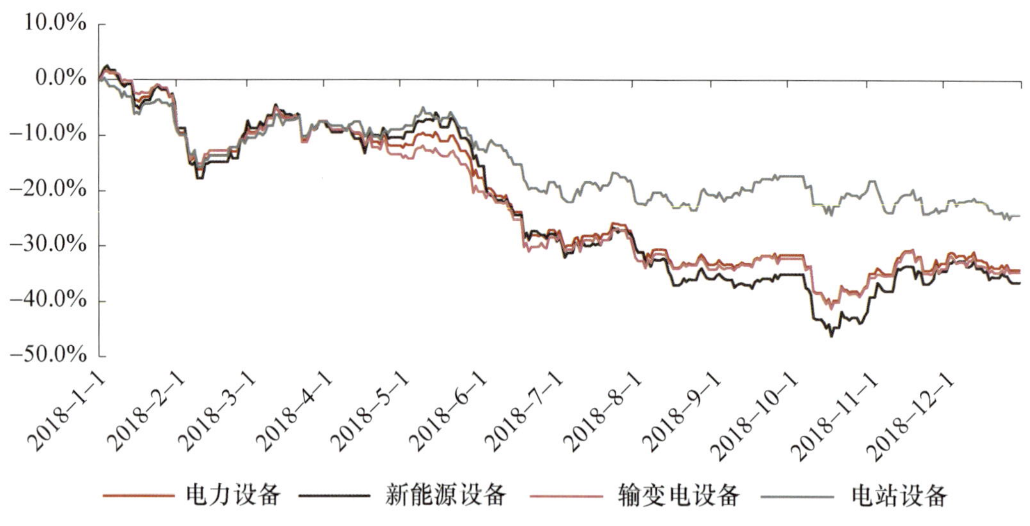

图 11-40　2018 年电力设备板块各子板块走势比较

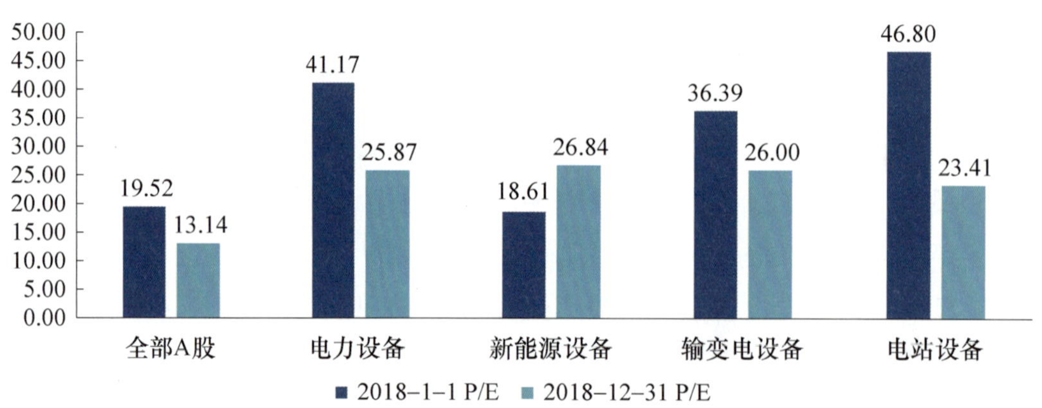

图 11-41　2018 年电力设备上市公司市盈率（P/E）比较

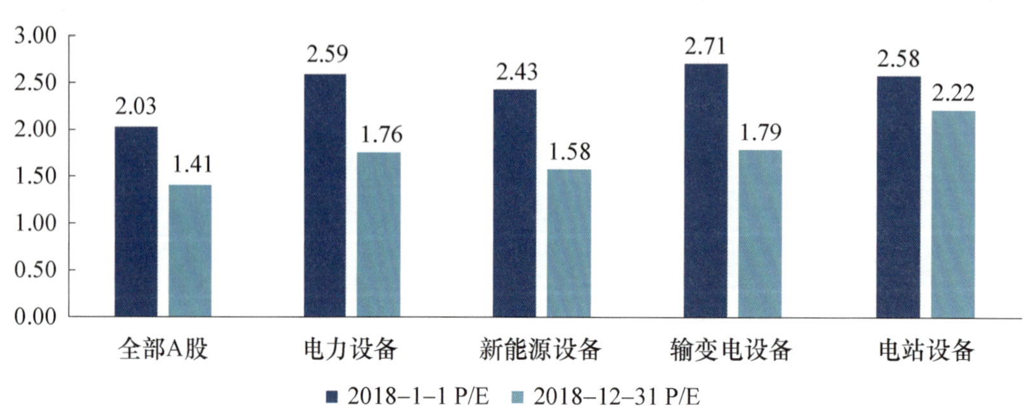

图 11-42　2018 年电力设备上市公司市净率（P/B）比较

2018 年，电力设备行业上市公司主营业务收入合计 7406 亿元，比上年增长 11.4%；行业总体毛利率为 21.7%，比上年降低 0.8 个百分点，；电力设备板块投资收益 79.7 亿元，比上年减少 20.0%。

2018 年电力设备板块主营收入、毛利率及投资收益见表 11 –6。

表 11 –6 2018 年电力设备板块主营收入、毛利率及投资收益

类别		2018 年主营收入（亿元）	2018 年主营收入增长率（%）	毛利率（%）		2018 年投资收益（亿元）	2018 年投资收益增长率（%）
				2018 年	2017 年		
电力设备		7406.0	11.4	21.7	22.5	79.7	–20.0
其中	新能源	2908.7	12.0	21.1	22.2	48.8	–17.7
	输变电	3853.1	10.3	21.5	22.2	22.5	–17.8
	电站	644.2	15.1	25.3	25.7	8.4	–35.2

2018 年，电力设备板块营业费用率为 0.7%，同比降 0.1 个百分点；管理费用率 5.0%，比上年降低 3.2 个百分点；财务费用率为 1.7%，比上年提高 0.1 个百分点。

2018 年电力设备板块三项费用率见表 11 –7。

表 11 –7 2017—2018 年电力设备板块三项费用率

类别		营业费用率（%）		管理费用率（%）		财务费用率（%）	
		2018 年	2017 年	2018 年	2017 年	2018 年	2017 年
电力设备		0.7	0.8	5.0	8.2	1.7	1.6
其中	新能源	0.6	0.7	5.7	8.9	2.0	1.8
	输变电	0.7	0.8	4.6	7.6	1.6	1.5
	电站	0.8	1.0	5.1	8.8	0.6	1.1

2018 年，电力设备板块盈利 306 亿元，比上年减少 25.4%。其中新能源设备盈利 121 亿元，比上年减少 17.0%；输变电设备板块盈利 130 亿元，比上年增减少 38.6%；电站设备板块盈利 54.8 亿元，比上年增长 4.4%。总体净资产收益率为 5.1%，比上年降低 2.7 个百分点，其中新能源设备、输变电设备及电站设备板块净资产收益率分别降低 1.8 个百分点、3.4 个百分点及 2.6 个百分点。

2017—2018 年电力设备板块净利润及净资产收益率见表 11 –8。

表 11－8　2017—2018 年电力设备板块净利润及净资产收益率

类别		2018 年净利润（亿元）	2018 年净利润增长率（%）	净资产收益率（%）	
				2018 年	2017 年
电力设备		305.5	－25.4	5.1	7.8
其中	新能源	121.1	－17.0	5.3	7.1
	输变电	129.7	－38.6	4.3	7.7
	电站	54.8	4.4	8.6	11.2

三、新能源发电企业

目前的新能源发电企业主要以港股上市为主，A 股仅有太阳能、嘉泽新能、节能风电及江苏新能等数家上市公司。以 2018 年 12 月 31 日收盘价计算，新能源港股上市公司市值合计为 1324 亿港元。其中，龙源电力、华能新能源、华电福新、京能清洁能源市值占比分别为 32.4%、16.8%、12.1%及 11.8%；A 股上市公司市值合计为 361 亿元，其中节能风电、嘉泽新能、太阳能及江苏新能市值分别为 96.4 亿元、90.0 亿元、89.2 亿元及 85.2 亿元，各自占比接近四分之一。

2018 年 12 月 31 日收盘港股新能源上市公司市值见图 11－43。

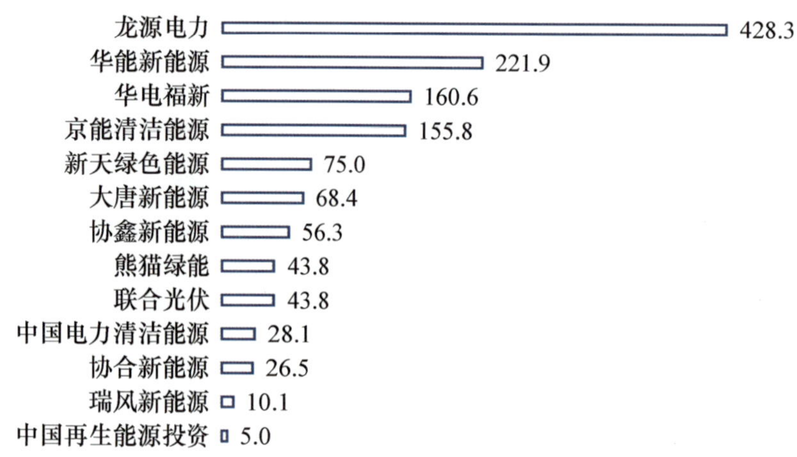

图 11－43　2018 年 12 月 31 日收盘港股新能源上市公司市值

2018 年，港股反映综合走势的恒生指数跌幅为 13.6%，市值较大的龙源电力、华能新能源、华电福新、京能清洁能源全年变动幅度分别为－2.6%、－19.2%、3.8%和－5.3%；A 股沪深 300 指数全年跌幅为 25.3%，节能风电、嘉泽新能、太阳能及江苏新能全年变动幅度分别为－28.6%、－40.9%、－47.9%及 8.0%（江苏新能于 2018 年 7 月 3 日上市）。

2018 年，A 股新能源类上市公司及大盘走势比较见图 11－44；港股新能源类上市公司及大盘走势比较见图 11－45；新能源类上市公司市盈率（P/E）比较见图 11－46；新能源上市公司市净率（P/B）比较见图 11－47。

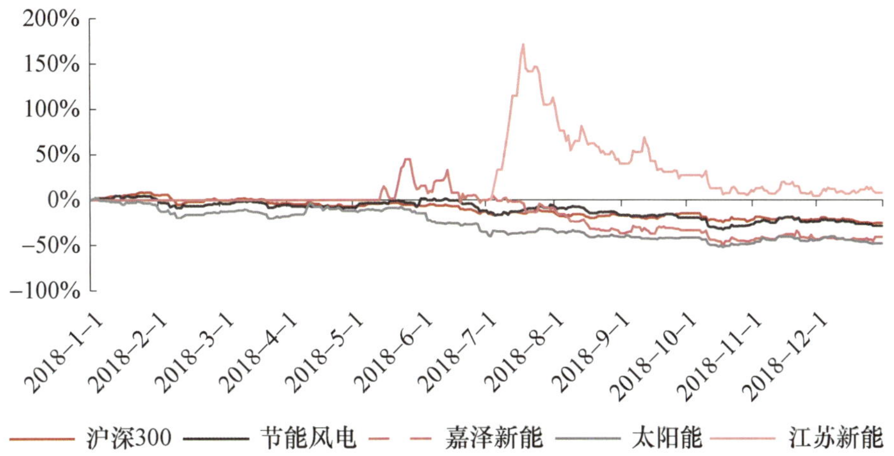

图 11－44 2018 年 A 股新能源类上市公司及大盘走势比较

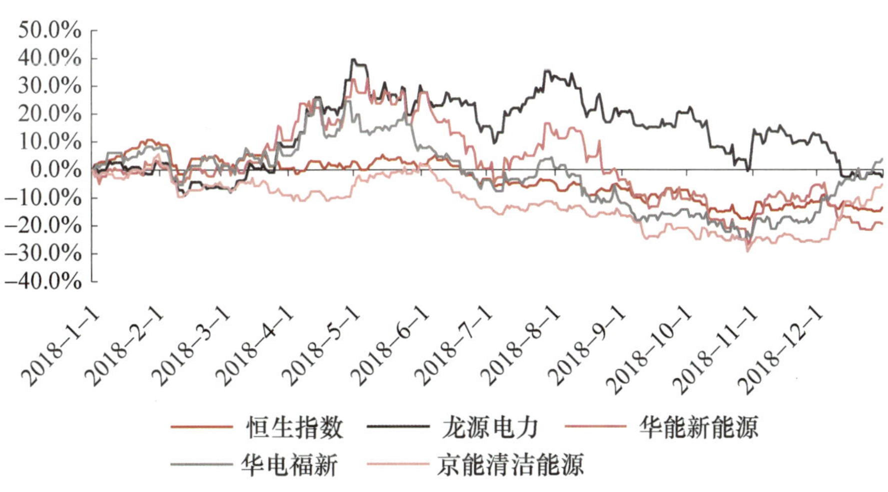

图 11－45 2018 年港股新能源类上市公司及大盘走势比较

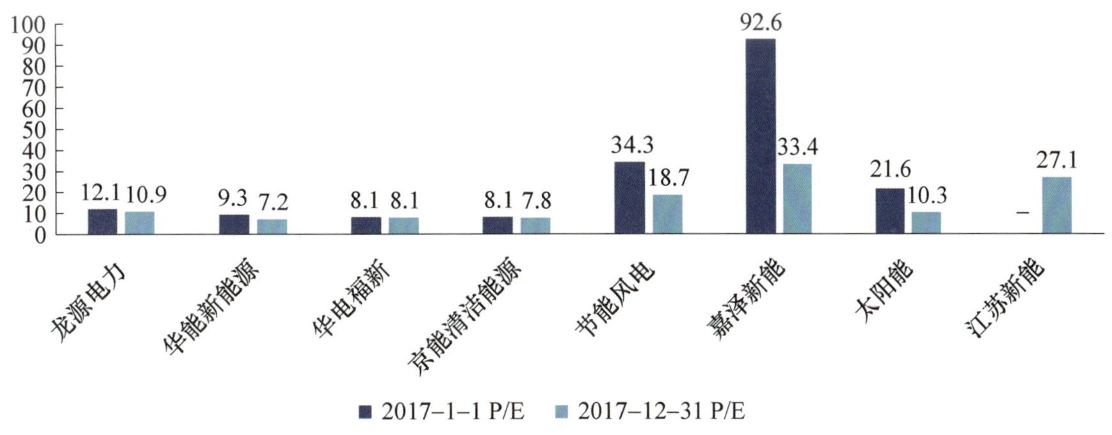

图 11－46 2018 年新能源类上市公司市盈率（P/E）比较

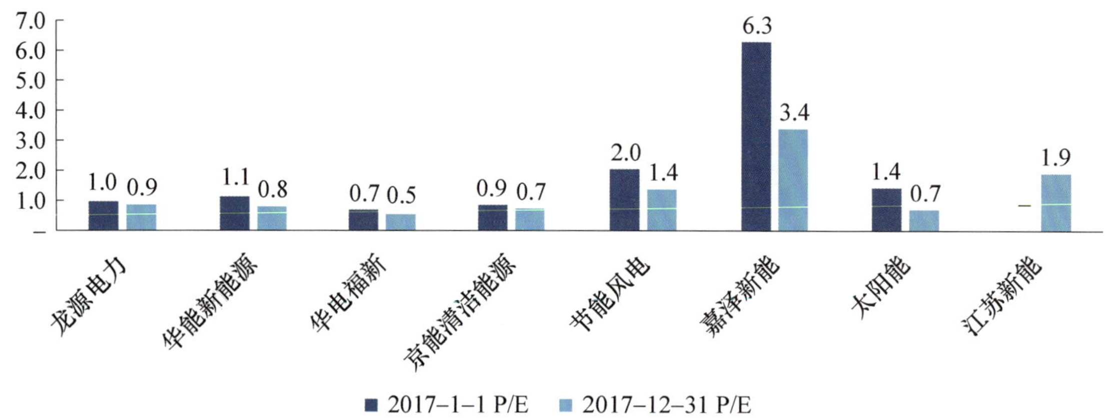

图 11-47 2018 年新能源上市公司市净率（P/B）比较

2018 年，新能源类港股上市公司主营业务收入合计 1081 亿港元，比上年增长 14.9%；总体毛利率为 33.5%，比上年提高 2.5 个百分点；A 股上市公司主营业务收入合计 98.6 亿元，比上年增长 6.7%；总体毛利率为 39.5%，比上年提高 4.9 个百分点。

2018 年新能源类上市公司主营收入、毛利率及投资收益见表 11-9。

表 11-9 2018 年新能源类上市公司主营收入、毛利率及投资收益

公司名称	2018 年主营收入（亿港元/亿元）	2018 年主营收入增长率（%）	毛利率（%）		2018 年投资收益（亿港元/亿元）	2018 年投资收益增长率（%）
			2018 年	2017 年		
龙源电力	265.0	7.6	31.8	31.1	1.7	-51.3
华电福新	184.5	9.4	24.8	27.8	9.4	26.7
京能清洁能源	164.3	14.1	18.4	15.4	0.8	62.2
华能新能源	117.0	10.7	47.5	49.2	-0.1	-124.3
新天绿色能源	100.1	41.7	21.7	23.9	2.9	35.6
大唐新能源	83.2	17.1	42.1	37.4	0.6	-8.1
协鑫新能源	57.2	43.1	56.2	56.2	0.0	-22.0
中国电力清洁能源	48.2	-0.4	16.0	20.3	0.3	-7.3
熊猫绿能	21.1	38.2	100.0	47.3	0.0	-100.0
联合光伏	21.1	38.2	100.0	47.3	0.0	-100.0
协合新能源	14.2	34.9	43.0	16.8	1.5	15.4
瑞风新能源	3.6	-8.0	17.5	31.9	0.1	324.0
中国再生能源投资	1.5	9.1	14.9	19.1	0.7	2.1

续表

公司名称	2018 年主营收入（亿港元/亿元）	2018 年主营收入增长率（%）	毛利率（%）		2018 年投资收益（亿港元/亿元）	2018 年投资收益增长率（%）
			2018 年	2017 年		
港股总计	1081.1	14.9	33.5	31.0	17.8	-3.8
太阳能	49.7	-3.4	33.5	29.3	0.2	-60.6
节能风电	23.6	27.1	48.7	44.3	0.0	-70.3
江苏新能	14.6	3.7	34.5	32.4	-0.2	-90.4
嘉泽新能	10.7	28.7	53.8	49.5	0.0	
A 股总计	98.6	6.7	39.5	34.6	0.0	-100.3

2018 年，新能源类港股上市公司其他营业费用合计费用率为 4.8%，比上年提高 0.2 个百分点。

2017 年、2018 年主要港股新能源类上市公司费用率见表 11－10。

表 11－10　2017 年、2018 年主要港股新能源类上市公司费用率

公司名称	其他营业费用合计费用率（%）	
	2018 年	2017 年
中国电力清洁能源	9.6	8.1
华能新能源	8.4	5.9
大唐新能源	6.5	8.0
龙源电力	5.6	3.2
京能清洁能源	4.4	5.0
华电福新	4.3	4.1
新天绿色能源	2.2	2.4
协合新能源	1.4	5.0
港股总计	4.8	4.6

2018 年，新能源类港股上市公司净利润 135.9 亿元，比上年减少 1.7%；A 股上市公司净利润 19.6 亿元，比上年增长 16.7%。

2018 年新能源类上市公司净利润及净资产收益率情况见表 11－11。

表 11－11　2018 年新能源类上市公司净利润及净资产收益率

公司名称	2018 年净利润（亿元）	2018 年净利润增长率（%）	净资产收益率（%）	
			2018 年	2017 年
龙源电力	39.2	6.4	8.2	8.5
华能新能源	30.9	2.5	11.9	13.5
京能清洁能源	20.0	12.5	10.5	11.0
华电福新	19.9	0.4	7.5	9.1
新天绿色能源	12.4	31.9	13.3	11.4
大唐新能源	10.9	78.7	9.2	5.5
协合新能源	5.0	151.2	9.4	3.9
协鑫新能源	4.7	-44.2	8.0	16.5
中国电力清洁能源	1.9	-53.9	2.2	4.8
中国再生能源投资	0.6	3.2	3.6	3.6
瑞风新能源	-0.6	805.7	-9.8	-1.1
熊猫绿能	-4.5	-394.8	-8.1	3.7
联合光伏	-4.5	-394.8	-8.1	3.7
港股总计	135.9	-1.7	7.8	9.1
太阳能	8.6	7.1	6.9	6.9
节能风电	5.2	29.1	7.5	6.1
江苏新能	3.1	0.9	8.1	9.8
嘉泽新能	2.7	63.3	10.6	7.3
A 股总计	19.6	16.7	7.6	7.1

第十二章　国际交流与合作

第一节　国际电力发展

一、发电装机

（一）总量

根据国际能源署（IEA）发布的有关报告显示，截至2017年年底，全球发电装机容量为69.6亿千瓦，同比增长4.1%，同2010年以来的年平均增速基本持平；中国发电装机容量约占全球装机容量的1/4。

2012—2017年全球发电装机容量及增速见图12－1。

图12－1　2012—2017年全球发电装机容量及增速

数据来源：IEA。

（二）结构

截至2017年年底，全球火电、水电、非水可再生能源、核电装机容量分别为42.1亿千瓦、12.7亿千瓦、10.7亿千瓦、4.1亿千瓦，分别占全球装机容量的60.5%、18.2%、15.4%和5.9%。在火电中，煤电、天然气、石油发电装机容量分别为20.1亿千瓦、17.0亿千瓦和4.5亿千瓦，分别占火电装机容量的47.7%、40.4%和10.7%。2017年全球新增装机2.7亿千瓦，火电、水电、非水可再生能源新增占比分别为34.3%、9.5%、56.2%。

全球新增非水可再生能源发电装机1.5万千瓦 2017年，非水可再生能源新增装机容量为1.5亿千瓦，占全球新增装机容量56.2%。受政策利好及发电成本大幅下降的影响，太阳能光伏发电装机容量同比增长32.7%，新增装机容量0.98亿千瓦，创历史新高。截至2017年年底，全球风电和水电装机容量分别为5.2亿千瓦和12.7亿千瓦，同比增长10.3%和2.1%。核电装机4.1亿千瓦。截至2017年年底，中国非水可再生能源装机容量占全球非水可再生能源装机容量近1/3，新增非水可再生能源装机容量占全球新增非水可再生能源装机容量接近一半。

（三）分地区情况

在全球发电装机中，欧洲①、北美②发达国家以及中国为代表的亚太地区③发电装机容量占比较大，中东④、非洲⑤、中南美⑥、欧亚⑦等地区占比较低。2017年，亚太地区、北美、欧洲装机容量分别为30.5亿千瓦、14.1亿千瓦和12.8亿千瓦，占全球发电装机总量的比重分别为43.8%、20.2%和18.5%。

2017年全球各地区发电装机容量见图12-2。

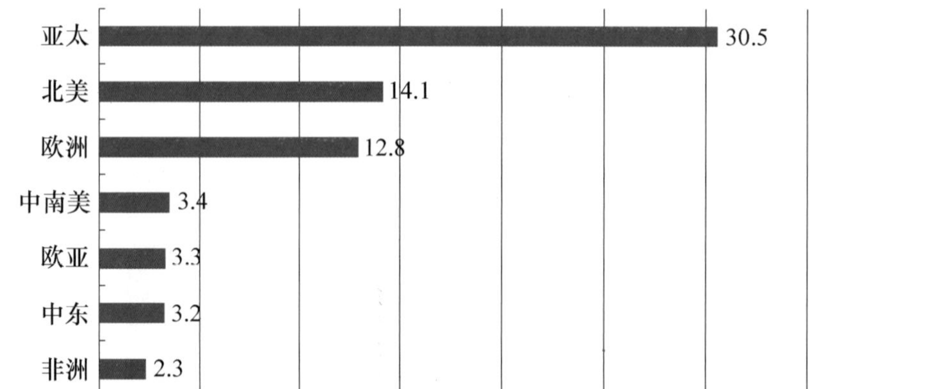

图12-2 2017年全球各地区发电装机容量

---

① 欧洲：欧盟以及阿尔巴尼亚、白俄罗斯、波斯尼亚—黑塞哥维那、直布罗陀、冰岛、以色列、科索沃、黑山、挪威、塞尔维亚、瑞士、北马其顿共和国、摩尔多瓦共和国、土耳其、乌克兰。

② 北美：加拿大、墨西哥以及美国。

③ 亚太地区：东南亚地区以及澳大利亚、孟加拉国、中国、印度、日本、韩国、朝鲜、蒙古、尼泊尔、新西兰、巴基斯坦、斯里兰卡等。

④ 中东：巴林、伊朗、伊拉克、约旦、科威特、黎巴嫩、阿曼、卡塔尔、沙特阿拉伯、阿拉伯叙利亚共和国、阿联酋以及也门。

⑤ 非洲：北非以及撒哈拉以南非洲区域。

⑥ 中南美地区：阿根廷、玻利维亚、委内瑞拉、巴西、智利、哥伦比亚、哥斯达黎加、古巴、库拉索、多米尼加、厄瓜多尔、萨尔瓦多、危地马拉、海地、洪都拉斯、牙买加、尼加拉瓜、巴拿马、巴拉圭、秘鲁、苏里南、特立尼达、多巴哥、乌拉圭等。

⑦ 欧亚地区：里海地区以及俄罗斯联邦。

二、发电量

（一）总量

根据 IEA 统计，2017 年全球发电量为 25.7 万亿千瓦时，同比增长 3.1%，接近十年以来年平均增速；全球新增发电量 0.8 万亿千瓦时，其中，中国增长的贡献率近一半。

2012—2017 年全球发电量及增速见图 12－3。

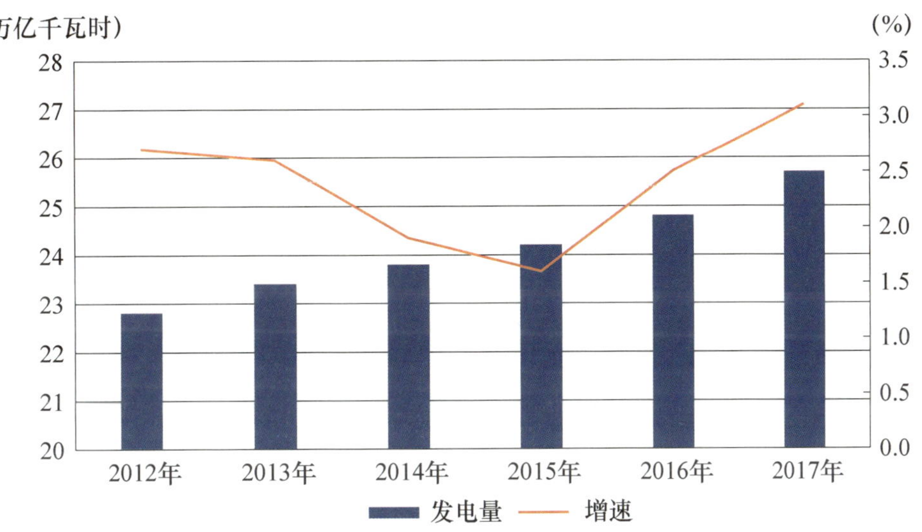

图 12－3　2012—2017 年全球发电量及增速

数据来源：IEA。

（二）结构

2017 年，火电、水电、核电和非水可再生能源发电量分别为 16.7 万亿千瓦时、4.1 万亿千瓦时、2.6 万亿千瓦时和 2.2 万亿千瓦时，占总发电量比重分别为 65.0%、16.0%、10.3% 和 8.7%。

非水可再生能源发电量占比大幅增长　非水可再生能源发电量高速增长，同比增速为 15.1%。新增非水可再生能源发电量占全球新增发电量的 38.6%。在非水可再生能源发电量中，风电占比接近一半，太阳能光伏发电量占比为 19.4%，但增速是风电的 2.4 倍。2017 年中国非水可再生能源发电量为 0.5 万亿千瓦时，新增 0.1 万亿千瓦时（比上年增长 29.3%），占全球新增非水可再生能源发电量的 39.5%。

燃煤发电量占比保持稳定　2017 年，燃煤发电量占全球发电量 38.39%，相比 2016 年仅下降了 0.03 个百分点，保持相对稳定。由于煤炭资源相对廉价、可靠，清洁利用水平不断提升，燃煤发电量在发电总量中占比仍具绝对优势。

水电发电量略有下降　欧美地区水电发展已经趋于饱和；南美、非洲等地区受经济和气候因素影响水电发展；亚太地区水电发展迅速，成为全球水电发展的主要动力。但总体上看，全球水电发展乏力，2017 年水电发电量占全球发电量比重同比下降了 0.2 个百分点。

（三）分地区

以经合组织国家（OECD）为主的发达国家电力需求相对稳定，发电量的增长主要来自新兴经济体国家。2017 年，亚太地区发电量 11.6 万亿千瓦时，占全球发电总量的近一半份额；北美、欧洲分别为 5.2 万亿千瓦时和 4.2 万亿千瓦时，位列全球发电量的第二和第三；其余地区均未超过 1.5 万亿千瓦时。北美发电量出现负增长，欧洲、欧亚及中东地区均低于全球平均增速；亚太地区的发电量新增占全球新增的 79.3%，中国作为亚太地区最大的能源消费市场，发电量占全球的四分之一，是亚太地区发电量增长最大的拉动力。从各地区发电量增速看，增速最高的依次是亚太、非洲、中南美洲，分别增长 5.5%、4.0% 和 3.9%。

2000 年、2016 年和 2017 年全球各地区发电量见图 12－4。

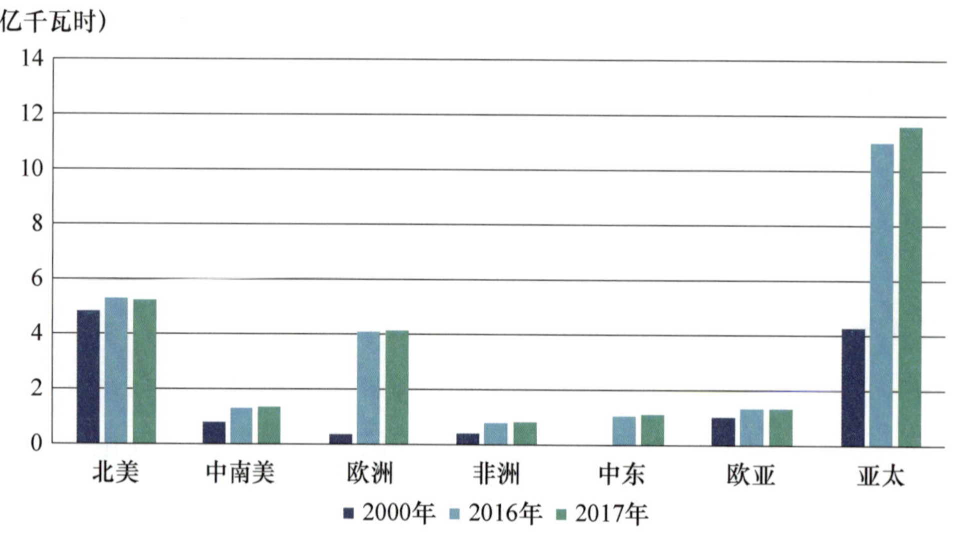

图 12－4　2000 年、2016 年和 2017 年全球各地区发电量

数据来源：IEA。

三、电网与储能

根据 IEA 有关数据显示，2017 年全球投资约 3000 亿美元用于输配电网的升级和发展，与 2016 年投资水平基本相当。截至 2017 年年底，全球电网线路总长度约 7700 万千米；全球最大的三个区域电网互联中心分别位于中国、欧洲和美国。

抽水蓄能电站仍占储能领域绝对优势　储能市场在各国政府的政策鼓励下得到

了积极的发展，来自美国能源部全球储能数据库（DOE Global Energy Storage Database）的数据显示，1997—2017 年，全世界储能系统装机增长了 70%，截至 2017 年年底，全球已投运储能项目累计装机规模为 1.8 亿千瓦，其中抽水蓄能发电装机 1.7 亿千瓦，在各种储能项目总装机中约占 96%；中国抽水蓄能发电装机容量占全球抽水蓄能发电装机的近 1/5。

电化学储能项目稳步增长　根据 IEA 及国际可再生能源署（IRENA）有关报告显示，2017 年，全球新增投运的电化学储能项目装机规模为 91.4 万千瓦，同比增长 23%。全球电化学储能项目累计装机规模为 292.7 万千瓦，在各类储能项目中占比 1.7%。锂离子电池累计装机在各类电化学储能技术中占比最大，超过一半，在不到 3 年时间里，电化学储能项目规模已扩大了 2 倍。由于抽水蓄能项目受地理条件等因素的制约，其未来成本下降空间有限，各类电化学储能成本有望显著下降50%～60%，随着电化学储能项目的快速增长，预计到 2040 年，抽水蓄能与电化学储能的装机容量将基本持平。

从全球储能市场地域分布来看，全球储能项目装机主要分布在亚洲的中国、日本、印度和韩国，欧洲的西班牙、德国、意大利、法国、奥地利和北美的美国，这 10 个国家储能项目累计装机容量约占全球的五分之四；2017 年全球新增投运的电化学储能项目分布在 30 多个国家和地区，其中，新增投运的电化学储能项目装机规模排名前十的国家依次为：美国、澳大利亚、韩国、英国、中国、德国、加拿大、日本、荷兰和新西兰。

第二节　全球能源互联网

一、发展概况

2018 年 3 月，全球能源互联网发展合作组织（以下简称合作组织）发布《全球能源互联网发展指数 2018》，以全球能源互联网理论和综合评价理论方法为基础，从电力互联、绿色低碳、能源经济社会环境协调发展三个维度，系统反映全球和各国能源电力系统发展水平。从全球能源互联网发展指数区域分布看，欧洲、北美、东亚、大洋洲的全球能源互联网发展指数处于领先水平；俄罗斯和中亚、中南美洲处于中游水平，俄罗斯和中亚的电力互联基础较好，中南美洲的能源电力绿色低碳水平较高；东南亚、西亚和北非、南亚、撒哈拉以南非洲相对落后，对化石能源依赖度较高，能源转型的挑战与机遇并存。

截至2018年年底，各区域电力互联现状如下：

亚洲各国以局部的双边电力交易为主

- 实现交直流联网主要情况包括：印度与孟加拉、不丹和尼泊尔联网，其中与孟加拉是直流背靠背；塔吉克斯坦、乌兹别克斯坦和哈萨克斯坦南部行成中亚电网；在东南亚，马来西亚和新加坡交流联网，泰国和马来西亚直流背靠背；在东北亚，中国的东北电网和俄罗斯远东电网实现直流背靠背联网；海湾六国实现了电网互联，其中沙特阿拉伯以直流背靠背方式接入海湾国家互联电网。

欧洲各国之间基本实现电网互联

- 除塞浦路斯和冰岛外，欧洲各国之间已全部实现联网，包括欧洲大陆、北欧、波罗的海、大不列颠岛和爱尔兰岛五个同步电网，同步电网之间主要通过±200～±500千伏直流海底电缆互联。欧洲大陆电网通过西班牙—摩洛哥双回400千伏交流线路与北非电网同步运行；通过保加利亚—土耳其双回、希腊—土耳其单回400千伏交流线路与西亚部分电网同步运行。

非洲形成五个区域电力池

- 非洲国家电网联系松散、电力交换容量小，互联通道电压等级繁多，但各国普遍高度重视并积极推动电网互联互通。目前，非洲各子区域已成立区域电力池（电力联营组织），其中，北非（马格里布）和中非电力池尚未正式运行，西非、东非和南非电力池已正式运行，并对区域电网互联进行了总体规划。

北美洲电网总体发展程度较高

- 北美洲电网包括加拿大、美国、墨西哥三国，电网频率均为60赫兹，已实现充分跨国互联。目前，北美洲电网分为北美东部电网、北美西部电网、美国得州电网、美国阿拉斯加电网、加拿大魁北克电网、墨西哥电网六个同步电网运行。

南美洲与中美洲内部跨国联网分别具备一定基础

- 南美洲与中美洲之间尚未实现电网，中美洲、南美洲内部跨国联网分别具备一定基础。

二、工作成效

（一）理念传播

合作组织成功召开2018年全球能源互联网大会、全球能源互联网与大学创新发展论坛，在中非合作论坛、中阿合作论坛、第二十四届联合国气候变化大会、西非国家经济共同体首脑峰会期间举办高级别会议和主题活动。全球能源互联网已纳入“一带一路”建设、联合国“2030 议程”和促进《巴黎协定》实施工作框架，写入第九届清洁能源部长级会议成果、第五十四届西非国家经济共同体首脑峰会公报、中阿合作论坛第八届部长级会议北京宣言和行动执行计划，合作组织发展理念得到广泛认可。

（二）交流与合作

2018 年，合作组织会员覆盖 85 个国家（地区）；组建了全球能源互联网大学联盟和智库联盟，搭建了共商发展的合作新平台；与几内亚政府共同倡议成立非洲能源互联网可持续发展联盟，促进非洲清洁化、工业化、电气化、一体化发展，得到非洲许多国家积极响应；与联合国气候变化公约秘书处、拉丁美洲和加勒比经济委员会、非洲经济委员会，埃塞俄比亚、刚果（金）、几内亚等国政府，以及有关组织、机构、企业、高校新签 15 项合作协议；大力推动中国与周边国家及“一带一路”沿线国家电网互联，中缅孟联网项目成立政府间联合工作组，中韩联网项目完成预可研，海湾国家与东非联网项目签署三方合作协议。

2018 年重大联网项目进展情况如下：

1. 中韩联网工程项目完成预可研

2018 年 4 月 17 日，中韩联网项目预可研启动会在北京召开，合作组织、国家电网公司、韩国电力公社共同成立以合作组织为主席单位的指导委员会和工作组，7—8 月，合作组织、国家电网公司、韩国电力公社工作组完成了《中国—韩国跨国联网工程预可行性研究报告》。

2. 埃塞—海湾地区电力联网合作协议签署积极推进

2018 年 3 月，全球能源互联网大会期间，合作组织与海湾阿拉伯国家合作委员会互联电网管理局首次提出非洲与海湾地区联网的设想。2018 年 4 月至 11 月，合作组织同海合会电网管理局、埃塞俄比亚电力部，针对埃塞—海湾地区联网项目展开多次沟通协商。2018 年 12 月，三方就联合推动项目实施达成共识，并认可了有关合作备忘录文本内容。

（三）研究成果

近年来，合作组织深入开展战略、规划、技术、标准等方面百余项课题研究，提出各大洲电网互联总体格局和思路。2018 年，面向全球发布《全球能源互联网骨干网架研究》《全球能源互联网发展指数（2018）》《全球能源互联网技术装备创新行动纲要（2018—2025）》《全球能源互联网标准体系研究（2018）》《全球能源互联网促进〈巴黎协定〉实施行动计划》，以及非洲、东北亚、东南亚等区域能源互联网规划等十多项研究成果，首次提出“九横九纵”全球能源互联网规划，为推动全球能源互联网发展提供了行动路线图，为应对气候变化等可持续发展问题提供了根本解决方案。主要研究成果内容如下：

《全球能源互联网骨干网架研究》

- 立足全球能源发展现状和资源禀赋，联接世界大型清洁能源基地和主要电力消费中心，与各国电网主网架紧密衔接、协同发展，在各洲能源互联网规划基础上，提出了“九横九纵”全球能源互联网骨干网架方案和跨洲跨区跨国联网重点工程。
- 报告重点研究了全球经济社会、能源电力发展趋势和清洁能源开发、电力流格局，系统分析了全球能源互联网综合价值和效益，为促进清洁能源大规模开发、全球配置和高效利用，实现世界经济、社会、环境可持续发展提供解决了方案。

《全球能源互联网发展指数(2018)》

- 基于全球能源互联网发展理念，运用综合评价理论方法，对全球各大区域、各个国家进行排名分析，系统反映世界能源电力系统发展格局和成效，反映重点地区和国家的优势与短板，以期为各国政府、组织、企业和机构等制定政策、规划研究、投资咨询、工程建设提供借鉴和参考，共同推进全球能源互联网建设。

《全球能源互联网技术装备创新行动纲要(2018—2025)》

- 重点围绕全球能源互联网建设所需的关键技术和核心装备，主要包括特高压及新型输电、智能电网、清洁能源和互联电网运行控制 4 个方向，在 13 类领域提出了重点关注的 54 项技术装备。对每一项技术装备，纲要分析了发展现状，展望了未来需求，提出了研究方向，并以 2025 年为目标绘制了发展路线图。

《全球能源互联网标准体系研究(2018)》

- 梳理并研究国内外相关领域标准现状，按照“继承一批、修订一批、制定一批”的思路，结合全球能源互联网发展需要，提炼出需继承、修订和待制定的三类标准，并绘制标准路线图。
- 标准体系由特高压及新型输电、智能电网、清洁能源、大电网互联 4 个专业方向组成，包含 13 个技术领域，下设 47 个标准系列及其若干标准/规定/规范。结合当前发展阶段和全球能源互联网骨干网架构建需求，为满足工程建设、技术研发、产业发展需要，遴选出特高压输电、柔性直流和直流电网、智能输变电、清洁能源并网及运行控制、跨国电网互联 5 个重点行动技术领域，包含 13 个标准系列和 32 项优先制定的标准。

第三节　中国电力行业国际交流与合作

一、行业交流与合作

2018 年，中电联同世界能源理事会、国际能源署、能源宪章、欧洲电力工业联盟、日本海外电力调查委员会、日本财团煤炭能源中心、英国皇家工程师协会、东亚及西太平洋电力工业协会等机构继续深入开展电力同业国际组织间交流合作；成功申办 2022 年第 24 届亚太电协大会，并承担 2021—2022 年亚太电协秘书处工作。2018 年中电联同国际组织开展交流合作部分情况见图 12 –5。

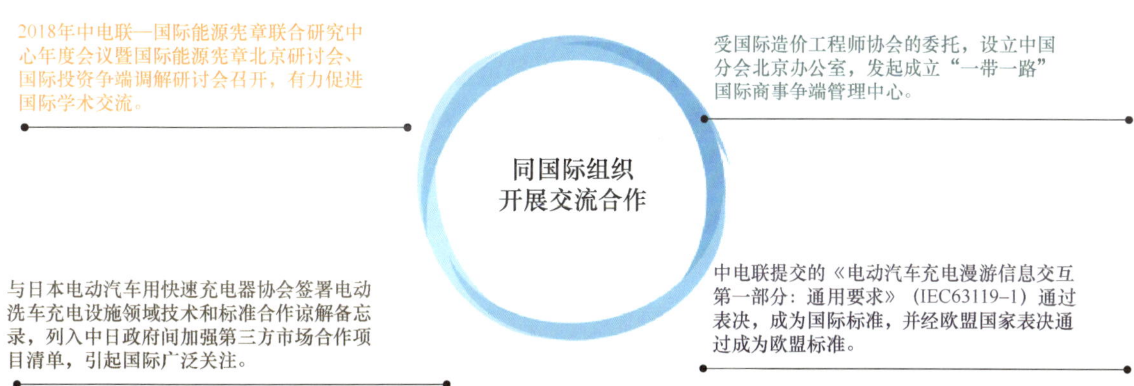

图 12 –5　2018 年中电联同国际组织开展交流合作部分情况

中国电力企业先后与法国电力公司、美国通用电气公司、韩国电力公社、东京电力公司等国际知名企业开展不同方式的合作与交流，在项目投资、科技创新、人才培养等多方面进行务实交流合作。

二、国际组织活动及任职情况

2018 年，国家电网公司、华能集团、三峡集团、国家电投和中核集团共计 670 人次参加了 36 场国际组织活动，遍及全球 16 个国家和地区；电力行业新增 12 位专家、学者在国际组织中担任主要职务，时任国家电网公司董事长舒印彪（现任华能集团董事长）当选国际电工委员会（IEC）第三十六届主席，任期至 2022 年。

三、国际会议和展览

2018 年，中国主要电力企业参加各类境内外国际会议超过 140 场，出席人数达

800 人次，其中国家电网公司、南方电网公司、国家电投集团、中国能建、三峡集团等电力企业主办和承办了 18 场国际性会议，参会规模 5500 余人次。

2018 年电力行业组织和企业主办、承办和主要参与的代表性会议如下：

2018年全球能源互联网大会

- 3 月 28—29 日，2018 全球能源互联网大会在北京隆重召开，来自世界 30 多个国家和地区的 800 多位嘉宾围绕“全球能源互联网——从中国倡议走向世界行动”的大会主题，交流思想、分享成果，共商全球能源互联网发展大计。本次会议对落实全球能源互联网中国倡议，推动世界能源变革、促进绿色低碳发展、打造人类命运共同体具有重要意义。

第47届国际大电网(CIGRE)大会

- 8 月 26—31 日，第 47 届国际大电网（CIGRE）大会在巴黎召开。来自全球 90 多个国家的电力企业、科研机构、制造企业等的 3700 余位代表参加了会议。CIGRE 建立于 1921 年，其总部设在法国，有 16 个专家委员会和超过 1000 名来自世界各地的电力专家，逢偶数年份 CIGRE 在巴黎举办 CIGRE 大会，研讨全球电力系统、电网设备及技术方面的最新进展及结果。

中非合作论坛北京峰会

- 9 月 3—4 日，以“合作共赢，携手构建更加紧密的中非命运共同体”为主题的中非合作论坛北京峰会成功举行。国家电网、中国电建、东方电气等电力企业与非洲企业签署多项电力合作相关文件。

第22届亚太电协大会

- 9 月 18—21 日，以“重新构想公共事业的未来”为主题的第二十二届亚太电协大会在马来西亚吉隆坡召开，会议由亚太电协与马来西亚电力公司（TNB）共同主办，来自 30 多个国家和地区的 2000 多人参加会议。国家电网、南方电网、华能集团、大唐集团、华电集团、国家能源集团、国家电投集团等企业均派代表团出席了会议。

“一带一路”能源部长会议和国际能源变革论坛

- 10 月 18—19 日，“一带一路”能源部长会议和国际能源变革论坛在江苏省苏州市举行。会议和论坛分别以“共建‘一带一路’能源合作伙伴关系”和“能源——为美好生活”为主题，旨在推动能源变革深入发展，满足人民美好生活需要，促进人类命运共同体建设。

国际电工委员会(IEC)第82届大会

- 10月22—26日，国际电工委员会（IEC）第82届大会在釜山召开。IEC成立于1906年，成员覆盖171个国家（我国于1957年正式加入），是电工、电子和相关技术领域全球公认的标准制定和合格评定机构，是目前世界上最具权威性的三大国际标准化组织之一，享有"电工领域联合国"的美誉。电工领域国际标准制定，深刻影响着各国企业开展国际化业务。目前IEC在电工领域累计发布国际标准7713项，出版了应对能源挑战、能源储存、可再生能源并网等一系列白皮书，为促进全球能源电力可持续发展作出了重要贡献。随着经济全球化深入发展，能源电力基础设施互联互通与产能合作加快推进，加强国际标准合作与对接互认的重要性更加凸显。

2018年东北亚区域电力互联与合作论坛

- 11月1—2日，由联合国亚洲及太平洋经济社会委员会、蒙古能源部、中电联、大韩民国外交部和亚洲开发银行共同主办的2018年东北亚区域电力互联与合作论坛在蒙古乌兰巴托举行。论坛回顾了电力互联区域合作的进展情况，充分交流了东北亚电力联网的最新研究成果，探讨了政府间及多边签署合作协议的可能性，谋划了东北亚区域电力互联与合作论坛的未来活动安排。

中国主要电力企业积极参与国际性电力行业展会，向世界展示中国电力工业发展成果。2018年，国家电网公司、南方电网公司、华能集团、华电集团、国家电投集团、中国电建、中国能建、中核集团、北京四方继保自动化公司等中国电力企业先后参与各类电力行业展会超过30场，累计观展人数超过150万人次。

四、涉外培训

2018年，三峡集团、华电集团、中国电建、中核集团、国家电投、内蒙古电力公司等中国电力企业承担了对境外同行来华培训及与境外机构合作的在华培训，共计37批882人次，涉及缅甸、巴基斯坦、津巴布韦等近30个国家的能源电力部门、电力（网）公司、核能机构等单位，培训内容主要包括输配电技术、电站运维管理、特殊岗位专业技能、可再生能源利用、智能电网、人力资源管理等，参与培训的国家中“一带一路”国家占比达67%。

五、境外分支机构

2018年，中国主要电力企业在境外的36个国家和地区新增设立各类有效分支机构或办事处62个，遍布亚洲、非洲、欧洲和美洲等地区。

六、主要交流与合作协议、备忘录

2018 年，中国主要电力企业先后对外签署重要的交流与合作协议、备忘录共 92 项，内容涵盖战略合作、培训交流、项目开发、核电开发等领域。

2018 年电力企业签署的部分重要协议和备忘录见图 12－5。

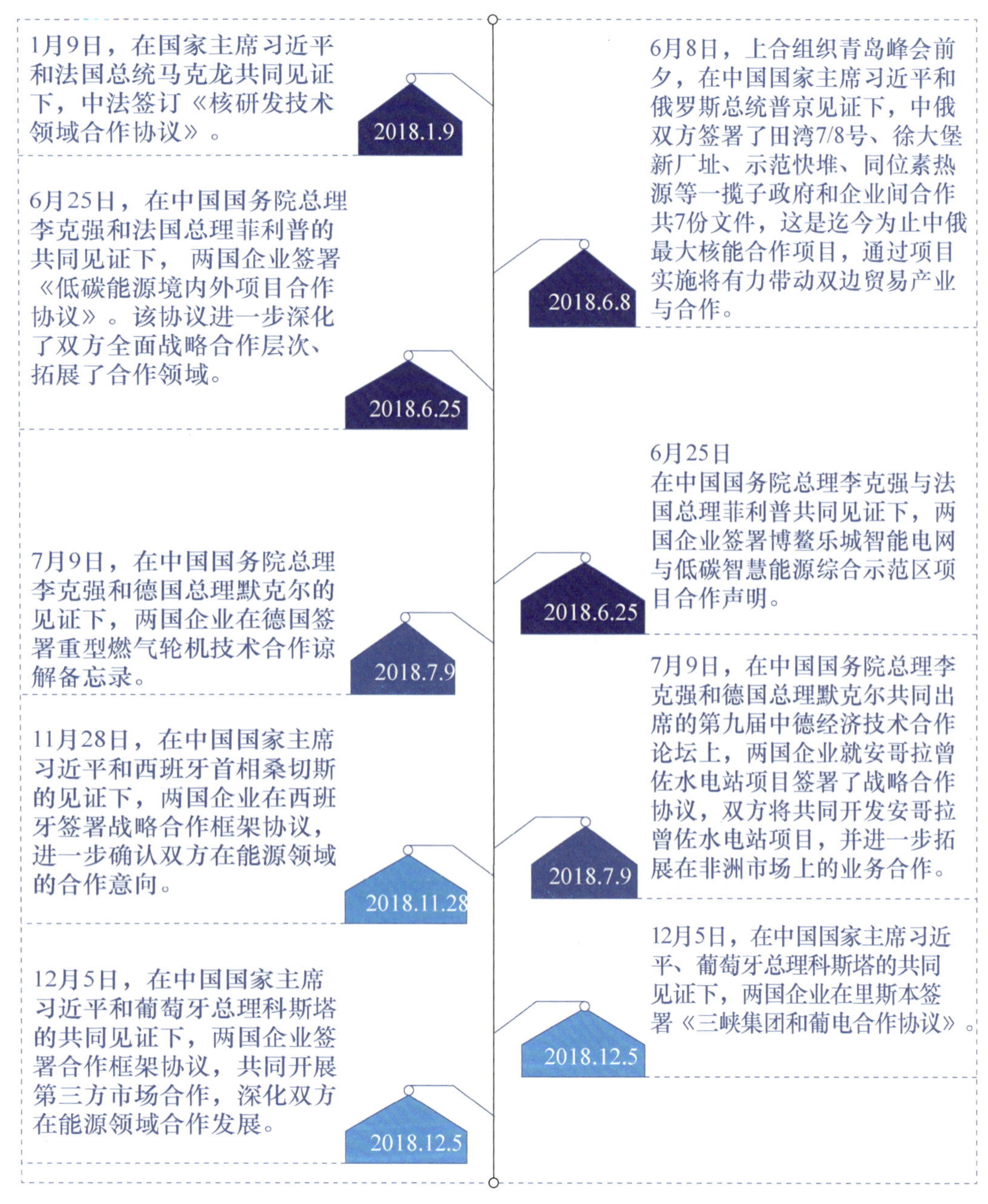

图 12－5　2018 年电力企业签署的部分重要合作协议和备忘录

七、海外履行社会责任和获奖

2018 年，中国主要电力企业在海外共实施捐助事项 105 项。2012—2018 年，累计在海外先后获得东道国和有关国际组织嘉奖 237 项，以具体行动赢得了当地政府和人民的广泛赞誉，彰显了中国电力企业负责任的良好形象。

第四节　“一带一路”电力合作

一、合作现状

2013—2018 年，我国主要电力企业参与“一带一路”国际合作实际完成投资 3000 万美元以上的项目约 70 个，累计完成投资 107 亿美元；签订电力工程承包合同 622 个，总金额 1167 亿美元。

（一）电力投资

2018 年“一带一路”电力投资涉及 17 个项目，全年实际投资额约 28 亿美元，涉及沿线亚洲和欧洲地区 8 个国家，直接创造 6700 个当地就业岗位。完成投资 3000 万美元以上的项目有 8 个，投资额约 27 亿美元。

2018 年主要电力企业在“一带一路”国际电力投资项目数量及金额见图 12－6。

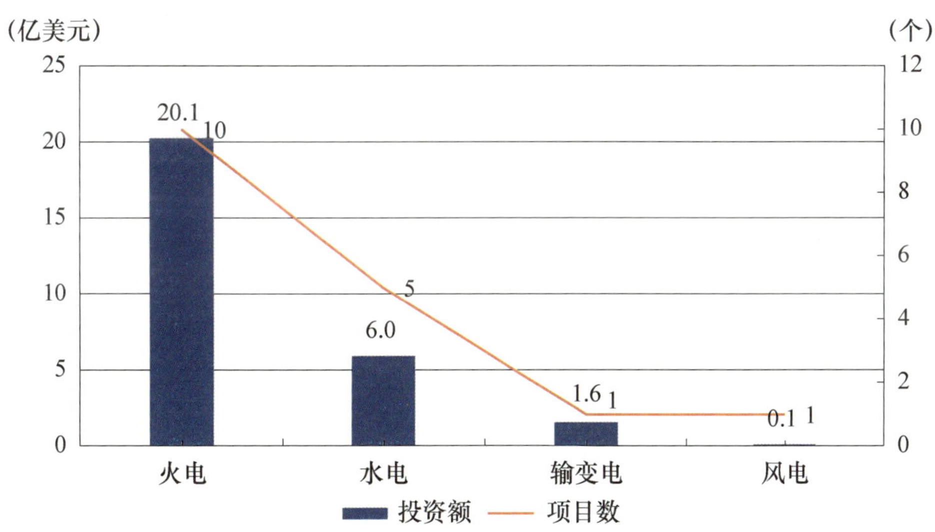

图 12－6　2018 年主要电力企业在“一带一路”国际电力投资项目数量及金额

（二）工程承包

2018 年“一带一路”新签电力合同项目共 128 个，涉及沿线 30 个国家地区，新签合同中大型承包项目 84 个，合同金额 251.33 亿美元。直接创造当地就业岗位近 1.5 万个。在 128 个新签合同项目中，火电项目最多，共 45 个，合同金额 122.9 亿美元，占比 48%；水电项目有 14 个，输变电项目有 18 个，风电及太阳能光伏项目有 28 个。

2018 年“一带一路”新签工程承包项目合同金额及数量区域分布见图 12－7。

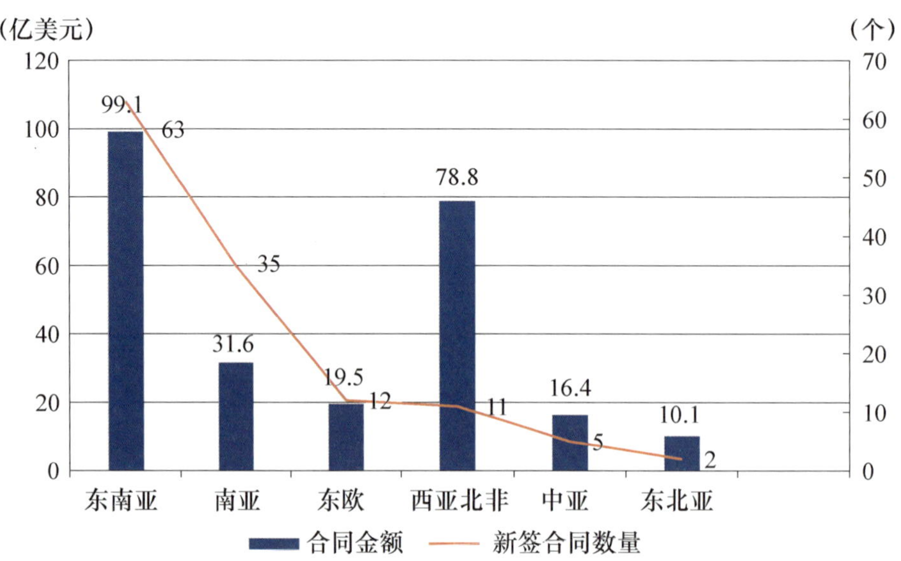

图 12－7　2018 年“一带一路”新签工程承包项目合同金额及数量区域分布

二、机制建设

（一）保障机制

为保障“一带一路”建设顺利实施，各电力企业不断创新“一带一路”建设的合作机制。

制定企业战略规划　国家电网公司成立“一带一路”建设工作领导小组，制定公司“一带一路”建设规划和国际产能合作行动计划，形成“四大平台、两个体系”，即海外投资运营平台、工程总承包平台、装备出口业务平台、融资平台，驻外办事处体系以及智能电网研究院北美、欧洲分院等关键境外研发体系。

三峡集团在制定“十三五”规划过程中，把国际化经营放在重要位置，把积极践行“一带一路”倡议、着力拓展国际业务作为集团“十三五”发展的重要增长点，提出“十三五”期间“再造一个海外三峡”的战略发展目标。根据国家“一带一路”规划制定国际市场战略，优化市场布局，把国际投资市场重点布置在响应和接受我国“一带一路”倡议的国家和地区，重点开发资源富集、市场成熟的巴基斯坦、巴西和部分欧洲国家。

促进合作机制落实　南方电网公司拓展加强与澜湄国家电力合作，充分利用2014年倡导建立的澜湄国家电力企业高峰会这一平台，配合中国政府加强澜湄六国电力合作。

华能集团积极参与中国—中东欧能源合作、中墨企业家高级别工作组、澜沧江—湄公河合作机制、中德经济顾问委员会等政府间合作机制。

中国能建所属电规总院发挥高端智库的作用，围绕打造国际领先的高端咨询机构及专业智库的目标，承担了国际能源署中国联络办公室、联合国亚太经社会能源委员会互联互通专家工作组中方秘书处、中国—中东欧国家能源项目对话与合作中心中方秘书处、APEC 新能源和可再生能源专家组国内对口单位、中国—芬兰能源合作平台等多个国际能源合作平台的工作职责，成为中国能建与相关国家政府和企业沟通交流的良好互动平台。

创新交流机制　南方电网公司依托马来西亚埃德拉项目、菲律宾 MVIP 直流输电项目等境外电力产能合作项目，与行业兄弟单位、金融机构、国内设计及施工承包单位“抱团出海”，共同完成项目建设。

中国电建与南方电网公司、华能集团、大唐集团、东方电气集团、哈电集团等签订了战略合作协议，发挥各自在国内外信息资源、业务渠道、技术、管理等方面的优势，围绕国家“一带一路”战略开展分工与合作。

大唐集团全面推进与国际知名企业在项目投资、科技创新、人才培养等方面的交流与合作，先后与法国电力、美国 GE 公司、韩国电力等 13 家国际知名企业建立了全面战略合作伙伴关系，煤电、气电、风电、水电及环保等项目开发、技术合作取得丰硕成果。

推动第三方市场合作　通过共同投资、共同建设、总分包合作、投融资合作等合作方式，中国电建与美国、英国、法国、瑞士、芬兰、日本、德国、西班牙、新加坡等多个发达国家的企业在埃塞俄比亚、乌干达、肯尼亚、南非、菲律宾、摩洛哥、以色列、巴林、沙特、埃及、巴基斯坦、土耳其、匈牙利、孟加拉国、印度、几内亚、莫桑比克、尼日利亚等第三方市场达成合作共识，聚焦能源电力、基础设施、水资源与环境等优势互补领域开展合作，取得一系列务实成果。截至2018年年底，中国电建在第三方市场合作和推进的金额在1000万美元以上的重点项目有30个，合同金额共计约325亿美元。

作为中国企业在欧洲开展的首个风电绿地项目，黑山莫祖拉风电项目是在“一带一路”倡议下，中国电力企业与欧洲企业合作在第三方市场开展项目投资建设的成功案例，黑山莫祖拉风电项目是国家电投下属上海电力投资马耳他能源领域一揽子协议项下的衍生项目。由上海电力（马耳他）控股有限公司控股，与相关方面联合投资开发。对于黑山共和国而言，黑山风电项目不仅可以引进外商投资，促进经济增长，增加就业机会，还能够提高可再生能源比例，减少碳排放，从而符合欧盟提出的发展绿色能源的加入要求。对于马耳他共和国而言，黑山风电项目是马方履行一揽子投资协议中新能源开发要求的重要举措。通过在马耳他注册的国际可再生能源公司，借助中国的技术和资金，成功将马耳他能源有限公司（EMC）这一马耳他国有能源公司推向欧洲，开展能源基础设施的投资。

（二）风险防控机制

“一带一路”沿线各国及地区的法律环境、社会制度、宗教信仰、文化背景都不相同，且沿线国家和地区大多属于发展中国家，一些地方的政治、安全形势依然严峻，需要不断加强与相关国家或地区磋商建立共同的投资风险防范体系。

国家电网公司建立健全国家电网公司合规经营和风险管控体系，坚持科学民主决策。项目选择优中选优，强化项目的投资风险评估，坚持规范运作，完善项目审批流程，在菲律宾国家电网项目中标后形成了特许权法案，使项目保持平稳运营。在葡萄牙国家能源网公司、意大利国家能源网公司和希腊国家电网公司收购过程中，公司与欧盟相关方充分沟通后，规范进行了欧盟反垄断审批。

南方电网公司将防范地缘政治风险作为公司“一带一路”电力合作中的关键环节之一，互联互通建设项目与大湄公河次区域地缘政治紧密相联，项目进展存在不确定性。南方电网公司作为大湄公河次区域电力合作中方执行单位，积极配合政府部门增强与周边国政府的政治互信，加强同当地电力监管机构和企业的沟通交流，努力增信释疑，积极防范地缘政治对项目实施造成的影响，推动大湄公河次区域电力合作的不断深化。

华电集团贯彻“风险可控、效益可观、能力可及”的发展理念，按照“市场需求大、竞争优势大，回报确定性好、政策符合性好”的“两大两好”原则，重点开拓有长期回报率、经济处于上升期国家的项目，先后制定了风险评估模型，开展风险量化评价，采取多道程序进行风险把关。通过照付不议、煤电联动、弃水补偿等方式锁定经营风险，通过东道国政府担保、投保政治险等方式规避政治风险和支付违约风险。

三峡集团将国际业务聚焦清洁能源领域，已投资的项目全部是水电、风电、太阳能项目，这既能充分发挥世界第一大水电公司、中国第一大清洁能源公司的技术和管理优势，又可避免因涉足陌生领域而带来经营风险。

三、“一带一路”人才培养

随着中国电力企业参与“一带一路”建设力度的不断加大，建立能源投资、工程承包、技术装备、管理标准等全方位“走出去”的国际产能合作模式尤为重要，为此，电力行业对各类国际化专业人才的需求日增，人才培养已引起电力企业的高度重视。

（一）完善人才培养机制

国家电网公司建立国际化培训常态机制，采用集中培训、实岗锻炼等方式，统筹开展国际业务人才培养，致力于打造一支素质过硬、数量充足、梯次合理的国际化人才队伍，为企业国际化战略提供人才保障。国家电网公司技术学院大力实施国际化人才“星火计划”，建立覆盖全员的国际化人才培养体系，设立国际化人才工作站，构建国际化人才胜任力模型，完善国际化人才激励与考核机制，选拔培养国际化业务骨干团队，定制培训课程和实践项目，分级分类开展培训技能、课程开发、项目管理以及跨文化交流等专项培训，开展国际资格认证，为创建国际一流企业大学提供有力的人才支撑与智力支持。

南方电网公司拓宽人才培养思路，按照“立足存量，培养一批；关注紧缺，引进一批；增加储备，招聘一批”的原则强化国际化人才培养，加强国际化人才的对外交流锻炼，与香港中华电力公司互派工程师，与亚洲开发银行合作开展优秀员工挂职锻炼。

华能集团分别与法国电力公司、美国通用电气公司开展人才培训交流合作，并依托海外项目强化培养效果，提高人才国际化经营管理能力，培养造就一批能源电力、经营管理、资本运营、法律等专业领域的高层次国际化人才。

国家电投通过实施国际化专项人才工程，明确重点专业和重点岗位，加快培养一批具有跨文化经营能力的复合型管理人才及通晓境外运行规则、业务能力较强的专业骨干人才，同时积极建立境外业务人才选拔、培养体系，大力促进属地化。

（二）深入开展校企合作

华北电力大学于2018年9月成立了"一带一路"能源学院，同各合作伙伴高校签署"一带一路"能源学院伙伴合作备忘录，致力于推动"一带一路"沿线国家能源电力合作和人才培养；与国内多个能源电力公司签订了《国际化人才培养战略合作协议》，将留学生的培养过程纳入其"走出去"战略，确保了该专业学生能尽早接触和熟悉中国企业的组织形态和企业文化，熟悉中国企业的运作模式，为将来加盟中国能源电力企业打下坚实基础；与华电集团联合成立华电"一带一路"能源学院，首期培训班于2018年11月隆重开班，学员均来自华电集团公司二、三级单位的业务骨干，师资由来自高等院校、政府以及企业等相关领域的资深教授、知名学者和行业专家等构成。

上海电力学院构建一支专兼职全英文火电项目、光伏和风电等国际培训项目教学团队，2018年7月加入大唐集团海外运维联盟，合力服务大唐集团海外运维配套人才培训；继续保持与亚洲开发银行良好的沟通合作，落实由亚行冠名跨国国际联合实验室和国际培训项目的落地，与亚行签署了《在亚洲地区推广智能电网合作协议》，联合各国高校及相关企业，在新能源、智能电网领域开展科研攻关、人员培训等合作；紧密跟踪"一带一路"沿线重要能源项目培训工作，积极推进与中国能建合作建立伊拉克电力科创中心，与华润电力合作推动在印尼建立海外培训中心。

国家能源集团先后与西弗吉尼亚大学等国外高校合作，举办赴美"企业清洁能源转型与海外项目投融资"专题研修班；与法国巴黎高等商学院合作举办"新能源发展与商业模式创新"专题研修班；在加拿大蒙特利尔举办"2017清洁能源技术与工程管理国际高端论坛"等，并取得良好效果。

（三）强化对沿线国本地人才培养

2018年，国内主要电力企业共承担对境外同行来华培训32批，约800人次，其中涉及"一带一路"沿线近20个国家的能源电力部门、电力（网）公司、核能机构相关人员近400人。

南方电网公司根据公司与湄公学院签署合作框架协议以及2016—2025年为老挝、泰国、越南、缅甸和柬埔寨等5国共培养110名来华留学生工作方案，为澜湄国家开展电力技术人员培训，分享公司技术优势及管理经验，2018 年为柬埔寨、老挝、缅甸、泰国、越南招收培养来华本科生 23 名，为柬埔寨招收培养来华研究生 10 名，目前共有 72 名学生在华学习。

中国电建在巴基斯坦卡西姆电站项目中，从当地 16000 余名大学生中选拔 100 名学生到国内参加培训，已经成为电站运维主力军。2018 年，集团针对“一带一路”沿线重点国家共举办十多批期援外培训班，每批 20 人左右。

华能集团为当地培养大量的企业管理人才和电厂运维专业人才，巴基斯坦萨希瓦尔电站先后招聘了 200 多名巴籍员工，派出 170 人左右到中国培训半年，学习电力技术和企业管理知识。

四、合作亮点

近年来，中国电力企业积极落实国家“一带一路”倡议，积极与沿线各国和支持倡议的相关国家地区深入开展电力项目合作和国际交流，亮点如下：

中巴经济走廊电力合作日益紧密

- 国家电网巴基斯坦默蒂亚里—拉合尔 ±660 千伏直流输电项目进入全面建设阶段。该项目是“中巴经济走廊”能源合作协议中唯一的输变电项目，是巴基斯坦首个直流输电工程，也是巴基斯坦输变电领域向外资开放的首个落地项目；
- 国家电投集团中电国际公司与外方共同成立的合资公司负责实施巴基斯坦胡布煤电项目，于 2017 年 3 月正式开工建设，项目装机容量为 2×66 万千瓦，首台机组于 2018 年 12 月实现并网；
- 中国电建承建的巴基斯坦卡西姆港燃煤应急电站 BOO 项目于 2018 年 4 月提前进入商业运行。电站选用 2 台 600 兆瓦超临界机组，通过“煤代油”发电，补充了巴基斯坦电源装机的缺额，对调整巴基斯坦的电源结构，降低供电区域的发电成本，满足当地的经济发展需求发挥了重要作用，是中巴两国落实“一带一路”倡议和推进“中巴经济走廊”建设的重大能源项目；
- 三峡集团巴基斯坦风电二期项目（9.9 万千瓦）于 2018 年 6 月投产运营；巴基斯坦卡洛特水电站项目（72 万千瓦）主体工程正在全面施工，2018 年 9 月实现大江截流；巴基斯坦科哈拉水电站项目（112.4 万千瓦）筹建工作稳步推进；巴基斯坦玛尔水电站项目（64 万千瓦）前期工作有序开展；
- 中核集团在巴基斯坦有 1 个在建核电项目 2 台核电机组承包工程，即 K2/KB 项目，总体进展正常，合同里程碑节点按计划完成。全年完成多个重大里程碑节点，2018 年 9 月 29 日，K3 机组穹顶吊装顺利完成，已经进入设备安装阶段。

中国与东盟地区国家合作水平不断提升

- 南方电网公司、国家电投集团中电国际和越南煤炭公司分别出资 55%、40% 和 5% 合资开发的越南永新电厂一期工程两台机组于 2018 年 11 月均实现商运，项目装机容量为 2×62 万千瓦；
- 南方电网公司老挝南塔河一号水电站项目三台机组于 2018 年 10 月底全部投产发电；已建成 12 回 110 千伏及以上与越南、老挝、缅甸电网相联的线路走廊，累计完成电力交易 539.4 亿千瓦时；南方电网公司牵头与西电和中国电建共同组成中方联合体投标菲律宾 MVIP 直流输电 EPC 项目，项目于 2018 年 11 月开工，该项目预计带动 2.54 亿美元产能“走出去”；
- 南方电网公司与中广核在深圳完成马来西亚埃德拉项目股权交割，持有埃德拉公司 37% 股权。埃德拉公司是东南亚最大的独立综合能源公司，旗下发电项目分布于马来西亚、埃及、孟加拉、巴基斯坦、阿联酋 5 个国家，装机容量 8770 兆瓦。该项目是南方电网公司与中广核在海外能源领域首个合作的项目，也是中国央企发挥互补优势、“抱团出海”的成功案例；
- 华能集团柬埔寨桑河二级水电站总装机容量 40 万千瓦，全部机组已于 2018 年 10 月实现投产发电，年发电量可达 19.7 亿千瓦时；
- 大唐集团缅甸太平江一期水电站、柬埔寨斯登沃代水电站、柬埔寨金边至马德望输变电网项目，装机总量 36 万千瓦，三座 230 千伏变电站和 294 千米线路，三个电力项目的建设和运营对当地带来的意义重大，柬网项目被柬埔寨政府誉为“中资企业与柬政府合作的典范”。2018 年，三个电力项均保持安全稳定运行，创造了良好的社会效益和经济效益。
- 中广核能源国际下属埃德拉公司马六甲 224.2 万千瓦燃气发电项目是目前东南亚最大的在建能源项目，截至 2018 年 12 月底，工程进展顺利。

中俄及中国与东北亚国际电力产能合作稳步推进

- 中核集团与俄方签署了田湾 7/8 号、徐大堡新厂址、示范快堆、同位素热源等一揽子政府和企业间合作共 7 份文件。这是迄今为止中俄最大核能合作项目，合同总金额超 200 亿元人民币，项目总造价超千亿元人民币。项目的实施将有力带动中俄双边产能合作与贸易发展；
- 国家电网大力推进俄、蒙、日、韩等东北亚周边国家电网互联互通，与俄罗斯、蒙古建成了多条互联互通输电线路；
- 内蒙古电力集团于 2018 年 7 月在蒙古乌兰巴托出席了“2018 中国内蒙古—蒙古国投资贸易合作推介会”和“一带一路中蒙科技成果展示交易会”，集团同蒙古有关方面签署了供电项目合作备忘录；
- 国家电投集团作为主发起人，积极推动中俄地区合作发展投资基金成功落地，意向出资已逾百亿元人民币。

中国与非洲国家电力产能合作再掀热潮

- 2018 年，中国电建承建的津巴布韦卡里巴南岸扩机工程竣工，承建的津巴布韦旺吉燃煤电站扩机项目贷款首次放款到位并正式开工；
- 中核集团承建的阿尔及利亚 2 台实验堆（B1/B2）改造项目进展总体正常，2018 年安装工作基本完成。
- 三峡集团加大对非电力合作与市场布局，2018 年，公司国际投资与国际工程承包业务主要市场已布局苏丹、阿尔及利亚、突尼斯、乌干达、喀麦隆、几内亚、加纳、刚果（金）、毛里求斯等多个非洲重要国家，且全部为清洁能源项目。

“一带一路”电力合作拓展至欧美国家

- 国家电网成功投资运营巴西、葡萄牙、澳大利亚、意大利、希腊等国家和地区的骨干能源网公司。2018 年，巴西美丽山水电送出二期特许经营权项目进展顺利。该项目由国家电网独立投资、建设和运营，带动我国机电设备出口 50 亿元。国家电网成功中标并顺利实施巴西美丽山一期、二期项目，实现了特高压技术“走出去”并“精准落地”巴西，是服务和推进“一带一路”建设、扩大国际产能合作的重要实践。
- 2018 年 3 月，南方电网公司成功收购智利输电公司（ETC）27.8% 股权，完成 ETC 项目股权交割，投资额为 13 亿美元。智利输电公司是智利最大电网运营商，服务覆盖智利 98% 的人口，同时在秘鲁还拥有 650 公里输电线路。ETC 股权收购项目是中国企业在智利最大的投资项目。
- 中国电建承建的澳大利亚牧牛山风电 BOO 项目于 2018 年 7 月开工，进展顺利。项目建设安装 48 台风力发电机组，总装机 148.4 兆瓦，计划通过 4 公里 220 千伏输电线路接入塔斯马尼亚州电网公司现有的瓦达马那变电站，项目建成后将成为塔州最大的风电场之一。
- 2018 年 5 月，国家电投集团顺利实现巴西圣西芒水电项目的自主运营接管，接管以来项目运营平稳顺利，经营效益显著，该电站装机容量为 171 万千瓦，是巴西第九大水电站。
- 国家电投集团承建的澳大利亚亚洛克 2.87 万千瓦风电项目于 2018 年 6 月建成投运；智利蓬塔 8 万千瓦风电项目于 2018 年 11 月移交商运；澳大利亚克劳兰 8.4 万千瓦风电项目，风机吊装已完成 59%，其中 20 台风机已并网发电；澳大利亚霍顿光伏项目已累计完成 7.6 万千瓦光伏组件安装，电网侧开关站实现带电运行。

第五节　境外投资与工程承包

一、境外投资

（一）总体情况

2018 年，中国主要电力企业境外投资项目 27 个，比上年增加 1 个，投资金额

57.9 亿美元，同比下降 70.0%，为项目所在地直接创造 2.1 万个就业岗位。其中，投资最大的项目是南方电网公司 13 亿美元收购智利最大输电运营商 Transelec 公司 27.8% 的股份。Transelec 公司在智利拥有的输电线路长度与变电设备容量、国家级输电线路、区域和专供线路均占相应市场份额第一位。同时，Transelec 公司在秘鲁通过 Conelsur 公司拥有输电线路 650 千米。智利、秘鲁、墨西哥等西班牙语国家是我国“一带一路”建设倡议的重要区域，市场空间成熟且有高成长性，是有较大开发潜力的投资目标市场，该项目为南方电网公司在我国“一带一路”建设倡议的重要区域开拓国际业务奠定了良好的基础。

2018 年中国主要电力企业对外直接投资见图 12－8。

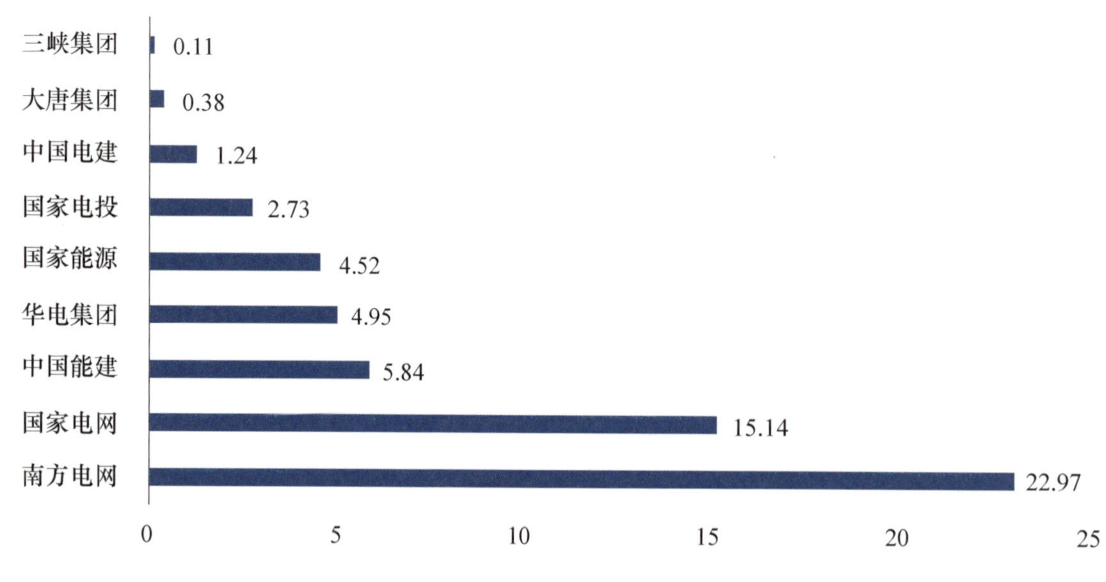

图 12－8　2018 年中国主要电力企业对外直接投资

（二）投资领域

2018 年，中国主要电力企业对外投资主要涉及火电、新能源、水电、输变电及矿产资源等领域。与上年相比，火电和新能源项目占比提高，火电新增项目主要集中在印度尼西亚，新能源项目占比达 29.6%，比上年提高 6.5 个百分点。新能源领域正在成为全球电力投资的重点。

2017 年、2018 年中国主要电力企业对外直接投资领域分布（按项目数量）见图 12－9。

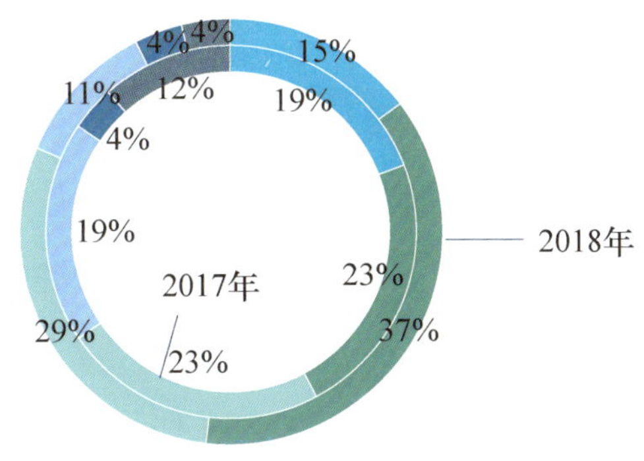

图 12－9 2017 年、2018 年中国主要电力企业对外直接投资领域分布（按项目数量）

（三）投资地区

2018 年，中国主要电力企业境外投资项目依然以亚洲为主，投资项目 13 个，占比 48.15%；其次为欧洲 5 个、美洲 5 个（其中 4 个为拉美国家）、大洋洲 4 个。相比 2017 年，美洲项目数量明显增加，占比达到 18.5%。

中国主要电力企业境外投资项目共涉及 20 多个国家，印度尼西亚和澳大利亚成为吸收中国电力投资项目最多的国家，境外投资前六大目的国依次为印度尼西亚、澳大利亚、巴基斯坦、老挝、越南和智利。由于美国和欧洲等发达国家对外商投资实施更加严格的监管和限制等因素影响，电力企业对外直接投资更多偏向“一带一路”沿线重点国家。

2017 年、2018 年中国主要电力企业对外直接投资前六大目的国（按项目数量）见图 12－10。

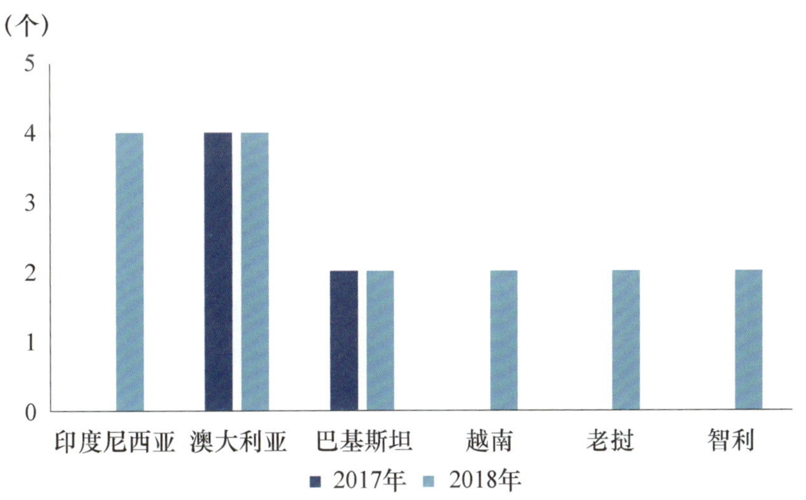

图 12－10 2017 年、2018 年中国主要电力企业对外直接投资前六大目的国（按项目数量）

（四）投资方式

2018 年中国主要电力企业境外投资方式以绿地投资和参股投资为主，并购投资、BOT 和 BOOT 等并存，其中绿地投资项目 12 个，占比 44.4%；参股投资项目 6 个，占比 22.2%。

2018 年中国主要电力企业境外投资方式见图 12－11。

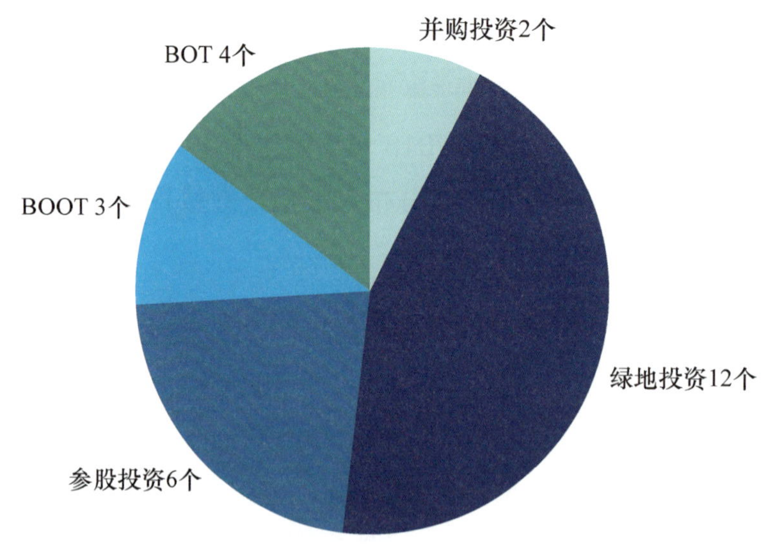

图 12－11　2018 年中国主要电力企业境外投资方式

二、境外工程承包

（一）总体情况

2018 年，中国电力企业对外承包建设实力稳固，国际影响力进一步提升。

根据美国《工程新闻记录》（ENR）公布的 2018 年度全球最大 250 家国际承包商排名，共有 10 家中国电力企业承包商入围，数量比 2017 年减少一家，江西省水利水电建设有限公司为新上榜企业，其他大部分上榜企业排名比上年有所提升。

入选 2018 年全球最大 250 家国际承包商的中国电力企业排名见表 12－1。

表 12－1　入选 2018 年全球最大 250 家国际承包商的中国电力企业排名

序号	单位名称	2018 年度排名	2017 年度排名
1	中国电力建设集团有限公司	10	10
2	中国能源建设股份有限公司	21	27
3	哈尔滨电气国际工程有限责任公司	65	67
4	中国电力技术装备有限公司	80	93

续表

序号	单位名称	2018 年度排名	2017 年度排名
5	特变电工股份有限公司	83	84
6	中国中原对外工程有限公司	89	96
7	中国水利电力对外公司	90	83
8	上海电气集团股份有限公司	100	141
9	中国东方电气集团有限公司	155	132
10	江西省水利水电建设有限公司	174	—

2018 年，中国主要电力企业年度新签合同项目 201 个，合同金额 301.87 亿美元，同比减少 44.5%；对外承包年度营业额 610.82 亿美元，同比减少 20.3%；为当地创造就业岗位 5.2 万个。

2017 年、2018 年中国主要电力企业境外新签合同及年度承包营业额见图12－12。

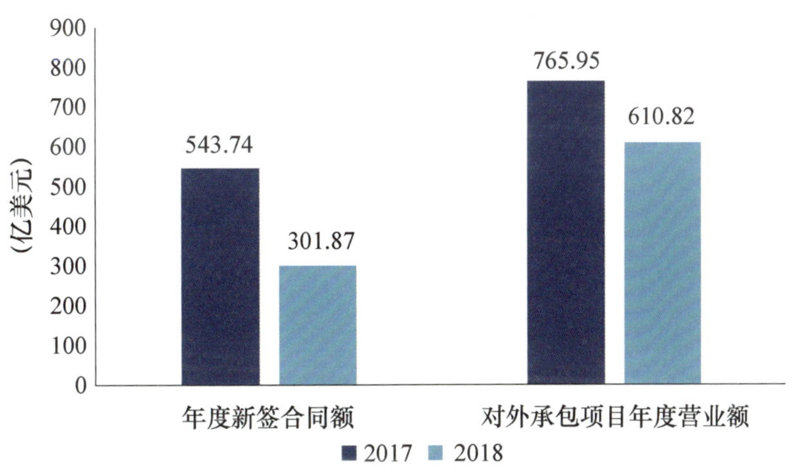

图 12－12　2017 年、2018 年中国主要电力企业境外新签合同及年度承包营业额

（二）承包项目

2018 年，中国主要电力企业新签境外承包工程项目 201 个，其中，金额在 3000 万美元以上的项目 126 个。承包项目涉及 80 多个国家，其中，欧洲市场项目数量增长较快。新签工程项目新能源领域最多，为 51 个，交通及基础设施和输变电领域大幅下滑。2017 年、2018 年中国主要电力企业境外承包工程项目分布（按新签项目数量）见图 12－13。

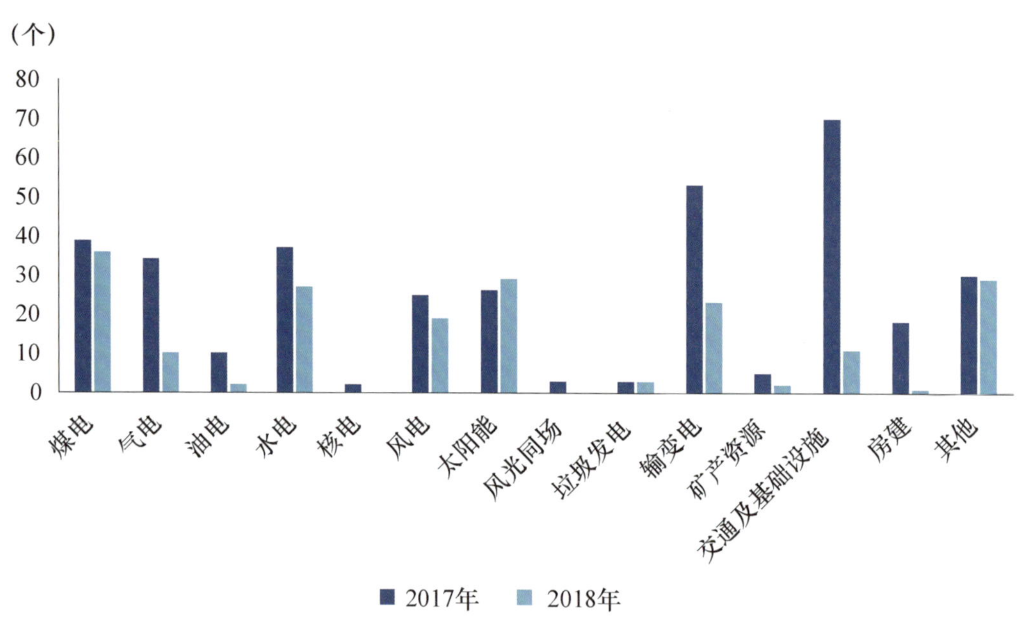

图 12－13　2017 年、2018 年中国主要电力企业境外承包工程项目分布（按新签项目数量）

2018 年，中国电力企业承包的境外电力项目中，投产火电机组 29 台，总容量 717 万千瓦（其中，煤电机组 407 万千瓦，燃机 275 万千瓦），比上年减少 23 台，容量减少 510 万千瓦；投产水电机组 23 台，总容量 342 万千瓦，比上年减少 12 台，容量增加 176 万千瓦。

2018 年中国主要电力企业境外承包电力工程投资项目见附录 15。

（三）承包方式

2018 年，中国主要电力企业对外承包工程的承揽方式主要为 EPC 总承包，占总承包量的 59.6%，相比 2017 年，对外承包模式呈多样化发展，“EPC＋F”和“EPC＋F＋O”模式增长较快。随着境外业主越来越多地要求承包商提供部分资金支持，以资金拉动 EPC 承包模式开始推广，中国主要电力企业对外承包工程模式都从传统承包商转型为全产业链综合服务商。

2017 年、2018 年中国主要电力企业境外承包方式见图 12－14 和图 12－15。

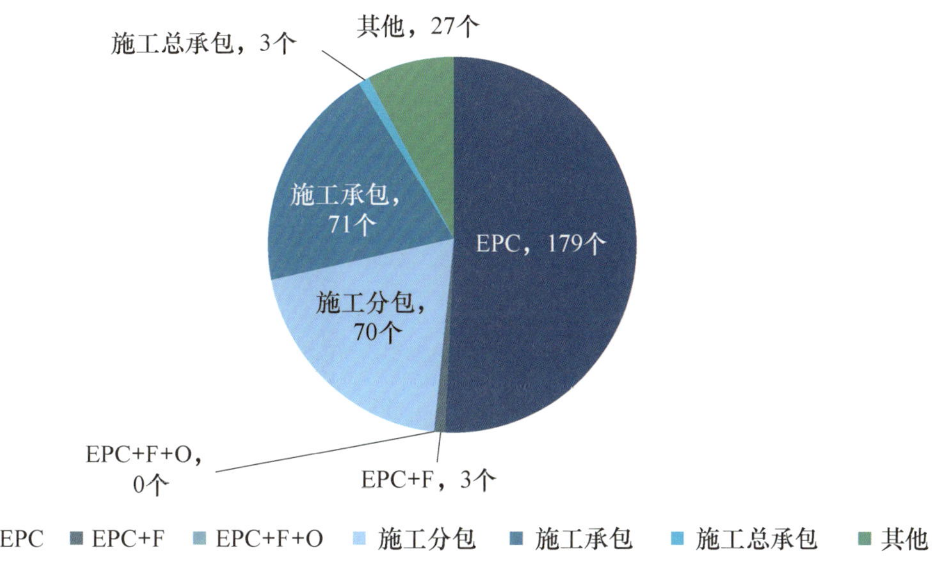

图 12－14 2017 年中国主要电力企业境外承包方式

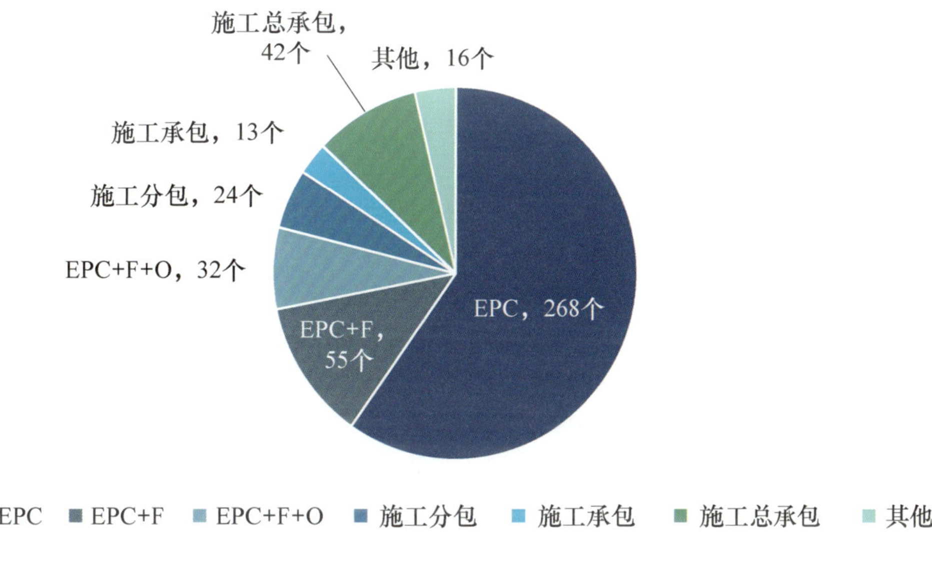

图 12－15 2018 年中国主要电力企业境外承包方式

三、电力装备及技术服务进出口

2018 年，中国主要电力企业年度出口电力装备总额 17.3 亿美元，比上年减少 15.1%。其中，装备直接出口总额 10.3 亿美元，境外工程带动装备出口总额 7.0 亿美元，装备直接出口相对于境外工程带动装备出口占比较高。

2018 年，电力技术服务出口总额为 8.9 亿美元。其中，直接出口技术服务 5.9 亿美元，境外工程带动出口技术服务为 3.1 亿美元，直接出口技术服务相对于境外工程带动出口服务占比较高。电力企业为境外提供电力运营管理、项目建设管理等行业管理服务 64 项，涵盖电站维护、运行、基建、监理等领域。

2017 年、2018 年中国主要电力企业装备、技术服务出口金额见图 12－16。

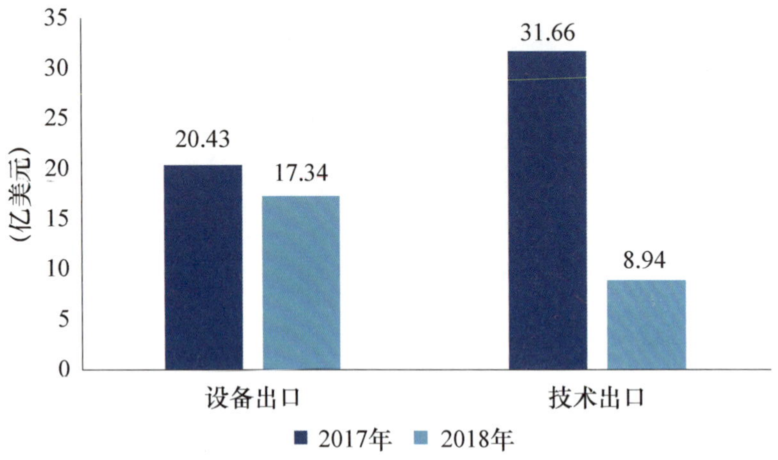

图 12－16　2017 年、2018 年中国主要电力企业装备、技术服务出口金额

2018 年，我国电力企业对外设备与技术依赖性继续减弱，全年引进电力重要设备共涉及 4 个事项，全部应用于输变电项目领域，合计金额约 159 万美元。2018 年度部分电力设备与技术服务引进项目清单见表 12－2 。

表 12－2　2018 年度部分电力设备与技术服务引进项目清单

单位名称	引进事项	类别	来源国家（地区）
国家电网公司	升降平台蓄电池	设备	德国
国家电网公司	防火袋	设备	瑞典
国家电网公司	分光器	设备	加拿大
国家电网公司	泡沫垫块	设备	德国

附 录

附录 1

2018 年电力行业大事记

1 月 8 日，科学技术奖励大会在北京人民大会堂隆重举行，颁发了 2017 年度国家科学技术奖。其中，“特高压 ±800 千伏直流输电工程”获国家科学技术进步特等奖，“600 兆瓦超临界循环流化床锅炉技术开发、研制与工程示范”获国家科学技术进步一等奖，“燃煤机组超低排放关键技术研发及应用”获国家技术发明一等奖，“电能表智能化计量检定技术与应用”等 7 个电力项目获国家科学技术进步二等奖，“电力线路行波保护关键技术及装置”获国家技术发明二等奖。

1 月 9 日，国家主席习近平与法国总统马克龙共同出席了台山核电站欧洲先进压水堆全球首堆工程命名揭牌仪式，见证了两国成立中法企业家委员会谅解备忘录以及核能、环保等领域双边合作文件的签署。

1 月 31 日，经国务院批准，中国核工业集团有限公司与中国核工业建设集团有限公司实施重组。

2 月 24 日，全国自贸区首个供用电规则——《中国（广东）自由贸易试验区珠海横琴新区片区供用电规则》在珠海发布。

3 月 1 日，国家电投申报的国际标准“IEC（国际电工委员会）63186”《核电厂—安全重要仪表和控制系统—地震停堆系统推荐性设计准则》成功立项，实现了我国核电领域在国际标准化组织（ISO 和 IEC）标准制定上的历史性突破。

3 月 29 日，福建华电永安发电公司二期工程 7 号发电机组顺利通过 168 小时试运，标志着全国首台燃煤耦合垃圾及污泥发电机组正式投产，开创了国内利用存量发电设施规模化耦合垃圾（生物质）及污泥发电的先例。

4 月 24 日，国家主席习近平到三峡坝区视察，察看三峡工程和坝区周边生态环境以及发电机组运行情况，了解三峡电站发电效益和电网安全监控等情况，并同技术人员、劳动模范、工作人员亲切交流。习近平表示，大国重器必须掌握在自己手里，要通过自力更生，倒逼自主创新能力的提升。

4 月 24—25 日，国家电网公司、南方电网公司分别与中国铁塔股份有限公司签署战略合作协议，开启“共享铁塔”的全新合作模式，标志着电力、通信两大行业间资源共享取得突破性进展。

5 月 18 日，国家能源局印发《关于 2018 年度风电建设管理有关要求的通知》（国能发新能〔2018〕47 号），要求严格落实电力送出和消纳条件，推行竞争方式配置风电项目，优化风电建设投资环境，积极推进就近全额消纳风电项目。

5 月 18 日，直流线路跨越世界海拔最高、抗震级别最高的特高压直流输电工程——滇西北至广东 ±800 千伏特高压直流输电工程全面投运。

5 月 31 日，国家发展改革委、财政部、国家能源局联合印发《关于 2018 年光伏发电有关事项的通知》（发改能源〔2018〕823 号），要求合理把握发展节奏，优化光伏发电新增建设规模；加快光伏发电补贴退坡，降低补贴强度；发挥市场配置资源决定性作用，进一步加大市场化配置项目力度。

6 月 1 日，国家电投所属国核自仪牵头承担的大型先进压水堆核电站国家科技重大专项“CAP1400 核电站数字化仪控系统工程样机研制”课题通过国家能源局验收，标志着具有完整自主知识产权、国产的核电站数字化仪控系统工程化产品研制成功。

6 月 8 日，在国家主席习近平和俄罗斯总统普京的共同见证下，中核集团与俄罗斯国家原子能集团在人民大会堂签署《田湾核电站 7/8 号机组框架合同》《徐大堡核电站框架合同》《中国示范快堆设备供应及服务采购框架合同》。这是迄今为止中俄最大的核能合作项目，通过项目实施将有力带动双边贸易产业与合作。

6 月 15 日，中共中央国务院印发《关于打赢脱贫攻坚战三年行动的指导意见》提出，要大力实施电力和网络扶贫行动，实施贫困地区农网改造升级，加强电力基础设施建设，建立贫困地区电力普遍服务监测评价体系，引导电网企业做好贫困地区农村电力建设管理和供电服务，到 2020 年实现大电网延伸覆盖至全部县城。大力推进贫困地区农村可再生能源的开发利用。

6 月 20—28 日，继 2017 年推行“绿电 7 日”以来，青海省通过本地水电、光伏、风电等清洁能源机组供电以及清洁电力的跨省跨区交易等多种形式，成功开展了“绿电 9 日”216 小时全清洁能源供电活动。

6 月 25 日，在国务院总理李克强和法国总理菲利普的共同见证下，中国大唐集团与法国电力集团在人民大会堂共同签署了《低碳能源境内外项目合作协议》。

6 月 27 日，中央宣传部、国资委、中华全国总工会、天津市委联合举办的“时代楷模”张黎明先进事迹报告会在北京人民大会堂隆重举行。国务委员、国务院党组成员王勇会见了张黎明同志和先进事迹报告团成员。

7月9日，在国务院总理李克强和德国总理默克尔的共同见证下，国家电投与西门子股份公司在德国柏林签署合作谅解备忘录，进一步确认双方在重型燃气轮机领域开展技术合作的意愿。

7月18日，江苏镇江101兆瓦/202兆瓦时电网侧分布式储能电站工程正式并网投运，成为国内规模最大的电网侧储能电站项目。

7月19日，美国《财富》杂志公布了2018年世界500强排行榜，国家电网公司、国家能源集团、南方电网公司、中国电建、华能集团、中国能建、国家电投集团、华电集团、大唐集团，分列第2位、第101位、第110位、第182位、第289位、第333位、第395位、第397位和第468位。

8月21日，世界首条1000千伏淮南—南京—上海交流特高压输变电工程苏通GIL（气体绝缘输电线路）综合管廊隧道工程正式贯通。

8月31日，我国首个投入试运行的电力现货市场——南方电力现货市场启动试运行，在建设电力市场、通过市场交易形成价格信号上迈出重要一步。

9月3日，国家能源局印发《关于加快推进一批输变电重点工程规划建设工作的通知》（国能发电力〔2018〕70号），明确列出青海至河南特高压直流工程、陕北至河北特高压直流工程等9项需加快推进的输变电重大工程。

9月3日，南方电网公司重点科技项目——国内首个五端柔性直流配电示范工程在贵州投入试运行。

9月7日，国内最大单机容量灯泡贯流式机组电站——大渡河沙坪二级水电站6台机组实现全部投产。

9月21日，中核集团旗下三门核电1号机组顺利完成168小时满功率连续运行考核，机组具备投入商业运行条件，这是全球首台具备商运条件的AP1000核电机组。

9月23日，华能天津IGCC（整体煤气化联合循环发电系统）整套装置连续运行3918小时，打破由日本勿来电站保持的连续运行3917小时的世界纪录，并继续处于稳定运行状态，成为全世界连续运行时间最长的IGCC机组，标志着我国煤炭资源绿色开发和清洁低碳高效利用技术处于世界领先水平。

9月25日，中国首座建于城市中的大型抽水蓄能电站——深圳抽水蓄能电站全部投产。

10月15日，改革开放40年电力成就展暨第十七届中国国际电力设备及技术展览会在京开幕。

10月18日，由国家电网公司打造的同里综合能源服务中心建成投运，多能综合互补利用项目、高温相变光热发电等15项世界首台首套能源创新示范项目亮相。

10 月 21 日，由华能澜沧江水电股份有限公司控股投资开发的柬埔寨境内最大水电工程——桑河二级水电站 8 号机组顺利通过 72 小时试运行，正式投产发电。

10 月 31 日，世界银行发布《2019 年营商环境报告》。中国营商环境全球排名由 2017 年的第 78 位上升至 2018 年的第 46 位，首次进入世界前 50 名。其中“获得电力”指标排名第 14 位，较 2017 年得分提高 23.18 分，排名提升 84 位，在我国营商环境 10 项指标中得分提高最多，排名提升幅度最大。

11 月 1 日，由华电集团和华北电力大学合作共建的华电“一带一路”能源学院在华北电力大学正式成立。

11 月 1 日，华电集团向银川集中供热项目投入运行，正式向银川开栓供热，供热面积达 3400 多万平方米，标志着华电集团助力银川告别分散低效供暖的历史，迎来清洁高效集中供热的新阶段。

11 月 7 日，青海—河南 ±800 千伏特高压直流工程开工。该工程是为支撑青海新能源大规模开发规划建设的第一条特高压输电通道，是世界第一条专为清洁能源外送而建设的输电大通道。

11 月 7 日，华能八角电厂 2 台 67 万千瓦超超临界新建工程 1 号机组顺利通过 168 小时满负荷试运行，这是目前我国供热能力最大、综合热效率最高的 60 万千瓦级双抽供热机组。

11 月 23 日，藏中电力联网工程竣工投运。该工程是继青藏电力联网、川藏电力联网工程之后，国家电网公司建成的又一项突破生命禁区、挑战生存极限的高原超高压输变电工程，是世界海拔最高的超高压电网工程，也是世界海拔跨度最大的电网工程。

11 月 24 日，全球首台单机容量百万千瓦水轮发电机组的重要埋件——座环成功吊入白鹤滩水电站左岸地下厂房 1 号机窝。

11 月 28 日，在国家主席习近平和西班牙首相桑切斯的共同见证下，国家电投在西班牙马德里蒙克洛亚宫与西班牙泰纳通公司签署战略合作框架协议，进一步确认双方在能源领域的合作意向。

12 月 3—6 日，在习近平主席和葡萄牙总理安东尼奥·科斯塔的共同见证下，国家电网公司与葡萄牙国家能源网公司（REN）签署合作框架协议，并参加了习近平主席访问葡萄牙期间的有关国事活动。

12 月 6 日，中核集团正式发布我国首套军民融合安全级 DCS 平台，该系统拥有完全自主知识产权，安全性、可靠性高，打破了国内核电 DCS 系统严重依赖进口的被动局面，使我国成为世界上少数掌握该技术的国家。

12 月 11 日，世界首个特高压混合直流工程——乌东德电站送电广东、广西特高压多端直流示范工程全面开工建设。

12 月 21 日，三峡电站年累计发电量首次突破 1000 亿千瓦时，创国内单座水电站年发电量新纪录，成为我国首座年发电量破 1000 亿千瓦时的水电站，继 2014 年、2017 年后第三次成为全球单座水电站年发电量最高的水电站。

12 月 23 日，华润海丰电厂举行碳捕集测试平台调试启动仪式，并产出第一单二氧化碳，标志着亚洲首个基于超超临界火电厂的多线程、多技术的二氧化碳捕集技术测试平台正式进入调试阶段，将成为与美国国家碳捕集技术测试中心、挪威蒙斯塔技术中心并行的世界三大碳捕集技术中等规模试验基地。

12 月 25 日，由国家电投主导的我国首件自主化 300 兆瓦级 F 级重型燃机透平第一级静叶铸件顺利通过专家组鉴定，标志着我国重型燃机自主化关键技术实现突破。

12 月 25 日，国家电网公司首次提出在特高压直流工程领域引入社会资本，将混改试点扩大到特高压直流工程、综合能源服务等领域。

12 月 26 日，张北柔性变电站及交直流配电网科技示范工程完成全部试验和试运行考验，标志着世界首个基于柔性变电站的交直流配电网正式投入商业运行。

12 月 29 日，国家电投投资建设的乌兰察布风电基地一期 600 万千瓦示范项目获乌兰察布市发展改革委核准，成为国内首个列入国家规划并完成核准的大型平价外送风电基地，投产后每年可向京津冀地区输送约 189 亿千瓦时的绿色电力。

12 月 29 日，中国首个大型平价上网光伏项目在青海格尔木正式并网发电，标志着替代煤电的平价清洁能源正式走进千家万户。

附录 2

2018 年电力行业基本数据一览表

	单位	2018 年	2017 年	比上年增长（±、%）
一、发电量	亿千瓦时	69947	64529	8.40
水电	亿千瓦时	12321	11947	3.13
其中：抽水蓄能	亿千瓦时	329	328	0.44
火电	亿千瓦时	49249	45877	7.35
其中：燃煤	亿千瓦时	44829	41782	7.29
燃气	亿千瓦时	2155	2032	6.04
核电	亿千瓦时	2950	2481	18.87
风电	亿千瓦时	3658	3046	20.09
太阳能发电	亿千瓦时	1769	1178	50.24
其他	亿千瓦时	1.19	1.25	-4.15
二、全社会用电量	亿千瓦时	69002	63636	8.43
A. 全行业用电合计	亿千瓦时	59310	54849	8.13
第一产业	亿千瓦时	746	684	8.99
第二产业	亿千瓦时	47733	44571	7.09
其中：工业	亿千瓦时	46954	43874	7.02
第三产业	亿千瓦时	10831	9593	12.90
B. 城乡居民生活用电合计	亿千瓦时	9692	8788	10.29
城镇居民	亿千瓦时	5531	5010	10.40
乡村居民	亿千瓦时	4162	3778	10.15
三、发电装机容量	万千瓦	190012	178451	6.48
水电	万千瓦	35259	34411	2.46
其中：抽水蓄能	万千瓦	2999	2869	4.52
火电	万千瓦	114408	111009	3.06
其中：燃煤	万千瓦	100835	98562	2.31
燃气	万千瓦	8375	7580	10.49
核电	万千瓦	4466	3582	24.68
风电	万千瓦	18427	16400	12.35
太阳能发电	万千瓦	17433	13042	33.66
其他	万千瓦	20	7	200.35

续表

	单位	2018 年	2017 年	比上年增长（±、%）
四、35 千伏及以上输电线路回路长度	千米	1892477	1825611	3. 66
1. 交流	千米	1851090	1788212	3. 52
其中：1000 千伏	千米	11302	10073	12. 20
750 千伏	千米	20739	18830	10. 14
500 千伏	千米	187158	173772	7. 70
330 千伏	千米	30477	30183	0. 97
220 千伏	千米	434481	415311	4. 62
110 千伏	千米	653042	631361	3. 43
35 千伏	千米	513892	508682	1. 02
2. 直流	千米	41387	37399	10. 66
其中： ±800 千伏	千米	22785	20874	9. 15
±660 千伏	千米	1334	1334	0. 00
±500 千伏	千米	15123	13552	11. 59
±400 千伏	千米	1640	1640	0. 00
五、35 千伏及以上变电设备容量	万千伏安	698759	662928	5. 40
1. 交流	万千伏安	665310	630730	5. 48
其中：1000 千伏	万千伏安	14700	13800	6. 52
750 千伏	万千伏安	17450	14540	20. 01
500 千伏	万千伏安	134847	125508	7. 44
330 千伏	万千伏安	13053	13029	0. 18
220 千伏	万千伏安	213127	203352	4. 81
110 千伏	万千伏安	219409	209847	4. 56
35 千伏	万千伏安	52724	50654	4. 09
2. 直流	万千伏安	33449	32198	3. 89
其中： ±800 千伏	万千伏安	18333	17841	2. 76
±660 千伏	万千伏安	947	947	0. 00
±500 千伏	万千伏安	14028	13410	4. 61
±400 千伏	万千伏安	141		

续表

	单位	2018 年	2017 年	比上年增长（±、%）
六、新增发电装机容量	万千瓦	12785	13019	-1.80
水电	万千瓦	859	1287	-33.27
其中：抽水蓄能	万千瓦	130	200	-35.00
火电	万千瓦	4380	4453	-1.65
其中：燃煤	万千瓦	3056	3504	-12.79
燃气	万千瓦	884	571	54.87
核电	万千瓦	884	218	306.44
风电	万千瓦	2127	1720	23.64
太阳能发电	万千瓦	4525	5341	-15.26
其他	万千瓦	10	0	
七、火电机组退役和关停容量	万千瓦	1197	929	28.79
八、年底主要发电企业电源项目在建规模	万千瓦	17890	20804	-14.01
水电	万千瓦	7940	7887	0.68
火电	万千瓦	6936	8637	-19.70
核电	万千瓦	1345	2289	-41.23
风电	万千瓦	1564	1909	-18.07
九、新增直流输电线路长度及换流容量				
1. 线路长度	千米	3325	8339	-60.13
其中：±800 千伏	千米		8339	-100.00
±660 千伏	千米			
±500 千伏	千米			
±400 千伏	千米			
2. 换流容量	万千瓦	3200	7900	-59.49
其中：±800 千伏	万千瓦	2000	7700	-74.03
±660 千伏	万千瓦			
±500 千伏	万千瓦		200	-100.00
±400 千伏	万千瓦			

续表

	单位	2018 年	2017 年	比上年增长（±、%）
十、新增交流 110 千伏及以上输电线路长度及变电设备容量				
1. 线路长度	千米	56973	58084	-1.91
其中：1000 千伏	千米	129	2846	-95.47
750 千伏	千米	1573	899	74.97
500 千伏	千米	14540	7999	81.77
330 千伏	千米	828	2521	-67.16
220 千伏	千米	20697	18810	10.03
110 千伏（含 66 千伏）	千米	19206	25010	-23.21
2. 变电设备容量	万千伏安	31024	32595	-4.82
其中：1000 千伏	万千伏安	900	3000	-70.00
750 千伏	万千伏安	1140	1740	-34.48
500 千伏	万千伏安	11160	8275	34.86
330 千伏	万千伏安	612	783	-21.84
220 千伏	万千伏安	8402	10433	-19.47
110 千伏（含 66 千伏）	万千伏安	8810	8364	5.33
十一、本年完成电力投资	亿元	8127	8239	-1.36
1. 电源投资	亿元	2787	2900	-3.89
水电	亿元	700	622	12.65
火电	亿元	786	858	-8.31
核电	亿元	447	454	-1.55
风电	亿元	646	681	-5.12
太阳能发电	亿元	207	285	-27.38
2. 电网投资	亿元	5340	5339	0.02
送变电	亿元	5120	5135	-0.29
其中：直流	亿元	520	859	-39.46
交流	亿元	4600	4276	7.58
其他	亿元	220	204	7.84

续表

	单位	2018 年	2017 年	比上年增长（±、%）
十二、单机 6000 千瓦及以上机组平均单机容量				
水电	万千瓦/台	6.10	6.07	0.02
火电	万千瓦/台	13.38	13.15	0.23
十三、6000 千瓦及以上电厂供电标准煤耗	克/千瓦时	307.6	309.4	-1.8
十四、6000 千瓦及以上电厂厂用电率	%	4.69	4.80	-0.11
水电	%	0.25	0.27	-0.02
火电	%	5.95	6.04	-0.09
十五、6000 千瓦及以上电厂发电设备利用小时	小时	3880	3790	90
水电	小时	3607	3597	10
其中：抽水蓄能	小时	1102	1176	-74
火电	小时	4378	4219	159
核电	小时	7543	7089	454
风电	小时	2103	1949	155
太阳能发电	小时	1230	1205	25
十六、电网企业供、售电量及线损				
供电量	亿千瓦时	59508	54357	9.48
售电量	亿千瓦时	55777	50835	9.72
线损电量	亿千瓦时	3731	3522	5.93
线路损失率	%	6.27	6.48	-0.21

注：1. 一览表数据摘自中电联《2018 年电力工业统计资料汇编》；2. 2018 年发电生产统计口径纳入陕西地方电力公司，上年同期数据做相应调整；3. 电源投资完成额口径为全国主要发电企业；4. 电网投资完成额口径为全国主要电网企业；5. 35 千伏及以上变电设备容量统计口径调整，上年同期数据做相应调整。

附录 3

截至 2018 年年底已批复的各省级电网输配电价

省级电网	电度电价（元/千瓦时）						基本电价	
	不满 1 千伏	1～10 千伏	20～35 千伏	35 千伏	110 千伏	220 千伏	最大需量（元/千瓦·月）	变压器容量（元/千伏安·月）
北京	0.4019	0.3850		0.3608	0.3140	0.2740		
		0.1956		0.1751	0.1508	0.1493	48.0	32.0
天津	0.3679	0.3493		0.3260	0.2787	0.2637		
		0.2052		0.1774	0.1772	0.1723	25.5	17.0
河北	0.2237	0.2087		0.1987				
		0.1664		0.1514	0.1364	0.1314	35.0	23.0
冀北	0.1857	0.1707		0.1607				
		0.1257		0.1107	0.0957	0.0907	35.0	23.3
山西	0.2118	0.1918		0.1768				
		0.1188		0.0888	0.0688	0.0588	36.0	24.0
山东	0.2520	0.2370		0.2220				
		0.1919		0.1769	0.1619	0.1469	38.0	28.0
湖北	0.3992	0.3792		0.3592				
		0.1329		0.1131	0.0950	0.0760	42.0	28.0
湖南	0.32364	0.30364		0.28364	0.26364			
		0.19634		0.16734	0.13934	0.11534	30.0	20.0
江西	0.2476	0.2326		0.2176				
		0.1735		0.1585	0.1435	0.1335	39.0	26.0
河南	0.2807	0.2501		0.2204	0.1907			
		0.2082		0.1932	0.1782	0.1702	28.0	20.0
四川	0.3650	0.3422		0.3194				
		0.1998		0.1727	0.1350	0.1090	39.0	26.0
重庆	0.3645	0.3445		0.3245	0.3095			
		0.1859		0.1632	0.1459	0.1309	36.0	24.0
上海	0.4579	0.4112		0.3855	0.3670	0.3670		
	0.3193	0.2680		0.2196	0.1772	0.1772	42.0	28.0
江苏	0.3266	0.3116	0.3056	0.2966				
		0.2130	0.2070	0.1980	0.1830	0.1680	40.0	30.0

续表

省级电网	电度电价（元/千瓦时）						基本电价	
	不满1千伏	1~10千伏	20~35千伏	35千伏	110千伏	220千伏	最大需量（元/千瓦·月）	变压器容量（元/千伏安·月）
浙江	0.3339	0.2997	0.2817	0.2727				
	0.2526	0.2146	0.1946	0.1846	0.1626	0.1576	40.0	30.0
安徽	0.3166	0.3016		0.2866				
		0.1671		0.1521	0.1371	0.1271	40.0	30.0
福建	0.2380	0.2180		0.1980	0.1780	0.1580		
		0.1574		0.1374	0.1174	0.0974	36.0	24.0
陕西	0.2974	0.2774		0.2574				
		0.1484		0.1284	0.1084	0.1034	31.0	24.0
甘肃	0.4655	0.4555		0.4455				
		0.1699		0.1599	0.1287	0.1197	28.5	19.0
宁夏	0.3201	0.3001		0.2801				
		0.1649		0.1349	0.1049	0.0739	33.0	22.0
青海	0.3067	0.3017		0.2967				
		0.1023		0.0923	0.0823		28.5	19.0
辽宁	0.3721	0.3621	0.3601	0.3521				
		0.1327	0.1297	0.1197	0.1067	0.0967	33.0	22.0
吉林	0.3922	0.3772		0.3622				
		0.1686		0.1536	0.1386	0.1236	33.0	22.0
广西	0.3921	0.3771		0.3621				
		0.2702		0.1243	0.0993	0.0793	34.0	27.5
广东	0.2743	0.2493		0.2243	0.2243	0.2243		
		0.1371		0.1121	0.1121	0.0871	32.0	23.0
云南	0.2550	0.2450		0.2350				
		0.1692		0.1462	0.0700	0.0520	37.0	27.0
贵州	0.3435	0.3112		0.2733				
		0.1617		0.1208	0.0799	0.0567	35.0	26.0
海南	0.3182	0.2951						
		0.1867		0.1332	0.1315	0.1217	38.0	26.0
蒙西	0.27766	0.23717		0.17585				
		0.12055		0.10557	0.09358	0.08659	28.0	19.0

注：1. 每个省级电网包含两行，第一行为一般工商业输配电价（单一制）/工商业及其他用电（单一制），第二行为大工业输配电价（两部制）/工商业及其他用电（两部制）；

2. 广东电网所列内容为珠三角五市（广州、珠海、佛山、中山和东莞市）输配电价。

附录 4

2018 年电源工程投产重点项目

序号	项目名称	建设地址	台数（台）	总容量（万千瓦）	投产日期
一	水电工程				
1	苗尾水电站	云南省大理白族自治州	1	35	2018-6-1
2	福建芦庵滩水电站（池潭扩机）	福建省三明市	1	10	2018-8-1
3	乌弄龙水电站	云南省迪庆藏族自治州	1	25	2018-12-31
4	里底水电站	云南省迪庆藏族自治州	2	28	2018-10-29 2018-12-31
5	深圳抽水蓄能电站	广东省深圳市	3	90	2018-3-27 2018-7-12 2018-9-25
6	海南琼中抽水蓄能电站	海南省琼中县	2	40	2018-4-1 2018-7-29
7	大华桥水电站	云南省怒江傈僳族自治州	4	92	2018-6-9 2018-6-25 2018-7-12 2018-12-31
二	火电工程				
1	八一水煤浆热电工程	山东省枣庄市	1	30	2018-1-1
2	新疆国信煤电能源工程	新疆维吾尔自治区昌吉回族自治州	1	66	2018-1-1
3	辽宁朝阳热电厂项目工程	辽宁省朝阳市	1	35	2018-2-1
4	西夏热电二厂项目工程	宁夏回族自治区银川市	1	35	2018-2-1
5	吉林长春东南热电项目工程	吉林省长春市	1	35	2018-3-30
6	安徽蚌埠二期项目工程	安徽省蚌埠市	2	132	2018-4-15
7	崇明燃气电厂一期工程	上海市崇明	2	85	2018-4-28
8	辽宁本溪热电项目工程	辽宁省本溪市	1	35	2018-4-30
9	沈东热电工程（应急调峰储备电源项目）	辽宁省沈阳市	2	70	2018-5-3

续表

序号	项目名称	建设地址	台数（台）	总容量（万千瓦）	投产日期
10	国泰新华电厂	新疆维吾尔自治区昌吉回族自治州	1	35	2018-6-26
11	河北京市能涿州热电 2×350 兆瓦项目	河北省保定市	1	35	2018-6-30
12	宿州钱营子（蕲城）电厂项目工程	安徽省宿州市	1	35	2018-7-1
13	富平热电项目工程	陕西省渭南市	2	70	2018-7-1
14	陕西延安热电项目工程	陕西省延安市	1	35	2018-7-7
15	濮阳豫能（应急调峰储备电源项目）	河南省濮阳市	1	60	2018-8-1
16	洛阳万众吉利热电有限公司	河南省洛阳市	1	35	2018-9-1
17	新疆国泰新华化工有限责任公司	新疆维吾尔自治区昌吉回族自治州	2	70	2018-9-1
18	北京市海淀北部区域能源中心（燃气热电联产）266 兆瓦项目工程	北京市海淀区	1	27	2018-9-28
19	深保热电厂项目工程	河北省保定市	2	70	2018-10-1
20	京能五间房电厂一期 2×660 兆瓦机组工程	内蒙古自治区锡林郭勒盟	1	66	2018-10-20
21	大坝四期项目工程	宁夏吴忠市	1	66	2018-10-21
22	陕西商洛（丹江）电厂（2018 应急调峰电源）	陕西省商洛市	1	66	2018-11-1
23	蔚县发电厂工程（应急调峰储备电源项目）	河北省张家口市	1	60	2018-11-12
24	吕梁离石回龙塔电厂 2 号机组	山西省吕梁市	1	35	2018-11-18
25	庐江电厂项目工程	安徽省合肥市	1	66	2018-11-26
26	中山三角天然气热电冷联产项目工程	广东省中山市	1	46	2018-12-6
27	大唐巩义 2×660 兆瓦火电机组工程（应急调峰储备电源）	河南省巩义市	1	66	2018-12-14
28	陕西能源赵石畔煤电有限公司	陕西省榆林市	1	100	2018-12-14
29	江苏句容二期项目工程	江苏省镇江市	1	100	2018-12-16

续表

序号	项目名称	建设地址	台数（台）	总容量（万千瓦）	投产日期
30	晋中灵石启光热电厂（应急调峰储备电源项目）	山西省晋中市	1	35	2018-12-17
31	广东韶关南雄热电厂项目工程	广东省韶关市	1	35	2018-12-18
32	京能十堰 2×350 兆瓦热电联产机组工程	湖北省十堰市	1	35	2018-12-22
33	大唐国际高要金淘天然气热电冷联产项目工程	广东省高要市	2	81	2018-12-30
34	榆能横山煤电高兴庄电厂项目工程	陕西省榆林市	1	100	2018-12-30
35	江苏金坛燃机热电联产项目工程	江苏省常州市	1	46	2018-12-31
36	中电（商丘）热电有限公司（2018 应急调峰电源）	河南省商丘市	2	70	2018-11-1 2018-12-1
37	大同阳高暄阳电厂项目工程（应急调峰储备电源项目）	山西省大同市	2	70	2018-11-17 2018-12-20
38	周口隆达发电有限公司	河南省周口市	1	66	2018-2-12 2018-5-25
39	漳浦龙口热电厂项目工程	福建省漳浦市	1	35	2018-6-1 2018-11-1
40	天津北疆电厂二期项目工程	天津市滨海新区	2	200	2018-6-14 2018-6-22
41	江西神华九江电厂项目工程	江西省九江市	2	200	2018-6-20 2018-7-7
42	惠州 LNG 电厂二期热电联产项目工程	广东省惠州市	2	92	2018-6-28 2018-10-22
43	广东四会燃气热电冷联产项目工程	广东省肇庆市	2	82	2018-6-30 2018-7-31
44	新会电厂天然气热电联产项目工程	广东省江门市	2	91	2018-9-13 2018-12-21
45	古交西山发电有限公司（博明电厂）	山西省太原市	2	132	2018-9-6 2018-9-20

续表

序号	项目名称	建设地址	台数（台）	总容量（万千瓦）	投产日期
三	核电工程				
1	阳江核电站项目工程	广东省阳江市	1	109	2018-7-2
2	山东海阳核电项目1、2号机组项目工程	山东省烟台市	1	125	2018-10-22
3	台山核电站一期项目工程	广东省江门市	1	175	2018-12-13
4	田湾核电站3、4号机组项目工程	江苏省连云港市	2	225	2018-2-15 2018-12-22
5	三门核电一期项目工程	浙江省台州市	2	250	2018-9-21 2018-11-5
四	风电工程				
1	滨海北区H1#100兆瓦海上风电项目工程	江苏省盐城市	100	50	2018-4-30
2	黄南排干项目工程	河北省沧州市	91	20	2018-5-1
3	宁夏盐池青山项目工程	宁夏回族自治区吴忠市	46	10	2018-5-21
4	山西陵川县风岭山300兆瓦风电项目工程	山西省晋城市	50	10	2018-6-30
5	龙源江苏蒋家沙海上30万千瓦风电项目工程	江苏省南通市	75	30	2018-6-30
6	恒泰新能源安丘石埠子风电场100兆瓦项目工程	山东省潍坊市	50	10	2018-6-30
7	巴盟乌兰项目工程	内蒙古自治区巴彦淖尔市	160	40	2018-7-1
8	广西桂林兴安县石板岭风电项目工程	广西桂林市	150	24	2018-7-31
9	阳曲杨兴风电项目工程	山西省太原市	50	10	2018-8-1
10	钟祥胡家湾风电项目工程	湖北省荆门市	63	13	2018-8-31
11	义县刘龙台一期项目工程	辽宁省锦州市	50	10	2018-9-1
12	江苏大丰海上风电项目工程	江苏省盐城市	72	30	2018-10-5
13	国华新能源新疆景峡北一场项目工程	新疆维吾尔自治区哈密地区	133	20	2018-10-20
14	天津市小王庄一二期项目工程	天津市滨海新区	44	10	2018-10-30

续表

序号	项目名称	建设地址	台数（台）	总容量（万千瓦）	投产日期
15	巴音杭盖二期风场项目工程	内蒙古自治区巴彦淖尔市	46	12	2018-10-30
16	黄骅康保风电项目工程	河北省沧州市	140	35	2018-11-1
17	湖南华电永州蓝山四海坪风电项目工程	湖南省永州市	50	10	2018-11-30
18	河北宣化风光互补二期风电项目工程	河北省张家口市	50	10	2018-12-1
19	唐山乐亭菩提岛海上风电场300兆瓦示范项目工程	河北省唐山市	31	12	2018-12-1
20	汤阴风电项目工程	河南省安阳市	75	15	2018-12-16
21	大唐闻喜后宫乡风电场项目工程	山西省运城市	50	10	2018-12-29
22	大丰30万千瓦海上风电项目工程	江苏省盐城市	49	16	2018-12-29
23	奉节金凤山风电项目工程	重庆市奉节县	55	11	2018-12-30
24	河北建投丰宁森吉图风电场项目（三期）150兆瓦项目工程	河北省承德市	44	12	2018-12-31
五	太阳能发电工程				
1	大庆大同40兆瓦光伏发电项目合作立项	黑龙江省大庆市		4	2018-1-31
2	贵州关岭新铺50MWp光伏发电项目	贵州省安顺市		5	2018-1-31
3	安徽淮南水上漂浮光伏	安徽省淮南市		4	2018-6-30
4	共和多能互补500兆瓦并网光伏	青海省海南藏族自治州		100	2018-6-30
5	内蒙乌海沉陷区50兆瓦光伏项目	内蒙古自治区乌海市		5	2018-8-31
6	海南东方光伏二期	海南省东方市		5	2018-10-30

附录 5

2018 年电源工程新开工重点项目

序号	项目名称	建设地址	台数（台）	总容量（万千瓦）
一	水电工程			
1	吉林蛟河抽水蓄能电站	吉林省蛟河市	4	120
2	浙江衢江抽水蓄能电站	浙江省衢州市	4	120
3	山东潍坊抽水蓄能电站	山东省潍坊市	4	120
4	河北抚宁抽水蓄能电站	河北省秦皇岛市	4	120
5	新疆哈密抽水蓄能电站	新疆维吾尔自治区哈密市	4	120
二	火电工程			
1	天津军粮城六期燃机项目工程	天津市东丽区	1	65
2	运东电厂项目工程	河北省沧州市	2	70
3	中国神华胜利发电厂一期项目工程	内蒙古自治区锡林郭勒盟	2	132
4	大连二热电厂（纯凝）项目工程	辽宁省大连市	1	35
5	上海申能奉贤热电项目工程	上海市奉贤区	2	93
6	江阴电厂燃机项目工程	江苏省无锡市	2	80
7	镇海电厂燃煤机组搬迁改造项目工程	浙江省宁波市	2	132
8	申能安徽平川电厂二期项目工程	安徽省淮北市	1	135
9	济宁热电上大压小项目工程	山东省济宁市	1	35
10	河南京煤滑州热电有限责任公司 2×350 兆瓦热电联产项目工程	河南省安阳市	2	70
11	广东广州增城燃机项目工程	广东省广州市	2	120
12	广东四会燃气热电冷联产项目工程	广东省肇庆市	2	82
13	珠海市钰海（燃气热电联产）924 兆瓦项目工程	广东省珠海市	2	92
14	海南文昌 2×460 兆瓦级燃气—蒸汽联合循环电厂项目工程	海南省文昌市	2	92
15	广西华磊新材料有限公司	广西壮族自治区百色市	3	105
16	渭南热电厂项目工程	陕西省渭南市	2	70

续表

序号	项目名称	建设地址	台数（台）	总容量（万千瓦）
17	延安电厂项目工程	陕西省延安市	2	66
18	锦界三期项目工程	陕西省榆林市	2	132
19	府谷电厂二期项目工程	陕西省榆林市	2	132
20	新疆哈密四期 2 号机组项目工程	新疆维吾尔自治区哈密市	1	35
21	伊犁电厂上大压小项目工程	新疆维吾尔自治区伊犁市	2	70
三	风电工程			
1	河北康保卧虎石风电项目工程	河北省张家口市	120	30
2	承德围场大西沟风电场项目工程	河北省承德市	100	20
3	山西汾阳杨家庄风电项目工程	山西省吕梁市	50	10
4	内蒙古乌达莱风电项目工程	内蒙古自治区锡林郭勒盟	238	48
5	临港海上风电一期项目工程	上海市浦东新区	25	10
6	如东 H3 海上风电项目工程	江苏省南通市	75	30
7	滨海北区 H1#100 兆瓦海上风电项目工程	江苏省盐城市	100	50
8	江苏大丰海上风电项目工程	江苏省盐城市	72	30
9	东台四期海上项目工程	江苏省盐城市	25	10
10	福清兴化湾海上风电场二期（首运试验风场）项目工程	福建省福州市	45	28
11	江西全南乌梅山风电项目工程	江西省赣州市	50	10
12	新天浮梁中岭 100 兆瓦风电场项目工程	江西省景德镇市	50	10
13	广西桂林兴安县石板岭风电项目工程	广西壮族自治区桂林市	150	24
14	宁夏青山三期项目工程	宁夏回族自治区吴忠市	68	15
四	太阳能发电工程			
1	领跑基地河北海兴 4 号 110 兆瓦光伏项目工程	河北省沧州市		11
2	领跑基地山西寿阳 3 号 100 兆瓦光伏项目工程	山西省晋中市		10

续表

序号	项目名称	建设地址	台数（台）	总容量（万千瓦）
3	领跑基地山西大同100兆瓦光伏项目工程	山西省大同市		10
4	包头第二热电厂光伏领跑者项目工程	内蒙古自治区包头市		10
5	鄂尔多斯市达旗光伏领跑者项目工程	内蒙古自治区鄂尔多斯市		10
6	内蒙古库布其光伏项目工程	内蒙古自治区鄂尔多斯市		20
7	吉林白城光伏领跑者4号项目工程	吉林省白城市		10
8	吉林白城光伏领跑者5号项目工程	吉林省白城市		10
9	江苏宝应光伏领跑者1号项目工程	江苏省扬州市		10
10	江苏泗洪光伏领跑者2号项目工程	江苏省宿迁市		10
11	江苏泗洪光伏领跑者4号项目工程	江苏省宿迁市		10
12	江苏宝应光伏领跑者2号项目工程	江苏省扬州市		10
13	山东济宁采煤沉陷区光伏项目工程	山东省济宁市		10
14	通山大畈项目工程	湖北省咸宁市		15
15	德令哈光伏领跑基地4号项目工程	青海省海西蒙古族藏族自治州		10
16	共和多能互补500兆瓦并网光伏项目工程	青海省海南藏族自治州		100
17	格尔木光伏发电应用领跑者基地项目工程	青海省格尔木市		25
18	青海海西州光伏领跑者项目工程	青海省海西蒙古族藏族自治州		10

附录 6

2018 年年底电源工程在建重点项目

序号	项目名称	建设地址	台数（台）	总容量（万千瓦）
一	水电工程			
1	河北丰宁抽水蓄能电站	河北省承德市	6	180
2	河北丰宁抽水蓄能电站二期项目工程	河北省承德市	6	180
3	河北易县抽水蓄能电站	河北省保定市	4	120
4	内蒙古芝瑞抽水蓄能电站	内蒙古自治区赤峰市	4	120
5	辽宁清原抽水蓄能电站	辽宁省抚顺市	6	180
6	丰满大坝全面治理工程	吉林省吉林市	6	120
7	吉林敦化抽水蓄能电站	吉林省延边朝鲜族自治州	4	140
8	吉林蛟河抽水蓄能电站	吉林省蛟河市	4	120
9	黑龙江牡丹江抽水蓄能电站	黑龙江省牡丹江市	4	120
10	江苏句容抽水蓄能电站	江苏省镇江市	6	135
11	浙江宁海抽水蓄能电站	浙江省宁波市	4	140
12	浙江缙云抽水蓄能电站	浙江省丽水市	6	180
13	浙江衢江抽水蓄能电站	浙江省衢州市	4	120
14	长龙山抽水蓄能电站	浙江省湖州市	6	210
15	安徽绩溪抽水蓄能电站	安徽省宣城市	6	180
16	安徽金寨抽水蓄能电站	安徽省六安市	4	120
17	福建厦门抽水蓄能电站	福建省厦门市	4	140
18	福建周宁抽水蓄能电站	福建省宁德市	4	120
19	山东文登抽水蓄能电站	山东省威海市	6	180
20	山东潍坊抽水蓄能电站	山东省潍坊市	4	120
21	河北抚宁抽水蓄能电站	河北省秦皇岛市	4	120
22	山东沂蒙抽水蓄能电站	山东省临沂市	4	120
23	河南天池抽水蓄能电站	河南省南阳市	4	120
24	河南洛宁抽水蓄能电站	河南省洛阳市	4	140

续表

序号	项目名称	建设地址	台数（台）	总容量（万千瓦）
25	湖北溇水江坪河水电站	湖北省恩施土家族苗族自治州	2	45
26	湖南平江抽水蓄能电站	湖南省岳阳市	4	140
27	梅州抽水蓄能电站	广东省梅州市	4	120
28	阳江抽水蓄能电站	广东省阳江市	3	120
29	重庆蟠龙抽水蓄能电站	重庆市綦江区	4	120
30	川藏苏洼龙电站	四川省甘孜州	4	120
31	白鹤滩水电站	四川省凉山彝族自治州云南省昭通市	16	1600
32	乌东德水电站	四川省凉山彝族自治州云南省昆明市	12	1020
33	四川两河口水电站	四川省甘孜州	6	300
34	四川杨房沟水电站	四川省凉山州	4	150
35	乌弄龙水电站	云南省迪庆藏族自治州	3	74
36	加查水电站	西藏自治区山南地区	3	36
37	西藏内需电源重大项目工程	西藏自治区山南地区	4	66
38	陕西镇安抽水蓄能电站	陕西省商洛市	4	140
39	新疆阜康抽水蓄能电站	新疆维吾尔自治区阜康市	4	120
40	新疆哈密抽水蓄能电站	新疆维吾尔自治区哈密市	4	120
二	火电工程			
1	天津军粮城六期燃煤项目工程	天津市东丽区	1	35
2	天津南疆燃机项目工程	天津市和平区	3	93
3	天津军粮城六期燃机项目工程	天津市东丽区	1	65
4	唐山北郊热电项目工程	河北省唐山市	2	70
5	蔚县发电厂项目工程（应急调峰储备电源项目）	河北省张家口市	1	72
6	河北石家庄燃机项目工程	河北省石家庄市	2	91
7	河北邯郸东郊热电厂项目工程	河北省邯郸市	2	70
8	曹妃甸二期项目工程	河北省唐山市	2	200
9	运东电厂项目工程	河北省沧州市	2	70

续表

序号	项目名称	建设地址	台数（台）	总容量（万千瓦）
10	京能秦皇岛开发区 2×350 兆瓦热电联产项目工程	河北省秦皇岛市	2	70
11	河北建投遵化 2×350 兆瓦超临界热电联产项目工程	河北省唐山市	2	70
12	山西临县低热值煤 2×350 兆瓦超临界发电机组新建项目工程	山西省吕梁市	2	70
13	和林发电厂项目工程	内蒙古自治区呼和浩特市	2	132
14	胜利电厂（锡林热电）项目工程	内蒙古自治区锡林郭勒盟	2	132
15	中国神华胜利发电厂一期项目工程	内蒙古自治区锡林郭勒盟	2	132
16	五间房电厂项目工程	内蒙古自治区锡林郭勒盟	2	132
17	京能五间房电厂一期 2×660 兆瓦机组项目工程	内蒙古自治区锡林郭勒盟	1	66
18	内蒙古京能双欣 2×350 兆瓦低热值煤发电项目工程	内蒙古自治区鄂尔多斯市	2	70
19	辽宁葫芦岛热电项目工程	辽宁省葫芦岛市	2	70
20	辽宁本溪热电项目工程	辽宁省本溪市	1	35
21	辽宁朝阳热电项目工程	辽宁省朝阳市	1	35
22	锦州电厂项目工程	辽宁省锦州市	2	132
23	大连二热电厂（纯凝机组）项目工程	辽宁省大连市	1	35
24	宝清电厂项目工程	黑龙江省双鸭山市	2	132
25	上海申能奉贤热电项目工程	上海市奉贤区	2	93
26	江阴电厂燃机项目工程	江苏省无锡市	2	80
27	江苏金坛燃机热电联产项目工程	江苏省常州市	1	46
28	江苏句容二期项目工程	江苏省镇江市	1	100
29	江苏宿迁二期项目工程	江苏省宿迁市	2	132
30	镇海电厂燃煤机组搬迁改造项目工程	浙江省宁波市	2	132
31	安徽芜湖二期 3 号机组项目工程	安徽省芜湖市	1	100

续表

序号	项目名称	建设地址	台数（台）	总容量（万千瓦）
32	庐江电厂项目工程	安徽省合肥市	1	66
33	罗源电厂项目工程	福建省福州市	2	132
34	福建邵武三期项目工程	福建省南平市	2	132
35	神华罗源湾港电一体化项目工程	福建省福州市	2	200
36	济宁热电上大压小项目工程	山东省济宁市	2	70
37	烟台八角电厂上大压小项目工程	山东省烟台市	2	134
38	东营火电项目工程	山东省东营市	2	200
39	山东莱州二期项目工程	山东省烟台市	2	200
40	河南京煤滑州热电有限责任公司 2×350 兆瓦热电联产项目工程	河南省安阳市	2	70
41	大唐巩义 2×660 兆瓦火电项目工程（应急调峰储备电源项目）	河南省巩义市	1	66
42	河南焦作丹河电厂异地扩建项目工程	河南省焦作市	2	100
43	河南周口燃气项目工程	河南省周口市	2	45
44	湖北江陵一期项目工程	湖北省荆州市	1	66
45	鄂州电厂三期扩建（2×1000 兆瓦）项目工程	湖北省鄂州市	2	200
46	京能十堰 2×350 兆瓦热电联产项目工程	湖北省十堰市	1	35
47	永州电厂项目工程	湖南省永州市	2	200
48	广东韶关南雄热电项目工程	广东省韶关市	1	35
49	广东广州增城燃机项目工程	广东省广州市	2	120
50	珠海市钰海（燃气热电联产）924 兆瓦项目工程	广东省珠海市	2	92
51	惠州 LNG 电厂二期热电联产项目工程	广东省惠州市	1	46
52	中山三角天然气热电冷联产项目工程	广东省中山市	2	92
53	黄埔电厂天然气热电联产项目工程	广东省广州市	2	84
54	东莞燃机项目工程	广东省东莞市	2	95

续表

序号	项目名称	建设地址	台数（台）	总容量（万千瓦）
55	雷州 2×100 万千瓦“上大压小”项目工程	广东省湛江市	2	200
56	海南文昌 2×460 兆瓦级燃气—蒸汽联合循环电厂项目工程	海南省文昌市	2	92
57	大唐贵州兴仁电厂新建项目工程	贵州省黔西南州	2	132
58	渭南热电厂项目工程	陕西省渭南市	2	70
59	延安电厂项目工程	陕西省延安市	2	66
60	锦界三期项目工程	陕西省榆林市	2	132
61	府谷电厂二期项目工程	陕西省榆林市	2	132
62	兰州热电异地扩建项目工程	甘肃省兰州市	2	70
63	甘肃常乐电厂项目工程	甘肃省酒泉市	2	200
64	大坝四期项目工程	宁夏回族自治区吴忠市	1	66
65	宁夏平罗火电项目工程	宁夏回族自治区石嘴山市	2	132
66	宁夏方家庄项目工程	宁夏回族自治区银川市	2	200
67	鸳鸯湖电厂二期项目工程	宁夏回族自治区灵武市	2	200
68	大唐准东五彩湾煤电一体化电厂一期项目工程	新疆维吾尔自治区昌吉回族自治州	2	132
69	大唐吉木萨尔热电一期项目工程	新疆维吾尔自治区昌吉回族自治州	2	70
70	新疆高昌吐鲁番热电厂项目工程	新疆维吾尔自治区吐鲁番市	2	70
71	新疆哈密四期 2 号机组项目工程	新疆维吾尔自治区哈密地区	1	35
72	伊犁电厂上大压小项目工程	新疆维吾尔自治区伊犁地区	2	70
三	核电工程			
1	辽宁红沿河核电厂二期项目工程	辽宁省大连市	2	224
2	田湾核电站 5、6 号机组项目工程	江苏省连云港	2	224

续表

序号	项目名称	建设地址	台数（台）	总容量（万千瓦）
3	福清核电5、6号机组项目工程	福建省福州市	2	232
4	石岛湾高温气冷堆示范项目工程	山东省威海市	1	20
5	山东海阳核电项目2号机组项目工程	山东省烟台市	1	125
6	台山核电站一期项目工程	广东省江门市	1	175
7	阳江核电站项目工程	广东省阳江市	1	109
8	广西防城港核电二期工程项目工程	广西回族自治区防城港市	2	238
四	风电工程			
1	天津小王庄一二期项目工程	天津市滨海新区	47	10
2	河北朝阳湾风电项目工程	河北省承德市	50	10
3	河北杨家湾风电项目工程	河北省承德市	50	10
4	河北沽源闪电河风电二期项目工程	河北省张家口市	45	10
5	丰宁大滩200兆瓦项目工程	河北省承德市	100	20
6	河北康保卧虎石风电项目工程	河北省张家口市	120	30
7	河北围场棋新风电项目工程	河北省承德市	50	10
8	河北围场风电场二期项目工程	河北省承德市	100	20
9	唐山乐亭菩提岛海上风电场300兆瓦示范项目工程	河北省唐山市	35	14
10	承德围场大西沟风电场项目工程	河北省承德市	100	20
11	利民三期风电场项目工程	山西省朔州市	67	10
12	平鲁白玉山二期项目工程	山西省朔州市	133	20
13	山西泽州一期风电项目工程	山西省晋城市	45	10
14	山西汾阳杨家庄风电项目工程	山西省吕梁市	50	10
15	山西和顺横岭风电项目工程	山西省晋中市	60	14
16	内蒙古乌达莱风电项目工程	内蒙古自治区锡林郭勒盟	238	48
17	国电电力辽宁康平二牛所口和小城子风电项目工程	辽宁省沈阳市	48	10
18	三峡新能源大连市庄河Ⅲ（300兆瓦）海上风电场项目工程	辽宁省大连市	71	29
19	临港海上风电一期项目工程	上海市浦东新区	25	10
20	大丰海上风电项目工程	江苏省盐城市	75	30

续表

序号	项目名称	建设地址	台数（台）	总容量（万千瓦）
21	如东H3海上风电项目工程	江苏省南通市	75	30
22	江苏滨海海上风电项目工程	江苏省盐城市	96	30
23	东台四期海上项目工程	江苏省盐城市	25	10
24	大丰30万千瓦海上风电项目工程	江苏省盐城市	24	14
25	嘉兴1号海上风电项目工程	浙江省嘉兴市	0	30
26	国电浙江舟山普陀6#海上风电场2区项目工程	浙江省舟山市	27	11
27	安徽公司安徽宿松新州渡风电场项目工程	安徽省安庆市	50	10
28	福建南日海上风电项目工程	福建省莆田市	25	10
29	福清兴化湾海上风电场二期（首运试验风场）项目工程	福建省福州市	45	28
30	江西瑞昌蜈蚣山风电场项目工程	江西省九江市	55	11
31	江西全南乌梅山风电项目工程	江西省赣州市	50	10
32	新天浮梁中岭100兆瓦风电场项目工程	江西省景德镇市	50	10
33	国瑞能源济南章丘九顶山100兆瓦风电场二期项目工程	山东省济南市	46	10
34	渑池风电项目工程	河南省三门峡市	75	15
35	大唐卢氏石牛岭风电项目工程	河南省三门峡市	55	11
36	河南滑县枣村风电项目工程	河南省安阳市	150	30
37	湖南连坪风电项目工程	湖南省郴州市	36	10
38	广东汕头南澳洋东（300兆瓦）海上风电项目工程	广东省汕头市	0	30
39	广东粤电湛江外罗海上风电场示范项目工程	广东省湛江市	36	20
40	阳江沙扒海上风电场工程项目工程	广东省阳江市	55	30
41	广西玉林博白四方嶂风电项目工程	广西壮族自治区玉林市	44	10
42	宾阳马王风电场项目工程	广西壮族自治区南宁市	50	10
43	四川盐源小高山风电项目工程	四川省凉山彝族自治州	60	15
44	四川剑阁摇铃风电场项目工程	四川省广元市	40	10
45	昭觉碗厂三期龙恩项目工程	四川省凉山彝族自治州	50	10

续表

序号	项目名称	建设地址	台数（台）	总容量（万千瓦）
46	广元何家山风电项目工程	四川省广元市	51	10
47	贵州从江达棒山风电项目工程	贵州省黔东南州	69	15
48	陕西定边周台子北畔项目工程	陕西省榆林市	50	10
49	宁夏青山三期项目工程	宁夏回族自治区吴忠市	68	15
五	太阳能发电工程			
1	领跑基地河北海兴 4 号 110 兆瓦光伏项目工程	河北省沧州市		11
2	领跑基地山西寿阳 3 号 100 兆瓦光伏项目工程	山西省晋中市		10
3	领跑基地山西大同 100 兆瓦光伏项目工程	山西省大同市		10
4	格尔木光伏发电应用领跑者基地项目工程	青海省格尔木		25

附录 7

2018 年 500 千伏及以上电压等级电网工程投产重点项目

序号	项目名称	建设规模		建设地址	竣工时间
		变电（万千伏安）/换流容量（万千瓦）	线路长度（千米）		
一	特高压输变电工程				
1	泰州特高压站扩建主变工程	300		江苏泰州市	2018-02
2	苏州特高压扩建主变工程	600		江苏苏州市	2018-05
二	±800 千伏输变电工程				
1	滇西北至广东 ±800 千伏特高压直流输电工程	500	1957	云南省、广东省	2018-05
2	上海庙—山东临沂特高压直流工程	1000		内蒙古自治区、山东省	2018-12
3	渝鄂直流背靠背联网工程	500		重庆市、湖北省	2018-12
三	750 千伏输变电工程				
1	新疆国信准东、信友奇台电厂750 千伏送出工程		96	新疆维吾尔自治区昌吉回族自治州	2018-02
2	麦积 750 千伏变电站主变扩建工程	210		甘肃省天水市	2018-06
3	准北 750 千伏输变电工程	300	638	新疆维吾尔自治区昌吉回族自治州	2018-06
4	麦积 750 千伏变电站主变扩建工程	210		甘肃省天水市	2018-06
5	清水川电厂二期 750 千伏送出工程		175	陕西省榆林市	2018-06
6	信义—西安南—宝鸡Ⅱ回 750 千伏输变电工程	210		陕西省宝鸡市、西安市、渭南市	2018-08
7	吐鲁番—哈密 750 千伏线路改接工程		100	新疆吐鲁番市、哈密市	2018-09
8	神木 750 千伏输变电工程		102	陕西省榆林市	2018-10

续表

序号	项目名称	建设规模		建设地址	竣工时间
		变电（万千伏安）/换流容量（万千瓦）	线路长度（千米）		
四	500千伏输变电工程				
1	冯屯—齐南—庆南—五家500千伏输变电工程（五家变工程）	200		黑龙江省哈尔滨市	2018-01
2	冯屯—齐南—庆南—哈尔滨500千伏输变电工程五家变及其线路工程、庆南变及其线路工程	200	328	黑龙江省哈尔滨市、大庆市	2018-01
3	亳州伯阳500千伏输变电工程	100	130	安徽省亳州市	2018-01
4	郴州（苏耽）变电站扩建工程	100		湖南省郴州市	2018-01
5	伊敏—兴安盟—乌兰浩特输变电工程		830	内蒙古自治区乌兰浩特市至鄂温克旗	2018-01
6	500千伏虹杨输变电工程	300	33	上海市杨浦区	2018-01
7	江苏秋藤500千伏输变电工程	100	2	江苏省南京市	2018-01
8	山东枣庄峄城枣庄Ⅱ500千伏输变电工程	100	318	山东省枣庄市	2018-01
9	峄城500千伏变电站新建工程	100		山东省枣庄市	2018-01
10	峄城—兰陵500千伏线路工程		144	山东省枣庄市	2018-01
11	峄城—枣庄500千伏线路工程		174	山东省枣庄市	2018-01
12	山东陵县500千伏变电站扩建输变电工程	100	88	山东省德州市	2018-01
13	陵县—德州500千伏线路工程		88	山东省德州市	2018-01
14	陵县500千伏变电站4号主变扩建工程	100		山东省德州市	2018-01
15	河南武周500千伏开关站扩建工程	120		河南省郑州市	2018-01
16	河南驻马店嵖岈500千伏变电站第三台主变扩建工程	100		河南省驻马店市	2018-01
17	石北500千伏变电站主变扩建工程	100		河北省石家庄市	2018-02
18	成峰500千伏输变电工程	200	97	河北省邯郸市	2018-02

续表

序号	项目名称	建设规模		建设地址	竣工时间
		变电（万千伏安）/换流容量（万千瓦）	线路长度（千米）		
19	白城向阳500千伏输变电工程	240	1	吉林省白城市	2018-02
20	扎鲁特—吉林500千伏输变电工程		204	内蒙古自治区通辽市扎鲁特旗至吉林省界	2018-02
21	曹妃甸电厂500千伏送出工程		156	河北省唐山市	2018-03
22	辽宁500千伏阜新输变电工程	200	332	辽宁省阜新市	2018-03
23	辽宁渤海500千伏变电站第3台主变扩建工程	100		辽宁省营口市	2018-03
24	万象500kV变电站主变扩建工程	100		浙江省丽水市	2018-03
25	浙江杭州杭变升压500千伏输变电工程	100	19	浙江省杭州市	2018-03
26	浙江杭州杭变500千伏变电站2号主变扩建工程	100		浙江省杭州市	2018-03
27	福建卓然500千伏变电站扩建输变电工程	150	164	福建省龙岩市	2018-03
28	仙桃500千伏输变电工程	100	112	湖北省荆州市	2018-03
29	鹤壁输变电工程	200	62	河南省鹤壁市	2018-03
30	桃乡500千伏变电站第三台主变扩建工程	100		四川省成都市	2018-03
31	浙江绍兴诸北500千伏变电站扩建工程	100		浙江省绍兴市	2018-04
32	诸北输变电工程	100	6	浙江省绍兴市	2018-04
33	福建东林500千伏输变电二期扩建工程	100	1	福建省漳州市	2018-04
34	江苏凤城500千伏变电站主变扩建工程	100		江苏省泰州市	2018-04
35	北京安定500千伏站增容改造工程	480		北京市	2018-05

续表

序号	项目名称	建设规模		建设地址	竣工时间
		变电（万千伏安）/换流容量（万千瓦）	线路长度（千米）		
36	河北蔚县电厂—北京门头沟500千伏送出工程（北京段）		104	北京市	2018-05
37	承德御道口500千伏输变电扩建工程	120	181	河北省承德市	2018-05
38	张家口蔚县电厂500千伏送出工程（冀北段）		200	河北省张家口市	2018-05
39	辽宁红沿河核电厂二期500千伏送出工程		138	辽宁省大连市	2018-05
40	兴安—扎鲁特500千伏输变电工程（吉林境内）		78	吉林省白城市	2018-05
41	扎鲁特至吉林配套500千伏输变电工程（吉林境内）		520	吉林省白城市	2018-05
42	吉林南500千伏输变电工程	150	64	吉林省吉林市	2018-05
43	吉林长岭500千伏输变电工程	100	305	吉林省松原市	2018-05
44	齐南—兴安500千伏输变电工程		70	黑龙江省齐齐哈尔市、大兴安岭地区	2018-05
45	呼伦贝尔岭东—冯屯500千伏线路工程（黑龙江部分）		188	黑龙江省齐齐哈尔市	2018-05
46	冯屯—齐南—庆南—哈尔滨500千伏输变电工程（齐南变新建、冯屯变扩建及冯屯至齐南线路工程）	200	218	黑龙江省齐齐哈尔市	2018-05
47	浙江金华芝堰500千伏变电站3号主变扩建工程	100		浙江省金华市	2018-05
48	芜湖三500千伏输变电工程	200	6	安徽省芜湖市	2018-05
49	安徽肥西500千伏变电站2号主变扩建	100		安徽省合肥市	2018-05
50	福建宁德500千伏变电站扩建工程	100		福建省宁德市	2018-05

续表

序号	项目名称	建设规模		建设地址	竣工时间
		变电（万千伏安）/换流容量（万千瓦）	线路长度（千米）		
51	牌楼500千伏变电站第三台主变扩建工程	100		湖南省怀化市	2018-05
52	齐南—兴安2回线路工程（内蒙段）		262	内蒙古自治区乌兰浩特市至黑龙江省界	2018-05
53	岭东（扎兰屯）500千伏输变电工程	150		内蒙古自治区扎兰屯市	2018-05
54	任庄500千伏变电站扩建主变工程	200	2	江苏省徐州市	2018-05
55	晋北—南京±800千伏直流受端配套500千伏送出工程		227	江苏省淮安市	2018-05
56	山东滨州惠民500千伏输变电工程	100	7	山东省滨州市	2018-05
57	惠民500千伏变电站新建工程	100		山东省滨州市	2018-05
58	河南新乡北500千伏输变电工程	100	6	河南省新乡市	2018-05
59	500千伏涉武输变电工程	200	59	河北省邯郸市	2018-06
60	科尔沁—阜新500千伏输变电工程（辽宁段）		157	辽宁省阜新市	2018-06
61	葫芦岛宽邦500千伏输变电工程		317	辽宁省葫芦岛市	2018-06
62	黑龙江群林—鹤岗500千伏输变电工程		90	黑龙江省佳木斯市、鹤岗市	2018-06
63	浙江嘉兴桐乡500千伏变电站3号主变扩建工程	100		浙江省嘉兴市	2018-06
64	合肥肥南500千伏变电站2、3号主变扩建工程	200		安徽省合肥市	2018-06
65	星城—古亭Ⅱ回500千伏输变电工程		72	湖南省长沙市	2018-06
66	科尔沁—阜新2回线路工程（内蒙段）		215	内蒙古自治区通辽市至辽宁省界	2018-06

续表

序号	项目名称	建设规模		建设地址	竣工时间
		变电（万千伏安）/换流容量（万千瓦）	线路长度（千米）		
67	内蒙古兴安—扎鲁特换流站500千伏输变电工程		543	内蒙古自治区通辽市扎鲁特旗至乌兰浩特市	2018-06
68	通辽扎哈淖尔500千伏输变电工程	150	14	内蒙古自治区通辽市扎鲁特旗	2018-06
69	华润、京能五间房电厂送出工程		143	内蒙古自治区锡林浩特市	2018-06
70	山东莱芜鲁中500千伏变电站扩建工程	100		山东省莱芜市	2018-06
71	鲁中500千伏变电站主变扩建工程	100		山东省莱芜市	2018-06
72	浉河变电站第3台主变扩建工程	100		河南省信阳市	2018-06
73	河南白河500千伏变电站第三台主变扩建工程	100		河南省南阳市	2018-06
74	猴子岩电站500千伏送出工程		70	四川省甘孜藏族自治州	2018-06
75	路平至绵阳富乐500千伏输变电工程		172	四川阿坝藏族羌族自治州	2018-06
76	盐源500千伏输变电工程	75	441	四川省凉山彝族自治州	2018-06
77	东莞500千伏纵江站扩建第四台主变工程	100		广东省东莞市	2018-06
78	澜沧江上游梯级电站500千伏送出工程—黄登电站至新松换流站线路工程		200	云南省兰坪市、剑川市	2018-06
79	山西古交电厂三期2×660兆瓦低热值煤发电项目500千伏送出工程		156	山西省太原市	2018-07
80	准东—华东（皖南）±1100千伏特高压直流皖南换流站配套输变电工程（500千伏部分）		184	安徽省	2018-07

续表

序号	项目名称	建设规模		建设地址	竣工时间
		变电（万千伏安）/换流容量（万千瓦）	线路长度（千米）		
81	江苏无锡斗山500千伏变电站主变改造工程	100		江苏省无锡市	2018-07
82	500千伏砚山—通宝输变电工程（500千伏登高输变电工程）		133	云南蒙自市、文山市、砚山县	2018-07
83	冯屯—齐南—庆南—五家500千伏输变电工程（齐南变扩建、庆南变扩建及齐南至庆南线路工程）		410	黑龙江省齐齐哈尔市、大庆市	2018-08
84	福建厦门海沧500千伏变电站4号主变扩建工程	100		福建省厦门市	2018-08
85	江苏如东500千伏输变电工程	100	10	江苏省南通市	2018-08
86	江苏艾塘500千伏变电站主变扩建工程	100		江苏省连云港市	2018-08
87	海北—牙克石—岭东扎兰屯500千伏输变电工程	75	688	内蒙古自治区海拉尔市	2018-09
88	山东聊城东阿500千伏输变电工程	100	15	山东省聊城市	2018-09
89	东阿500千伏变电站新建工程	100		山东省聊城市	2018-09
90	漯河西500千伏输变电工程	100	30	河南省漯河市	2018-09
91	西藏藏中与昌都电网联网工程（四川段）	150	4	四川省甘孜藏族自治州	2018-09
92	澜沧江上游梯级电站500千伏送出工程—托巴水电站至新松换流站线路工程		246	云南省维西市、兰坪市、剑川市	2018-09
93	兵团瑞虹电厂500千伏送出工程		85	新疆维吾尔自治区哈密市	2018-10
94	铜梁500千伏输变电工程		150	重庆市	2018-11
95	林芝500千伏变电站新建工程	150		西藏自治区林芝市	2018-11
96	芒康500千伏变电站新建工程	100		西藏自治区昌都市	2018-11

续表

序号	项目名称	建设规模		建设地址	竣工时间
		变电（万千伏安）/换流容量（万千瓦）	线路长度（千米）		
97	沃卡（拉萨）—雅中（朗县）双回500千伏线路新建工程		220	西藏自治区山南市	2018-11
98	沃卡（拉萨）500千伏变电站新建工程	150		西藏自治区山南市	2018-11
99	左贡—芒康500千伏线路新建工程		512	西藏自治区昌都市	2018-11
100	林芝—波密500千伏线路新建工程		484	西藏自治区林芝市	2018-11
101	澜沧江500千伏变电站扩建工程	150		西藏自治区昌都市	2018-11
102	波密—左贡500千伏线路新建工程		352	西藏自治区林芝市、昌都市	2018-11
103	雅中（朗县）500千伏变电站新建工程	150		西藏自治区山南市	2018-11
104	波密500千伏变电站新建工程	150		西藏自治区林芝市	2018-11
105	雅中（朗县）—林芝双回500千伏线路新建工程		364	西藏自治区林芝市、山南市	2018-11
106	浙江杭州钱江500千伏输变电工程	200	40	浙江省杭州市	2018-12
107	山东东营垦东500千伏输变电工程（油城—黄河双回开断接入）	200	24	山东省东营市	2018-12
108	黄河—油城接入垦东变500千伏线路工程		24	山东省东营市	2018-12
109	垦东500千伏变电站新建工程	200		山东省东营市	2018-12
110	500千伏庄乔（马金铺）输变电工程	150	32	云南省晋宁县	2018-12
111	澜沧江上游梯级电站500千伏送出工程—乌弄龙电站至托巴电站、乌弄龙电站经里底电站至托巴电站线路工程		214	云南省维西市	2018-12

附录 8

2018 年 500 千伏及以上电压等级电网工程新开工重点项目

序号	项目名称	建设规模		建设地址	开工时间
		变电容量（万千伏安）/换流容量（万千瓦）	线路长度（千米）		
一	特高压输变电工程				
1	北京西—石家庄特高压交流工程（河北公司投资部分（北京西站、石家庄扩，及北京西—石家庄线路））		456	河北保定市	2018-03
2	潍坊—临沂—枣庄—菏泽—石家庄特高压交流工程（山东公司投资）	1500	1639	山东省潍坊市—河北省石家庄市	2018-05
3	潍坊—临沂—枣庄—菏泽—石家庄特高压交流工程（山东公司）线路部分		1639	山东省潍坊市—河北省石家庄市	2018-05
4	潍坊—临沂—枣庄—菏泽—石家庄特高压交流工程—变电部分（山东投资）	1500		山东潍坊—河北省石家庄市	2018-05
5	蒙西—晋中特高压交流工程［山西公司投资部分（晋中站扩建、蒙西—晋中线路山西段）］		596	山西省忻州市、吕梁市、太原市、晋中市	2018-11
6	青海—河南特高压直流工程	800	981	青海省、河南省	2018-11
7	青海—河南特高压直流工程（河南公司投资受端换流站及河南段线路）	800	380	河南省南阳市—驻马店市	2018-11
8	青海—河南特高压直流工程（青海公司投资青海境内线路）		243	青海省海南藏族自治州	2018-11
9	乌东德电站送电广东广西（昆柳龙直流）输电工程（特高压多端直流示范工程）	1600	1489	云南省—广东省	2018-12

续表

序号	项目名称	建设规模		建设地址	开工时间
		变电容量（万千伏安）/换流容量（万千瓦）	线路长度（千米）		
二	750千伏输变电工程				
1	青海海南州羊曲水电站750千伏送出工程		176	青海省海南藏族自治州	2018-06
2	新疆博州750千伏输变电工程	150	6	新疆维吾尔自治区博州市	2018-08
3	芨芨湖750千伏变电站主变扩建工程	150		新疆维吾尔自治区昌吉回族自治州	2018-08
4	甘肃张掖750千伏输变电工程	210	154	甘肃省金昌市、甘肃省张掖市	2018-09
5	青海海南州海西—塔拉750千伏线路工程		459	青海省海西州至海南州	2018-09
6	海南750千伏输变电工程	420	164	青海省海南藏族自治州	2018-09
7	西宁750千伏变电站第3台主变扩建工程	150		青海省西宁市	2018-09
8	新疆阿勒泰（布尔津）750千伏输变电工程	300	348	新疆维吾尔自治区阿勒泰市	2018-09
9	甘肃张掖750千伏输变电工程	210	154	甘肃省张掖市	2018-09
10	河西走廊第三回线750千伏加强工程（总部投资）		702	甘肃省瓜州县	2018-12
三	500千伏输变电工程				
1	北京房山—天津南蔡输变电工程（天津段）		50	天津市	2018-01
2	马尔康500千伏输变电工程	200	298	四川省阿坝藏族羌族自治州	2018-01
3	张北—北京柔性直流示范工程（北京段）	300	2	北京市	2018-02
4	张北可再生能源柔性直流送出与消纳示范工程（冀北公司投资）	600	647	河北省张家口市	2018-02

续表

序号	项目名称	建设规模		建设地址	开工时间
		变电容量（万千伏安）/换流容量（万千瓦）	线路长度（千米）		
5	山阴低热值煤电厂二期500千伏送出工程		58	山西省朔州市	2018-03
6	岙坑500千伏输变电工程	100	17	浙江省台州市	2018-03
7	浙江杭州萧东500千伏变电站2号主变扩建工程	120		浙江省杭州市	2018-03
8	六安金寨500千伏输变电工程	360	140	安徽省六安市	2018-03
9	江苏苏州玉山500千伏变电站第四台主变扩建工程	100		江苏省苏州市	2018-03
10	500千伏永昌输变电工程	75	315	云南省龙陵县	2018-03
11	安徽马鞍山昭关500千伏变电站3号主变扩建工程	75		安徽省马鞍山市	2018-05
12	北京新航城500千伏输变电工程	240	24	北京市	2018-06
13	张家口张北换流站配套500千伏输变电工程		23	河北省张家口市	2018-06
14	冀北承德丰宁抽水蓄能电厂送出500千伏输变电工程		253	河北省承德市	2018-06
15	张家口康保换流站配套500千伏输变电工程		26	河北省张家口市	2018-06
16	山西晋中东500千伏输变电工程	200	146	山西省晋中市	2018-06
17	山西朔州神泉电厂一期500千伏改接晋北直流换流站送出工程		36	山西省朔州市	2018-06
18	山西北部电网完善工程和神二电厂3、4机组接入朔州变工程		23	山西省朔州市	2018-06
19	山西朔州神头二电厂1、2机组改接至晋北交流特高压站500千伏线路工程		124	山西省朔州市	2018-06
20	山西晋能保德电厂送出工程		127	山西省忻州市	2018-06
21	浙江宁波明州500千伏变电站2号主变扩建工程	100		浙江省宁波市	2018-06

续表

序号	项目名称	建设规模		建设地址	开工时间
		变电容量（万千伏安）/换流容量（万千瓦）	线路长度（千米）		
22	安徽亳州伯阳500千伏变电站2号主变扩建工程	100		安徽省亳州市	2018-06
23	安徽阜阳阜三500千伏输变电工程	200	142	安徽省阜阳市	2018-06
24	湖南长沙浏阳500千伏输变电工程	100	104	湖南省长沙市	2018-06
25	圣泉500千伏变电站1号主变扩建工程	100		重庆市	2018-06
26	内蒙古通辽奈曼500千伏输变电工程	75	296	内蒙古自治区通辽市至通辽市奈曼旗	2018-06
27	黄渡500千伏变电站主变增容及配电装置改造工程	480	4	上海市嘉定区	2018-06
28	南通新丰500千伏输变电工程	100	5	江苏省南通市	2018-06
29	江苏仲洋500千伏变电站第三台主变扩建工程	100		江苏省南通市	2018-06
30	山东菏泽文亭500千伏变电站扩建工程	100		山东省菏泽市	2018-06
31	文亭500千伏变电站主变扩建工程	100		山东省菏泽市	2018-06
32	山东潍坊官亭500千伏输变电工程	100	81	山东省潍坊市	2018-06
33	官亭500千伏变电站新建工程	100		山东省潍坊市	2018-06
34	湖南株洲云田500千伏变电站第三台主变扩建工程	150	26	湖南省株洲市	2018-07
35	张家口解放500千伏输变电工程	120	50	河北省张家口市	2018-09
36	浙江台州回浦500千伏变电站4号主变扩建工程	100		浙江省台州市	2018-09
37	浙江嘉兴由拳500千伏变电站4号主变扩建工程	100		浙江省嘉兴市	2018-09

续表

序号	项目名称	建设规模		建设地址	开工时间
		变电容量（万千伏安）/换流容量（万千瓦）	线路长度（千米）		
38	浙江杭州萧浦500千伏变电站3号主变扩建工程	120		浙江省杭州市	2018-09
39	浙江金华永康500千伏变电站3号主变扩建工程	100		浙江省金华市	2018-09
40	安徽蚌埠怀洪500千伏变电站2号主变扩建工程	100		安徽省蚌埠市	2018-09
41	安徽滁州同乐500千伏输变电工程	200	85	安徽省滁州市	2018-09
42	安徽六安石店500千伏输变电工程	200	254	安徽省六安市	2018-09
43	湖北鄂州500千伏输变电工程		40	湖北省鄂州市	2018-09
44	湖南衡阳衡阳东500千伏输变电工程	100	32	湖南省衡阳市	2018-09
45	万县—九盘500千伏线路工程		134	重庆市	2018-09
46	湖南益阳复兴500千伏变电站第二台主变扩建工程（总部投资）	100		湖南省益阳市	2018-09
47	内蒙古赤峰紫城500千伏输变电工程	240	107	内蒙古自治区赤峰市翁牛特旗	2018-09
48	内蒙古国电双维上海庙电厂送出工程		116	内蒙古自治区鄂尔多斯市	2018-09
49	内蒙古盛鲁上海庙电厂送出工程		107	内蒙古自治区鄂尔多斯市	2018-09
50	山东青岛神山（即墨）500千伏输变电工程	100	7	山东省青岛市	2018-09
51	神山500千伏变电站新建工程	100		山东省青岛市	2018-09
52	河南驻马店驻东（挚亭）500千伏输变电工程	150	123	河南省驻马店市	2018-09
53	重庆铜梁500千伏变电站改接工程		2	重庆市	2018-10

续表

序号	项目名称	建设规模		建设地址	开工时间
		变电容量（万千伏安）/换流容量（万千瓦）	线路长度（千米）		
54	河南塔铺—卫都500千伏线路工程		132	河南省新乡市—濮阳市	2018-10
55	北京东特高压—北京通州500千伏送出工程（北京段）		43	北京市	2018-11
56	北京通州500千伏变电站扩建工程	240		北京市	2018-11
57	天津双青—吴庄Ⅱ回500千伏输变电工程		44	天津市	2018-11
58	浙江宁波甬港500千伏输变电工程	100	23	浙江省宁波市	2018-11
59	广东±500千伏从西换流站扩建第一台主变工程（广东境内项目）	100		广东省	2018-11
60	±800千伏侨乡换流站扩建第一台主变工程（广东境内项目）	100		广东省	2018-11
61	练塘500千伏变电站扩建工程	100		上海市青浦区	2018-11
62	崇明500千伏输变电工程	150	97	上海市崇明区	2018-11
63	江苏中吴500千伏输变电工程	200		江苏省苏州市	2018-11
64	宿迁宿豫东500千伏输变电工程	100	54	江苏省宿迁市	2018-11
65	北京换流站—昌平500千伏联络线工程		96	北京市	2018-12
66	浙江舟山500千伏联网北通道第Ⅱ回输电线路工程		17	浙江省舟山市	2018-12
67	湖北十堰—卧龙500千伏线路工程		225	湖北省十堰市	2018-12
68	江苏镇江大港500千伏输变电工程	100	4	江苏省镇江市	2018-12
69	山东大唐东营电厂送出工程		81	山东省东营	2018-12
70	海口500千伏变电站扩建工程		81	山东省东营	2018-12
71	河南郑州经纬500千伏输变电工程	240	5	河南省郑州市	2018-12
72	四川雅安送出加强500千伏线路工程		479	四川省雅安市	2018-12

附录 9

2018 年年底 500 千伏及以上电压等级电网工程在建重点项目

序号	项目名称	建设规模		建设地址	开工时间
		变电容量（万千伏安）/换流容量（万千瓦）	线路长度（千米）		
一	特高压输变电工程				
1	哈密—郑州 ±800 千伏特高压直流工程（浙江公司部分）	800	1096	新疆维吾尔自治区哈密	2012-05
2	准东—皖南特高压直流工程		1768	安徽省—新疆维吾尔自治区	2016-01
3	准东—华东（皖南） ±1100 千伏特高压直流	1200	1557	新疆维吾尔自治区—安徽省	2016-01
4	渝鄂直流背靠背联网工程	1000		重庆市—湖北省	2017-05
5	上海庙—山东临沂特高压直流工程（山东公司投资）	1000	1238	上海市—山东省临沂市	2017-05
6	山东公司投资受端换流站接地极及接地极线路及全部线路变电工程	1000		上海市—山东省临沂市	2017-05
7	山东公司投资受端换流站接地极及接地极线路及全部线路线路工程		1238	上海市—山东省临沂市	2017-05
8	榆横特高压交流站配套 1000 千伏电源送出工程（陕西公司投资）		100	陕西省榆林市	2017-07
二	750 千伏输变电工程				
1	神木 750 千伏输变电工程	420	112	陕西省榆林市	2016-05
2	五家渠 750 千伏输变电工程	300	28	新疆维吾尔自治区乌鲁木齐	2016-06
3	陕北风电基地 750 千伏集中送出工程（定靖）	420	1113	陕西省榆林市—西安市	2016-08
4	渭北（西安北）750 千伏输变电工程	420	28	陕西省西安市	2016-11
5	达坂城 750 千伏变电站主变扩建工程	150		新疆维吾尔自治区乌鲁木齐市	2016-12

续表

序号	项目名称	建设规模		建设地址	开工时间
		变电容量（万千伏安）/换流容量（万千瓦）	线路长度（千米）		
6	准东—皖南特高压配套工程		333	新疆维吾尔自治区昌吉回族自治州	2017-06
7	巴楚—莎车 750 千伏输变电工程	150	230	新疆维吾尔自治区喀什市	2017-06
8	信义—西安南—宝鸡Ⅱ回 750 千伏输变电工程	210	204	陕西市宝鸡市—西安市—渭南市	2017-08
9	莎车—和田 750 千伏输变电工程	150	324	新疆维吾尔自治区和田、喀什	2017-08
10	西宁北 750 千伏输变电工程	420	164	青海省西宁市	2017-12
11	喀什—莎车 750 千伏输变电工程		172	新疆维吾尔自治区喀什	2017-12
三	500 千伏输变电工程				
1	民丰变扩建工程	75		湖南省娄底市	2007-11
2	黑麋峰抽水蓄能电站—沙坪 500 千伏送电线路		17	湖南省长沙市	2008-05
3	永州南输变电工程	75	55	湖南省永州市	2008-07
4	永州—郴州 500 千伏线路工程		199	湖南省永州市	2008-12
5	株洲南输变电工程	100	14	湖南省株洲市	2009-06
6	东莞：深圳鲲鹏—宝安线路		125	广东省东莞市	2011-12
7	星沙输变电工程	200	211	湖南省长沙市	2012-12
8	株洲攸县电厂送出工程		132	湖南省株洲市	2013-01
9	佛山：佛山东坡（显联）输变电	300	84	广东省佛山市	2013-02
10	海淀输变电工程	240	47	北京市	2013-12
11	惠州崇文输变电	200	26	广东省惠州	2014-05
12	岳阳南输变电工程	100		湖南省岳阳市	2014-11
13	渝北明月山（两江）500 千伏输变电工程	200	78	重庆市	2014-12
14	大唐宁德一期自建送出工程		64	福建省宁德市	2015-01
15	可门一期自建送出工程		115	福建省福州市	2015-01
16	江阴一期自建送出工程		118	福建省福州市	2015-01

续表

序号	项目名称	建设规模		建设地址	开工时间
		变电容量（万千伏安）/换流容量（万千瓦）	线路长度（千米）		
17	鸿山二期自建送出工程		65	福建省泉州市	2015-01
18	后石三期自建送出工程		153	福建省漳州市	2015-01
19	广州番禺楚庭（穗西）输变电	200	50	广东省广州市	2015-01
20	永仁至富宁 ±500 千伏直流（观音岩电站直流）输变电工程		562	云南省昆明市	2015-01
21	常德电厂外送（500 千伏部分）输变电工程		26	湖南省常德市	2015-04
22	昌平增容工程	480		北京市	2015-05
23	苍南输变电	100	1	浙江省温州市	2015-06
24	长沙东（星城）变扩建工程	100		湖南省长沙市	2015-06
25	猴子岩电站 500 千伏送出工程		73	四川省甘孜藏族自治州	2015-09
26	罗源湾电厂送出工程		97	福建省福州市	2015-10
27	北京东特高压—顺义太平 500 千伏送出工程		89	北京市	2015-10
28	北京安定 500 千伏站增容改造工程	480		北京市	2015-10
29	常德北 500 千伏输变电工程	100	6	湖南省常德市	2015-10
30	万象 500 千伏变电站主变扩建工程	100		浙江省丽水市	2015-11
31	中山 500 千伏文山（上稔）输变电	200	54	广东省中山市	2015-11
32	500 千伏句容—廻峰山—武南线路改造工程		283	江苏省镇江市	2016-03
33	鹤壁输变电工程	200	63	河南省鹤壁市	2016-03
34	艾家冲 500 千伏变电站第三台主变扩建工程	100		湖南省长沙市	2016-03
35	酒泉换流站配套 500 千伏线路工程		350	湖南省湘潭市	2016-03
36	吉林长岭 500 千伏输变电工程	100	568	吉林省松原市	2016-06

续表

序号	项目名称	建设规模		建设地址	开工时间
		变电容量（万千伏安）/换流容量（万千瓦）	线路长度（千米）		
37	白城向阳500千伏输变电工程	240	2	吉林省白城市	2016-06
38	黑龙江宝清电厂500千伏送出工程		153	黑龙江省双鸭山、佳木斯、七台河、兴凯湖、红兴隆	2016-06
39	河北蔚县电厂—北京门头沟500千伏送出工程（北京段）		114	北京市	2016-06
40	天津渠阳（宝北）500千伏输变电工程	150	40	天津市	2016-06
41	天津双青（西郊）500千伏输变电工程	240	1	天津市	2016-06
42	盂县电厂送出工程		73	河北省邢台市	2016-06
43	仙桃500千伏输变电工程	100	114	湖北省荆州市	2016-06
44	漯河西500千伏输变电工程	100	30	河南省漯河市	2016-06
45	枣庄—金乡双回500千伏线路工程		192	山东省烟台市	2016-06
46	山东枣庄—金乡500千伏线路工程		192	山东省枣庄市—济宁市	2016-06
47	会东500千伏输变电工程	150	134	四川省凉山彝族自治州	2016-06
48	路平至绵阳富乐500千伏输变电工程		172	四川省阿坝藏族羌族自治州	2016-06
49	华润京能五间房电厂送出工程		143	内蒙古自治区锡林浩特市	2016-08
50	浙江杭州杭变升压500千伏输变电工程	100	30	浙江省杭州市	2016-09
51	丰满电厂扩建送出500千伏输变电工程		96	吉林省吉林市	2016-10
52	浙江杭州萧东500千伏输变电工程	120	44	浙江省杭州市	2016-11
53	浙江绍兴江滨500千伏输变电工程	200	147	浙江省绍兴市	2016-11

续表

序号	项目名称	建设规模		建设地址	开工时间
		变电容量（万千伏安）/换流容量（万千瓦）	线路长度（千米）		
54	盂县电厂500千伏送出工程		228	山西省阳泉市	2016-12
55	桂陵（菏泽Ⅲ）500千伏变电站新建工程	100		上海—山东省临沂市	2016-12
56	润泽电厂—郓城Ⅱ回开断接入桂陵变500千伏线路工程		77	上海—山东省临沂市	2016-12
57	山东菏泽桂陵（菏泽Ⅲ）500千伏输变电工程	100	146	山东省菏泽市	2016-12
58	贝州500千伏变电站新建工程	100		山东省菏泽市	2016-12
59	华德电厂—德州开断接入贝州变500千瓦线路工程		70	山东省菏泽市	2016-12
60	山东德州武城（贝州）500千伏输变电工程	100	70	山东省德州市	2016-12
61	山东潍坊临朐500千伏输变电工程	100	32	山东省潍坊市	2016-12
62	济宁儒林500千伏变电站新建工程	100		山东省潍坊市	2016-12
63	山东济宁儒林500千伏输变电工程	100	10	山东省济宁市	2016-12
64	济南特高压站—天衍500千伏线路工程		116	山东省德州市	2016-12
65	济南特高压站—惠民500千伏线路工程		76	山东省德州市	2016-12
66	山东济南特高压—惠民天衍500千伏送出线路工程		199	山东省济南市—滨州市	2016-12
67	浙江舟山与大陆500千伏联网工程	300	261	浙江省舟山市	2017-01
68	水洛500千伏变电站扩建工程	100		四川省凉山彝族自治州	2017-02
69	揭阳：揭阳岐山（揭东）输变电	150	24	广东省揭阳市	2017-04
70	芒康500千伏变电站新建工程	150		西藏自治区昌都市	2017-04

续表

序号	项目名称	建设规模		建设地址	开工时间
		变电容量（万千伏安）/换流容量（万千瓦）	线路长度（千米）		
71	沭阳500千伏输变电工程	100	14	江苏省宿迁市	2017-04
72	兵团瑞虹电厂500千伏送出工程		85	新疆维吾尔自治区哈密市	2017-05
73	兴安—扎鲁特500千伏输变电工程（吉林境内）		90	吉林省白城市	2017-05
74	扎鲁特至吉林配套500千伏输变电工程（吉林境内）		520	吉林省白城市	2017-05
75	莱阳500千伏变电站主变扩建工程	100		山东省德州市	2017-05
76	莱阳—昆嵛500千伏线路工程		130	山东省德州市	2017-05
77	山东莱阳500千伏变电站扩建输变电工程	100	130	山东省烟台市	2017-05
78	惠州：500千伏宝丽华汕尾甲湖湾电厂一期接入系统工程		109	广东省惠州市	2017-06
79	苏州石牌500千伏变电站增容扩建工程	300		江苏省苏州市	2017-06
80	凤凰山500千伏变电站主变扩建输变电工程	100	9	湖北省武汉市	2017-06
81	湖北黄冈武穴500千伏输变电工程	100	94	湖北省黄冈市	2017-06
82	山西临汾西500千伏输变电工程	200	125	山西省临汾市	2017-06
83	承德东—阳乐双回500千伏线路工程		200	河北省唐山市	2017-06
84	呼伦贝尔岭东—冯屯500千伏线路工程（黑龙江部分）		191	黑龙江省齐齐哈尔市	2017-06
85	浙江绍兴江滨500千伏变电站3号主变扩建工程	100		浙江省绍兴市	2017-06
86	铜陵铜北500千伏输变电工程	100	22	安徽省铜陵市	2017-06
87	安庆三500千伏变电站输变电工程	150	175	安徽省安庆市	2017-06

续表

序号	项目名称	建设规模		建设地址	开工时间
		变电容量（万千伏安）/换流容量（万千瓦）	线路长度（千米）		
88	福建三明三阳500千伏变电站扩建工程	75		福建省三明市	2017-06
89	泗泾500千伏变电站主变增容工程	240		上海市松江区	2017-06
90	福建泉州通港500千伏输变电工程	100	2	福建省泉州市	2017-07
91	500千伏庄乔（马金铺）输变电工程	150	32	云南省晋宁县	2017-07
92	山西运城桐乡500千伏变电站2号主变扩建工程	100		山西省运城市	2017-08
93	宣城绩溪抽蓄电站500千伏送出工程		153	安徽省宣城市	2017-08
94	湛江500千伏大唐雷州电厂一期接入系统工程		210	广东省湛江雷州市	2017-08
95	河南内乡电厂2×1000兆瓦机组500千伏送出工程		56	河南省南阳市	2017-09
96	黄山徽州500千伏开关站扩建主变工程	200	1	安徽省黄山市	2017-09
97	张南—昌平第三回500千伏线路工程		66	河北省张家口市	2017-09
98	河北张南—北京昌平500千伏送出第三回工程（北京段）		51	北京市	2017-09
99	邢西500千伏输变电工程	200	186	河北省邢台市	2017-09
100	河源：500千伏宝丽华汕尾甲湖湾电厂一期接入系统工程		166	广东省河源市紫金县	2017-10
101	陕西锦界府谷电厂扩建500千伏送出工程		103	陕西省榆林市	2017-10
102	锦界府谷电厂送出工程		106	河北省石家庄市	2017-10
103	陕西锦界府谷电厂送出500千伏交流输变电工程		444	山西省忻州市、吕梁市、阳泉市	2017-10

续表

序号	项目名称	建设规模		建设地址	开工时间
		变电容量（万千伏安）/换流容量（万千瓦）	线路长度（千米）		
104	500千伏金陵输变电工程	150	132	广西省南宁市	2017-11
105	河南驻马店嵖岈500千伏变电站增容改造工程	200		河南省驻马店市	2017-11
106	宣城河沥500千伏开关站主变扩建工程	100		安徽省宣城市	2017-11
107	福建福州井门500千伏输变电工程	240	45	福建省福州市	2017-11
108	鄂州电厂三期500千伏送出工程		28	湖北省鄂州市	2017-11
109	河南南阳中—南阳南500千伏线路工程		57	河南省南阳市	2017-11
110	河南南阳南（奚贤）500千伏变电站第三台主变扩建工程	100		河南省南阳市	2017-11
111	江苏晨阳500千伏输变电工程	100	38	江苏省苏州市	2017-12
112	江苏田湾核电站三期配套500千伏送出工程		203	江苏省连云港市	2017-12
113	上海南桥500千伏变电站主变扩建工程	120		上海市奉贤区	2017-12
114	金华换流站配套调相机工程		1	浙江省金华市	2017-12
115	山西长治潞城500千伏开关站主变扩建工程	200		山西省长治市	2017-12
116	房山—南蔡500千伏输变电工程冀北段		40	河北省廊坊市	2017-12
117	北京房山—天津南蔡500千伏送出工程（北京段）		54	北京市	2017-12
118	敦化抽水蓄能送出500千伏输变电工程		126	吉林省延边州	2017-12
119	湖北恩施江坪河电厂500千伏送出工程		90	湖北省恩施土家族苗族自治州	2017-12
120	恩施东500千伏输变电工程及樊城500千伏主变增容工程	100	10	湖北省恩施土家族苗族自治州	2017-12
121	河南洛阳东500千伏输变电工程	120	3	河南省洛阳市	2017-12

附录 10

2018 年主要发电企业发电装机容量及发电量

企业名称	发电装机容量（万千瓦）												发电量（亿千瓦时）											
	合计		水电		火电		核电		风电		太阳能发电		合计		水电		火电		核电		风电		太阳能发电	
	2018	2017	2018	2017	2018	2017	2018	2017	2018	2017	2018	2017	2018	2017	2018	2017	2018	2017	2018	2017	2018	2017	2018	2017
中国华能集团有限公司	17657	17187	2607	2226	12869	12928			1863	1785	318	248	7026	6496	957	880	5642	5255			387	334	41	27
中国大唐集团有限公司	13892	13776	2704	2685	9445	9470			1632	1520	111	101	5540	5169	980	906	4222	3975			322	275	15	13
中国华电集团有限公司	14779	14692	2722	2697	10429	10405			1334	1309	295	281	5559	5123	883	824	4367	4031			268	235	41	33
国家能源投资集团有限责任公司	23879	23042	1867	1849	18052	17483			3829	3590	131	119	9550	8880	648	606	8086	7583			798	672	19	18
国家电力投资集团有限公司	14340	12623	2385	2203	8189	7423	573	448	1657	1383	1537	1166	5015	4226	904	680	3292	2945	333	236	305	240	181	125
国投电力控股股份有限公司	3401	3162	1672	1672	1576	1376			105	99	48	16	1516	1289	844	830	648	442			20	15	5	2

续表

企业名称	发电装机容量（万千瓦）												发电量（亿千瓦时）											
	合计		水电		火电		核电		风电		太阳能发电		合计		水电		火电		核电		风电		太阳能发电	
	2018	2017	2018	2017	2018	2017	2018	2017	2018	2017	2018	2017	2018	2017	2018	2017	2018	2017	2018	2017	2018	2017	2018	2017
中国核工业集团有限公司	2264	1554	182				1910	1435	111	99	61	20	1305	1033	66				1212	1013	21	18	7	2
中国长江三峡集团有限公司	6147	6123	4944	5064	263	263			584	524	356	272	2515	2466	2246	2243	106	90			124	102	40	32
华润电力控股有限公司	3690	3712	47	47	3643	3665							1766	1735	22	20	1744	1715						
黄河万家寨水利枢纽有限公司	150	150	150	150									48	27	48	27								
新力能源开发有限公司	404	404			404	404							193	206			193	206						
北京能源集团有限责任公司	2227	2039	58	58	1829	1661			218	235	121	86	865	818	19	20	784	738			46	47	16	12
河北建设投资集团有限责任公司	1161	1141			845	845			306	288	10	8	518	450			442	385			74	64	1	1

续表

企业名称	发电装机容量（万千瓦）												发电量（亿千瓦时）											
	合计		水电		火电		核电		风电		太阳能发电		合计		水电		火电		核电		风电		太阳能发电	
	2018	2017	2018	2017	2018	2017	2018	2017	2018	2017	2018	2017	2018	2017	2018	2017	2018	2017	2018	2017	2018	2017	2018	2017
山西国际电力集团有限公司	710	608	13	13	580	510			79	59	38	25	251	204	6	5	224	185			16	11	5	3
申能股份有限公司	990	904			951	869			35	35	3	0	364	356			355	347			9	8	0	0
江苏省国信资产管理集团有限公司	1420	1398	160	160	1176	1164			75	65	9	9	585	562	21	13	547	533			16	15	1	1
浙江省能源集团有限公司	3391	3343	85	85	3192	3230			1	1	112	27	1435	1337	12	16	1411	1318			0	0	12	2
安徽省皖能股份有限公司	693	655			693	655							304	271			304	271						
江西省投资集团有限公司	150	150	10	10	140	140							74	63	2	3	72	60						
广东省粤电集团有限公司	3215	3009	234	234	2877	2694			58	53	46	28	1193	1193	80	95	1099	1087			10	9	4	3

续表

企业名称	发电装机容量（万千瓦）												发电量（亿千瓦时）											
	合计		水电		火电		核电		风电		太阳能发电		合计		水电		火电		核电		风电		太阳能发电	
	2018	2017	2018	2017	2018	2017	2018	2017	2018	2017	2018	2017	2018	2017	2018	2017	2018	2017	2018	2017	2018	2017	2018	2017
中国广核集团有限公司	4161	3581	20	20	50	55	2431	2147	1239	1128	422	231	2002	1777	8	50	19	19	1697	1472	244	211	33	26
广州发展集团股份有限公司	418	455			395	439			8	8	14	8	179	186			176	185			1	1	1	1
深圳市能源集团股份有限公司	1006	920	82	82	735	695			91	62	97	81	348	298	28	29	290	249			17	10	12	9
甘肃省电力投资集团有限责任公司	541	541	177	177	267	267			80	80	17	17	200	149	77	67	108	69			13	11	2	2
中铝宁夏能源集团有限公司	425	415			264	264			141	131	20	20	159	158			133	136			23	19	3	3

附录 11

2018 年主要电网企业生产经营数据

指标名称		单位	国家电网有限公司		中国南方电网有限责任公司		内蒙古电力（集团）有限公司		陕西省地方电力（集团）有限公司	
			2017 年	2018 年	2017 年	2018 年	2017 年	2018 年	2017 年	2018 年
资产总额		亿元	38113	39325	7416	8168	899	1068	301	320
主营业务收入		亿元	23581	25627	4871	5356	637	749	213	231
其中	国内主营业务收入	亿元	22538	24568	4842	5308	637	749		
	国际主营业务收入	亿元	1043	1059	29	48				
电网建设完成投资		亿元	4854	4889	816	874			45	42
公司利润总额		亿元	910	780	181	166	14	26	13	13
公司合并净利润		亿元	672	561	137	126	11	20	12	12
上缴税金		亿元	1699	1809	319	340	22	38	9	7
所有者权益		亿元	16154	17083	2917	3238	391	446	134	153
资产负债率		%	58	57	61	60	56	57	56	52
资本保值增值率		%	106	104	103	104	103	103	110	112
全员劳动生产率		万元/（人·年）	77	82	51	53	70	80	47	44
可控发电装机容量		万千瓦	3709	3840	904	1043			750	759

续表

指标名称		单位	国家电网有限公司		中国南方电网有限责任公司		内蒙古电力（集团）有限公司		陕西省地方电力（集团）有限公司	
			2017 年	2018 年	2017 年	2018 年	2017 年	2018 年	2017 年	2018 年
其中	1. 水电	万千瓦	3320	3349	850	980			52	54
	其中：抽水蓄能	万千瓦	1918	1916	658	788				
	2. 火电	万千瓦	221	192	1	3			532	518
	其中：气电	万千瓦			1	1				
	生物质能发电	万千瓦	98	98		3				
	3. 风电	万千瓦	144	244		12			75	75
	4. 太阳能发电	万千瓦	20	50	53	60			91	112
可控发电装机的发电量		亿千瓦时	740	720	228	240			358	370
年售电量		亿千瓦时	38745	42361	8902	9703	1679	1953	400	434
跨区送电能力		万千瓦	8575	9342	4750	5000	293	290		
综合电压合格率	城市	%	99.994	99.995	99.941	99.937	98.480	99.230	97.180	97.270
	农村	%	99.650	99.752	99.761	99.771	97.240	98.490	97.810	97.850
供电线路损失率		%	6.660	6.470	6.520	6.310	4.430	3.500	6.000	5.890
供电可靠率（RS-1）	城市	%	99.948	99.952	99.945	99.944	99.882	99.897	99.880	99.900
	农村	%	99.784	99.787	99.766	99.783	99.747	99.772	99.600	99.690

附录 12

2018 年主要发电企业生产经营数据

单位名称	主要指标	资产总额（亿元）	收入		利润总额				公司合并净利润	上缴税金（亿元）	所有者权益（%）	所有者权益收益率（%）	资产负债率（%）	资本保值增值率（%）	全员劳动生产率（万元/人．年）
			综合业务收入（亿元）	电力业务收入（亿元）	综合利润总额（亿元）	电力业务利润总额（亿元）	火电业务利润总额（亿元）	煤电业务利润总额（亿元）							
中国华能集团公司	2017 年	10305	2586	2163	118	23	-57	-70	67	258	2181	3.4	78.8		
	2018 年	10733	2786	2345	144	92	-32	-36	88	255	2471	3.8	77.0		
中国大唐集团公司	2017 年	7208	1710	1504	65	18	-65	-75	50	166	1445		80.0	101.0	69.2
	2018 年	7560	1899	1645	98	34	-52	-59	63	171	1742		77.0	102.0	74.4
中国华电集团公司	2017 年	7968	2001	1558	67	35	-36	-42	48	211	1537	3.2	80.7	104.1	64.3
	2018 年	8257	2153	1853	82	89	9	-33	36	215	1830	2.1	77.8	101.3	67.0
国家能源集团	2017 年	17872	5104	2724	653	267	81		434	865	6898	6.3	61.4	105.5	
	2018 年	17826	5433	3018	735	279	90		515	969	7008	7.4	60.7	104.8	
国家电力投资集团公司	2017 年	10012	2029	1437	94	53	-39		57	219	1863	5.6	81.4	97.6	59.5
	2018 年	10813	2267	1691	108	69	-41		66	237	2313	3.0	78.6		60.4
中国核工业集团公司	2017 年	6613	1343	347	146	94			117	129	1817	6.4	72.5	109.9	40.7
	2018 年	6944	1520	407	158	101			126	145	1969	6.4	71.6	108.4	35.1

续表

单位名称	主要指标	资产总额（亿元）	收入		利润总额				公司合并净利润	上缴税金（亿元）	所有者权益（%）	所有者权益收益率（%）	资产负债率（%）	资本保值增值率（%）	全员劳动生产率（万元/人．年）
			综合业务收入（亿元）	电力业务收入（亿元）	综合利润总额（亿元）	电力业务利润总额（亿元）	火电业务利润总额（亿元）	煤电业务利润总额（亿元）							
中国三峡集团公司	2017 年	7009	900	766	420	313	−3	−3	343	249	3714		47.0	1.1	321.5
	2018 年	7504	939	783	424	338	1	1	353	221	3957		47.3	1.1	299.1
中国广核集团有限公司	2017 年	6330	854	692	145				118	97	1691	7.5	73.3	111.8	116.5
	2018 年	6688	981	772	166				137	105	1887	7.7	71.8	105.3	120.9
广东粤电集团有限公司	2017 年	1380	438	414						50	681	5.2	50.7	104.0	305.3
	2018 年	1450	457	430						39	696	5.0	52.0	104.3	323.1
浙江省能源集团有限公司	2017 年	1932	818	446	71	23	19	20	56	55	1054	5.3	45.5	105.4	329.9
	2018 年	2069	942	445	62	16	13	15	47	51	1060	4.5	42.4	100.6	393.0
华润电力控股有限公司	2017 年	1847	635	587	74				44	77	675		63.5	1.0	
	2018 年	1824	648	596	62				47	70	677		62.9	1.0	
北京能源投资（集团）有限公司	2017 年	2628	634	300	31	27	20	2	18	58	1030.95	1.8	60.8		
	2018 年	2747	667	319	44	35	29	9	30	61	1003	2.0	63.5		

续表

单位名称	主要指标	资产总额（亿元）	收入		利润总额				公司合并净利润	上缴税金（亿元）	所有者权益（%）	所有者权益收益率（%）	资产负债率（%）	资本保值增值率（%）	全员劳动生产率（万元/人．年）
			综合业务收入（亿元）	电力业务收入（亿元）	综合利润总额（亿元）	电力业务利润总额（亿元）	火电业务利润总额（亿元）	煤电业务利润总额（亿元）							
河北省建设投资集团有限责任公司	2017 年	1538	268	169	42	16	6	6	38	16	657	6.0	57.3	108.5	84.7
	2018 年	1728	331	201	42	22	10	10	37	19	748	5.2	56.7	110.7	84.7
甘肃省电力投资集团公司	2017 年	742	45	39	2	0	-3	-3	1	6	347	0.3	53.2	99.3	25.4
	2018 年	773	61	55	2	4	-1	-1	1	7	348	0.2	55.1	91.7	58.6
国投电力控股股份有限公司	2017 年	2083	316	312	75	78	-8	-8	66	53	607	11.2	70.9	110.2	206.5
	2018 年	2207	410	404	97	102	5	5	84	56	702	12.8	68.2	114.4	242.2
四川省能源投资集团有限责任公司	2017 年	1183	413	71	13	12			12	12	370		68.7	1.0	
	2018 年	1345	444	62	13	12			12	16	390		71.0	1.0	
晋能集团有限公司	2017 年	562	137	105	-6	-5	-9	-10	-7	2	116	-5.9	79.3	125.6	141.1
	2018 年	446	85	71	-5	-2	-6	-6	-6	1	86	-6.4	80.6	98.6	64.7
山西漳泽电力股份有限公司	2017 年	484	95	72	-20	-18	-19	-19	-20	5	80	-0.3	83.0	0.8	11.9
	2018 年	504	112	86	0	2	0	0	0	6	80		84.0	1.0	27.5

续表

单位名称	主要指标	资产总额（亿元）	收入		利润总额				公司合并净利润	上缴税金（亿元）	所有者权益（%）	所有者权益收益率（%）	资产负债率（%）	资本保值增值率（%）	全员劳动生产率（万元/人．年）
			综合业务收入（亿元）	电力业务收入（亿元）	综合利润总额（亿元）	电力业务利润总额（亿元）	火电业务利润总额（亿元）	煤电业务利润总额（亿元）							
安徽省能源集团有限公司	2017年	265	122	82	1	－1	－1	0	1	4	138	0.6	48.1	92.8	58.3
	2018年	289	134	95	7	1	1	2	6	6	144	4.5	50.2		
广州发展集团有限公司	2017年	385	248	71	13	4	4	2	9	12	193	4.4	50.1	104.6	70.9
	2018年	385	262	69	10	2	3	0	8	10	195	4.3	49.2	104.4	75.2
新力能源开发有限公司	2017年	116	69	64	7	6	6	6	5	5	49	11.0	56.2	90.7	194.9
	2018年	111	69	63	9	7	7	7	6	7	53	12.1	52.4	104.4	266.2
申能股份有限公司	2017年	540	324	101	28				17	13	334		38.1		
	2018年	597	362	111	28				18	14	343		42.5		
江苏国信	2017年	1545	578	270	69	21	18	12					47.0		
	2018年	1600	565	291	72	21	15	9		39			45.0		

附录 13

2018 年主要电力建设集团生产经营数据

指标名称		单位	中国电力建设集团有限公司		中国能源建设集团有限公司	
			2017 年	2018 年	2017 年	2018 年
资产总额		亿元	7099	8529	3452.3	3874.77
营业总收入		亿元	3550	4049	2401.96	2206.65
其中	国内业务营业收入	亿元	2678	3119	2050.63	1833.81
	国际业务营业收入	亿元	873	930	351.32	372.84
当年签订的合同额		亿元	5718	6406	4457.52	4640.67
年底合同存量		亿元	10715	11769	10332.16	11183.79
利润总额		亿元	130	138	109.28	115
其中	国内业务利润	亿元	89	86	83.36	80.44
	国际业务利润	亿元	41	52	25.92	34.56
公司合并净利润		亿元	97	103	83.08	88.47
上缴税金		亿元	187	198		
所有者权益		亿元	1429	1827	864.42	997.55
所有者权益收益率		%	7.63	6.21	10.05	9.57
资产负债率		%	79.87	78.58	74.96	74.26
资本保值增值率		%	127.49	107.08	107.6	
全员劳动生产率		万元/（人·年）	191	223	29.47	34.44
可控发电装机容量		万千瓦	1368	1484	142.55	142.11
其中	水电	万千瓦	625	627	79.56	79.56
	火电	万千瓦	227	293	31.87	4.87
	风电	万千瓦	418	463	19	33.55
	太阳能发电	万千瓦	98	101	12.12	24.13
可控发电装机的发电量		亿千瓦时	343	471	36.78	38.23
权益发电装机容量		万千瓦	1368	1365	193.13	184.24
其中	水电	万千瓦	625	514	102.71	100.8
	火电	万千瓦	227	293	69.51	42.51
	风电	万千瓦	418	461	11.97	19.98
	太阳能发电	万千瓦	98	97	8.95	20.95
权益发电装机的发电量		亿千瓦时	343	433	31.2	30.8

附录 14

部分国外电力企业经营效益

一、德国意昂公司

德国意昂公司（E. ON Group），于2000年6月19日由德国联合电力与矿业股份公司和德国联合工业企业股份公司合并成立，成立之初便成为德国第一大电力公司及欧洲最大的能源企业之一。该公司采用垂直一体化的经营方式，主要围绕电力和天然气打造核心业务，其业务范围涵盖电力和天然气的生产、输配、销售等各个环节。

2016年德国意昂公司成功转型，成为欧洲区域内第一家专注于新能源领域的能源公司，同时也是一家国际化的能源供应商，公司主要面向居民和商业公司开展可再生能源、分布式能源、能效、数字技术等多元化业务，并致力于在可再生能源和能源网络等领域为客户提供全套解决方案。2016年、2017年，意昂公司经营效益增速放缓，2017年资产总额增速0.01%、营业收入增速1.38%，公司在世界500强中排名大幅下跌。2016年、2017年德国意昂公司经营效益情况见下表。

2016年、2017年德国意昂公司经营效益情况

指标	单位	2016年	2017年
资产总额	百万美元	67178.9	67183.0
营业收入		42213.4	42794.7
利润		-9344.4	4424.3
股东权益		-1112.6	4811.5
净利率	%	-22.1	10.3
资产收益率		-13.9	6.6
世界五百强排名	/	32	231

注：上表中数据来源于“财富中文网”。

二、德国莱茵公司

德国莱茵公司（RWE Group），于1872年成立于德国的莱茵河畔，从最初的锅炉监督协会发展为德国官方授权的政府监督机构以及享誉全球的国际性认证公司，是欧洲五大公用事业公司、德国四大能源公司之一。作为拥有百年历史的欧洲大型能源企业，其业务范围涉及发电、输配电、电力贸易、煤炭、石油、天然气、自来水等多个领域。德国莱茵公司以在欧洲大陆经营电力、天然气为主营业务，通过强化战略管理、业务一体化运作、积极开拓邻国能源市场、加快新技术开发应用等一系列举措实现了企业持续稳定发展。

莱茵公司将分布式能源技术和商业模式作为其重要探索方向，将公司定位成分布式能源项目的推动者和建设者，并努力成为可再生能源的系统集成商。莱茵公司针对各种规模的电网进行技术革新，致力于为客户提供更智能的服务。2017 年，莱茵公司利润由负转正，利润同比增加 8438. 2 百万美元。2016 年、2017 年德国莱茵公司经营效益情况见下表。

2016 年、2017 年德国莱茵公司经营效益情况

指标	单位	2016 年	2017 年
资产总额	百万美元	80575. 8	82923. 9
营业收入		48203. 8	47832. 3
利润		-6249. 1	2189. 1
股东权益		3897. 9	9244. 7
净利率	%	-13. 0	4. 6
资产收益率		-7. 8	2. 6
世界五百强排名	/	174	195

注：上表中数据来源于“财富中文网”。

三、意大利国家电力公司

意大利国家电力公司（Enel Group），于 1962 年组建，采用发、输、配电垂直一体化的经营管理模式，是意大利国内最大的电力供应商。

意大利国家电力公司作为意大利政府能源战略的重要实施载体，长期以来将科技创新作为引领公司可持续发展的基石，积极推进电力新技术在基础设施中的应用，尤其是建设智能电网以促进新能源电力在更大范围内消纳，是近年来意大利国家电力公司的核心业务发展方向，也与意大利国家能源战略高度契合。2017 年意大利国家电力公司利润较上一年增加了 1417. 7 百万美元，取得这一成绩主要得益于斯洛伐克电力控股公司的资产处置以及意大利、美国的税率调整。2016 年、2017 年意大利国家电力公司经营效益情况见下表。

2016 年、2017 年意大利国家电力公司经营效益情况

指标	单位	2016 年	2017 年
资产总额	百万美元	164096.2	186888.8
营业收入		78063.9	84134.3
利润		2842.0	4259.7
股东权益		36704.3	41780.7
净利率	%	3.6	5.1
资产收益率		1.7	2.3
世界五百强排名	/	78	84

注：上表中数据来源于“财富中文网”。

四、西班牙伊维尔德罗拉公司

西班牙伊维尔德罗拉公司（Iberdrola）是位于西班牙北部的一家电力公司，公司主营业务范围包括风电与水电的开发、电力输配送以及天然气供应，是西班牙第二大电力公司和全球最大的风电营运商，是全球清洁能源循环利用领域极具市场竞争力的特大型企业，也是西班牙国内单位电力生产二氧化碳排放水平最低的公司之一。

西班牙伊维尔德罗拉公司作为在水力发电，尤其是中小型水力发电领域具有丰富管理、运营经验的全球重要的电力供应商，未来主要聚焦在亚洲地区发展水力发电产业。同时，伊维尔德罗拉公司着力扩大海外风电资产，公司耗资 3000 万美元在美国购入一座风电场，并在中国北方地区开展风电场建设前期研究论证。

西班牙伊维尔德罗拉公司着眼未来，竭力为客户提供安全、充足、可持续的能源供给，积极推广应用清洁能源技术以应对气候变化问题。2017 年，西班牙伊维尔德拉公司资产总额快速上升，增速达到 18.11%，营业收入及利润同比分别增长 9.08% 和 5.66%。2016 年、2017 年西班牙伊维尔德拉公司经营效益情况见下表。

2016 年、2017 年西班牙伊维尔德拉公司经营效益情况

指标	单位	2016 年	2017 年
资产总额	百万美元	112535.6	132911.3
营业收入		32307.7	35240.4
利润		2991.3	3160.7
股东权益		38695.4	42638.4
净利率	%	9.3	9
资产收益率		2.7	2.4
世界五百强排名	/	295	332

注：上表中数据来源于“财富中文网”。

五、法国电力公司

法国电力公司（Électricité de France），成立于1946年，其主营业务涵盖从发电、售电到电网运维，同时在天然气市场占据着重要的地位。法国电力公司致力于向用户提供低碳能源，同时协调经济发展与环境保护，在世界范围内得到广泛认同，公司已成为引领公众高质量能源服务的典范。

作为一家在核能、热能、水电和可再生能源方面具有世界级工业竞争力的大型企业，法国电力可以提供包括电力投资、工程设计以及电力管理与配送在内的一体化解决方案。法国电力公司根据自身的业务板块，在内部确定了未来研发方向的三大战略支柱：其一，开展核电和可再生能源，巩固并发展有竞争力的低碳发电技术；其二，竞逐法国本土及全球能源系统，探索建设下一代电力系统；其三，以用户需求为导向，为用户提供系统性的新能源服务解决方案。在三大战略支柱中，除了要通过研发保持在核电领域的优势外，公司对于未来的电力系统以及数字化应用都尤为重视。2017年法国电力公司资产总额增长较快，同比增加40092.3百万美元，利润同比增长13.45%。2017年，公司净利率有所提升，较2016年增加了0.6个百分点，资产收益率与上一年持平。2016年、2017年法国电力公司经营效益情况见下表。

2016年、2017年法国电力公司经营效益情况

指标	单位	2016年	2017年
资产总额	百万美元	297025.9	337118.2
营业收入		78739.5	78490.3
利润		3152.8	3576.7
股东权益		36319.3	49660.2
净利率	%	4	4.6
资产收益率		1.1	1.1
世界五百强排名	/	80	82

注：上表中数据来源于“财富中文网”。

六、美国杜克能源公司

美国杜克能源公司（Duke Energy）成立于1899年，在经历了多家公司不断联合、发展的过程后，最终壮大形成了今日的杜克能源公司。目前杜克能源公司的业务范围包括电力供应、能源服务、能源运输、风险投资等。杜克能源公司一直坚持用符合可持续发展理念的方式为用户提供价廉、可靠、清洁的天然气及电力服务，以此为人类创造更为优质的生活环境。

杜克能源公司积极投身于清洁能源的发展，强调资本投资重点关注天然气基础设施和可再生能源工程，并认为这些领域是公司经营的根本，是企业创造长期价值的核心业务。对于其他非核心业务，杜克能源公司计划未来逐渐剥离。杜克能源与谷歌合作提出的“可再生能源费率”概念，即定位终端用电大客户，根据客户需求制定不同的可再生能源价格和服务，采集客户数据，扩大可再生能源终端市场，并使交易成本降至最低。2017 年，杜克能源公司资产总额及营业收入都有一定比例的增长，同比分别增加 5149 百万美元和 201 百万美元，利润增速明显，同比增加 42. 15% 。2016 年、2017 年美国杜克能源公司经营效益情况见下表。

2016 年、2017 年美国杜克能源公司经营效益情况

指标	单位	2016 年	2017 年
资产总额	百万美元	132761	137910
营业收入		23369	23570
利润		2152	3059
股东权益		41033	/
净利率	%	9. 2	13. 2
资产收益率		1. 6	7. 0
世界五百强排名	/	446	465

注：上表中数据来源于“财富中文网”。

七、韩国电力公司

韩国电力公司（Korea Electric Power Corporation）是韩国目前唯一的国营电力公司，致力于开展各类电力资源项目的建设。韩国电力公司以输电、配电与售电为核心业务，服务区域不仅覆盖整个韩国，还在北京、香港、巴黎、纽约等地设立了海外办公机构。韩国电力公司的经营思想是倡导“电力文化”在丰富多彩的社会生活中起主导作用，通过电力生产和供给为国民经济发展做贡献。

韩国电力公司的战略发展目标是成为一家世界级的与用户共同成长的电力供应商。其核心经营理念是：尊重客户、积极创新、以效益为中心。其远景发展目标是：促进能源电力发展，降低运营电力资本，确保电力稳定供应，致力于为全社会经济发展提供能源电力保障，2020年成为能源与工程类公司世界前5强。韩国电力公司2017年资产总额增速明显，同比增加22567.8百万美元，增幅达15.32%。营业收入也相应有一定程度的增长，较2016年增加991.1百万美元。2016年、2017年韩国电力公司经营效益情况见下表。

2016年、2017年韩国电力公司经营效益情况

指标	单位	2016年	2017年
资产总额	百万美元	147264.9	169832.7
营业收入		51500.4	52491.5
利润		6074.1	1148.9
股东权益		59393.6	66967.0
净利率	%	11.8	2.2
资产收益率		4.1	0.7
世界五百强排名	/	172	177

注：上表中数据来源于“财富中文网”。

八、日本东京电力公司

东京电力公司（Tokyo Electric Power Company）创立于1951年，是日本一家集发电、输电和配电于一体的大型电力企业，也是全球最大的民营核电商。业务范围涉及设备维护、燃料供应、设备材料供应、环保、不动产、运输、信息通信等行业。

在发电业务方面，东京电力公司积极从上游运营到终端发电的整个产业链进行深度整合，努力转型成为全球领先的能源企业。关停日本国内的核电机组后，火电成为东京电力公司最重要的电源。东京电力公司通过与中部电力公司在火电业务上的一揽子合作计划，力争将两家公司现有火电站统一管理，实现合并。

在输电和配电业务方面，东京电力公司正在进行业务重组，输配电业务将独立成立东京电力电网公司，力求提高输电网和配电网的服务质量、优化运营方式，同时与其他电力公司协同运行。日本东京电力公司2017年资产总额和营业收入有一定增长，同比分别增加8220.1百万美元和3362.7百万美元。公司利润较2016年增加1645.20百万美元，取得这一成绩主要得益于售电收入增加以及集团范围的成本控制。2016年、2017年日本东京电力公司经营效益情况见下表。

2016 年、2017 年日本东京电力公司经营效益情况

指标	单位	2016 年	2017 年
资产总额	百万美元	110202.0	118422.1
营业收入		49446.4	52809.1
利润		1225.7	2870.9
股东权益		20905.3	24868.1
净利率	%	2.5	5.4
资产收益率		1.1	2.4

注：上表中数据来源于“财富中文网”。

附录 15

2018 年中国主要电力企业境外承包电力工程投产项目

一、火电项目

序号	项目名称	合计		其中：煤电		其中：燃机		投产日期
		台数	容量（万千瓦）	台数	容量（万千瓦）	台数	容量（万千瓦）	
	合计	27	717	18	407	9	275	—
	中国电力建设集团有限公司	14	290.25	9	156.75	5	133.5	—
1	印度 KMPCL 项目	1	60	1	60	—	—	2 号机组 2018-01
2	巴基斯坦赫维利联合循环 EPC 项目（汽轮机）	1	41.5	—	—	1	41.5	2018-03
3	巴基斯坦卡西姆港 2×660 兆瓦燃煤电站	1	66	1	66			2 号机组 2018-01
4	孟加拉锡拉杰甘杰联合循环 400 兆瓦工程燃机（单循环）	1	25	—	—	1	25	2018-10
5	缅甸仰光 THAKETA 燃气—蒸汽联合循环电厂 1×110 兆瓦工程	1	11	—	—	1	11	2018-02
6	印尼玛拉札瓦 2×27.5 兆瓦循环流化床机组	2	5.5	2	5.5	—	—	1 号、2 号机组 2018-11
7	约旦侯赛因三拖一 485 兆瓦燃气—蒸气联合循环项目	1	48.5	—	—	1	48.5	2018-06
8	约旦萨玛瑞四期 75 兆瓦扩建联合循环项目	1	7.5	—	—	1	7.5	2018-03

续表

序号	项目名称	合计		其中：煤电		其中：燃机		投产日期
		台数	容量（万千瓦）	台数	容量（万千瓦）	台数	容量（万千瓦）	
9	泰国 TPIPP150 兆瓦电厂项目安装工程合同	1	15	1	15	—	—	2018-05
10	泰国 TPIPP 垃圾电厂二期工程	1	7	1	7	—	—	2018-04
11	埃塞俄比亚莱比垃圾发电项目安装施工	2	2.5	2	2.5	—	—	1 号、2 号机组 2018-09
12	越南芹苴垃圾焚烧发电厂	1	0.75	1	0.75	—	—	2018-12
	中国能源建设集团有限公司	13	332.2	9	190.3	4	141.9	
13	孟加拉古拉绍 300 兆瓦—450 兆瓦联合循环燃机电站（套）	1	38.9	—	—	1	38.9	7 号机组 2018-01
14	孟加拉希拉甘杰 2 号机联合循环电站项目安装工程（套）	1	22.5	—	—	1	22.5	2 号机组 2018-02
15	孟加拉巴库 Barapukuria 275 兆瓦燃煤火电项目	1	27.5	1	27.5	—	—	2018-02
16	巴基斯坦 BALLOKI 1223 兆瓦联合循环电站项目施工合同（汽轮发电机）	1	40.5	—	—	1	40.5	2018-06
17	巴基斯坦必凯（BHIKKI）1180 兆瓦燃气—蒸汽联合循环电站项目（汽轮发电机）	1	40	—	—	1	40	2018-04

续表

序号	项目名称	合计		其中：煤电		其中：燃机		投产日期
		台数	容量（万千瓦）	台数	容量（万千瓦）	台数	容量（万千瓦）	
18	哥伦比亚 GECEL-CA3.2 燃煤电站项目安装工程	1	30	1	30	—	—	2018-09
19	越南升龙 2×300 兆瓦火力发电厂项目	2	60	2	60	—	—	1 号机组 2018-05 2 号机组 2018-08
20	越南正阳纸厂责任有限公司 60 兆瓦自备电站项目（60 兆瓦 + 3 兆瓦）	1	6.3	1	6.3	—	—	2018-04
21	越南永新一期电站	2	124	2	124	—	—	1 号机组 2018-05 2 号机组 2018-10
22	印尼玛木朱 2×25 兆瓦燃煤电厂 1 号机组	2	5	2	5	—	—	1 号机组 2018-07 2 号机组 2018-08

二、水电项目

序号	项目名称	合计		投产日期
		台数	容量（万千瓦）	
	合计	23	342	——
	中国水利水电建设股份有限公司	17	234.8	——
1	巴基斯坦塔贝拉水电站（15 号、17 号机组）	3	141	15 号机组 2018-10 16 号机组 2018-06 17 号机组 2018-03
2	厄瓜多尔美纳斯水电站（1 号、3 号机组）	3	27	1 号机组 2018.10.30 2 号机组 2018.10.20 3 号机组 2018.10.14

续表

序号	项目名称	合计		投产日期
		台数	容量（万千瓦）	
3	柬埔寨桑河水电站（3号、8号机组）	6	30	3号机组 2018.04.09 4号机组 2018.05.13 5号机组 2108.06.17 6号机组 2018.07.22 7号机组 2018.09.13 8号机组 2018.10.21
4	老挝南塔河水电站（1号、3号机组）	3	16.8	1号机组 2018.10.26 2号机组 2018.10.22 3号机组 2018.10.18
5	津巴布韦卡里巴南岸扩机工程机电项目	1	15	8号机组 2018.03.09
6	塔吉克斯坦格拉夫纳亚水电站技改项目	1	5	5号机组 2018.10.28
	中国葛洲坝集团公司	6	107.6	
7	巴基斯坦NJ机电安装工程	4	97.2	1号机组 2018.08.27 2号机组 2018.07.27 3号机组 2018.05.05 4号机组 2018.06.27
8	老挝南涧机电安装工程	2	10.4	1号、2号机 2018.0824

后 记

在《中国电力行业年度发展报告2019》编撰过程中，国家政府相关部门给予了大力支持和帮助。国家电网有限公司、中国南方电网有限责任公司、中国华能集团有限公司、中国大唐集团有限公司、中国华电集团有限公司、国家能源投资集团有限责任公司、国家电力投资集团有限公司、中国长江三峡集团有限公司、中国核工业集团有限公司、中国广核集团有限公司、中国电力建设集团有限公司、中国能源建设集团有限公司、广东省能源集团有限公司、浙江省能源集团有限公司、全球能源互联网发展合作组织、内蒙古电力（集团）有限责任公司、北京能源集团有限责任公司、申能股份有限公司、陕西省地方电力（集团）有限公司、河北省建设投资集团有限责任公司、华润电力控股有限公司、国投电力控股股份有限公司、晋能集团有限公司、山西漳泽电力股份有限公司、新力能源开发有限公司、甘肃省电力投资集团有限责任公司、安徽省皖能股份有限公司、江苏省国信集团有限公司、广州发展集团股份有限公司、深圳能源集团股份有限公司、四川省能源投资集团有限责任公司等中电联理事单位及有关大型电力企业为报告提供了详实的资料；中信证券高超同志整理并提供了上市公司数据。中电联相关理事单位和有关电力企业的于航、王波、王勉、王晓茜、王家玉、吕彩霞、刘子硕、刘碧文、杨小红、吴海明、邹江、沈俊花、张云、张科叶、张宪丽、张鹏、陈丽、范蕊、罗旭杰、罗莉、郑海茹、郜俊秀、侯振、顾青、徐小炜、徐光耀、郭晋杰、彭亚玲、潘洁、魏华山等同志为本单位资料的整理、汇总、提交做了大量的协调工作。冉莹、王信茂、沙亦强等资深专家审核了报告。在此一并表示衷心感谢！

中电联本部于明、马小琨、王茁、王美玲、王冠、王艳波、王鹏、王霂晗、石丽娜、叶静、田进步、庄严、刘旭龙、刘志强、刘坤、刘亮、刘森、米富丽、李云凝、李志甫、李建锋、李霞、杨丹、杨帆、杨迪、杨娟、吴立强、汪毅、张晶杰、陈旦、陈勇、陈渤、陈瑞卿、苗博、周丽波、周宏、侯春杰、姜锐、祝慧萍、顾爽、徐纯毅、郭文怡、韩超、靳坤坤等同志分别承担了相关章节的撰稿或文稿资料整理任务；中电联行业发展与环境资源部牵头负责报告的组织编制、统稿等工作。

受编撰时间、资料收集和编者水平所限，报告难免存在疏漏，恳请读者谅解并批评指正。我们将不断总结经验，进一步提高编撰质量，使报告成为研究、了解、记录电力行业发展的工具，在立足行业、联系政府、服务企业、沟通社会中发挥更大的作用。